RADIO LONDRES

Pour en savoir plus
sur les Éditions Perrin
(catalogue, auteurs, titres,
extraits, salons, actualité…),
vous pouvez consulter notre site internet :
www.editions-perrin.fr

collection tempus

Aurélie LUNEAU

RADIO LONDRES

Les voix de la liberté
(1940-1944)

PERRIN
www.editions-perrin.fr

© Perrin, 2005
et 2010 pour la présente édition
ISBN : 978-2-262-03302-6

tempus est une collection des éditions Perrin.

À Mathilde, Benjamin,
et à Pierre...

La grande arme secrète, ce n'étaient pas les V1, V2, c'était la radio. Et ce sont les Anglais qui l'ont mise au point.

JEAN GALTIER-BOISSIÈRE*.

* Jean Galtier-Boissière, *Mon journal pendant l'Occupation*, Garas, La Jeune Parque, 1945.

Préface

Avoir vingt ans et s'adresser à la France, quelle émotion ! Après tant d'années, l'homme de grand âge se souvient du sous-lieutenant de la France libre qu'il a été et de son arrivée à Bush House, le cœur battant, un soir de guerre. Les services majeurs de la BBC s'étaient réfugiés dans ce bâtiment londonien à l'allure de forteresse après que les bombes allemandes eurent détruit la Maison de la Radio d'où de Gaulle avait lancé ses premiers appels. Mon texte avait été approuvé le matin. Je devais le lire en direct, ce qui était inhabituel. Je m'assis devant le micro. Un officier anglais en uniforme, assis de l'autre côté de la table, avait en main un interrupteur, prêt à couper l'émission si je m'écartais du texte approuvé. Le studio sans fenêtre était dans la pénombre. La gorge nouée, je croyais deviner derrière la vitre opaque la Manche et, par-delà, l'étendue de notre pays dans la nuit.

Cela se passait à la fin de 1941. La pieuvre nazie couvrait l'Europe. Londres était la capitale de la résistance en même temps que la base de toutes les liaisons et communications par radio, par air ou par mer, avec les forces clandestines. Au lendemain du désastre de mai-juin 1940, les émissions en français de la BBC avaient ranimé, puis entretenu l'espoir. On a pu dire qu'elles

avaient « fait de Gaulle », qui, sans elles, serait resté un
porte-drapeau inconnu. Il faut qu'elles aient puissam-
ment impressionné l'imaginaire collectif pour que, tant
de dizaines d'années plus tard, l'écoute de Radio
Londres et de ses « messages personnels » soit devenue
comme un poncif des films de résistance où, immanqua-
blement, l'émission longtemps attendue est si brouillée
que les têtes des auditeurs se rapprochent et que les
oreilles se collent à l'appareil.

Ce succès n'était pas plus acquis en juillet 1940,
quand fut constituée l'équipe du programme « Les Français parlent aux Français », que ne l'étaient l'ascension
et le triomphe ultime de la France libre. Un des deux
commentateurs des nouvelles, Jean Marin, me raconta
qu'après notre désastre et l'avènement de Pétain,
l'équipe était restée près de six mois dans l'incertitude
d'être écoutée. C'est seulement à la fin de 1940 que des
lettres reçues de France apportèrent à Londres la preuve
d'une écoute déjà large, des lettres bouleversantes que
la BBC conserve pieusement dans ses archives. « Elles
nous ont fait comprendre ce que nous apportions aux
Français dans ces premiers temps de désolation », me
dit-il : « la preuve, soir après soir, que l'Angleterre – et
notre poignée de Français avec elle – étaient toujours
présentes et tenaient bon... »

Si les débuts furent donc improvisés dans l'incertitude, les émissions furent bientôt une réussite au point
que les services de renseignement allemands à Paris
s'inquiétèrent d'une radio anglaise « maîtresse de l'éther
après vingt heures » et qu'au printemps de 1944, un
sondage clandestin pouvait affirmer que 70 % des
foyers possédant un récepteur prenaient l'écoute de
Radio Londres.

Un tel succès d'audience d'une radio étrangère est un
phénomène exceptionnel dans l'histoire des médias.
Trois facteurs y ont contribué : une exigence de vérité

conforme à la tradition de la démocratie britannique, mais voulue aussi par ses dirigeants pour « inspirer une confiance telle que, le moment venu, les patriotes français acceptent, sans questions ni murmures, toute directive qui serait lancée sur ses longueurs d'ondes » ; une imagination rédactionnelle en rupture avec l'élitisme guindé des radios de l'époque et un style radiophonique novateur qu'atteste le succès du slogan « Radio Paris ment, Radio Paris ment, Radio Paris est allemand » ; enfin, et de toute évidence, la rigueur croissante de l'occupation allemande et le discrédit du gouvernement de Vichy.

Ainsi les émissions françaises purent-elles devenir une véritable arme de guerre à l'approche de la Libération. Rien d'étonnant si un instrument aussi puissant fut un enjeu de pouvoir entre la France libre et l'Angleterre. Celle-ci resta, jusqu'à la veille du débarquement en Normandie, maîtresse exclusive des émetteurs et des longueurs d'ondes. Des tensions, des crises, parfois violentes, opposèrent plusieurs fois Churchill et de Gaulle à propos du contenu des émissions ou de la tactique de propagande. Si graves qu'aient été les heurts, l'expérience radiophonique de guerre aura prouvé que Français et Britanniques sont parfois capables de coopérer.

De Gaulle écrit dans ses *Mémoires de guerre* que son éloignement de France lui a valu le privilège de « conduire les Français par les songes », selon les mots que Chateaubriand applique à Napoléon. Tout un volet de notre histoire durant la Seconde Guerre mondiale a été, en effet, une guerre des mots pour la conquête des esprits. À la propagande totalitaire de Radio Paris, fondée sur le façonnage mental, l'insulte et le mensonge, et au conformisme réactionnaire du régime de Vichy, Radio Londres a opposé victorieusement la rigueur d'honnêteté et les ressorts d'une machine à faire vivre l'espérance, capable de faire parfois sourire les Français au milieu du malheur, puis apte à les préparer à la lutte libératrice.

C'est cette étonnante guerre politique franco-française, volatile et fugace, que relate Aurélie Luneau, ainsi que les singuliers débats de coulisse qu'elle suscita entre Alliés. De longues plongées dans les archives françaises et britanniques l'y ont préparée. Elle y apporte la fraîcheur de vue et le talent d'une jeune historienne qui découvre et fait redécouvrir ce qu'une autre génération française a entendu, la trame de quatre années d'une guerre psychologique d'une importance vitale, en contrepoint de la guerre que se livraient les armées pour la libération de notre territoire et les libertés du monde.

Jean-Louis Crémieux-Brilhac

Liste des sigles

ABSIE   : American Broadcasting System in Europe.
AFP   : Agence France Presse.
AMGOT   : Allied Military Government of Occupied Territories.
BBC   : British Broadcasting Corporation.
BCRA   : Bureau Central de Renseignements et d'Action.
BIP   : Bureau d'Information et de Presse.
CEP   : Comité Exécutif de Propagande.
CFLN   : Comité Français de Libération Nationale.
CNR   : Comité National de la Résistance.
FFC   : Forces Françaises Combattantes.
FFI   : Forces Françaises de l'Intérieur.
FFL   : Forces Françaises Libres.
GMR   : Groupes Mobiles de Réserve.
GPRF   : Gouvernement Provisoire de la République Française.
MBH   : Militärbefehlshaber in Frankreich.
MMLA   : Mission française de liaison administrative.
MOF   : Mouvement Ouvrier Français.
MOI   : Ministry of Information.
MUR   : Mouvements Unis de Résistance.
OKW   : Haut-Commandement de la Wehrmacht.
PID   : Political Information Department.
PPF   : Parti Populaire Français.
PRD   : Public Relations Division.
PWD   : Political Warfare Division.
PWE   : Political Warfare Executive.

RAF   : Royal Air Force.
RN   : Radiodiffusion Nationale.
RNF   : Radiodiffusion de la Nation Française.
SHAEF   : Supreme Headquarters Allied Expeditio-
          nary Force, quartier général des forces alliées
          (1944-1945).
SOE   : Special Operations Executive.
STO   : Service du Travail Obligatoire.

Avant-propos

Cela remonte à bien des années déjà. Au temps où, l'âge de raison aidant, je me mis à observer avec plus d'attention ceux que l'on appelait autour de moi « les anciens », à scruter les traces du passé sur leur visage, à m'interroger sur ces marques laissées par les années et chargées des turbulences d'une vie écoulée. Derrière ces sillons creusés par l'expérience, derrière ces regards qui racontent tout, sans que les langues aient besoin d'en dire beaucoup, se trouvaient enfouis quelques clés de l'Histoire, des morceaux de vie aux allures faussement anodines, des campagnes militaires, des fresques romanesques, des épopées de villages, des parcours d'hommes et de femmes qui, volontairement ou inopinément, furent entraînés, un jour, dans les soubresauts de l'histoire de leur pays.

Combien de fois étais-je passée devant ce vieux poste de radio couleur marron, toujours recouvert d'un napperon et sur lequel de menus objets avaient pris leur place, au fil du temps ? Des centaines, peut-être des milliers de fois. Je l'avais toujours connu là, au même endroit, dans cette maison familiale. Il semblait en bon état de marche, mais il y avait bien longtemps qu'il n'avait plus rempli sa fonction première. Mon métier de journaliste m'avait mise en relation avec des témoins de l'époque dont les récits faisaient toujours allusion à l'Occupation, aux restrictions et à la radio, « Ici, Londres », « Les Français parlent aux Français », « Honneur et Patrie ». Qui n'avait pas écouté la BBC au cours de la Seconde Guerre mondiale, le général de Gaulle et les Français libres, Maurice Schumann, Pierre Bourdan et bien d'autres encore ?

Au fil du temps, et au gré de mes pérégrinations, je remarquai que la radio anglaise avait apparemment laissé une empreinte indélébile dans les souvenirs de guerre, une image quasi idyllique qui provoquait l'apparition d'un sourire sur le visage de celui qui racontait, même si la dureté de ces années d'occupation allemande revenait rapidement au cœur du récit. Ceux qui « racontaient » évoquaient presque toujours la radio de Londres. Qu'ils aient été possesseurs d'un poste de radio ou dépourvus de cet objet qui, à partir de 1940, devint un bien précieux, tous s'en souvenaient.

Dans le monde d'aujourd'hui, très médiatique, où les technologies d'un jour chassent celles d'hier, où les médias prolifèrent à l'envi dans un univers marqué par la versatilité, cette fidélité à la radio de Londres fait rêver.

Quel était le secret de cette relation nouée entre la BBC et les Français ? Qui étaient ces voix chargées de redonner l'espoir et le courage aux compatriotes de France ? Quels risques avaient pris les Français en se branchant sur les ondes interdites ou en répondant aux mots d'ordre lancés sur les antennes ? Du message lancé sur la radio nationale anglaise aux réactions des auditeurs français, en passant par la propagande et la répression mises en place en France par les autorités de Vichy et celles de l'Occupation, j'ai voulu en savoir plus sur les liens tissés entre Radio Londres et les Français, m'assurer que le mythe n'avait pas pris le pas sur la réalité historique. Après dix ans d'études et de recherches menées dans les archives françaises, anglaises et allemandes, le résultat fut surprenant.

Au-delà des messages codés sans cesse évoqués dans le cadre d'une historiographie longtemps centrée sur les mouvements et les réseaux de Résistance, au-delà d'une imagerie héroïque et romanesque édifiée après guerre, notamment par le cinéma, la BBC fut à l'origine d'une véritable résistance face à l'occupant, celle de la population civile, souvent occultée au profit d'une résistance plus chevaleresque et glorieuse. Ainsi, de 1940 à 1944, dans les programmes diffusés en clair, une équipe de Français à Londres s'adressa quotidiennement à ses compatriotes, non seulement pour leur insuffler l'espoir, la force et le courage de patienter, et leur offrir une source d'informations « libres », mais aussi pour les convier à résister, et pourquoi pas à soutenir les Alliés lors de l'affrontement ultime. Ensemble, pendant ces cinq années de guerre, ils firent de la simple relation hertzienne un instrument de la guerre des ondes contre l'ennemi commun. L'histoire des Français et de la BBC est celle d'une liaison indéfectible nouée dans un temps de guerre, une histoire unique entre un média et ses auditeurs en lutte contre la tyrannie nazie, pour restaurer la liberté et la démocratie.

1

Le général Micro

Depuis les origines de la TSF en France, au début du
XXe siècle, la radiotélégraphie fait figure d'innovation
d'une haute importance stratégique. Les fractures guer-
rières qui meurtrissent l'Europe à compter de 1914
offrent aux spécialistes de cette nouvelle technologie
l'occasion rêvée d'en perfectionner le système. Utilisée
pour améliorer les liaisons de l'état-major et du front au
cours de la Première Guerre mondiale, la radiotélégraphie devient un moyen incontournable de propagation
des informations. Au lendemain du conflit, sans faire
figure d'arme de guerre, elle ouvre déjà la voie à la
radiodiffusion qui va révolutionner l'univers des médias
et offrir, aux auditeurs, un regard nouveau sur un
monde en paix.

Deux ans avant le déclenchement de la Seconde
Guerre mondiale, en 1937, Edouard Branly, pionnier de
la technique radiophonique en France, déclare, à l'occasion de son quatre-vingt-treizième anniversaire, sur les
ondes de Radio Méditerranée, que la radio est un
« instrument de paix et de rapprochement entre les
peuples[1] ». Mais, au même moment, cette vision idéa-
liste du média est en train de succomber sous les coups
portés par les États fascistes et leurs ondes. « En période
de guerre, les mots sont des armes[2] », avait prophétisé

Hitler, en 1925, dans son livre *Mein Kampf*. À l'aube de la Seconde Guerre mondiale, le Führer expérimente la méthode.

À l'automne 1939, la France compte 5 millions de postes récepteurs déclarés, mais en comptabilisant le pourcentage de fraudeurs, on estime le parc réel à 6,5 millions. Les heureux propriétaires de TSF disposent de deux réseaux de radiodiffusion, l'un public, l'autre privé. Le premier vit des subsides versés par l'État, le second peut recourir à la publicité pour financer son réseau. Les adeptes de la Radiodiffusion Nationale (RN) se voient offrir une programmation qui se veut culturelle et élitiste, à l'image de celle de la BBC avec des pièces de théâtre, des concerts classiques, des radio-montages, ou des causeries de spécialistes souvent austères et ennuyeuses.

Dans un registre plus populaire, les postes privés ont adopté un ton plus vif, plus spontané et plus imaginatif. Ils proposent des interviews, des reportages et de la musique légère, entrecoupés de slogans publicitaires. Les animateurs n'hésitent pas à improviser leurs propos en direct alors que leurs homologues du réseau national écrivent tous leurs textes avant de les lire, comme à la BBC.

À l'époque, le réseau de la RN offre deux ou trois programmes qui reposent en majorité sur les émissions des trois postes parisiens : Radio Paris en ondes longues et audibles sur toute la France, Paris PTT (station régionale de l'agglomération parisienne), et Paris-Tour Eiffel en ondes moyennes. Onze autres stations sont localisées dans les principales villes de province où, en dehors du Radio-Journal et des commentaires politiques du réseau national, elles diffusent des informations et des programmes régionaux.

Du côté du secteur privé, on dénombre douze stations. Quatre à Paris : Le Poste Parisien, lié au quotidien *Le Petit Parisien* et qui couvre un quart de la France, Radio 37 qui appartient à *Paris-Soir*, Radio Cité du journal *L'Intransigeant*, et le Poste de l'Ile-de-France, détenu à 50 % par *Le Journal*. Huit autres sont localisées en province[3].

Mais le déclenchement de la guerre change la donne. Les stations privées voient leurs recettes publicitaires diminuer dangereusement. Une fois les animateurs partis sous les drapeaux, les émissions d'information sont remplacées par le Radio-Journal de France, les chroniques et les reportages du centre permanent de l'Information générale. Et comme l'armée a refusé de maintenir en affectation spéciale les professionnels de la radio, la mobilisation a réduit les effectifs globaux de la radiodiffusion en France de 684 à 297 personnes en septembre 1939. Les collaborateurs allemands et autrichiens des émissions étrangères du réseau français seront bientôt internés dans un camp en tant que « citoyens ennemis », et expédiés à Langlade, dans le Gard, le 13 mai 1940. Pour couronner le tout, la radio nationale est pénalisée par des horaires d'une totale incohérence. En cette période de guerre, la RN émet chaque jour de 6 heures à 9 heures. Puis elle se tait de 9 heures à 12 heures et reprend ses programmes de 14 h 30-15 heures à 18 heures-18 h 30.

Cette programmation est en total décalage avec les attentes des auditeurs. Les éditoriaux de Jean Giraudoux, responsable du Commissariat général à l'Information, sont bien trop subtils et alambiqués pour la plupart des Français. Son art de la métaphore, déployé en cette période de conflit, finit par agacer les soldats et les habitants de l'Hexagone. Sa prose heurte, régulièrement, les oreilles des auditeurs qui préféreraient recevoir des mots simples et efficaces, plutôt que des

morceaux choisis d'intellectualisme. Amoureux de l'Allemagne romantique, le « Marivaux de la TSF » selon
Anatole de Monzie, ministre des Travaux publics, Giraudoux manque d'agressivité face aux attaques d'Hitler et
de Goebbels. Dans de telles circonstances, la radio française se révèle d'emblée inadaptée à la guerre.

À la tête des émissions culturelles de la radio nationale française, Georges Duhamel tente d'inverser la tendance élitiste en augmentant la quantité d'émissions de
musique légère française et d'émissions de variétés. Il
introduit des sketches dans les programmes et recrute
quelques personnalités du secteur privé comme Jean
Guignebert, directeur de Radio Cité, Maurice Bourdet,
un des rédacteurs en chef du Poste Parisien, le reporter
Jean Masson de Radio Luxembourg, Jean Antoine, chef
du service reportages de Radio 37, Louis Gautier-
Chaumet, reporter de Radio Cité ou encore Pierre Crénesse, pour redonner vie aux émissions d'information.
Mais la présence d'hommes talentueux et les initiatives
de Duhamel ne parviennent pas à rendre la radio nationale plus divertissante. Duhamel démissionne à la
mi-janvier 1940, donnant raison à Armand Salacrou,
dramaturge et homme d'affaires, qui, dès octobre 1939,
avait livré à Daladier un constat implacable : « Nous
avons perdu la première bataille, celle de la radio[4]. »

Durant cette période de la « drôle de guerre », trois
des cinq millions d'hommes mobilisés vivent en canton-
nement. La radio est le compagnon quotidien dont on
attend distractions, informations et soutien moral. Mais,
comble de malchance, le réseau d'État est le seul
audible sur la ligne Maginot, avec Radio Luxembourg.
Or, la radio d'État lasse par son traitement austère de
l'information et par la censure qui règne sur ses ondes,
donnant à l'auditeur le sentiment d'être pris pour un
enfant. Aussi, à défaut d'écouter les postes privés qui
émettent dans la journée sans interruption inconsidérée,

l'habitude est prise de capter d'autres stations comme la BBC, pour la qualité et la précision de ses bulletins d'information, ou encore Radio Sottens, en Suisse. D'autres se branchent plus dangereusement sur Radio Rome ou les postes allemands comme Radio Stuttgart, qui donnent les informations dont les Français ne disposent pas.

Beaucoup de parlementaires, conscients du danger, ont pourtant interpellé les pouvoirs publics sur leur dangereuse inertie en matière de propagande et de préparation des opinions publiques à la guerre. En février 1940, une série de débats s'était ouverte à la Chambre des députés sur la radiodiffusion française[5] dont l'image était devenue trop déplorable. Mais, pour les hommes au pouvoir, la mission de la radio en France devait se borner à éclairer l'opinion et l'encadrer. L'information devait rester dirigée, censurée, et la propagande de guerre limitée.

Pendant que les Français discutent, les Allemands peaufinent leurs armes psychologiques, et les Britanniques se sont déjà préparés à répondre aux attaques hertziennes de l'ennemi grâce au fleuron de la radiodiffusion anglaise, la British Broadcasting Corporation, plus connue sous le nom de BBC.

Avec 9 millions de postes récepteurs déclarés à l'automne 1939, l'Angleterre s'est dotée d'une radio nationale forte tournée vers l'information, l'éducation et le divertissement. Des émissions pour enfants aux concerts symphoniques en passant par les bulletins de nouvelles, les *school broadcasts* (programmes éducatifs), la musique (surtout classique), les débats littéraires ou philosophiques, les émissions religieuses, le music-hall et les émissions de variétés, les comédies ou les tragédies, les commentaires sportifs et les reportages, les programmes de la BBC sont d'une extrême variété et plaisent !

Face à la propagande insidieuse de l'Allemagne et de l'Italie, les autorités anglaises entendent très vite opérer des changements au cœur de la Broadcasting House, siège londonien de la BBC depuis le 1er mai 1932. Le service d'Empire, notamment, qui propose diverses émissions en langues étrangères sur ondes courtes depuis décembre 1932, est étendu. En décembre 1939, la BBC diffuse des programmes en neuf langues. En février 1945, elle parlera quarante-cinq langues différentes. C'est ainsi que le service français de la BBC voit le jour.

En pleine crise de Munich, le 27 septembre 1938, le Premier ministre britannique Neville Chamberlain lit aux Anglais, entre 20 heures et 21 heures, un discours traduit en direct et diffusé en français, en allemand et en italien. À cette date, la BBC ne dispose toujours pas d'émissions à destination de l'Europe et affiche un sérieux retard par rapport aux ondes germaniques qui, depuis 1932, se répandent dans le monde entier. Le lendemain, la BBC renouvelle l'expérience avec le discours du président Roosevelt. Puis elle offre régulièrement aux auditeurs français des informations sur la situation internationale. Dès le mois d'octobre 1938, le service, composé de trois annonceurs qui travaillent dans un bureau situé, ironie du sort, entre celui de la section italienne et celui de la section allemande, diffuse un bulletin d'informations de 19 heures à 19 h 10. En 1939, à Pâques, on ajoute un autre bulletin à 12 heures. En septembre, l'entrée en guerre de la France et de l'Angleterre entraîne la multiplication des bulletins d'informations diffusés en français auxquels viennent s'ajouter des causeries. À cette époque, la section française se compose de Britanniques parlant le français et de Français résidant en Angleterre, du professeur au journaliste, en passant par l'homme d'affaires ou l'acteur. Peu sont de vrais professionnels de la radio, mais tous s'impliquent dans cette tâche, sans savoir s'ils parviendront à intéresser les auditeurs français. Les émissions de la BBC sont pourtant déjà connues des amateurs de concerts, plus particulièrement dans le nord et l'ouest de la France. « Nous sommes des assidus, ma famille et moi, des informations en français au poste Radio Londres par la BBC, et souvent nous comparons les informations de Stuttgart et les vôtres, quelles différences ! Tandis que les leurs puent le mensonge et la révolte contre l'Angleterre, les vôtres sont clairement exposées[6] », écrit ainsi une habitante du Cher, le 10 février 1940. Les témoignages de ce type ne sont pas rares.

Dès septembre 1939, des Français s'adressent à la BBC, les uns pour demander les heures et les longueurs d'onde des émissions, les autres pour manifester leur opinion et leur sympathie, ou encore pour confier leur désarroi face à la défaillance de la radiodiffusion française en matière d'information. En novembre, le consul britannique basé à Nantes note qu'un nombre croissant de Français écoutent les nouvelles de la BBC, à 21 heures, les trouvant plus complètes et plus intéressantes que celles des postes français[7]. La bonne réputation des émissions de Londres commence à se propager. Le bouche à oreille ou la publicité faite par des journaux comme *Paris-Soir* qui publie les programmes français de la radio nationale anglaise ne sont pas étrangers à ce succès naissant. En février 1940, les services d'études de la BBC ont déjà reçu quelque 1 500 lettres destinées à la radio. Ils en recevront encore 900 de la mi-février à la mi-mars 1940, 935 le mois suivant, et 862 dans la première quinzaine de juin.

La presse nationale ne manque pas de relever cet attrait pour le poste anglais. Le vendredi 2 février 1940,

L'Œuvre[8] salue, en première page, le niveau de la radio d'État anglaise qui n'est pas, selon le journaliste, « une belle endormie ». Le 20 février, c'est au tour de *La Croix du Nord*[9] de rendre hommage à la radio de Londres pour la qualité de ses informations, l'humour qui perce sous les commentaires, le ton adapté à la nature même des nouvelles, et pour le *fair play* des speakers qui jamais ne sous-estiment l'auditeur. « Admirable poste donc, aux heures d'information. Mais, comme il sait servir l'amitié franco-britannique ! », écrit le journal pour lequel la magie de la radio unit, en la circonstance, les âmes des deux peuples dans une intimité fraternelle. Même le journal *Gringoire*, connu pour son anglophobie, verse dans le compliment. Le 9 mai 1940, F. de Servoules dénonce la « nulité » des informations françaises, dans sa chronique « Radio de Guerre[10] », et le 16 mai 1940, il finit par suggérer aux responsables français de se mettre d'accord avec la radio anglaise pour combler le retard en matière d'information[11].

Il est vrai que la drôle de guerre a donné l'occasion aux belligérants de vérifier l'efficacité de l'arme radiophonique sur le champ de bataille. Hitler s'y est illustré avec brio. Sa méthode qui consiste à anéantir l'ennemi par l'intoxication morale et la paralysie psychologique fait des merveilles.

Dès son arrivée au pouvoir, le Führer a procédé à la nazification des médias. La RRG (Reichsrundfunk Gesellschaft) dépend désormais du ministère de la Propagande, sous la coupe de Joseph Goebbels qui se mue en véritable génie des ondes et transforme le nouveau média en un puissant outil de propagande. L'homme a des idées bien arrêtées sur le couple propagande-radio qui constitue un moyen idéal pour orienter l'opinion publique. Il est persuadé que la radiodiffusion sera aussi efficace que des chars sur les champs de bataille. Ainsi, des haut-parleurs sont installés dans les rues, les usines et les bureaux. L'écoute des postes allemands devient un devoir national et celle des émissions ennemies un crime. Les contrevenants risquent la prison, voire la peine capitale. Point d'orgue de cette mainmise sur les programmes de la radio nationale : à partir du 9 janvier 1940, la radiodiffusion allemande ne propose plus aux auditeurs qu'un seul programme sur toutes les radios du Reich. Les gouvernants nazis sont devenus les maîtres de la radiodiffusion dans leur pays où l'on dénombre alors 13,7 millions de possesseurs de postes.

Dès le début de la drôle de guerre, le couple Hitler-Goebbels entend conquérir les esprits français. Il joue sur le thème de l'invincibilité des troupes allemandes. Dans le même temps, il tente de persuader les soldats français que l'Allemagne ne veut en aucune façon de cette guerre, et que la Wehrmacht ne les attaquera pas tant que l'armée française n'aura pas engagé les combats. Le message est clair : ce sont les dirigeants français et britanniques qui sont les vrais responsables de leur présence sur le front militaire.

Mais Goebbels compte surtout sur la radio pour remporter des victoires psychologiques et vaincre l'ennemi de l'intérieur. Face à la ligne Maginot, il fait installer des haut-parleurs pour diffuser de la musique populaire, les chansons de Maurice Chevalier, « Et tout ça, ça fait d'excellents Français, d'excellents soldats, qui marchent au pas », ou celles de Joséphine Baker. En émaillant cette programmation de slogans et de nouvelles démoralisantes, Goebbels veut porter un coup fatal au moral des troupes. Chaque jour, le poste de radio assène ainsi aux soldats des histoires ignobles et blessantes, laissant croire par exemple que les Anglais consolent leurs femmes à l'arrière !

L'arsenal machiavélique est complété par des « postes noirs », c'est-à-dire des stations de radio dont on cache la véritable identité et qui ont été lancées à partir du

16 décembre 1939. Prétendant émettre depuis la France, ils diffusent en réalité depuis l'Allemagne, avec l'aide de speakers français, et effectuent leur travail de sape jusqu'au 25 juin 1940. Tantôt appelé « La Voix de la paix » ou « Réveil de la France », un de ces postes s'adresse aux nationalistes qui rejettent la guerre et le Front populaire. Il se présente à eux comme une opposition pacifiste et révolutionnaire d'extrême droite.

Ces radios provoquent une grande confusion dans l'esprit des auditeurs auxquels le gouvernement français est présenté comme guerrier et sanguinaire. Les Allemands ciblent également les communistes, à l'attention desquels ils lancent Radio Humanité en janvier 1940. Présentée comme le porte-parole officiel du Parti communiste français, dissous à la suite du pacte germano-soviétique, elle émet de Prusse orientale ou de Pologne occupée, sur grandes ondes (1 180 mètres). Ses émissions diffusent des appels aux ouvriers français, les invitant à arrêter cette « guerre impérialiste » et à lutter contre « les deux cents familles ». Le poste attaque violemment les membres du gouvernement français, qualifiés de traîtres et de capitalistes bellicistes. Que ce soient Edouard Daladier, Neville Chamberlain, Léon Blum ou Paul Reynaud, tous sont présentés comme des « larbins du capitalisme » et traités sans ménagement.

Mais à côté de ces postes, Radio Stuttgart est certainement le plus beau fleuron de l'arsenal radiophonique allemand[12]. Lancées début septembre 1939, ses émissions sont préparées par des journalistes exilés, dont un certain Obrecht dit « Saint-Germain ». Elles sont diffusées sept fois par jour, avec pour but de conditionner les Français contre les Juifs, les politiciens français et les Anglais, tous responsables de la guerre. « L'Angleterre entend combattre jusqu'au dernier Français », entend-on le 22 septembre. « Auditeurs français, l'Angleterre fournit les machines alors que la France fournit les poitrines. Cette phrase fait depuis quelques jours le tour de votre pays. N'exprime-t-elle pas l'opinion de vous tous ? », demande-t-on, le lendemain.

Le poste parvient vraisemblablement à captiver une partie de l'auditorat français, notamment après la révélation, par voie de presse, le 6 octobre 1939, de l'identité de celui que l'on a coutume d'appeler le « traître de Stuttgart » : Paul Ferdonnet. Né en 1901 à Niort, journaliste à *L'Action française*, puis correspondant à Berlin dès 1927, ce fils d'instituteur charentais avait aussi été correspondant du journal parisien *La Liberté*, puis de quotidiens français en 1928 comme *L'Œuvre* ou *L'Intransigeant*. Auteur de livres favorables au IIIe Reich, il a fondé à Paris, en 1934, l'agence de presse Prima et son double à Berlin sous le nom de Prima Dienst. À la déclaration de guerre, il est resté à Berlin avec sa femme pour travailler comme traducteur au service des langues étrangères de la Reichsrundfunk[13]. Son nom devient symbole de « trahison ». Le « traître » dégoûte, mais il réussit, en même temps, à amuser les Français.

Malgré le style emphatique, vulgaire et répétitif de Radio Stuttgart, de nombreux auditeurs français se branchent sur ce poste, comme le montrent les courriers adressés à la BBC. « Nous comparons souvent vos bulletins d'information avec ceux de Stuttgart », explique un auditeur. Radio Stuttgart connaît un pic d'audience fin février-début mars 1940, phase de démoralisation des Français, puis à la mi-avril 1940, au moment des combats violents en Norvège. Inquiet du phénomène, Daladier ordonne de brouiller le poste allemand, mais le dispositif mis en place n'est efficace que sur la région parisienne. Il faut attendre le mois de mars 1940 pour qu'il soit opérant sur la ligne Maginot. On sait aujourd'hui que l'écoute et l'influence réelles de Radio Stuttgart furent passablement exagérées, mais l'idée selon laquelle « Stuttgart sait tout » sape le moral des

Français. « Des espions renseignent les Allemands ! »,
entend-on pour expliquer la performance « informa-
tive » de la radio. En réalité, Radio Stuttgart obtient ses
informations de la section française du ministère allemand de la Propagande. Aucune source clandestine ni
aucune cinquième colonne ne viennent plus alimenter
les renseignements allemands. Mais le poste germanique continue de bénéficier d'une dimension prophé-
tique qui provoque un flot de rumeurs et débouche sur
un phénomène d'intoxication psychologique des Français. La peur, la lassitude et le mécontentement de la
guerre renforcent l'idée que l'ennemi est parmi les
patriotes. C'est peut-être le plus beau succès de Radio
Stuttgart.

Pendant ce temps, la radiodiffusion française est vic-
time de l'instabilité politique. Nommé le 1er avril 1940
au ministère de l'Information, Ludovic-Oscar Frossard
tente bien de compléter les effectifs de ses employés
touchés par la mobilisation, et de raffermir le ton des
émissions diffusées sur les ondes. Mais l'évolution du
conflit ne lui laisse pas le temps d'agir. Alors que Goebbels accentue la pression psychologique via ses postes
clandestins français, rejoints bientôt par Radio Rome,
Radio Madrid et Radio Moscou, Paul Reynaud procède
à quelques ultimes remaniements. Dans la nuit du 5 au
6 juin, il nomme Jean Prouvost (patron de *Paris-Soir* et
de Radio 37) au ministère de l'Information à la place de
Frossard que l'on affecte aux Travaux publics, alors que
le colonel Charles de Gaulle devient sous-secrétaire
d'État à la Défense. Ce militaire de quarante-neuf ans,
peu connu du public, a déjà été en fonction au secrétariat général permanent de la Défense de 1932 à 1937.
Sous-secrétaire d'État à la Défense nationale et à la
Guerre depuis le 5 juin 1940, de Gaulle est à la fois un
homme de terrain et un théoricien de l'arme blindée.

En ce mois de juin 1940, son nom n'évoque rien au grand public. Pourtant, de Gaulle n'est pas tout à fait un inconnu. Ses nombreux articles et spécialement son livre *Vers l'armée de métier*, publié en 1934, l'ont fait connaître dans les sphères militaire et politique. Conscient de la faiblesse de l'équipement militaire français, du retard en matière de tactique de guerre et de la nécessité de développer l'arme blindée en vue d'une stratégie offensive, il a déjà fait preuve d'un esprit de contestation. Le 26 janvier 1940, il avait adressé à quatre-vingts personnalités civiles et militaires un mémoire intitulé *L'Avènement de la force mécanique* qui, selon son biographe Jean Lacouture, constitua un prélude à son appel du 18 juin 1940 et un acte proche de la rébellion.

Apprécié par Paul Reynaud, Charles de Gaulle a aussi obtenu, le 10 mai 1940, le commandement d'une division cuirassée en formation. Ses théories se vérifient sur le terrain. Il remporte vite des succès, les 17 et 19 mai à Montcornet (au nord de Laon, dans l'Aisne), puis le 29 mai devant Abbeville (Somme). Mais de Gaulle n'ignore pas que les chances de la France de sortir victorieuse de cette guerre restent minces. Le 6 juin, dans le cabinet de Reynaud, rue Saint-Dominique, au ministère de la Guerre, il propose donc au président du Conseil de poursuivre la lutte dans une province de l'Empire. Il forme une équipe qui comprend notamment Jean Laurent, directeur général de la banque d'Indochine et qui fut son chef de cabinet civil, et le lieutenant Geoffroy de Courcel, secrétaire d'ambassade à Athènes, mobilisé à Beyrouth en septembre 1939, venu en permission à Paris en mai 1940 et affecté au bureau de De Gaulle qui avait souhaité comme aide de camp « un diplomate parlant l'anglais ».

Entre le 6 et le 16 juin 1940, il entreprend plusieurs voyages en Angleterre. Le dimanche 9 juin, il demande quelques avions et des troupes au nouveau Premier ministre britannique Winston Churchill[14] qui apprécie d'emblée « ce général à l'esprit offensif ». De Gaulle, lui, est conquis par le « lutteur » anglais, très cultivé et au jugement assuré, cet homme « fait pour agir, risquer, jouer le rôle, très carrément et sans scrupule[15] ».

Dans la nuit du 14 juin, faute d'avoir pu obtenir un avion, de Gaulle prend la route pour la Bretagne. Dans l'après-midi, il a exprimé à Reynaud sa détermination à ne pas se soumettre à un armistice. « Si vous restez ici, vous allez être submergé par la défaite. Il faut gagner Alger au plus vite. Y êtes-vous, oui ou non, décidé[16] ? » Le président du Conseil répond par l'affirmative. De Gaulle convient de partir pour Londres, pour y chercher le concours des Anglais pour le transport du matériel.

Dans la capitale anglaise, après des discussions avec Churchill et le Cabinet britannique, on aboutit à l'idée de constituer une « Union franco-britannique », une sorte de fédération groupant Français et Britanniques sous un même gouvernement, avec des institutions communes. Une fois les Anglais d'accord, de Gaulle téléphone à Reynaud pour l'informer et l'encourager à résister aux défaitistes qui l'entourent. Puis le 16 juin, à 18 h 30, il prend un avion mis à sa disposition par Churchill. Le temps d'arriver en France, Reynaud a démissionné. Vers 21 h 30, à l'aéroport de Mérignac, de Gaulle apprend qu'il n'est plus sous-secrétaire d'État à la Guerre. Il décide de repartir en Angleterre. Le temps d'obtenir la délivrance des passeports indispensables à sa femme et à ses enfants pour quitter le territoire français, de Gaulle, Edward Spears, officier de liaison auprès de l'état-major français, et Geoffroy de Courcel s'envolent de Bordeaux, le 17 juin, à 9 heures. Dans un biplan à quatre places aux couleurs de la RAF, piloté par un Anglais, le jeune général français rompt avec la légalité.

L'avion atterrit sur l'aéroport de Heston, dans la banlieue de Londres, vers 12 h 30. Au même moment, le maréchal Pétain, successeur de Paul Reynaud, appelle les Français à cesser le combat.

En France, parmi les réfugiés qui se jettent sur les routes et les 600 000 soldats qui battent en retraite vers le sud, nombreux sont ceux qui tentent, lors des haltes, d'écouter la radio nationale qui continue d'émettre jusqu'au 17 juin, date à laquelle l'émetteur d'Allouis tombe aux mains des Allemands. Le poste reste le dernier moyen de s'informer en dehors des quelques journaux qui paraissent encore, de façon irrégulière, dans la moitié sud du pays. Dans ces conditions difficiles, le maréchal de France lance son allocution radiophonique le 17 juin 1940, à midi.

Drapé dans son manteau de sauveur, héros de 14-18, Pétain est un vieillard de quatre-vingt-quatre ans qui entend sortir la France de la guerre en négociant avec le vainqueur. D'une voix un peu sourde et brisée par l'âge, sur un ton monotone mais émouvant, il prend la parole à la radio nationale : « Sûr de la confiance du peuple tout entier, je fais don à la France de ma personne pour atténuer son malheur. » Compatissant à la douleur des Français et jouant sur les sentiments, il poursuit : « C'est le cœur serré que je vous dis aujourd'hui qu'il faut cesser le combat. » La demande des conditions d'armistice n'impliquant pas la fin des affrontements, cette phrase fut par la suite modifiée pour la presse en « il faut tenter de cesser le combat ».

En France, certains accueillent avec soulagement l'annonce de l'armistice. Ils y voient l'espoir d'un retour chez eux et la reprise d'une vie paisible, comme avant. D'autres, moins nombreux, espéraient voir le héros national galvaniser les énergies. Cette allocution radiophonique constitue, pour eux, un véritable « coup de poignard ». Pour les Français de l'étranger, la distance n'atténue pas la douleur. En Angleterre, à la nouvelle du discours de Pétain, c'est « le coup de tonnerre », comme le raconte le journaliste Jean Marin qui se souvient que, ce soir-là, dans les salles de spectacle, on ne joua pas *La Marseillaise* avant le *God Save the King*, comme on avait coutume de le faire depuis le début de la guerre[17].

En soirée, Radio Stuttgart pousse les Français à se dresser contre les Britanniques. Les propagandistes de l'Allemagne hitlérienne veulent ruiner l'image de l'Allié britannique, en faire le responsable de la défaite et le bouc émissaire du peuple français trahi et déshonoré. Le 17 juin 1940, après la demande d'armistice, Goebbels donne donc l'ordre de ne pas évoquer les négociations en cours. Il s'agit d'inciter les soldats français à cesser le combat et à dresser le bilan de la situation militaire en déclarant qu'il s'agit là de « la plus grande défaite de tous les temps[18] ».

Le 17 juin, vers 15 heures, Charles de Gaulle se rend au 10 Downing Street pour rencontrer Winston Churchill qui l'attend dans son jardin ensoleillé où il prend du repos. Il obtient du Premier ministre l'autorisation de lancer un appel à la BBC, mais pas avant que le gouvernement français replié à Bordeaux n'ait demandé l'armistice. Ils n'apprennent l'allocution de Pétain qu'un peu plus tard, après leur rendez-vous.

La demande du général de Gaulle de faire usage de la radio n'est pas innocente. Dès les années 30, il prônait l'utilisation de ce média comme un outil indispensable à la conduite d'une guerre plus rapide et plus offensive. Dans son livre *Vers l'armée de métier*, il expliquait déjà que la radio avait un rôle à jouer dans les opérations militaires[19].

Dans la pratique, l'outil radio ne lui est pas non plus étranger, contrairement au mythe qui veut que le général de Gaulle ait parlé à la radio pour la première fois, le 18 juin 1940. Il avait déjà parlé dans un micro le 21 mai 1940, près de la demeure du Vieux Château, propriété du maire de Savigny-sur-Ardres, entre Reims et Soissons. Ce jour-là, à la demande d'un officier des services de propagande du GQG (Grand Quartier Général), le capitaine Alex Surchamp (officier de la cavalerie qui, en 1926, s'était lancé dans le journalisme à la radio et qui sillonnait les terrains de combat, suivi d'un camion d'enregistrement sur disque), le colonel de Gaulle, commandant la quatrième division cuirassée, avait enregistré, sans reprise, une allocution radiophonique pour contrer le défaitisme de la population. Portée au studio des PTT, 103, rue de Grenelle à Paris, avec les autres disques, elle fut diffusée dans « Le quart d'heure du soldat », émission quotidienne qui passait à 18 heures. Les historiens Anne et Pierre Rouanet ont retrouvé le texte de cette première émission de radio. Le contenu du document présente de profondes similitudes avec l'appel lancé sur les ondes de la BBC, le soir du 18 juin 1940. Sa ligne de pensée est restée identique. Sa force de conviction en l'arme blindée et en la victoire future de la France est forgée depuis longtemps. L'allocution lancée depuis Savigny-sur-Ardres préfigurait l'appel du 18 juin 1940.

« La première chose à faire était de hisser les couleurs. La radio s'offrait pour cela[20] », écrira quelques années plus tard Charles de Gaulle. Au soir de l'allocution du maréchal Pétain, son jugement sur l'utilité de la radio comme arme de guerre est établi. Après avoir dîné chez Jean Monnet et sa femme à laquelle il déclare ne pas être là « en mission » mais pour sauver l'honneur de la France, de Gaulle commence la rédaction de son texte. Son ébauche manque encore d'envergure. Le lendemain matin, dès 8 heures, alors que le temps s'annonce radieux, il reprend l'écriture de son appel, fumant cigarette sur cigarette et raturant vigoureusement ses feuillets. À 10 heures, Elisabeth de Miribel, employée depuis janvier 1940 à la Mission Morand[21], est contactée par Geoffroy de Courcel, l'un de ses amis d'enfance, et arrive à l'appartement pour se charger des travaux de secrétariat.

Pendant ce temps, hors la présence de Churchill, les ministres britanniques se réunissent pour évoquer les relations diplomatiques qu'ils entendent maintenir avec la France. La sécurité de la Grande-Bretagne dépend du devenir de la flotte française. Or, l'intervention à la BBC d'un militaire en rupture avec le gouvernement français risque de compromettre sévèrement l'avenir de l'entente franco-britannique. Au 10 Downing Street, le Cabinet de Guerre, composé de Neville Chamberlain (Lord Président, responsable des Affaires intérieures), de lord Halifax (au Foreign Office), du travailliste Clement Attlee (lord du sceau privé), d'Anthony Eden (à la Guerre) et d'Alfred Duff Cooper (à l'Information), se retrouve donc à 12 h 30 et décide de refuser au général de Gaulle l'utilisation de la radio. Edward Spears, chargé de mission personnel de Churchill auprès des autorités françaises, prévenu par Duff Cooper, favorable à de Gaulle, en rend compte au Premier ministre qui l'autorise à intercéder auprès de chacun des membres du Cabinet en faveur du général français.

Pendant ce temps, de Gaulle déjeune tranquillement avec Duff Cooper et Courcel, sans que ce conflit soit évoqué au cours du repas. Il semble qu'il ait alors déjà soumis son texte aux Anglais, même s'il s'en défendit plus tard.

Grâce à l'intervention de Spears, le Cabinet de Guerre revient sur sa position. De retour à Seymore Grove, vers 15 heures, de Gaulle relit son texte et le remanie encore. En fin d'après-midi, il est prêt. Il commande un taxi pour Oxford Circus et dépose Elisabeth de Miribel à son domicile, à Brompton Square, avant de se rendre à la BBC en compagnie de Geoffroy de Courcel.

Quelle heure est-il quand il lance son appel ? 18 heures, 20 heures, 22 heures ? Le témoignage des principaux acteurs s'est perdu dans les méandres de la mémoire et ne permet pas de trancher, avec certitude, en faveur de l'une ou l'autre des versions. Dans ses *Mémoires de guerre*, Charles de Gaulle est formel : « A 18 heures, je lus au micro le texte que l'on connaît », horaire confirmé par Geoffroy de Courcel[22] qui ajoute que le général de Gaulle l'a ensuite convié à dîner au Langham Hotel, en face de la BBC, vers 19 heures.

Elisabeth de Miribel, elle, est un peu plus confuse. Alors que dans un article du *Figaro*, en date du 17-23 juin 1965, elle déclare se souvenir du taxi qui l'a déposée chez elle « avant dix heures du soir », elle parle de 20 heures, lors d'une interview donnée à la radio française le 18 juin 1971, évoquant « un souvenir d'obscurité » pour appuyer ses dires. Dans un journal spécialisé, *Historama*[23], elle maintient cette version en disant : « Le seul souvenir concret, c'est qu'à la fin de la journée il faisait déjà sombre. » Mais elle finit par écrire que, vers 6 heures du soir, sa tâche terminée, le Général fit appeler un taxi pour se rendre à la BBC avec Courcel et qu'ils la déposèrent en chemin devant sa porte. « Il fait encore clair, c'est la fin d'une belle journée[24]. »

D'après Asa Briggs[25], historien officiel de la BBC, la radio aurait annoncé à 20 h 15 qu'un général français parlerait sur les ondes un peu plus tard. Le message du Général, qui, selon Briggs, n'avait pas été enregistré, aurait été diffusé à 22 heures. À cette époque, alors qu'il était 20 heures à Londres, heure GMT, il était 18 heures à Paris, GMT–2. Ces différences d'horaires expliquent peut-être la multiplicité des témoignages. Selon le document rédigé par le chef adjoint des services outre-mer de la BBC, J.B. Clark, le responsable au ministère de l'Information britannique, Lindsey Wellington, lui aurait téléphoné juste avant 20 heures pour lui donner l'autorisation de laisser parler de Gaulle. Wellington aurait également décidé d'annoncer l'intervention du Général dans le bulletin français de 20 h 15. J.B. Clark, lui, est formel : « Le Général a parlé à 10 heures du soir[26]. »

À cette date, le programme en français ne comporte que trois créneaux horaires susceptibles d'accueillir l'appel du général de Gaulle : à 18 h 15, à 20 h 15 et à 22 heures, horaires auxquels la BBC diffuse un quart d'heure de nouvelles en français. En outre, d'après un document des écoutes suisses, la section radio de la division presse et radio de l'état-major de l'armée suisse avait mentionné en détail l'appel de De Gaulle à 22 heures. Le service des écoutes signala que, dans le bulletin d'informations en français de la BBC, à 20 h 15, le speaker avait annoncé que le général de Gaulle parlerait le soir même aux auditeurs français à 22 heures. De son côté, Elisabeth Barker, future politologue, alors hôtesse et collaboratrice à la BBC, remplit le bulletin de commande, sorte de fiche technique pour les archives de la radio. Sur cette fiche, elle précisa la durée de l'appel (quatre minutes), et l'heure (10.00 pm.). Elle nota aussi que le Général n'avait touché aucun cachet pour sa prestation.

Tous ces éléments permettent de penser que l'Appel du 18 juin passa sur les ondes à 22 heures, heure anglaise. Ils peuvent aussi laisser entendre que l'allocution de De Gaulle a pu être enregistrée pour être diffusée plus tard, le disque n'ayant pas été conservé. L'enregistrement sonore diffusé sur le CD publié conjointement à ce livre aux éditions Livrior, date du 22 juin, mais il reprend les thèmes de l'allocution du 18 juin.

En tout cas, après sa première diffusion, le texte fut rediffusé sur l'antenne, et à plusieurs reprises, pendant vingt-quatre heures, dans le cadre des informations en français, lu semble-t-il par des speakers.

Ce soir du 18 juin, le général de Gaulle est accueilli à la radio de Londres par Stephen Tallents, directeur des informations de la BBC, vraisemblablement accompagné par deux de ses collaborateurs, Leonard Miall et Elisabeth Barker[27]. Il se rend au quatrième étage, studio 4B, 4D ou 4C, selon les versions laissées par les témoins de l'époque. Deux annonceurs du programme en cours sont déjà installés dans le studio, Maurice Thierry et Gibson Parker qui lit un texte griffonné par Patrick Smith pour présenter le Général.

Maurice Thierry donne les informations quand de Gaulle entre dans le studio. Courcel et Spears s'installent dans un bureau attenant. Jean Marin et Jean Oberlé se tiennent debout dans un couloir de la BBC. Ils écoutent l'appel retransmis par un haut-parleur.

Alors qu'on lui demande un essai de voix, le général de Gaulle dit simplement : « La France. » Puis, dans un style percutant mais simple, usant de phrases courtes et de l'art de la répétition pour mieux imprégner les esprits, il lance son appel. Dénonçant la trahison des chefs militaires vaincus qui ont formé un gouvernement, il explique que la France est techniquement et tactiquement battue, mais qu'elle doit gagner la guerre depuis d'autres territoires. « Car la France n'est pas seule. (...) Cette guerre est une guerre mondiale. » Loin d'évoquer des « heures douloureuses » comme Pétain, de Gaulle tente de redonner l'« espérance » et appelle à la « résistance ». Il se place déjà sur le terrain de l'espoir pour provoquer chez les Français un sursaut national et une adhésion à son combat. Il est un des rares à ne pas verser dans le culte de Pétain et à considérer que, pour le malheur de la France, la vieillesse est un naufrage.

Il annonce aussi qu'il parlera le lendemain à la radio de Londres. « Quand le Général est sorti, se souvient Jean Marin, Oberlé m'a dit : "Il sort du studio, mais il entre dans le Larousse[28]." »

Le général de Gaulle prononça, au fil du temps, des allocutions plus abouties. Le discours qu'il avait prévu de donner le 19 juin, par exemple, et qui dénonçait le gouvernement de Bordeaux, aurait été plus ferme et plus politique. Ce soir du 18 juin, il a, en tout cas, confirmé le rôle essentiel de la radio en temps de guerre. Le micro sera le lien principal entre lui et les Français.

Il est utile de préciser que le texte de l'appel que l'on connaît n'est pas tout à fait celui que les auditeurs entendirent à la radio. Les deux premières phrases du texte, connues sous la forme suivante[29] : « Les chefs qui, depuis de longues années, sont à la tête des armées françaises ont formé un gouvernement. Ce gouvernement, alléguant de la défaite de nos armées s'est mis en rapport avec l'ennemi pour cesser le combat », ont été modifiées. Les auditeurs de la BBC ont en réalité entendu : « Le gouvernement français a demandé à l'ennemi à quelles conditions pourrait cesser le combat. Il a déclaré que, si ces conditions étaient contraires à l'honneur, la lutte devait continuer. »

Tout porte à croire que le général de Gaulle a dû atténuer la version de son texte pour satisfaire le Cabinet britannique. Cette différence fut notamment relevée dans les journaux français comme *Le Petit Provençal* qui reproduisit l'appel en intégralité en première page, *Marseille-Matin* en page 3, *Le Petit Marseillais* en page 3 et *Le Progrès de Lyon* en page 2. D'autres journaux comme *La Petite Gironde* n'en publièrent qu'un extrait sous la forme d'un entrefilet[30].

Le texte fut également reproduit en Angleterre, grâce à la traduction qu'en fit Elisabeth Barker pour la presse anglaise. Il parut dès le lendemain, en entier dans le *Times* et en version plus courte dans des journaux tels le *Daily Mail*, le *Liverpool Daily Post* ou le *Glasgow Herald*.

À la suite de cet appel lancé sur les antennes de Radio Londres, des affiches furent commandées par le Général. Le texte en français qui fut rédigé à cette occasion et placardé sur les murs de Londres, à partir du 3 août, est souvent considéré comme celui de son appel. On le retrouva publié, le 5 août 1940, dans le *Times* et le 15 août dans le premier journal de la France libre. La première phrase, « La France a perdu une bataille, mais la France n'a pas perdu la guerre », fait désormais partie de la mémoire collective. L'opinion est persuadée que de Gaulle la prononça le soir du 18 juin. Il n'en fut rien.

Au lendemain du 18 juin 1940, le général de Gaulle devient donc une voix, un homme sans visage, dont le bref passage au gouvernement en tant que sous-secrétaire d'État à la Guerre ne permit pas aux Français d'en mémoriser les traits. La propagande collaborationniste le caricaturera sous l'apparence du « général Micro ». Ce sera l'aveu de la puissance radiophonique du général de Gaulle qui, dès ce mois de juin 1940, a pris la juste mesure du pouvoir de la radio.

De nombreux Français ont-ils entendu l'Appel du 18 juin ? Depuis la fin de la guerre, beaucoup l'affirment, malgré la situation dramatique que vivait la France en déroute et l'exode subi par quelques millions de Français. L'historien Henri Amouroux rapporte que l'ancien ministre Landry l'a entendu chez le maire d'Aizecq, à 21 h 15. Le député socialiste André Philip, lui, est à Cognac où il vient d'arriver[31]. L'écrivain Charles Rist note dans son journal, à la date du mercredi 19 juin 1940 : « Entendu hier soir à la radio l'appel courageux et émouvant du général de Gaulle, qui nous redonne l'espoir et la confiance[32]. » L'avocat et homme politique Pierre Mendès France l'entend chez un de ses cousins auquel il a demandé de prendre l'écoute de la BBC, et là, le miracle se produit. « Ce n'est pas un Anglais qui parle, c'est un Français qui, de Londres, exprime la pensée encore inconsciente de la France[33]. » Maurice Schumann se trouve à Niort, dans l'arrière-cour d'un café, quand il entend l'appel. Quant à l'homme de radio André Gillois, il est alors chez une amie dans le Lot, du côté de Touzac. Sa première réaction est de dire : « Il est bien gentil, mais comment veut-il qu'on le rejoigne[34] ? » Selon lui, beaucoup de Français ont capté cette émission de la BBC, ce qui l'incite à penser que de nombreuses personnes ont en réalité entendu l'Appel du 18 juin, mais ne s'en sont pas vantées, car elles n'ont pas cru ce jeune général inconnu[35]. En fait, il est bien difficile, aujourd'hui encore, d'apprécier l'audience dont le général de Gaulle bénéficia ce soir du 18 juin 1940.

Le lendemain de son intervention à la radio, de Gaulle s'exprime devant sir Robert Vansittart (conseiller spécial auprès de lord Halifax et délégué pour les affaires françaises), le major général E.L. Spears (chargé de mission de Churchill auprès des autorités françaises) et le député Henri de Kérillis. Il estime que, en France, on va sûrement le prendre pour un aventurier, un rebelle et le condamner[36]. Il ne se trompe pas. Dès le 19 juin, les postes allemands dénoncent cet appel à la résistance, jugé fou, et qui ne fera, selon eux, qu'augmenter les malheurs des Français tout en servant la Grande-Bretagne[37].

Le même jour, le gouvernement de Pétain somme de Gaulle de regagner la France, et le 22 juin sa nomination en tant que général à titre temporaire est annulée. Le 23 juin, par une mesure disciplinaire, il est « admis à la retraite d'office » et, le 28, une note de Paul Baudouin l'appelle à « se constituer en état d'arrestation à la maison d'arrêt Saint-Michel de Toulouse » dans les cinq jours afin d'être jugé par un tribunal militaire pour « délit d'excitation de militaires à la désobéissance ». Le 4 juillet, il est effectivement condamné par le tribunal militaire de la XVIIᵉ région (Toulouse) à quatre ans de prison et 100 francs d'amende. Il sera aussi déchu de la nationalité française. Le verdict de Toulouse étant jugé trop clément, un deuxième tribunal militaire, siégeant à Clermont-Ferrand, le condamne à la peine capitale pour désertion et mise à la disposition d'une puissance étrangère. De Gaulle fait savoir que, pour lui, le jugement est « nul et non avenu ».

Avec l'Appel du 18 juin, de Gaulle a fait entendre une voix dissidente sur les ondes anglaises. Et si les Allemands ont été des précurseurs en matière de guerre psychologique menée sur le terrain militaire, les hommes de Londres vont, à leur tour, utiliser avec brio la radio comme arme de guerre. Radio Londres n'entend pas laisser le peuple de France coupé du monde démocratique. Des voix vont s'élever pour tenter d'insuffler un peu d'espoir aux habitants vivant de l'autre côté du Channel. La BBC va se transformer en radio de combat.

2

La France est muette

Le 25 juin 1940, à minuit et demi, trois jours après la signature de l'armistice, Goebbels donne l'ordre aux émetteurs clandestins français de mettre fin à leurs programmes. L'article 14 de l'armistice ne laisse planer aucune ambiguïté : « Tous les postes émetteurs de TSF se trouvant en territoire français doivent cesser sur-le-champ leurs émissions. La reprise des transmissions par TSF dans la partie du territoire non occupée sera soumise à une réglementation spéciale. » La France est muette. Elle ne retrouvera sa voix que le 5 juillet 1940. En attendant, en zone libre comme en zones occupée et interdite, la population française s'apprête à vivre dans un pays à l'information surveillée et orientée, où les médias ne jouissent plus des libertés essentielles propres à une démocratie. La législation imaginée par les Allemands pour l'administration des territoires conquis et occupés ampute les libertés fondamentales. Selon l'ordonnance du 10 mai 1940[1], les attroupements dans les rues, l'édition et la distribution de tracts susceptibles de nuire au Reich, l'organisation d'assemblées publiques et de manifestations antiallemandes en tout genre sont interdits. Ceux qui écouteront en public des émissions de TSF non allemandes, ou qui colporteront des nouvelles radiodiffusées et hostiles à l'Allemagne, seront également passibles de peines de prison, de travaux forcés, ou même de la mort.

Par la force et la répression, les Allemands veulent imposer leur loi, y compris en zone libre où ils n'hésitent pas à intervenir pour exercer un contrôle sur l'État français peu à peu vassalisé. Forts de leur victoire, ils appliquent les méthodes éprouvées en Allemagne, la censure, la propagande et la répression, et noyautent l'ensemble des moyens médiatiques à leur disposition. La Propagande doit permettre de dompter les esprits et aider à la gestion des pays occupés. Aussi, des services spécifiques sont rapidement créés en France.

Le 18 juillet 1940, « l'organe officiel de la propagande nazie[2] » voit le jour à Paris : la *Propaganda-Abteilung*. Elle relève du ministère de la Propagande du Reich, c'est-à-dire de Goebbels, mais l'ambassade allemande à Paris, basée rue de Lille et placée sous la direction d'Otto Abetz, va peu à peu empiéter sur le terrain d'action de l'*Abteilung*. Son rôle est triple : censurer et élaborer une contre-propagande aux éléments antiallemands, francs-maçons et juifs dans tous les secteurs (presse, radio, littérature, cinéma, divertissement) ; renseigner les autorités allemandes sur l'état de l'opinion publique ; et propager l'image d'une Allemagne nouvelle et vertueuse, forte et travailleuse, supérieure, saine et protectrice. Dans ce cadre, l'*Abteilung* s'attaque judicieusement à ses ennemis, l'Angleterre en particulier.

Habituée, durant la drôle de guerre, à recevoir une information censurée, la grande majorité des Français adopte prestement une attitude suspicieuse à l'égard des médias nationaux, à commencer par la presse où la « touche » allemande est trop aisément décelable. La presse parisienne est entièrement tombée sous la domination nazie. Les deux tiers des journaux de la zone occupée disparaissent, sabordés ou bien supprimés par les occupants qui relancent la presse à leur manière. Ceux qui restent se muent en « feuilles de propagande » pourvues des renseignements relatifs à la vie quotidienne des Français (rationnements, mode, arrivages de denrées alimentaires, etc.). Des campagnes d'affichage servent également d'instruments d'orientation de l'opinion des Français de la zone occupée. L'ennemi n'est plus le soldat allemand qui se révèle serviable et prêt à aider les familles, mais l'aviateur anglais qui sème la mort. Des affiches représentent des enfants assassinés dans les bras de leur mère exploitent le sort des victimes innocentes tombées sous les bombardements meurtriers des Anglais.À l'instar de la propagande des occupants, le régime de Vichy s'empare des outils de persuasion que sont la radio, la presse, la publicité et le cinéma, pour promouvoir sa ligne politique. Pétain est présenté comme un thaumaturge capable de soigner la France de ses blessures et de lui rendre son lustre et sa vigueur d'antan en s'appuyant sur l'ordre, la morale et le travail. À compter du 12 juillet 1940, Laval obtient, par délégation de pouvoir, le contrôle des médias, et par la loi du 6 septembre 1940, il est « chargé de l'Information ». Conscient du pouvoir qu'il détient, il place des proches aux postes clés : Jean Montigny, radical indépendant, et Jean-Louis Tixier-Vignancour, venu de l'extrême droite, se chargent de la presse, de la radio et du cinéma, Pierre Cathala devient secrétaire général, René Bonnefoy, ancien rédacteur en chef du journal *Le Moniteur du Puy-de-Dôme*, accède à la tête du Radio-Journal en septembre 1940 et Henry Prété se voit confier la direction de l'OFI (Office Français d'Information).

La presse doit être aux ordres. Comme en zone occupée, les journaux envoient leurs morasses[3] aux autorités, en l'occurrence aux services de Vichy. Pour les nouvelles locales, *l'imprimatur* sur les articles est délivré par le préfet ou l'intendant de police. En cas de non-respect des directives, les sanctions tombent, allant du blâme à la suppression du journal, en passant par des menaces concernant les subventions ou l'attribution du papier. Même les correspondants étrangers doivent faire viser leurs articles.

La plupart des journaux se soumettent. Seuls quelques irréductibles comme les responsables du *Progrès* de Lyon (tendance radicale), de *La Montagne* de Clermont-Ferrand (socialiste) et *La Dépêche de Toulouse* (radicale) tentent de résister, risquant plus d'une fois la suspension.

— Si au café ou au restaurant, il [l'occupant] tente la conversation, fais-lui comprendre poliment que ce qu'il va te dire ne t'intéresse pas du tout.

— La lecture des journaux de chez nous n'a jamais été conseillée à ceux qui voulaient apprendre à s'exprimer correctement en français. Aujourd'hui, c'est mieux encore, les quotidiens de Paris ne sont même plus « pensés » en français.

— Abandonné par la TSF, abandonné par ton journal, abandonné par ton parti, loin de ta famille et de tes amis, apprends à penser par toi-même. Mais dis-toi que, dans cette désolation entretenue, la voix qui prétend te donner du courage est celle du Dr Goebbels. Esprit abandonné, méfie-toi de la propagande allemande.

— Étale une belle indifférence ; mais entretiens secrètement la colère. Elle pourra servir.

— Tu grognes parce qu'ils t'obligent à être rentré chez toi à vingt-trois heures précises. Innocent, tu n'as pas compris que c'est pour te permettre d'écouter la radio anglaise ?

— Inutile d'envoyer tes amis acheter ces « conseils » chez le libraire. Sans doute n'en possèdes-tu qu'un exemplaire et tiens-tu à le conserver. Alors, fais-en des copies que tes amis copieront à leur tour. Bonne occupation pour des occupés.

Parallèlement, des journaux clandestins, confectionnés par des individus isolés ou des résistants, commencent à fleurir. Ainsi, un négociant, Edmond Michelet, dès le 17 juin 1940, reproduit à Brive une page de Péguy portant, notamment, sur l'honneur de ne pas se rendre. Les *Conseils à l'occupé* du militant socialiste Jean Texcier paraissent en août à Paris. Ces trente-trois conseils prônent avec humour une résistance passive face à l'envahisseur. Ce texte laisse d'ailleurs penser que l'auteur est un fidèle auditeur de la BBC. Aussi, quelle n'est pas sa joie quand, deux mois plus tard, il a « l'heureuse surprise d'entendre Maurice Schumann en citer des extraits[4] » sur les ondes anglaises. Il faut dire que, à Londres, le colonel Passy (de son vrai nom André Dewavrin, chef des services secrets de la France libre) qui a reçu ces conseils par le premier courrier d'un agent de la France libre, y a décelé un symbole de la France qui résiste[5]. Les lignes de Jean Texcier sont effectivement très encourageantes pour le petit noyau de Français libres en cours d'organisation dans la capitale anglaise :

Pour faire vivre cet acte écrit de résistance, selon le vœu de l'auteur, des lecteurs s'efforcent de le recopier, comme la Parisienne Pauline Corday qui, à la fin de l'été 1940, en a obtenu un exemplaire dactylographié[6].

Ces feuilles, glissées sous les portes ou jetées dans la rue, sont souvent l'œuvre d'hommes et de femmes qui éprouvent le besoin d'exprimer leur horreur de la situation et qui ne peuvent produire que quelques numéros de leur prose personnelle. Tirés avec les moyens réduits du moment (machine à écrire, ronéo...) et le peu de papier dont on dispose, ces morceaux de résistance ne sont publiés qu'irrégulièrement pour la plupart. Mais ces initiatives isolées ouvrent la voie à la contestation.

Muette depuis le 25 juin 1940, la radio française a laissé dans le cœur des auditeurs un goût amer, le souvenir noir de l'appel lancé le 17 juin par le maréchal Pétain à cesser le combat. Depuis, les installations radiophoniques françaises ont fait l'objet d'un partage entre Vichy et l'occupant. Les Allemands ont récupéré les meilleurs émetteurs situés dans la zone occupée, notamment celui d'Allouis, en grandes ondes. Ils peuvent tenir leur objectif : disposer d'un réseau de dimension internationale et d'un poste soumis, Radio Paris.

Installée dans les locaux du Poste Parisien, 116, avenue des Champs-Élysées, la radio est dirigée par le Dr Bofinger, ancien directeur de Radio Stuttgart, assisté d'un certain Dambman, alias Dr Friedrich, également passé par Radio Stuttgart et bientôt connu pour ses émissions de propagande. Elle émet de 8 heures à 9 h 15 et de 11 h 30 à 23 heures. Plus tard, elle démarrera ses émissions à 7 heures et les prolongera jusqu'à 2 heures du matin[7]. Le format est dans un premier temps celui d'un poste hybride qui donne les informations en allemand à l'intention des soldats de l'occupation, et le reste des émissions (variétés, musique, shows…) en français, grâce à des animateurs du pays. À partir du 13 octobre, toutes les émissions diffusées sur les ondes de Radio Paris seront en langue française.

Le personnel est composé d'hommes issus du Front national, du PPF (Parti Populaire Français), du RNP (Rassemblement National Populaire), des Camelots du roi ou du francisme. On y retrouve par exemple Claude Jeantet, du *Petit Parisien*, Georges Suarez, directeur d'*Aujourd'hui*, Lucien Rebatet et Jean Lousteau, journalistes à *Je suis partout*. Jean Azéma, ancien de l'Action Française et ancien journaliste du *Cri du peuple*, est le premier rédacteur en chef, bientôt remplacé par Pierre Virondeau, alias Jacques Barthaud. L'un des collaborateurs les plus en vogue de Radio Paris sera Jean Hérold-Paquis qui arrivera sur l'antenne le 4 janvier 1942.

Radio Paris diffuse, chaque jour, cinq bulletins d'information entre 7 heures et minuit (dix à douze bulletins d'information en 1943) alors que Radio Vichy n'en propose que trois (huit en 1943). Quatre ou cinq équipes composées de trois à quatre journalistes sont chargées de leur rédaction. Outre les bulletins d'information, la rédaction diffuse une revue de presse internationale à 8 heures, un éditorial à 13 heures, avec notamment pour chroniqueurs Azéma, Hérold-Paquis et Lousteau, le communiqué officiel du haut commandement allemand à 15 heures, et, à partir de 1942, la chronique de Jean Hérold-Paquis, sur les événements militaires, à 20 heures.

Dès septembre 1940, Radio Paris met l'accent sur la collaboration avec l'Allemagne pour l'instauration d'une Europe nouvelle, et commence ses attaques contre les Anglais, les Français de Londres, les juifs et les francs-maçons. Au début, cette propagande est distillée grâce à des reportages, des interviews orientées dans lesquelles sont dénoncés le comportement des Anglais, comme lors de l'attaque de Mers el-Kébir, ou le danger de la franc-maçonnerie. D'autres permettent d'embellir la situation, de s'enorgueillir de la collaboration ou de promouvoir le national-socialisme. À l'occasion, les reporters tendent leur micro aux habitants de Paris pour recueillir des propos élogieux sur l'occupant allemand. Ainsi, le 16 décembre 1940, une dame travaillant dans la haute couture estime qu'il faut « dissiper le malentendu qui règne entre la France et l'Allemagne » et clame : « L'occupant est très correct. »

Certaines émissions portent plus spécifiquement le flambeau de ces idéologies comme les causeries et les tribunes diffusées aux grandes heures d'écoute. Un écrivain suisse pronazi, Georges Oltramare, dit Charles Dieudonné*, animera en mars 1942 la chronique « Un neutre vous parle », tandis que le Dr Friedrich, en bon Allemand qui tend la main aux Français, assurera sur un ton compatissant et paternaliste l'émission « Un journaliste allemand vous parle », d'avril 1941 à 1943. Lancée le 17 novembre 1940, « La rose des vents », dont la devise est « le micro est aux hommes du peuple », fait aussi partie de ces grandes émissions de propagande au slogan purificateur : « Une France propre dans l'Europe unie ». Animé par Robert Peyronnet, le programme, d'abord hebdomadaire puis présenté trois ou quatre fois par semaine, sait impliquer le public grâce au courrier des auditeurs et à l'organisation de grands concours, et use de saynètes et de sketches pour diffuser la propagande du moment. En 1941, les Allemands lanceront une autre émission intitulée « Au rythme du temps », qui associera subtilement musique et chansons satiriques avec des causeries et des sketches plus orientés, suivant en cela la ligne directrice instaurée à Radio Paris, à savoir mêler habilement la propagande et le divertissement.

Pour attirer les auditeurs, Radio Paris mise sur la musique et les émissions distrayantes, très présents à l'antenne. La station dispose d'un orchestre symphonique qui accueille les plus grands solistes comme Jacques Thibaud, Marguerite Long, Alfred Cortot, et d'un ensemble de variétés dirigé par Raymond Legrand. Elle reçoit aussi des artistes populaires ; Yvonne Printemps, Tino Rossi, Django Reinhardt, Raymond Legrand ou Maurice Chevalier. Radio Paris organise des concerts

---

* Les astérisques renvoient au CD *Radio Londres, Les voix de la liberté (1940-1944)* disponible aux éditions Livrior (www.livrior.com).

publics les jeudis et dimanches, au théâtre des Champs-Élysées de 20 h 20 à 22 heures, et n'hésite pas à retransmettre des représentations de l'Opéra de Paris, de l'Opéra-Comique ou d'opéras étrangers. Comédies, feuilletons, poésie, œuvres littéraires, théâtre radiophonique sont autant d'occasions d'accueillir les artistes de l'époque, tels Charles Dullin, Jean-Louis Barrault, Serge Reggiani, Marcel Herrand, Jean Rigaux ou Jean Tissier.

Le reste des programmes est constitué d'émissions « pratiques » comme « Sachez vous nourrir » ou « Cuisine et restrictions », d'émissions pour les enfants ou de programmes spécialisés, destinés à certaines catégories sociales ou professionnelles (les paysans, les ouvriers...). Des émissions « intellectuelles » comme « À la recherche de l'âme française » ou encore « Les grands Européens » font appel à des académiciens et des écrivains célèbres. Les ouvriers, eux, sont tout particulièrement visés par des émissions comme « Le trait d'union du travail », « Les travailleurs français en Allemagne », puis « La minute du travail » qui vantent les mérites du « beau » travail accompli en Allemagne, et diffusent des offres d'emploi.

Toutes ces émissions sont bien évidemment très surveillées, écoutées par des censeurs qui ne manquent pas de repérer la moindre incartade. L'homme de radio Pierre Hiégel en fit un jour les frais, dans « Le quart d'heure de l'imprévu », alors qu'il avait mis en route un disque d'Edith Piaf en se trompant de face. L'imprévu, ce jour-là, fut d'entendre la première strophe de la chanson *Il n'est pas distingué* :

> *Hitler, je l'ai dans le blair*
> *Et je ne peux pas le renifler.*

Le disque n'alla pas plus loin dans sa rotation et le technicien enchaîna avec un autre disque, comme si de rien n'était. Mais Hiégel fut convoqué à l'hôtel Majestic, le siège des services allemands où, finalement, il put s'expliquer sans conséquence fâcheuse.

En zone libre, le gouvernement de Vichy ne dispose pas d'un réseau aussi efficace. Remise en service après dix jours de silence, la radiodiffusion nationale fonctionne à partir du 5 juillet 1940[8]. Les radios privées, passées sous le contrôle de l'État, doivent obligatoirement en retransmettre les bulletins d'information et toute autre émission (appel, texte officiel ou causerie) sur demande du gouvernement de Vichy. Mais quelques handicaps structurels compliquent sa tâche. Les émetteurs, de trop faible puissance, ne lui permettent pas de couvrir l'ensemble du territoire, notamment en Bretagne et dans le Nord. Par ailleurs, l'État français ne dispose pas de communications directes, par la radio, avec la zone occupée ; ses services sont dispersés entre Vichy, Toulouse et Marseille et il lui est interdit de reprendre des émissions nocturnes.

En dépit de ces difficultés que les autorités françaises espèrent provisoires, une nouvelle radio est créée pour servir la politique du gouvernement de Vichy et orienter l'opinion publique dans le sens de la révolution nationale, chère au Maréchal : Radio Vichy. Moins virulente que Radio Paris à l'égard des Juifs, des francs-maçons, des communistes et des Britanniques, elle est au service du pouvoir en place et émet de 6 h 30 à minuit. Sur ses antennes, les auditeurs peuvent entendre des émissions aux thèmes maréchalistes « morale, travail, famille, patrie » et les allocutions sentencieuses du chef de l'État. Les speakers célèbrent les principes du régime dans des émissions aux titres évocateurs : « Radio Jeunesse », inaugurée le 4 août 1940, « Radio Travail », qui s'adresse aux ouvriers, paysans, employés, chefs d'entreprise et artisans, « Radio Légion », « Radio Révolution » qui pratique la contre-propagande face aux émissions de la BBC.

En dehors du « Radio Journal », et à côté d'émissions artistiques et de détente qui vont prendre de l'ampleur, comme « Bonjour la France » de Jean Nohain, « Sur les routes de France », « Bonsoir la France », « L'Alphabet de la famille » le dimanche avec Louis Merlin, des tranches horaires sont accordées aux ministères de Vichy[9]. En septembre 1940, de 19 h 20 à 20 heures, le rendez-vous ministériel s'égrène tout au long de la semaine : lundi, Beaux-Arts ; mardi, Communications ; mercredi, Actualités ; jeudi, Agriculture ; vendredi, Musique ; samedi, Travail et Instruction publique ; et dimanche, Sports et Hygiène. Par ailleurs, le ministère de la Famille organise tous les jours un débat à l'antenne. À la fin de l'année 1941, la LVF (Légion des Volontaires Français) elle-même obtient une tranche horaire quotidienne.

Durant l'été 1940, des journalistes de *Je suis partout*, comme Alain Laubreaux, Lucien Rebatet, Claude Jeantet, que l'on retrouvera peu après à Radio Paris, imposent une tonalité plus anglophobe, antisémite et ouvertement favorable à l'Allemagne. Il faut attendre la mi-décembre, et l'éviction de Laval du pouvoir, pour que la radiodiffusion nationale retrouve le ton modéré des années d'avant guerre, mâtiné de l'idéologie nouvelle de la révolution nationale. Toutefois, le problème de la couverture totale du territoire français par Radio Vichy reste posé. De bonne grâce, en octobre 1940, les Allemands accordent au gouvernement de Vichy la possibilité de diffuser deux de ses communiqués sur les antennes de Radio Paris, chaque mardi et samedi, à 19 h 45.

Mais la synchronisation des émetteurs vient compliquer la politique radiophonique de Vichy. En effet, un émetteur isolé peut servir de repère aux avions ennemis, au contraire des émetteurs diffusant un même programme sur une même longueur d'onde. En attendant de résoudre ce problème délicat, la radio de Vichy, comme son pendant parisien, cesse ses émissions à grande puissance à 19 h 15. Pour Radio Londres, il s'agit d'une aubaine. La tombée de la nuit coïncide avec les émissions les plus importantes du service français de la BBC.

3

La voix de la France libre

Face à la nouvelle orientation idéologique et à la censure qui règnent sur la France, les Anglais ont très tôt l'idée de diffuser des émissions en français sur les ondes de la radio de Londres. Dès le milieu du mois de mai 1940, la BBC envisage d'augmenter le nombre de ses émissions en français. Des accords techniques existent alors avec la Radiodiffusion nationale française. La BBC dispose de correspondants à Paris et la radio française d'une équipe à Londres, dirigée par Jean Masson, qui diffuse tous les jours des reportages, des causeries et des nouvelles vers la France.

Arrivé en Angleterre au cours de l'hiver 1939-1940, Jean Masson se voit confier pour principale tâche d'interviewer des personnalités britanniques, avec l'assentiment de Cecilia Reeves, ancien officier de liaison de la BBC à Paris, devenue rédactrice de l'équipe britannique du programme français.

La radio anglaise propose de mettre en place un programme intitulé « Ici la France » de 20 h 30 à 20 h 45 avec Jean Masson, Michel Ferry, correspondant de guerre arrivé de Dunkerque, et Yves Morvan, futur Jean Marin, alors collaborateur de l'Agence Havas. On projette de faire chaque jour le point des événements, de faire entendre de grandes voix amies, de produire des documents sonores et des reportages sur la réalité de la guerre. Pour les autorités britanniques, il s'agit « de maintenir le contact entre Londres et la France, et de permettre au besoin à des voix françaises indépendantes de se faire entendre dans le monde[1] ».

L'émission démarre le 19 juin, inaugurée par l'ambassadeur de France à Londres, Charles Corbin, et présentée aux auditeurs par Jean Masson. Ce jour-là, pour la première fois, Yves Morvan/Jean Marin s'adresse aux Français. Ses propos annoncent déjà le ton et l'esprit du futur programme « Les Français parlent aux Français » :

> Vous savez maintenant qu'en étant fidèles à notre rendez-vous quotidien vous vous trouverez chaque soir en France. Dans une France libre de parler clair, libre de parler haut. Dans une France qui est maîtresse de son âme, dans une France qui, malgré tous les revers, malgré toutes les cruautés de l'heure présente, est maîtresse de son destin.
>
> Mesdames, Messieurs, nous sommes une petite équipe de Français à qui la BBC a confié le soin d'apporter la vie dans notre heure française. C'est un honneur dont nous sentons parfaitement toute la gravité, toute l'importance. Nous avons l'ambition d'être dignes de la confiance qui nous est faite. Chaque soir, nous ferons tous nos efforts pour que notre caillou soit lancé bien droit.
>
> Vous comprenez bien, n'est-ce-pas ; c'est un lien, un lien de vous à nous, de nous à vous, que nous voulons créer. Un lien d'ondes qui n'a de la fragilité que l'apparence ; puisque aussi bien aucune rage, aucune violence, aucune volonté pernicieuse ne le pourrait détruire.
>
> Nous avons décidé aujourd'hui d'être ensemble, nous les Français, tous les Français, ceux qui sont libres, comme ceux qui ne le sont pas. C'est que nous

avons des choses à nous dire, tant de nouvelles à nous apprendre, tant de tristesse à nous confier, tant d'espoirs à nous crier. Et ce sera justement notre moyen à nous d'être ensemble que de nous retrouver chaque jour sur les routes mystérieuses des ondes libres.

Mais l'expérience est de courte durée. Trois jours après son lancement, l'armistice interrompt brutalement cette collaboration. Un télégramme de Bordeaux interdit à Jean Masson de poursuivre ses émissions. Il est rappelé à Paris. Michel Ferry, futur collaborateur à Radio Paris, suit le même chemin. En dépit de cet échec, les Anglais sont bien décidés à maintenir le programme. Le 24 juin, Pierre Maillaud (alias Pierre Bourdan) relance l'émission. Le 30 juin, sa durée passe à une demi-heure, de 20 h 30 à 21 heures.

Les Anglais décident d'aller plus loin en constituant une équipe totalement française avec ses programmes et ses aspirations nationales. Grâce à l'initiative de Cecilia Reeves et de Raymond Mortimer, chef de la section française du ministère de l'Information britannique, Michel Saint-Denis, metteur en scène et neveu de Jacques Copeau, est choisi le 7 juillet 1940 pour recruter la nouvelle équipe. Bien décidé à se battre pour la libération de la France, aux côtés des Anglais, il entend le faire « sans croix de Lorraine et sans Francisque[2] ».

Sous le pseudonyme de Jacques Duchesne, en souvenir du *Père Duchesne* du temps de la Révolution française, cet homme de taille moyenne, aux épaules larges, sensible, fin et intelligent, surnommé « le Grec » dans sa jeunesse, a d'abord été directeur d'une troupe de théâtre, La Compagnie des quinze, avant de fonder sa propre école à Londres. Dans les souvenirs de Jean Oberlé, cet homme au teint rose, à l'œil gris, la bouche souriante, qui fume la pipe sans arrêt, possède une qualité rare : le sens de la vie et des êtres humains. En ce mois de juillet 1940, il passe le plus clair de son temps à imaginer le nouveau programme français. Il consulte, questionne les gens autour de lui. « Il nous faut des idées pour huit jours. En as-tu ? demande-t-il, un jour, à Oberlé. – Non, lui répond ce dernier, mais je vais y penser !…. » « Pour huit jours !…. Il nous en fallait pour quatre ans !…. »

Chargé de cette lourde responsabilité, Duchesne constitue autour de lui une nouvelle troupe composée notamment de Pierre Bourdan, Jean Oberlé, Jean Marin, du dessinateur et antiquaire Maurice Van Moppès, Jacques Borel (autrement appelé Brunius à la BBC, poète et homme de cinéma, de son vrai nom Jacques Cottance) et Pierre Lefèvre. Instinctivement, Duchesne s'est entouré non seulement de rédacteurs et de journalistes, mais aussi de dialoguistes, de « faiseurs de chansons ou de slogans » et même d'un compositeur de musique. « Si les journalistes eux-mêmes avaient de bonnes voix, et des dons pour s'exprimer, pourquoi ne deviendraient-ils pas des acteurs, des speakers ou des chanteurs[3] ? », se dit-il.

Mais il ne s'agit plus d'une représentation théâtrale. Leur nouveau rôle se joue sur une scène autrement plus vaste, avec un objectif bien défini : soutenir le moral des Français, s'élever contre la propagande allemande et informer les compatriotes. Chacun a une fonction bien déterminée à remplir en rapport avec sa personnalité.

Sous le même intitulé que le premier programme lancé le 19 juin, « Ici la France », l'équipe débute ses émissions le 14 juillet 1940. Les journées commencent toujours par une réunion avec James Darsie Gillie, ancien correspondant du *Manchester Guardian* et du *Morning Post* à Varsovie, puis à Berlin et à Paris, mobilisé dans la RAF au début de la guerre. Choisi par le ministère de l'Information anglais pour superviser la section française à la BBC, Gillie est profondément francophile, très cultivé, connaissant parfaitement la littérature, l'histoire et les paysages français. C'est à lui que les membres de l'équipe soumettent chaque soir leurs papiers, avant de les lire à la radio. Puis Duchesne réunit sa troupe qui a déjà épluché les journaux du jour (les feuilles anglaises, le journal *France* de Pierre Comert et, plus tard, *La Marseillaise* de François Quilici), les synthèses et étudié la revue de la radio mondiale. Une fois le « menu » du soir établi, chacun peut aller déjeuner. Dans l'après-midi, ils rencontrent différentes personnes susceptibles de fournir de nouveaux renseignements, et rédigent leurs papiers. À 17 heures, Duchesne récupère les copies et constitue l'émission du soir, avant de faire parvenir le tout à la censure.

La soirée peut alors débuter. À 20 h 15 (21 h 15 en hiver), les nouvelles sont lues par des Anglais francophones ou par des Français. Rédigés en anglais et traduits en français, ces bulletins sont dans les premiers mois écrits par des Britanniques. Mais peu à peu, des journalistes français de la section des nouvelles de la BBC se mettent à l'ouvrage. Sous contrôle britannique, ils s'efforcent de suivre la ligne éditoriale établie à Londres. Pour obtenir des traductions plus fines, ils mettent en forme les nouvelles ultérieurement rédigées par les cinq ou six rédacteurs anglais. Puis des speakers anglais, parfaitement bilingues, sont chargés de lire les textes. Ainsi, le gouvernement britannique demeure la voix officielle qui s'adresse aux Français. À partir de 1942, quelques voix françaises comme celles de Granville ou de Geneviève Brissot, se feront entendre pour la lecture des nouvelles de la journée.

À 20 h 25, le micro est laissé aux « Cinq minutes de la France libre », puis de 20 h 30 à 21 heures, les hommes de « Ici la France » entrent en scène. Le programme démarre rituellement par une présentation de Duchesne, puis Jean Marin lit généralement son commentaire, Brunius s'occupe de la musique, Borel du courrier des auditeurs, Oberlé et Van Moppès s'étendent sur différents sujets en fonction de l'actualité. Les règles de base sont simples : dire la vérité, faire confiance aux Français, ne pas camoufler la gravité de la situation, comme l'a compris Pierre Bourdan qui n'hésite pas, à l'occasion, à commencer ses commentaires de nouvelles par la sombre formule : « Ce soir, les nouvelles sont mauvaises ! »

Au sein de cette nouvelle équipe des Français à la BBC, on a décidé de ne rien cacher aux auditeurs pour prouver que la voix de Londres est bien celle de la vérité. Il s'agit d'instaurer un climat de confiance entre le média et les auditeurs afin d'inciter les compatriotes à exécuter des directives délivrées sur les ondes, quand cela sera nécessaire.

Le 6 septembre 1940, l'émission « Ici la France » prend le titre devenu célèbre « Les Français parlent aux Français[4] ». Pour la première fois, on fait suivre le titre d'un « Aujourd'hui, 74e jour de l'occupation allemande ». Désormais, chaque jour, le speaker rappellera ainsi la date, instaurant un martèlement quotidien qui permet de mieux dénoncer la situation de la France. Le 22 septembre 1940, après la victoire de la bataille d'Angleterre, la formule évolue et l'auditeur peut entendre : « 90e jour de la résistance du peuple français à l'oppression ».

D'emblée, l'équipe du programme « Les Français parlent aux Français » se distingue par sa créativité. Les émissions hebdomadaires comme « La discussion des Trois Amis* » ou « La Petite Académie » recueillent un vif succès en France. Jouée en studio, « La Discussion des Trois Amis » débute le 18 juillet 1940. Cette mise en scène, qui réunit trois amis, se place de façon imaginaire dans un lieu chaque fois différent, un café, un restaurant, un parc… Elle permet aux acteurs d'échanger leurs idées sur des sujets d'actualité tout en se glissant dans la peau de compatriotes restés en France. Oberlé y joue le sceptique, bourru, hostile à la propagande, celui qu'il faut convaincre ; Bourdan, l'ami lucide, passionné, au ton péremptoire ; et Duchesne, le conciliateur, l'homme de bon sens. L'émission prendra fin en novembre 1942.

« La Petite Académie » est lancée le 1er septembre 1940, sur une idée de Maurice Van Moppès et Cecilia Reeves. Généralement programmée le dimanche soir, l'émission redéfinit certains mots du dictionnaire à la lumière des événements du conflit. Ainsi le mot « Ration = les restes de l'occupant », ou encore « Liberté = mot provisoirement supprimé. Voir une édition ultérieure du dictionnaire ». Borel y campe le président de l'Académie française, désormais aux mains des Allemands, Duchesne l'archiviste, Van Moppès le secrétaire et Oberlé le rapporteur. Plus tard, Musso, le chien, sera interprété par Pierre Lefèvre.

Dès le début, les auditeurs apprécient ce mélange subtil d'informations et de traits d'humour qu'ils retrouvent, chaque soir, dans le programme français. Sans compter les messages codés[5] qui vont bientôt pimenter l'écoute d'une touche à la fois mystérieuse et divertissante. « L'étoile filante repassera* », « le chien du jardinier pleure* », « l'abbé est nerveux* »…

Ces petites phrases aux allures rieuses, incompréhensibles pour le commun des auditeurs, seront de la plus haute importance pour les mouvements et les réseaux de Résistance. Eux seuls en connaîtront le sens caché ; l'annonce de parachutages d'hommes et de matériel, des informations pour l'identification de nouveaux agents, des messages de confiance, de mise en garde, d'alerte (pour prévenir des réseaux qu'une arrestation opérée peut entraîner leur perte) ou encore d'action (pour le déclenchement d'opérations de sabotage, par exemple).

Le colonel anglais Buckmaster, responsable de la section française du SOE (Special Operations Executive) initie le procédé. Pour mieux correspondre avec ses agents, il imagine de mêler des phrases codées aux messages personnels que des évadés de France livrent déjà à leurs proches, via la BBC, depuis le 28 juin 1940. Le premier message codé sera donc lancé en septembre 1941 : « Lisette va bien. » À compter de ce jour, ces phrases extravagantes, conçues par les services secrets britanniques (l'Intelligence Service, le SOE, les cellules M 15, M 16 et M 19) et ceux de la France libre, seront prioritaires à l'antenne et diffusées chaque jour, pendant environ cinq minutes.

Rituellement annoncée par la formule « Veuillez écouter tout d'abord quelques messages personnels », la litanie de ces phrases « magiques », poétiques et sibyllines, « Melpomène se parfume à l'aubépine »..., vont transmettre aux résistants l'annonce de victoires ou de défaites, de joies ou de drames qui rythment la vie des combattants de l'ombre.

Sur les antennes de Radio Londres, aux messages codés s'ajoutent les slogans humoristiques et les ritournelles moqueuses, imaginées, chaque jour, par l'équipe des « Français parlent aux Français ».

Le premier slogan inventé est lancé à la fin du mois d'août par Oberlé : « J'aime mieux voir les Anglais chez eux que les Allemands chez nous. » En septembre 1940, il lance la ritournelle « Radio Paris ment, Radio Paris ment, Radio Paris est allemand ! », déclamée sur l'air de la Quintonine. Elle fait le tour de la France. À la fin de l'année 1940, dans une lettre arrivée de Tarbes, un auditeur raconte que, dans une école de filles, la maîtresse ayant parlé de Radio Paris, tous les élèves se sont mis à chanter « Radio Paris ment[6] ».

Le succès de l'émission est tel que Radio Paris réagit en lançant « Au rythme du temps » animée par Georges Oltramare, qui propose aux auditeurs une variété de commentaires, de chansons, de jeux, de slogans pour rendre la pareille à ceux de Londres, parmi lesquels des slogans très imagés comme celui-ci :

> *Au jardin d'Angleterre*
> *les bobards ont fleuri,*
> *tous les menteurs du monde*
> *parlent à la BBC*
> *Au gré de ces ondes,*
> *Qu'il fait bon, fait bon, fait bon,*
> *Au gré de ces ondes,*
> *Qu'il fait bon mentir...*
> (Sur l'air de Auprès dé ma blonde.)

En réalité, cette riposte constitue, pour la BBC, une première victoire psychologique.

Progressivement, Radio Londres va s'étoffer, intégrant de nouveaux arrivants. Franck Bauer, issu des FFL (Forces Françaises Libres), grand amateur de jazz ayant étudié les beaux-arts, devient un des annonceurs de l'émission « Les Français parlent aux Français ». Jouant du piano, le soir, dans une boîte anglaise pour gagner un peu d'argent, il parvient à convaincre Duchesne de diffuser une émission de jazz d'un quart d'heure, le samedi à minuit et demi. Parmi les autres nouvelles recrues, on trouve Paul Bonifas, de la Comédie-Française ; Paul Bouchon, alias Boivin, arrivé en juillet 1941, chargé de rédiger « la dépêche » de midi et d'aider Duchesne à écrire les annonces du programme du soir ; Roger Chevrier, des FFL (Forces Françaises

Libres), caporal bourguignon qui fume toujours la pipe, et en qui Duchesne trouve un bon historien pour la rédaction de papiers sur la situation de la France ; Georges Dumonceau, chanteur de cabaret, se fait connaître sous le nom de Georges Rex ; les speakers Belfer, ancien chemisier rue de Rivoli, et Holmès, ancien maître d'hôtel sur les paquebots des Messageries Maritimes, arrivé d'Indochine, comme marin. Il y a encore Jean-Paul Grinberg (dit Granville), docteur en droit, secrétaire général d'une firme de construction automobile ; Jean Pécheral avec son fort accent de Nîmes, arrivé du Maroc où il avait été arrêté pour « gaullisme » ; Louis Roché, ancien secrétaire d'ambassade de Vichy à Dublin, démissionnaire, arrivé à Londres avec femme et enfants. Sous le pseudonyme de Louis Cauchois, du nom de sa province natale, il se spécialise dans le commentaire des nouvelles diplomatiques et dans les nouvelles de la Résistance européenne, en dehors de la France[7]. La belle Geneviève Wiesner, alias Geneviève Brissot, laissera un souvenir impérissable à bien des hommes de l'équipe. C'était « une brune aux yeux bleus, un regard candide, une grande bouche rouge, des chapeaux qui nous émerveillaient (…). Elle avait l'air de sortir d'une couverture de *Marie-Claire* (…). Un bon sens de paysanne, une logique imperturbable, une finesse discrète s'alliaient en elle à une voix grave, idéale pour notre micro ». Chargée de diriger le programme de midi et celui de la jeunesse, le samedi après-midi, elle joua un grand rôle dans le programme du soir, aux côtés de Duchesne, surtout à l'approche du débarquement[8].

On compte encore des collaborateurs comme Marcel Hoden, dit Jacquelin, Jean Vacher, alias Jean Desvernais, inspecteur des Finances, blessé à Dunkerque. Doté d'une voix grave, il remplacera Jean Marin dans le commentaire des nouvelles quand celui-ci partira rejoindre la marine en 1943 ; le compositeur Francis Chagrin, l'humoriste Pierre Dac, arrivé fin 1943, Maurice Diamant-Berger, dit André Gillois, écrivain et homme de radio, arrivé dans l'équipe de la BBC en mai 1944. Auteur d'émissions célèbres, avant guerre, pour le Poste Parisien telles que « En correctionnelle » ou « Les Incollables », il dictera aux résistants les consignes du haut-commandement interallié et de De Gaulle entre mai et octobre 1944.

En dehors des voix régulières qui collaborent aux émissions françaises, la section s'ouvre aussi à des collaborateurs extérieurs qui viennent occasionnellement parler à l'antenne, comme Georges Boris, ancien directeur de l'hebdomadaire *La Lumière*, l'écrivain et romancier Georges Bernanos, les députés communistes Fernand Grenier et Waldeck Rochet, Miriam Cendrars, fille du poète et écrivain Blaise Cendrars, Henry Hauck, le représentant de la CGT, André Labarthe, directeur du groupe des laboratoires de Bellevue, le socialiste Louis Lévy, correspondant de guerre du *Populaire*, François Quilici, un ancien de l'agence Havas, Pierre-Olivier Lapie, fils de l'ancien recteur de l'université de Paris, député socialiste de Nancy, le capitaine de frégate Louis de Villefosse, Gaston Palewski, ancien attaché de presse du cabinet de Paul Reynaud, Hervé Alphand, ancien membre de l'ambassade de France à Washington, et, à l'occasion, des soldats des Forces Françaises Libres ou des résistants arrivés de France qui veulent s'adresser à leurs compatriotes par le biais des micros de Londres. La France libre, elle-même titulaire d'un créneau horaire sur l'antenne de la BBC, offre une tribune appréciée des voix françaises.

Depuis son appel historique, le général de Gaulle a commencé à s'organiser, tentant de rallier les terres de l'Empire et de faire reconnaître la légitimité de ce qui allait être « la France libre ». Il ne s'agit pas, pour lui, de prendre la tête d'une armée française à l'étranger, mais bien de représenter la France, d'être la voix de la France. Dans les jours qui suivent l'Appel du 18 juin, de Gaulle s'est adressé au général Noguès, commandant des forces d'Afrique du Nord, et aux autres commandants des terres de l'Empire, sans trop d'illusions. Il lui reste la radio, seul lien qui permette de garder le contact avec la population française. Grâce à elle, il va devenir une voix sans visage pour des Français qui n'ont en mémoire aucune image de cet homme, après son bref passage dans le gouvernement Reynaud.

« La radio, c'est une arme redoutable », dit le général de Gaulle à Gaston Palewski lors de leur première entrevue. Il s'en sert aussitôt avec un talent évident, « avec ce sens de l'essentiel, la volonté de faire en sorte que chaque parole portât, qu'aucune ne fût inutile, avec ce sens du rythme dans les pensées, dans les mots, qui ont fait de lui un artiste du verbe ». Soucieux de convaincre par la démonstration, il distribue les mots et les phrases avec un rythme et un ton sans pareils.

Depuis le 27 juin, à Downing Street, Churchill a scellé l'alliance avec de Gaulle par cette seule phrase : « Vous êtes seul ? Eh bien, je vous reconnais seul ! » Le jour suivant, le gouvernement britannique a reconnu à son tour de Gaulle « comme chef des Français libres, où qu'ils se trouvent, qui se rallient à lui pour la défense de la cause alliée ». Dans un premier temps, les Anglais lui ont permis d'établir les bureaux du Comité français, à Saint Stephens House, près de la Tamise et à proximité de la Chambre des communes. Mais le 22 juillet, l'équipe de De Gaulle déménage pour Carlton Gardens, près de Saint James Park, au n° 4 de la place, dans une grande maison de quatre étages. En ce début d'été, les autorités anglaises et les membres de la France libre entretiennent des relations cordiales, jusqu'à l'affaire de Mers el-Kébir.

Au début du mois de juillet, la majeure partie des navires de guerre français se trouvent en Afrique du Nord, sur ordre de l'amiral Darlan[9]. Leur désarmement a commencé. À ce moment-là, les Anglais envoient une force commandée par l'amiral Somerville, devant Mers el-Kébir, en Algérie. Là, mouillent quatre cuirassés français : les vieux *Provence* et *Bretagne*, et les deux fleurons de la marine française, le *Strasbourg* et le *Dunkerque*. On trouve aussi six contre-torpilleurs, le porte-hydravions *Commandant Teste* et quelques petites unités ; le tout sous le commandement de l'amiral Gensoul. Le 3 juillet 1940, à 7 heures, Somerville présente à Gensoul un ultimatum en cinq points : continuer la guerre avec les Anglais, rallier les ports anglais, appareiller pour les États-Unis, rejoindre les ports des Antilles, ou se saborder. En dernier lieu, une ultime option s'offre aux deux parties : l'affrontement. Ce sera effectivement l'issue finale. À 17 h 56, les combats débutent pour s'achever seize minutes plus tard. Bilan : 1 297 marins français périssent lors de l'attaque. Seul le *Strasbourg* parvient à fuir et à rejoindre Toulon.

Dans cette affaire, Churchill a voulu montrer sa farouche détermination à lutter coûte que coûte contre les Allemands. Il prouve que l'Angleterre est résolue à utiliser tous les moyens possibles pour continuer le combat[10]. Mais la destruction de la flotte française par les Anglais entraîne un affaiblissement de l'image de De Gaulle dans l'opinion française. Une vague importante d'anglophobie envahit le territoire français, et des difficultés de recrutement vont se faire sentir dans les rangs de la France libre.

L'opinion publique est incontestablement marquée par le drame qui s'est joué en Afrique du Nord et les Allemands ne manquent pas d'exploiter cette affaire. Ils lancent en France une violente campagne d'affichage espérant attiser un sentiment de haine contre les

Anglais. Une affiche montre un marin français se noyant, tenant à la main le drapeau bleu-blanc-rouge. Une autre exhibe un soldat français avec sa femme et ses enfants au milieu de ruines encore fumantes causées par les bombes anglaises.

Dans ce climat tendu, le général de Gaulle va tenter de calmer les esprits. Il décide de s'adresser aux Français, le 8 juillet, par l'intermédiaire de la BBC. Il choisit d'évoquer Mers el-Kébir sans détour, employant un ton ferme et posé. S'associant au drame vécu par les Français, il exprime sa douleur et sa colère, ouvertement, et demande aux Anglais de ne pas parler de cette tragédie comme d'un succès naval. Conscient, en même temps, des enjeux de la guerre, il déclare qu'il préfère voir la flotte détruite que de la savoir aux mains de l'ennemi qui n'hésiterait pas à l'utiliser contre les Anglais et l'Empire français.

Au lendemain de l'affrontement franco-anglais, Churchill décide d'offrir, chaque semaine, un temps d'émission au Général. De Gaulle aurait souhaité disposer de trois périodes d'un quart d'heure par semaine. Les Anglais lui proposent cinq minutes quotidiennes, de 20 h 25 à 20 h 30, pensant assurer ainsi une meilleure continuité d'expression et fidéliser les auditeurs. Après quelques discussions avec le ministre de l'Information Duff Cooper et le responsable des émissions pour l'outre-mer (le contrôleur Overseas) Stephan Tallents, le 13 juillet au soir de Gaulle accepte. Quatre jours plus tard, il désigne Maurice Schumann comme chargé de liaison auprès de la BBC et du ministère de l'Information britannique. « Toujours en uniforme de lieutenant, l'écusson "France" à l'épaule », selon les souvenirs du résistant Jean-Louis Crémieux-Brilhac, Schumann va devenir la voix de la France libre. Disposant d'un bureau basé au n° 4, Carlton Gardens, le quartier général français, il est en contact quasi quotidien avec de Gaulle et établit chaque soir le lien avec la France, dans « une sorte de face-à-face grandiose, lyrique, pathétique[11] ».

Gaulliste de la première heure, Maurice Schumann est né le 10 avril 1911, à Paris. Élève à Janson-de-Sailly et au lycée Henri-IV, il a opté pour le journalisme après une licence de philosophie. En 1932, il entre à l'agence Havas et y exerce jusqu'en 1939, à Londres, puis à Paris. Homme engagé, Maurice Schumann collabore à diverses revues catholiques ou adversaires des régimes totalitaires et racistes, et affûte sa plume sous le pseudonyme d'André Sidobre. Il signe de nombreux éditoriaux de politique étrangère et devient, bientôt, directeur politique du quotidien *L'Aube*.

A priori, rien ne prédestinait cet homme de l'écrit à une carrière radiophonique. Mais le 18 juin 1940, lorsqu'il entend l'Appel du général de Gaulle, il décide de rejoindre cette « structure d'accueil frêle, mais française » en Grande-Bretagne. Schumann embarque le 21 juin à Saint-Jean-de-Luz. À Londres, neuf jours plus tard, de Gaulle trace sa ligne d'action : « Il reste à ramener du bon côté, non pas des Français, mais la France[12]. » Il suffisait à Maurice Schumann « d'interpréter chacune des phrases du grand drame à la lumière de ce précepte pour être sûr de ne pas trahir la pensée du Général ».

La catastrophe de Mers el-Kébir lui offre l'occasion d'écrire son premier texte radio. Le 3 juillet 1940, éprouvé par le drame, il rencontre Raymond Mortimer à la BBC. Aussitôt Schumann se lance dans la rédaction d'un article et le soumet à Mortimer qui lui propose de le lire à la radio. Avec l'accord de De Gaulle, il procède à un essai devant le micro. Mais sa voix est jugée « non radiophonique ». À la demande de Cecilia Reeves, il est remplacé par Jacques Duchesne, qui lit l'article. Pour

Cecilia Reeves, la voix de Schumann était trop « haut perchée et aiguë, particulièrement quand il était énervé. J'ai surpris une secrétaire du bureau des émissions européennes lui dire au téléphone "Oui, Mademoiselle Schumann, non, Mademoiselle Schumann[13]" », rapporte-t-elle dans ses souvenirs. L'oreille de De Gaulle en juge autrement puisque, deux semaines plus tard, le Général désigne Schumann comme son porte-parole pour l'émission quotidienne « Honneur et Patrie » qui débute le 18 juillet. Cecilia Reeves lui demande alors de prendre une voix plus grave à l'antenne.

Maurice Schumann fascine, et les témoignages le concernant abondent. Selon Paul-Louis Bret, le chef du bureau londonien de l'agence Havas, il est « mince, tout en longueur, au regard ardent mais voilé, de vaste intelligence et de plume experte, parfait logicien frappant des formules à l'emporte-pièce, bourré de complexes et dévoué jusqu'à l'âme ». Schumann devient une voix familière, réconfortante, attendue le soir par des milliers de Français. Si Pierre Bourdan trouve que son style est parfois plat et grandiloquent, il reconnaît que « dans les grandes occasions, il [a] sur les auditeurs un effet surprenant ». Il parlera, en tout cas, plus de mille fois à la radio de Londres, cherchant à redonner espoir à la population française, à fustiger les traîtres et organiser la Résistance en France.

Annoncée par la devise « Liberté, Égalité, Fraternité, voici le porte-parole des Français libres », l'émission prend, fin août 1940, le titre de « Honneur et Patrie », suivie au bout de quelques semaines par la formule « Voici le porte-parole des Français libres[14] ». Dès le 9 décembre 1940, les cinq minutes de la France libre sont rediffusées dans le bulletin d'information de midi. L'émission est déjà très suivie en France.

Au cours de ces quatre années de guerre, le général de Gaulle n'intervint que dans les grandes occasions, à savoir soixante-sept fois, faisant parfois remplacer Schumann par d'autres personnalités, Pierre Brossolette par exemple, du 29 mai au 27 juillet 1943, ou Pierre-Olivier Lapie, durant l'automne 1943. Dans ces cinq minutes d'émissions accordées aux troupes du Général, des volontaires de la France libre, des responsables militaires ou des civils viennent aussi s'adresser ponctuellement à leurs compatriotes, tels le professeur de droit René Cassin, le général Valin, ou des représentants de la Résistance intérieure à partir de 1942.

À Londres, la vie des Français de la BBC semble bien loin des privations endurées par les compatriotes de l'Hexagone, mais elle reste conditionnée par les aléas de la guerre. Ainsi, la bataille d'Angleterre va causer de nombreuses victimes et de graves dégâts matériels à la radio. Le 9 septembre 1940, le principal bâtiment de la BBC, Broadcasting House, est endommagé par une bombe allemande et devra être évacué deux mois plus tard, le 16 octobre. Les services étrangers déménagent alors à Bush House, au cœur de Londres, à Langham Street. La section française connaîtra encore quelques changements de résidence au gré du conflit ; du 9 décembre 1940 au 8 septembre 1941, elle se retrouve au Bedford College, du 8 septembre 1941 au 18 février 1942, au Public Trust Building, et du 18 février à la fin de la guerre, à nouveau à Bush House, siège actuel des émissions étrangères de la BBC.

Depuis la capitale anglaise, les voix qui s'expriment dans « Honneur et Patrie » et « Les Français parlent aux Français » commencent à susciter des réactions, voire même de l'inquiétude, en France. Le 24 octobre 1940, le journaliste François Robin du journal *Gringoire* minimise le nombre des Français libres. Dans sa rubrique « La Radio », en page 4, il explique que, pour impressionner ses auditeurs, la BBC emploie un procédé classique : « Un jour, c'est un "ancien combattant de la guerre de 1914". Une autre fois, un "ingénieur", un "prêtre", un "professeur" », etc. Or, notre confrère, l'*Action française*, nous en apprend une bien bonne. Il paraît que tous ces rôles sont tenus par un seul et même personnage, qui prend ainsi, chaque soir, un état civil de fantaisie. Ce Fregoli radiophonique s'appelle, bien entendu, Schumann. Dire qu'il y a encore des Français pour être dupes de cette sinistre farce ! »

Malgré les nombreuses attaques de ce genre, de plus en plus de Français se calent sur les ondes anglaises dont le succès va crescendo. Aussi, tout au long de la guerre, le poids du service français dans les programmes de la BBC suivra une courbe exponentielle : trente minutes d'émissions en 1939, deux heures trente en 1940, quatre heures en 1941, cinq heures cinq en 1942, cinq heures trente en 1943 et six heures à la fin de l'année 1944. Dans ce temps alloué aux Français, la place occupée par les bulletins d'information s'accroît également. Le 30 septembre 1940, la BBC diffuse sept bulletins quotidiens en français ; le 2 février 1941, elle passe à neuf, puis à onze, le 2 novembre 1942, et à douze bulletins le 29 mars 1943.

Pour des raisons de sécurité militaire, toutes les émissions sont soumises à une censure. Il s'agit d'éviter de diffuser des informations susceptibles d'aider l'ennemi. En 1940, les directives politiques proviennent du ministère de l'Information, chargé de surveiller le moral de l'intérieur. Puis, le PWE/PID (Political Warfare Executive/Political Information Department), organe dépendant du Foreign Office et chargé de coordonner la propagande diffusée vers les pays ennemis, et vers les pays occupés, remplit ce rôle.

Ces services travaillent en étroite collaboration avec le SOE (Special Operations Executive, les services secrets britanniques d'action et de subversion) créé en juillet 1940 et dont la section française est dirigée par le colonel Buckmaster. La tâche a été fixée, au départ, par Churchill lui-même : « Encourager les populations des pays occupés à entraver l'effort de guerre allemand partout où ce sera possible, au moyen de sabotage, de subversion, de grèves perlées, de coups de main, etc., et leur donner les moyens de le faire. Simultanément, constituer en leur sein des forces secrètes organisées, armées et entraînées pour participer uniquement à l'assaut final[15]. » À la tête des sections françaises du PWE/PID, on retrouve successivement les colonels Sutton, Gielgud, Fairlie, assistés du docteur Leslie Beck. Chaque semaine, généralement le mercredi, ils remettent leurs directives aux membres de l'émission « Les Français parlent aux Français ».

Muni de ces données, le directeur de la division européenne de la BBC, Noël Newsome, peut décider du contenu des émissions. Il dispose également d'autres éléments d'information[16] émanant des agences d'information (Reuter, Associated Press, Exchange Telegraph et British United Press), des téléscripteurs du ministère de l'Information britannique et de l'Office of War Information américain créé en 1942, du service d'écoute de la BBC composé d'une trentaine de rédacteurs qui écoutent chaque jour plus de trois cents émissions dans une trentaine de langues, des correspondants de la BBC dispersés aux quatre coins de la planète et qui communiquent par radio (paroles retranscrites ensuite par écrit), de la presse anglaise et clandestine des différents pays d'Europe et des rapports secrets des agents de renseignements français et anglais.

Au total, cent cinquante personnes de la BBC épluchent le contenu des journaux, des émissions et d'autres sources d'information pour en tirer des synthèses disponibles dans les quarante-huit heures. Toute information essentielle est aussitôt diffusée sous la forme d'un flash.

Les scripts de l'émission « Les Français parlent aux Français » doivent être soumis à la censure au moins dix minutes avant la prise d'antenne. Un assistant les transmet aux censeurs du service politique de la BBC, puis au service de sécurité. Les nouvelles subissent le contrôle du bureau central de la BBC. Le contenu essentiel des bulletins d'information ne doit pas différer d'une langue à l'autre pour éviter de semer le doute chez les auditeurs qui écoutent les informations en plusieurs langues, notamment en anglais, afin de comparer les nouvelles.

En cas de non-respect des directives, un rappel à l'ordre intervient aussitôt. Un censeur, officiellement appelé European Language Supervisor, surveille toutes les émissions. Avant la diffusion des bulletins d'information par exemple, il doit en vérifier la traduction et faire procéder à d'éventuelles modifications. Au moment de la mise en ondes, il se tient dans le studio, à côté du speaker, prêt à user d'une clé qui lui permet de couper le microphone en cas d'erreur grave dans l'énoncé. Ce pouvoir lui confère un deuxième titre, celui de Switch Censor. La clé fut en réalité très peu utilisée. On se souvient toutefois d'un censeur zélé qui, un jour, épluchant le texte d'un épisode du feuilleton pour enfants diffusé tous les jeudis, s'inquiéta d'y trouver mentionnée la lecture prochaine d'un document secret. Il refusa d'apposer son estampille avant d'avoir pu lire le document[17].

Comme les autres, les textes de l'émission du général de Gaulle, « Honneur et Patrie », doivent être soumis aux Anglais huit heures avant leur diffusion et obtenir le visa du secrétariat permanent du Foreign Office, parfois d'Anthony Eden ou même, exceptionnellement, de Churchill en personne. Pour éviter tout conflit, le Ministry Of Information (MOI) transmet régulièrement aux Français libres, par le biais de l'officier de liaison français, la ligne de propagande politique décidée dans les ministères britanniques. Par la suite, avec la mise en place du PWE, les textes des hommes de la France combattante seront soumis aux majors Gielgud ou Fairlie. Seules les allocutions du général de Gaulle dépendront de l'avis direct d'Ivone Kirkpatrick (fonctionnaire du MOI nommé conseiller général, autrement dit Adviser, chargé du service outre-mer à la BBC, puis directeur des services européens) qui prendra conseil auprès de Churchill dans les cas les plus délicats. À la fin de l'année 1942, les textes de De Gaulle seront directement envoyés au bureau de Churchill.

Le moindre problème concernant un texte de la France libre fait donc l'objet d'une discussion entre les représentants britanniques et français désignés pour remplir ce rôle. En général, les difficultés sont rapidement aplanies. Maurice Schumann fait lui-même parvenir sa causerie du soir à Darsie Gillie, avant la réunion de midi. Le censeur chargé de surveiller le bulletin des nouvelles françaises de 20 h 15-20 h 30 en reçoit une copie.

Concernant le choix des sujets et des hommes intervenant à l'antenne, la France libre dispose d'une complète autonomie. Il importe seulement de respecter les consignes de sécurité politique anglaises, à savoir « ne présenter aucune critique sur la politique intérieure ou étrangère du gouvernement de Sa Majesté, ni d'aucun des gouvernements alliés à la cause britannique ; prendre en compte les recommandations et les points spécifiquement censurés par le commandant suprême allié[18] ».

Cette surveillance étroite ne correspond pas au besoin de liberté de parole dont souhaite bénéficier le général de Gaulle. Aussi, dès l'automne 1940, il va développer le poste de Radio Brazzaville pour en faire une radio de grande puissance consacrée à sa cause. Par la suite, il trouvera quelques occasions d'entrer en « guerre radio-phonique » avec les Anglais. En attendant, faute de pouvoir exercer un contrôle sur le programme « Les Français parlent aux Français » de Duchesne qu'il traite de pétainiste, il doit se contenter de ses cinq minutes quotidiennes.

Si pour une majorité d'auditeurs français, « la BBC, c'est de Gaulle ! », la réalité est bien éloignée de cette représentation simpliste. Les divergences d'opinion, inhérentes à toute société et à tout groupement de personnes, se retrouvent inévitablement au cœur de la radio de Londres. Loin des oreilles des auditeurs, les relations entre les deux programmes phares ne sont pas toujours des plus amicales. Elles se résument parfois à un combat entre gaullistes et non-gaullistes. Totalement indépendante des services du général de Gaulle, l'émission « Les Français parlent aux Français » regroupe des collaborateurs divers, des antigaullistes comme Brunius et Jacques Duchesne, des indépendants tel Pierre Bourdan, ou des Français libres comme Jean Marin et Maurice Van Moppès. Lors de ses rares passages à la BBC, le général de Gaulle invite à l'occasion l'un ou l'autre des membres de l'émission « Les Français parlent aux Français » à déjeuner, mais les élus sont le plus souvent Jean Marin que Jacques Duchesne s'amuse à qualifier de « fanatique », ou quelquefois Pierre Bourdan que ses amis s'amusent à surnommer le « Chouchou du Général[19] ». Quoi qu'il en soit, ces querelles se cantonnent à l'espace géographique londonien et ne transpirent jamais à l'antenne. « Une telle désunion entre nous (...) aurait pu, si elle était apparue, se révéler désastreuse. Il n'en fut rien, par l'effet de notre volonté commune d'aider et de respecter ceux qui, en France, nous écoutaient[20] », écrira Jean Marin, dans ses *Mémoires*.

La plupart des Français ignorent la structure véritable des programmes français de Radio Londres et la teneur des querelles internes. Pour eux, le programme français de la BBC appartient au général de Gaulle et bénéficie d'une totale indépendance vis-à-vis de la radio anglaise. Il arrive que certains auditeurs plus attentifs se posent quelques questions. Le beau-père du journaliste Paul-Louis Bret, par exemple, lui fait remarquer, un jour, qu'il est étonnant que Pierre Bourdan ne mentionne que rarement le général de Gaulle, alors que le porte-parole le fait chaque jour. Quand Bret lui répond que Bourdan n'est pas gaulliste et que l'émission « Les Français parlent aux Français » n'est pas liée aux bureaux de Carlton Gardens, il en est stupéfait. « Alors, ils devraient le dire[21] », objecte-t-il. Mais les Britanniques en ont décidé autrement, même si le général de Gaulle, lui-même, aurait aimé que l'on fasse plus clairement cette distinction sur les ondes de la BBC.

Le 27 novembre 1940, dans une note sur l'information et la presse, il suggère de faire cesser l'équivoque, soit en plaçant sous son contrôle les diverses publications ou émissions faites en français en Grande-Bretagne ou dans l'Empire britannique, soit en faisant clairement savoir que ces publications ou émissions n'ont rien à voir avec les Français libres qui ne peuvent être tenus pour responsables de leur contenu[22]. La situation restera finalement en l'état, au point d'entraîner certaines crispations radiophoniques entre de Gaulle et Churchill.

Quoi qu'il en soit, tous ces Français qui travaillent, chaque jour, à la diffusion d'une parole libre via les micros de la BBC, forment une même communauté d'hommes déterminés à se battre. Londres en guerre grouille de civils, de soldats de toutes armes et de toutes nationalités en lutte pour la liberté. La ville offre encore le visage d'une cité en paix. On profite des jardins anglais ; les cinémas, les théâtres, les restaurants, les dancings, les pubs sont très fréquentés. Les Français de la section de Radio Londres sont, pour la plupart, logés dans des meublés, souvent entre Kensington et Chelsea. Ils se reçoivent, forment des groupes d'amis ; certains se quittent peu. Généralement, le repas du midi constitue un rendez-vous de travail ; la vie sociale n'y a pas sa place. Mais le soir, l'atmosphère est tout autre. Nostalgiques de leur pays, les Français se retrouvent souvent dans les mêmes lieux de ralliement. Dans Saint James Square, Le Petit Club français est un restaurant en sous-sol composé de trois petites pièces blanchies à la chaux. Au son de disques français, mélancoliques et nostalgiques, la patronne, une ancienne institutrice écossaise, accueille avec chaleur les clients dans ce lieu décontracté. Le club des officiers, à Hyde Park, est légèrement plus « select ». On s'y rend en uniforme ou en tenue chic. L'association des Français de Grande-Bretagne donne aussi des banquets où l'on reçoit plus solennellement des personnalités, anglaises et françaises. Deux fois par an, les 18 juin et 11 novembre, elle organise une manifestation à l'Albert Hall. À cette occasion, dans cette imposante rotonde victorienne qui accueille généralement des concerts classiques ou des combats de boxe, le général de Gaulle vient prononcer un discours.

Le plus souvent, les hommes de Radio Londres hantent les restaurants français, les vieux bistrots en quête de plats mijotés de « chez nous », L'Escargot de Gaudin père et fils, L'Écu de France d'Herbodeau, Le Coq d'or de Berthaud, et Chez Victor. On va aussi dans les établissements de Soho, au Gargoyle Club ou chez les Anglais qui reçoivent dans leurs salons, où smokings, uniformes et tenues de soirée sont de rigueur. Les Britanniques ont l'accueil sincère ; certains n'hésitent pas à proposer aux exilés français et aux permissionnaires de venir se reposer à la campagne, dans des cottages. Même aux heures les plus douloureuses, ils garderont toujours un calme étonnant, comme au cours de la bataille d'Angleterre qui, du 7 septembre 1940 au 10 mai 1941, verra les bombes allemandes meurtrir Londres chaque nuit.

4

« Ils vous écoutent »

D'emblée placée sur le registre psychologique, la guerre des mots va consacrer la radio de Londres comme la source d'informations et d'espoir pour les peuples opprimés. Mais au début du conflit, l'outil radiophonique n'est pas envisagé comme une arme de guerre à part entière.

C'est un certain Dr Picarda, volontaire de la France libre, qui, dans le programme « Ici la France », le 25 juin, entre 20 h 30 et 20 h 40, a l'idée d'en appeler à l'ensemble des Français au terme d'une allocution adressée aux militaires : « Peuple de France, garde le silence, oppose partout de la résistance passive à l'ennemi. Nous t'en conjurons : n'écoute pas la radio allemande qui cherche à détruire ton moral. Surtout ne te livre pas à des manifestations qui ne feraient que causer des représailles et des massacres, et qui feraient verser du sang français. Oppose la force d'inertie aux commandements de l'ennemi. L'Angleterre te sauvera. Aie foi en elle, mais aide-la de toutes tes forces, reprends foi en toi-même. La France vivra, la France doit vivre. Vive l'Angleterre ! Vive la France ! »

Huit jours après l'annonce de l'armistice, les Français sont encore sous le choc, indécis et déjà ballottés entre le Maréchal vénéré et l'alternative londonienne. À l'approche de l'anniversaire de la prise de la Bastille, ils commencent à mesurer le fossé existant entre les deux France, celle de Vichy et celle « hébergée » en Angleterre. Alors que le gouvernement de Vichy décrète un « jour de deuil et de recueillement » pour la fête nationale, de l'autre côté du Channel, la question ne se pose pas : il faut célébrer le 14 Juillet ! C'est un élan du cœur, un refus spontané du renoncement pour des hommes qui savent que la fête nationale constitue un symbole fort. C'est l'image d'une France qui se bat, d'une France qui refuse de baisser les bras. Décidé à ne pas laisser le deuil envahir l'esprit de ses concitoyens, de Gaulle s'adresse le 13 juillet au peuple de France en martelant son suprême espoir de voir, un jour, son pays libéré du joug des fascismes. Il en profite pour mettre en cause le maréchal Pétain, sans toutefois le nommer : « Prétendre que la France puisse être et demeurer la France sous la botte d'Hitler et le sabot de Mussolini, c'est de la sénilité ou bien de la trahison. (…) Si donc le 14 juillet 1940 est un jour de deuil pour la Patrie, ce doit être, en même temps, une journée de sourde espérance. »

Le lendemain, dans le programme « Les Français parlent aux Français », Duchesne rappelle la célébration des 14 Juillet heureux, ceux d'avant. Tout en s'associant au deuil national, il exprime lui aussi son refus de porter le deuil de la liberté, « perdue en fait », mais présente dans le cœur. En ce 14 Juillet 1940, aucune directive, aucun appel à manifester une quelconque résistance active n'est lancé depuis les studios de la BBC, mais le principe du jour anniversaire transformé en jour de « résistance d'esprit » est jeté.

Presque par procuration, la fête a lieu à Londres où, dans une joie partagée, les « exilés » assistent à une parade des Français libres qui les conduit dans Whitehall, devant le Cénotaphe, sous les acclamations des

Londoniens : « Vive l'Angleterre ! Vive de Gaulle ! Vive la France[1] ! » Après la sonnerie aux morts, le Général dépose une couronne de lauriers entourée d'un ruban tricolore. Puis la foule entonne avec émotion *La Marseillaise*. Sur le chemin emprunté par les participants à ces festivités, de Victoria Street à la statue du maréchal Foch, les maisons sont ornées des couleurs britanniques et françaises.

À Paris, l'atmosphère plus recueillie est moins festive. Roger Langeron, préfet de police, résume ainsi le déroulement de la journée, dans son journal personnel : « Un grand nombre de personnes sont venues individuellement déposer des fleurs sur le tombeau du Soldat inconnu. Ce défilé s'est poursuivi jusqu'à la tombée de la nuit. Grande affluence aux Champs-Élysées. À l'heure habituelle, 18 h 30, la flamme a été ranimée, en présence de nombreux anciens combattants[2]. » Ailleurs, les habitants eurent parfois moins de liberté d'action. À Bordeaux, en zone occupée, l'occupant interdit toute manifestation de commémoration et toute cérémonie politique ou religieuse. Seules les préfectures et sous-préfectures pouvaient être pavoisées[3]. En Seine-et-Oise, à Vigneux, un Allemand fit retirer le drapeau tricolore qui flottait sur la mairie[4].

Partout en France les journaux officiels ont préféré relater le recueillement et l'émotion de la population. Ainsi, *Le Matin* du lundi 15 juillet adopte un ton très pétainiste : « La nation française lasse des flonflons de jadis, lourde des leçons du présent, se recueille. Puisse sa prochaine fête nationale être celle de l'Ordre et du Travail. »

Aux antipodes de cette analyse aux couleurs de la révolution nationale, le camp allié retient surtout le refus du renoncement. Pour les hommes de Londres, ce 14 Juillet inaugure une nouvelle forme de résistance à l'ennemi ; la résistance passive.

Le 23 juillet, le général de Gaulle s'adresse aux Français. Il les encourage à ne pas collaborer avec l'ennemi ni armer son bras « pour tuer d'autres enfants de France ». Il proclame que le devoir de chacun consiste désormais à « résister passivement par tous les moyens ».

Il faudra attendre une initiative populaire française, celle du 11 novembre 1940, pour faire éclore dans l'esprit des hommes de Londres l'idée de mobiliser plus activement la population française et l'inciter à manifester franchement son opposition. Jusque-là, par touches successives, à coups d'interventions radiophoniques ciblées, le camp allié envisage d'établir un climat de confiance avec les auditeurs, de les maintenir en éveil avant d'appeler à la résistance active.

Le 7 août 1940, un appel est lancé par le socialiste Henri Hauck, ancien représentant de la France au Bureau International du Travail (BIT) et futur directeur du Travail dans les services de De Gaulle. S'adressant aux travailleurs français, il les encourage à se faire les porte-parole des informations diffusées sur les ondes anglaises, à œuvrer contre les occupants tout en restant vigilants et prudents dans leurs actions : « Si vous voyez des possibilités de gêner les Allemands dans leur tâche, saisissez-les, mais à condition toujours de pouvoir le faire sans trop de danger pour vous-mêmes. N'oubliez jamais la prudence. » La BBC accorde une place toute particulière aux émissions ouvrières, persuadée déjà de pouvoir y soulever un vent de contestation. Des émissions de cinq minutes le matin, à 6 h 15, et quelques minutes à 18 h 30, s'adressent directement à cette classe sociale.

Le 21 août, André Labarthe évoque le pillage de la France par les Allemands et demande aux cheminots d'être des sources de renseignement sur tout ce qui serait livré à l'occupant par le rail. Il inaugure ainsi le procédé des messages ciblés.

Dès lors, une série régulière d'appels va suivre, « aux paysans de France » le 26 août, aux « femmes de France » le 1er octobre, avec toujours en toile de fond cette ligne de propagande : résister sans prendre de risque, refuser la situation actuelle de la France, se tenir mobilisé, agir sans trop s'exposer et soutenir les Alliés.

Par ces messages spécifiques, on ne cherche plus seulement à atteindre la nation tout entière, mais à orienter la propagande vers des groupes sociaux définis. Des speakers, choisis en fonction de leur appartenance aux différents milieux visés, s'adressent aux ouvriers, marins, instituteurs, agriculteurs, femmes, chômeurs, catholiques, jeunes, et même aux enfants qui auront leur « Quart d'heure des petits enfants de France » dès 1941, le jeudi après-midi avec *Babar* et un feuilleton[5]. Il s'agit de sensibiliser tous les auditeurs, avec en ligne de mire le coup de main final aux côtés des Alliés.

Cette politique éveille un écho. Pour exprimer leur soutien à la cause anglaise et la reconnaissance qu'ils vouent aux hommes de la BBC, les auditeurs français commencent à écrire à la radio de Londres. L'arrivée de la première lettre suscite une vive émotion dans l'équipe des « Français parlent aux Français », à l'automne 1940. Un soir, on leur tend une enveloppe provenant de France. Chacun veut la lire, la relire. On la tient bien serrée dans les mains comme une preuve que le fil n'est pas coupé, que la France n'est pas séparée du monde extérieur et de la vérité. « "Ils nous écoutent", répétions-nous, émus et joyeux à la fois[6] », raconte Jean Oberlé.

À compter de ce jour, des paquets de lettres parviennent à la BBC, beaucoup en provenance de la zone libre. Certaines transitent par le Portugal, d'autres sont acheminées grâce à la complicité de postiers, de chemi-

nots ou de censeurs. Dans l'ensemble, très peu de courriers arrivent des zones interdites. Toutefois, quelques
astucieux saisissent des occasions particulières pour
faire parvenir leur prose à Londres comme cet Alsacien
qui, le 16 août, profite d'un séjour à Bâle pour envoyer
un long rapport. Il fait état du « très bon » moral des
Alsaciens annexés qui, dès qu'ils le peuvent, se moquent
des Allemands. « Mais, ajoute-t-il, notre espoir n'est que
l'Angleterre. L'air serait irrespirable sans cet espoir.
Nous écoutons la BBC tous les jours[7]. »

Parmi les nombreuses lettres reçues, les jeunes auditeurs sont très représentés et brûlent d'en découdre
avec l'occupant. « Que voulez-vous que nous fassions ?
demande une auditrice de Béziers, le 3 octobre, vous
pouvez être sûrs que nous sommes prêtes à suivre toute
consigne que vous nous donnerez. » Le 14 décembre, un
étudiant de Vierzon (Cher) écrit : « Beaucoup de jeunes
comme moi sont et seront prêts pour servir la France
quand l'ordre sera donné[8]. » La radio doit servir à cela !
Rassembler les forces pour demain, préparer les esprits,
enrayer le renoncement et prévenir toute acceptation de
la situation du moment. Des correspondants disent simplement leur bonheur et leur émotion d'entendre ces
voix françaises libres, d'autres demandent que l'on joue
La Marseillaise ou réclament des instructions à appliquer contre les occupants. Tous parlent d'espoir et de
soutien moral. Ces lettres seront lues dans le programme des « Français parlent aux Français », d'abord
par Jacques Duchesne qui lance cette rubrique le
7 octobre 1940, puis par Jacques Borel, alias Brunius,
chargé de les recueillir et d'en lire quelques passages
dans une émission spéciale, intitulée « Le courrier de
France », diffusée le vendredi à partir du 3 janvier
1941. Bien entendu, les speakers de Radio Paris et de
Radio Vichy les accusent de lire de fausses lettres. « Il
nous en aurait fallu du génie pour imiter, pour trouver

ce ton à la fois naïf et sincère, émouvant, déchirant même, cris d'espoir ou de rage de Français et de Françaises, et, par-dessus tout, ce bon sens du peuple de chez nous, ce bon sens des Français à la fois logiques et décidés à ne rien croire de ce que disait l'ennemi[9] », fit observer Jean Oberlé.

Le général de Gaulle a tôt fait de percevoir l'outil exceptionnel que constitue la radio dans cette guerre des nerfs, des esprits et des opinions. Le 21 octobre 1940, il adresse, depuis Douala, un télégramme au colonel Fontaine, à Londres, en précisant qu'il faut désormais « insuffler plus de dynamisme » aux émissions, pousser les Français à entrer en résistance active ou passive. C'est un devoir national de s'opposer au régime en place sur le territoire de France car « quiconque ne s'efforce pas de combattre soit par les armes, soit par des moyens indirects, est coupable envers la patrie[10] ». Ce télégramme donne le coup d'envoi d'une politique soutenue de mobilisation du peuple français par la radio.

Ce même 21 octobre, Winston Churchill*, avec sa voix chaude et chargée d'émotion, prend la parole pour s'adresser au peuple de France. « Français ! C'est moi, Churchill, qui vous parle. Pendant plus de trente ans, dans la paix comme dans la guerre, j'ai marché avec vous et je marche encore avec vous aujourd'hui, sur la vieille route, clame-t-il dans un français impeccable. Ce que nous vous demandons, au milieu de nos efforts pour remporter la victoire que nous partagerons avec vous, c'est que, si vous ne pouvez pas nous aider, au moins vous ne nous fassiez pas obstacle. Le jour viendra où vous pourrez et où vous devrez renforcer le bras qui frappe pour vous. » Puis il assure que rien ne doit arrêter l'Angleterre et son Empire dans sa tâche, à savoir « curer l'Europe de sa pestilence nazie et sauver le monde d'une nouvelle barbarie[11] ». Avant de conclure qu'une aube prochaine se lèvera sur la France aujourd'hui plongée dans l'obscurité, l'aube des braves qui auront rassemblé leurs forces pour marcher vers des temps meilleurs.

Cette intervention a un fort retentissement parmi les auditeurs de la radio de Londres. Un rapport du centre d'information de l'Hérault, à Montpellier, daté du 23 octobre 1940[12], souligne l'effet du discours sur les Français et la montée de l'anglophilie : « L'audition toute récente de Churchill a été accueillie avec satisfaction. »

Dans une lettre envoyée à la BBC, écrite le 27 octobre, une employée de bureau de Marseille raconte qu'elle a noté en sténographie le texte et qu'elle a rencontré « un gros succès avec ce discours au bureau car beaucoup n'avaient pu l'entendre[13] ».

Les rares interventions de De Gaulle ou Churchill sur les ondes de la BBC auront, chaque fois, un énorme impact sur les auditeurs. Leur rareté en renforce l'influence et la solennité pour les auditeurs de la France occupée.

Jusqu'à l'automne, la majorité des Français semble accepter l'armistice. La plupart, sauf ceux de la zone nord, se rassemblent derrière le vieux chef, sauveur de Verdun, qui inspire confiance et respect dans le malheur qu'il entend partager avec ses compatriotes. « Il nous a sauvés ! Mais de quoi, grands dieux ? En tout cas, pas du déshonneur[14] ! », s'emporte l'historien dijonnais Henri Drouot, dans son journal intime, le 26 septembre 1940. Il ne comprend pas que « Pétain le capitulard » reste un grand homme aux yeux d'une partie de la population dijonnaise. « Héros national », « bouclier humain », « père », « chef des Français », il incarne la réconciliation nationale. On lui consacre même une chanson, *Maréchal, nous voilà*[15], une gloire chantée qui finit par devenir l'hymne officiel de Vichy, déclamé chaque matin par tous les écoliers de France. Sincèrement adulé par la majorité des Français, Pétain se mue en phénomène d'adoration, en objet de culte. Il reçoit, chaque jour, de nombreux cadeaux de tous les coins de France et près de 2 000 lettres. Cet attachement à la personne du Maréchal sauveur de la patrie s'accompagne souvent d'une franche réserve face aux décisions politiques du gouvernement. Il est d'ailleurs courant, à l'époque, d'être à la fois gaulliste et pétainiste. Des auditeurs de la BBC ont fréquemment l'occasion d'exprimer ce double attachement et l'idée que les deux hommes, Pétain et de Gaulle, bouclier et épée, œuvrent chacun pour le bien du pays[16]. « Nous aimerions que l'on ne dise pas de mal du maréchal Pétain que nous respectons et admirons, lit-on dans une lettre écrite à Vals-les-Bains, le 26 juillet 1940. Il fait en grand le sacrifice que chacun de nous fait en petit. Il fallait que ce soit lui qui demande cette discipline pour que nous le suivions. Et il essaye de bien faire, les mesures prises par lui actuellement étaient indispensables et feront le plus grand bien à notre pays si elles sont appliquées en toute justice. Nous regrettons que le général de Gaulle ne soit pas en France pour aider à cette tâche d'assainissement, mais nous souhaitons qu'il fasse du bon travail chez vous, pour vous, pour nous. De tout cœur merci, nos sentiments les meilleurs et nos prières ardentes. » Signé « J. K. ».

Conscients des sentiments ambivalents qui animent les Français, les Anglais décident, à l'automne 1940, de ne plus attaquer à l'antenne la personne du Maréchal, ou, tout au moins, de le faire avec la plus grande prudence. Les premières directives de la BBC à ce sujet datent du 12 octobre 1940. Autant dire que cette politique est reçue dans le camp gaulliste comme une trahison. Oberlé se souvient de la fureur exprimée dans les rangs de la France libre qui « alla même jusqu'à reprocher à Jacques Duchesne d'être pétainiste et de ne pas convaincre assez énergiquement les Anglais que Pétain était un traître[17] ».

Selon André Gillois[18], une première interdiction fut formulée à la fin du mois de juin 1940. À cette époque-là, dans l'émission « Ici la France », Pierre Bourdan avait sévèrement commenté l'armistice et s'en était pris à Pétain. En sortant du studio, il avait été provoqué en duel par un Français, outré qu'il se fût attaqué au Maréchal. Finalement, on ne dégaina pas les armes, mais dans les jours qui suivirent, de nombreuses lettres témoignèrent du choc ressenti par certains auditeurs. Après mûre réflexion, Cecilia Reeves et le directeur des informations pour l'Europe, Noël Newsome, décidèrent d'interdire toute attaque contre la personne du maréchal Pétain.

Au mois d'octobre 1940, le gouvernement britannique, qui tentait d'établir des contacts avec Vichy, ose même demander au général de Gaulle de ménager le vieux chef militaire, adulé des Français. Sans résultat ! D'ailleurs, quelques courriers d'auditeurs critiquent toujours certaines paroles désobligeantes proférées à l'égard de Pétain. Le 30 octobre 1940, depuis Ribérac en Dordogne, un étudiant en pharmacie, soldat de 2e classe, va même jusqu'à reprocher à la BBC sa dureté excessive pour les hommes du gouvernement de Vichy, notamment Pierre Laval, le vice-président du Conseil, et Paul Baudoin, secrétaire d'État aux Affaires étrangères. « Je ne crois point qu'ils soient des traîtres au service de l'Allemagne. Le maréchal Pétain ne les garderait pas et lui-même ne resterait pas car cet homme ne nous trahit pas. Le Maréchal comme ses ministres ne sont pas entièrement libres de leurs actes. S'ils négocient avec l'Allemagne, c'est par intérêt, non par plaisir. (...) Ces mesures que prend le gouvernement, il fallait les prendre. Notre régime, au point de vue de l'intérieur, n'a pas été particulièrement brillant[19]... »

Une certaine incompréhension s'installe entre la radio anglaise et quelques auditeurs concernant la poursuite des combats. Un correspondant du Mans, qui signe « un Français patriote », se demande ainsi pourquoi la BBC reproche toujours aux Français d'avoir abandonné les armes après la conclusion de l'armistice : « Vous auriez préféré sans doute voir le dernier soldat français exterminé et notre pays ravagé davantage par un ennemi puissant ? », demande-t-il, en s'indignant aussi de l'indifférence des hommes de Londres pour le malheur des innombrables familles éparpillées qui se cherchent à travers tout le pays. Choqué par l'absence de considération pour cet aspect douloureux de la guerre, l'auditeur brandit la menace d'une malédiction prochaine pour les hommes de Londres. « Prenez garde au génie d'Hitler qui vous ménage dans un avenir proche une surprise désagréable que vous n'avez pas volée. »

Ces divergences traduisent un sentiment minoritaire dans les courriers reçus à Londres. La majeure partie des auditeurs adhère à la cause anglaise. En France, les premiers signes de refus de l'Occupation se manifestent dans les villes et villages où l'on trace des croix de Lorraine gaullistes ou des « Vive les Anglais ! », « Vive de Gaulle ! », « Vive la RAF ! », « À bas les Boches[20] ! » sur les murs. Ces symboles sont de plus en plus visibles dans la région parisienne, en Normandie, à Clermont-Ferrand où, en octobre, Marie-Thérèse Gadala se souvient d'avoir vu écrit près d'un pont « Qu'est-ce qui va sauver la Gaule ? C'est de Gaulle. Qu'est-ce qui nous met dans le pétrin ? C'est Pétain[21]. »

En Bretagne aussi, la population se mobilise et manifeste clairement son attachement à la cause alliée. Le 30 décembre 1940, par exemple, à Lanester près de

Lorient, deux mille personnes assistent aux obsèques de trois aviateurs. On dépose des bouquets tricolores avec la mention « morts pour la France » sur leur tombe qui devient un lieu de pèlerinage[22]. Ces exemples se multiplient tout au long de la guerre, symbolisant un certain patriotisme et le refus de la situation. À la fin de l'année 1940, les rapports des préfets ne laisseront planer aucun doute sur ce phénomène. Dans le Var, par exemple, en décembre, la police estime à 70 % la proportion des anglophiles dans la population. Des préfets tentent de minimiser la situation comme Macary, de l'Aube, pour qui le mouvement d'anglophilie n'est qu'une réaction naturelle des habitants du département soumis d'une façon particulièrement sévère aux exigences de l'autorité occupante. Cette attitude pourrait être, selon lui, rapidement renversée. Dans le Cher, le représentant de l'État explique, lui, l'anglophilie par la crédulité du public qui y puise des motifs d'espérance. L'anglophilie serait moins « un élan sentimental que la recherche impulsive d'une bouée de sauvetage ».

Afin de contrer la montée de sentiments favorables aux Alliés, les services allemands emploient la répression. Pour lutter notamment contre la prolifération des symboles anglais et gaullistes et les effets de la propagande, les occupants publient une ordonnance. Datée du 28 août 1940, et signée du chef de l'administration militaire en France, elle vise « les associations, réunions, marques distinctives et le pavoisement ». En résumé, selon les articles 4, 5, 6 et 9, tous les cortèges, défilés et réunions sont proscrits. La population française se voit aussi interdire de porter des costumes distinctifs, des insignes, des uniformes, de pavoiser les immeubles, d'arborer des fanions, des étendards et autres symboles non officiels. Les coupables encourent jusqu'à un an de prison, assorti parfois d'une amende.

Cette législation, qui tempère provisoirement les ardeurs des plus indécis et engage les autres à la prudence, sera accompagnée d'un dispositif répressif concernant, entre autres, la propagande et les campagnes d'affichage. Le 3 octobre 1940, le journal *Gringoire* engage clairement les autorités à agir : « Il y avait encore, nous le savions, des Français qui écoutaient sérieusement la radio de Londres, et en colportaient volontiers les propos. (...) S'il en reste après les tragiques événements de Dakar, c'est vraiment qu'ils ont perdu tout sens critique. (...) Répondre ou brouiller : l'impunité des attaques radiophoniques anglaises doit cesser[23]. »

La propagande antigaulliste démarre véritablement avec les affaires de Mers el-Kébir et Dakar, qui permettent de noircir le tableau, et entretiennent la fragilité des opinions. Aux côtés des journalistes, les caricaturistes laissent libre cours à leur anglophobie et les affiches fleurissent sur les murs des villes de la zone occupée. Les Anglais sont représentés sous les traits de tortionnaires, avides du sang français, responsables des bombardements qui font de multiples victimes innocentes, occasionnant des souffrances supplémentaires et ruinant des familles françaises[24]. Ces campagnes n'ont probablement pas l'effet « ravageur » escompté sur les Français. Ainsi, le Dijonnais Henri Drouot écrit à la mi-décembre 1940 : « les sales Boches perdent leur temps à nous répéter que les Anglais ne sont pas nos amis. Cela, on le sait mieux qu'eux. Mais les Anglais, s'ils ne sont pas nos amis sûrs, sont sûrement les ennemis des Boches en ce moment et cela est le principal[25]. » La BBC est stigmatisée à travers des dessins qui paraissent dans la presse française la plus collaborationniste, *Au pilori*, *Je suis partout*, *La Gerbe*, *Le Cri du peuple*, ou *Gringoire* en zone libre. Tous décrivent la radio de Londres comme la voix des Juifs, en espérant semer le doute sur la légitimité de la France libre. Le 25 octobre 1940, *Le Cri du peuple* publie un dessin représentant un Juif, riche, en train de confier à un ouvrier français : « Londres dit… » La réponse fuse : « Te fatigue pas, mon gros : pour moi l'anglais, c'est de l'hébreu. » Ces dessins, censés révéler le vrai visage des Français de Londres, parlent de « bobards », de « fausses nouvelles et de « bourrage de crâne ». De Gaulle ne serait qu'un homme seul, exilé à Londres et manipulé par les banquiers de la City et les Juifs.

Pour lutter contre l'écoute croissante de la BBC, on tente aussi de convaincre du caractère irréversible de la victoire allemande et de décrire les auditeurs qui continuent de croire en une libération orchestrée par les Alliés comme de pauvres naïfs. On s'en prend aux attentistes et aux gaullistes, réduits à de viles personnes, antipatriotes et anti-France, complices de la perdition du pays. Les occupants et les collaborateurs ne ménagent pas leur énergie créative.

Peine perdue ! La mise en cause de la BBC dans les colonnes des journaux français constitue plutôt un bon indice du succès remporté en France par le poste britannique et de l'inquiétude grandissante des autorités des deux zones. Sans parler de la désaffection dont souffre la presse nationale et qui ouvre un boulevard aux émissions de Londres. Par leur ton et leur manque cruel d'informations, les journaux ont fini par lasser nombre de lecteurs. « Je me suis décidé à ne lire aucun journal, écrit l'économiste Charles Rist le dimanche 29 septembre 1940, nous nous contenterons de la radio anglaise[26]. » Le même jour, la plume du pasteur Boegner consigne des sentiments identiques : « On ne peut plus croire, ni à aucune radio, ni aux journaux. (…) Le parti anglais augmente en France et surtout à Paris. Les occupants le voient et s'inquiètent[27]. »

D'autres catégories de la population française éprouvent le même malaise, les gens de la terre notamment, ceux en tout cas que l'écrivain Léon Werth rencontre dans un bourg aux confins du Jura et de l'Ain, le 6 septembre 1940. Il voit ces hommes douter et la méfiance contre les journaux et la radio croître. Ils savent que le sort de la France se joue sur la Tamise[28]. Une Française arrivée à Lisbonne explique même que, pour faire face à la désaffection dont les journaux français et allemands sont victimes, l'occupant organise des concours. Tous les journaux publient une pensée (généralement dirigée contre les Anglais ou les Juifs) tirée d'un livre ou d'une pièce connus. Les dix premiers qui trouvent l'origine de la citation gagnent 100 francs. Le jour suivant, Radio Paris donne à l'antenne la phrase complète d'où a été extraite la pensée[29].

Rien à voir avec l'engouement pour la BBC et ses programmes attrayants, parsemés de slogans, de chansons, d'épigrammes comme celui qui passe dans l'émission « La Petite Académie », le 10 novembre 1940, à la manière de Voltaire : « L'autre jour dans le fond d'un val, un serpent piqua Pierre Laval, que pensez-vous qu'il arriva, ce fut le serpent qui creva[30]. » Ou de rengaines comme celle lancée le 30 novembre 1940, sur l'air *Maman les petits bateaux* :

> *Maman, la BBC*
> *Qui dit si vrai*
> *Est-elle en France ?*
> *Mais non, petit bêta*
> *Si elle y était*
> *Elle mentirait*

Beaucoup de ces morceaux choisis sont repris dans les conversations des Français, dans les queues du ravitaillement, dans la rue et autres lieux publics[31].

Les Allemands n'ignorent pas que le poste anglais est très écouté et que son influence grandit. Aussi, François Robin s'insurge dans *Gringoire*, le 12 septembre 1940 : « Qu'on imagine l'ex-général de Gaulle et sa bande privés des antennes anglaises : qui eût jamais parlé de ce gouvernement fantôme ? Qui eût même en France soupçonné son existence[32] ? » C'est pourquoi, un mois plus tard, le 10 octobre 1940, le même Robin tire le signal d'alarme et réclame une politique de répression plus radicale. Face aux auditeurs toxicomanes de la BBC qui absorbent chaque jour le poison délivré, la France dispose, selon lui, de deux armes : le brouillage et la réfutation des « mensonges » de Londres au cours d'émissions spéciales.

Les Allemands vont exaucer ses vœux, mais la tâche des techniciens de l'occupant est rude car les Anglais ont fait en sorte que chaque région d'Europe puisse capter le programme de la BBC sur chacune des trois bandes (longue, moyenne et courte). À cette date, la diffusion des émissions de la radio de Londres s'effectue sur une fréquence en grandes ondes, une en ondes moyennes (373 mètres) et trois à six en ondes courtes. La BBC couvre non seulement l'Hexagone, mais aussi toute l'Europe, la Méditerranée, les colonies françaises en Afrique et au Proche-Orient, une bonne partie des États-Unis, les Nouvelles-Hébrides et l'est du Canada. Fort d'une quinzaine d'émetteurs de 100 kW en ondes courtes et en ondes moyennes, le dispositif britannique impressionne.

Pour éradiquer ce « mal hertzien », les Allemands vont peaufiner la technique du brouillage. Des plaintes s'élèvent rapidement de Montélimar, Nice, Béziers d'où un auditeur délivre, dès le 20 juin, ce commentaire : « "On" n'a jamais réussi à brouiller Stuttgart, "on" a réussi – avec quelle maîtrise – à brouiller Londres. Certaines émissions se prennent assez bien ; d'autres ne peuvent être entendues, même en passant d'un poste à l'autre, sur toutes les longueurs d'ondes indiquées[33]. » Ainsi, le bulletin de 12 h 15 reste difficile à capter et il est impossible d'entendre la BBC, en ondes moyennes, sur une large bande allant de Pau à la Corse.

Aux accès de colère succèdent les conseils prodigués depuis la France. De Grasse, dès le 22 juin, un groupe de Français suggère au speaker de toujours parler lentement et distinctement, et de répéter à l'occasion une nouvelle importante. De Marseille, le 27 juin, un certain A. B. écrit : « On cherche à brouiller vos émissions, augmentez votre puissance. La meilleure est, en ondes courtes, à 18 h 15 et 20 h 15 sur 30,96 mètres. Le soir, en ondes moyennes, mauvaise réception sur 261 mètres gênée par un Italien. (...) Merci pour le réconfort que nous apporte la voix de Londres. »

À la fin de 1940, en dehors des quatre émetteurs d'Argenteuil en ondes moyennes et de ses deux émetteurs en ondes courtes, les Allemands doivent recourir aux autres stations de radio dès la fin de leurs programmes du soir pour accroître le brouillage nocturne. Peu équipés pour brouiller correctement l'ensemble du territoire, ils concentrent leurs efforts sur le secteur Grand-Paris en ondes moyennes, mais le brouillage effectué le soir, de 20 h 30 à 21 h 15 par Allouis (en grandes ondes), Rennes-Alma et Radio Cité (en ondes moyennes), et Argenteuil-Meudon (en ondes courtes) s'avère insuffisant.

Vichy va participer à cette opération « parasitage » en utilisant le centre d'émissions spéciales ondes courtes de Lyon qui, à la suite d'un acte de sabotage, sera transféré à Tramoyes, sur la route de Bourg-en-Bresse. Les autorités françaises entendent non seulement brouiller les émissions anglaises sur la France, mais aussi les programmes diffusés en Afrique, et particulièrement en

Algérie, pour préserver les populations résidentes, déjà largement acquises à la cause alliée.

Dans cette guerre des techniques, les auditeurs fournissent des indications d'une précision surprenante, ce qui laisse supposer qu'ils furent conscients très tôt du rôle à jouer en tant que diffuseurs de renseignements. Un habitant du Gard interpelle les Anglais sur le fait que, selon lui, si 80 à 85 % des postes peuvent recevoir les ondes courtes, seuls 60 % des auditeurs les utilisent, et ce pour une simple raison : « Dans les campagnes proches, les gens ont peur d'utiliser les ondes courtes car les bulletins français sont donnés sur les ondes moyennes et ils craignent de ne pas être capables de les retrouver s'ils se branchent sur d'autres longueurs d'onde. » À la suite de cette dernière lettre, Émile Delavenay, chef du service anglais d'étude du courrier et des réactions des auditeurs, recommande aux Britanniques d'éduquer les auditeurs, au moyen d'instructions données par la radio de Londres et de tracts lâchés par avion sur la France, afin que les Français puissent toujours se brancher sur un programme de la BBC.

Selon les courriers reçus à Londres, certaines voix de speakers sont plus audibles que d'autres, malgré le brouillage, comme celle de De Gaulle qui « domine tout ». Des auditeurs conseillent même aux speakers de la BBC d'imiter la voix lente et énergique du Général, d'autres implorent Pierre Bourdan de parler plus clairement car son timbre est trop sourd[34]. Les voix de Schumann et de Duchesne, plus claires que celles des autres intervenants, semblent mieux traverser le rideau du brouillage. Malgré ces recommandations, l'écoute de la BBC est parfois totalement impossible dans certains endroits. D'autres fois, la radio anglaise est « si claire » qu'elle donne l'impression étrange aux auditeurs que les speakers sont « dans la pièce d'à côté[35] ». Le procédé a de quoi dérouter.

Vers la fin de l'année 1940, l'écoute de la BBC paraît s'améliorer et les plaintes relatives au brouillage se font plus rares. Certains correspondants parlent même de bonne réception en ondes moyennes à Besançon, en Bretagne, de la Somme au Poitou, dans la zone nord d'une manière générale, et en ondes courtes à la frontière suisse, à Lille, en Gascogne, dans le Tarn, à Marseille, et dans le Sud en général grâce à la mise en service de nouvelles longueurs d'onde. À cette époque, même à Paris, l'écoute est possible, mais si certains soirs, la friture s'installe irrémédiablement, qu'importe ! Les « BBCistes » français continuent de se brancher sur la radio de Londres, en dépit des interférences programmées par les autorités. Et un slogan apparaît : « Quand les Allemands nous brouillent, les Français se débrouillent[36] ». Ainsi, des auditeurs parviennent à construire des cadres directionnels en guise d'antennes, en suivant les conseils donnés sur les antennes de la BBC.

Visiblement, l'arme du brouillage n'atteint pas son objectif ultime ; détacher les Français du poste de radio aux heures des émissions de Londres. Les autorités allemandes sont donc contraintes d'envisager des solutions plus radicales. L'occupant escompte bien réprimer la montée de l'anglophilie et du gaullisme dont il mesure les « ravages » dans certaines régions de France. En Bretagne, par exemple, où les actualités cinématographiques font très souvent l'objet de sifflets et de commentaires insultants, les Allemands décident, dès l'été 1940, de les projeter dans une semi-obscurité afin de repérer les éventuels fauteurs de troubles. À leurs yeux, l'écoute des « ondes dissidentes et malfaisantes » de la BBC est en grande partie responsable de cette évolution de l'opinion publique. Le 31 juillet 1940, un document priait déjà le chef de l'administration militaire en France de publier une ordonnance sur l'écoute déclarée interdite des émetteurs étrangers. Seule

l'écoute des émetteurs du Reich, des postes du protecto-
rat de Bohême et de Moravie, de Hollande, de la Belgique, du Luxembourg et ceux de la Norvège, de
Pologne et de France, ainsi que les postes de Lyon, Marseille et Toulouse était autorisée[37]. Le 10 octobre 1940,
alors que *L'Action française* écrit : « La radio anglaise est
en pleine expansion. À 20 h 15, on peut l'entendre dans
certaines rues, toutes fenêtres ouvertes », le chef de
l'administration militaire allemande exécute l'ordre
donné au commandant en chef de l'armée.

« En vertu du § 6 de l'Ordonnance concernant l'intro-
duction du droit pénal allemand et des prescriptions
pénales dans les territoires occupés de la France du
10 mai 1940, sera permis d'écouter les postes émetteurs
du gouvernement de Pologne, de la France, de la Hollande, de la Belgique, du Luxembourg et de la Norvège,
ainsi que les émetteurs du Reich[38]. »

Quelques jours après l'interdiction d'écouter les ondes
« ennemies » en zone occupée, la législation du gouvernement de Vichy suit la tendance allemande, sans aller
jusqu'à proscrire complètement l'écoute des postes
« subversifs ». Il ne peut ignorer les rapports qui lui sont
remis concernant l'opinion publique et le comportement
des Français, notamment ceux émanant des préfets qui,
bien qu'édulcorés, signalent la montée de l'anglophilie.

Par une loi du 28 octobre 1940, parue au *Journal officiel* du 3 novembre 1940[39], le gouvernement de Vichy
interdit l'écoute des émissions radiophoniques de la
BBC et de tout poste « à propagande antinationale » sur
la voie publique et dans les lieux ouverts au public. Les
contrevenants encourent une amende de 16 à 100 francs
et un emprisonnement de six jours à six mois, et les
postes de radio pourront être saisis.

Une partie de la population française s'inquiète de ces
mesures coercitives qui réduisent leur liberté. « Ils

n'osent point encore frapper à domicile. C'est seulement dans les "lieux publics" qu'il n'est point permis d'écouter. Mais ils y viendront, s'ils ne sont pas balayés », écrit Léon Werth, le 29 octobre 1940. Pour contourner l'autoritarisme officiel, les Français apprennent à être plus habiles et plus malins que le pouvoir en place. Comme le raconte l'écrivain Alfred Fabre-Luce, « dans la journée, au restaurant, on fait l'innocent, on a l'air de ne connaître que les nouvelles du DNB (Deutsches Nachrichtenbüro, agence officielle d'information du Reich). Mais le soir, portes closes, entre amis sûrs, on se tourne vers l'antenne de la BBC comme le Japonais vers la tablette de ses ancêtres. Si la parole sainte est brouillée, on fabrique soi-même les raisons de son optimisme ».

N'en doutons pas, le fait d'avoir interdit l'écoute de la BBC dut éveiller la curiosité de nombreux citoyens français et susciter, contrairement au but poursuivi par l'occupant, l'envie de capter les ondes anglaises. On prend seulement plus de précautions, y compris dans les lettres adressées à Londres dont la plupart finissent par « Vive l'Angleterre ! Vive la France ! », « Une vieille Française qui parle pour tous », « Un groupe de Français et Françaises », « Dieu protège les Alliés », « Une voix de France »... Sans aucune autre signature.

Des lettres, visiblement ouvertes par la censure française, sont même acheminées avec la complicité d'agents compréhensifs qui parfois ajoutent un petit commentaire à l'attention des Alliés. « Toutes mes amitiés à vous tous qui avez le courage de lutter pour la liberté », écrit un censeur sur la lettre d'un ancien combattant de Lyon, datée du 20 juillet. Dans une lettre de Clermont-Ferrand, du 9 septembre, et dont l'auteur espère que le contrôleur qui l'ouvrira sera « assez français pour la laisser passer », le censeur militaire glisse : « Certainement il y a nombre de tels censeurs, et qui

écoutent les émissions de la BBC et qui prient pour le
triomphe de la cause alliée pour laquelle l'Angleterre se
bat si héroïquement[40]. »

À Millau, Marseille, ou Bordeaux, dans les villes et
villages bretons, ou ailleurs, l'écoute de la BBC se pratique comme une religion. Certains le font dans le
secret, en se méfiant de l'autre, comme l'a constaté
Charles Rist, de passage à Evian, le dimanche 8 septembre 1940. En parlant aux habitants du coin, il se
rend compte qu'ils hésitent un peu à entrer en conversation. Mais rapidement, il s'aperçoit qu'ils écoutent la
radio de Londres, tous les soirs[41]. D'autres, plus incons-
cients, s'adonnent à leur péché mignon en toute liberté,
et en public. Ainsi, le pasteur Boegner qui attend dans
une gare le départ d'un train en direction de Montpellier, le 30 octobre 1940, remarque deux jeunes filles au
fond de la salle du café. Tranquilles, sans complexes,
elles écoutent « Les Français parlent aux Français ».
Étrange impression... Mais la détermination, la
débrouillardise et la complicité de certains compatriotes
sont, parfois, étonnantes.

Près de Clermont-Ferrand, la plupart des habitants
d'un petit village du Puy-de-Dôme ont pris l'habitude de
se retrouver quotidiennement pour écouter, religieuse-
ment, l'émission du soir, devant la maison d'un père
réfugié avec ses huit enfants. « Plusieurs jeunes hommes
viennent à bicyclette des villages voisins parce qu'ils
n'ont pas la radio. Personne ne parle de peur de perdre
un seul mot de vos paroles. Personne ne connaît l'un
l'autre parce que presque tous sont des réfugiés ou des
paysans et viennent séparément, mais pendant le jour,
si par chance des "habitués de la radio de 8 h 15" se
rencontrent, ils se saluent très aimablement. En retournant à Clermont, j'ai essayé de louer un appareil sans fil
à ondes courtes, mais le marchand dit qu'il ne lui en
restait pas un seul, tout le monde les avait pris pour

entendre la radio anglaise... Alors j'ai acheté une radio parce que, grâce à vous, la vie est une fois de plus retournée dans nos cœurs, pleine d'espérance[42]. » Ces comportements individuels permettent aussi d'élargir l'audience de la BBC. Ici, en zone libre, un restaurateur fait mine d'écouter la radio en famille dans sa cuisine. Mais il monte suffisamment le son pour que chaque parole venue de Londres soit entendue des consommateurs assis dans la salle d'à côté. Là, des voyageurs passés par Marseille témoignent de tactiques similaires organisées dans des cafés ou des hôtels de la ville[43].

On se regroupe pour écouter la BBC, mais on se tourne aussi vers Boston, Dublin, Sydney ou déjà Brazzaville pour compléter ses informations, dans cette France où le système du bouche à oreille fonctionne à merveille.

Toutefois, les missives adressées à la radio de Londres ne forment pas une seule et même litanie de compliments et de remerciements. Des lettres chargées de reproches parviennent très tôt au siège de la radio de Londres, comme celle d'un auditeur de Nice, datée du 24 juin 1940, très mécontent des propos tenus dans une émission diffusée sur la BBC, la veille, à 22 heures. « Je fais la dépense d'un timbre pour vous dire que j'ai trouvé cette émission parfaitement révoltante. Vous rendez-vous compte que vous faites, en prêchant ouvertement la désunion des Français, en annonçant la création à Londres d'un Comité français (...), le jeu de nos adversaires. (...) À mon sens le seul tort que l'on puisse donner à la France, c'est de vous avoir choisis comme alliés. Je suis surtout heureux que nous n'ayons écouté la voix d'aucune des sirènes qui prétendaient que nous pourrions nous retirer en Algérie. Et puis votre projet d'union totale était enfantin, risible, mais cachait de très vilaines intentions. »

Beaucoup de Français ont accueilli avec soulagement l'armistice en espérant des temps meilleurs. Mais, depuis la fin de l'été, la contestation a progressivement gagné le milieu lycéen et étudiant, notamment à Paris. Les croix de Lorraine, les papillons, les tracts, les graffitis gaullistes prolifèrent. À la fin du mois de septembre, la police a déjà consigné dans ses rapports hebdomadaires les prémices du mouvement de la jeunesse parisienne et appréhendé certains de ces « quelques partisans de l'ex-général de Gaulle » qui arborent la « croix de Lorraine ». Selon le rapport hebdomadaire du 30 septembre 1940, cinq jeunes gens, porteurs du symbole, ont été interpellés et des insignes saisis chez des commerçants. Le 14 octobre, trois jeunes gens porteurs de croix de Lorraine sont interrogés par les services de la police pour « propagande en faveur de l'Angleterre et de l'ex-général de Gaulle ».

Cette atmosphère contestataire est amplifiée par l'entrevue de Montoire. Quatre jours après la poignée de main entre Pétain et Hitler, le 24 octobre, le préfet de police Roger Langeron écrit : « Une suite que Pétain n'avait pas prévue : le développement de la campagne gaulliste, la recrudescence des papillons et des inscriptions à la craie : "Vive de Gaulle !"… On parle de manifester le 11 novembre… Montoire a déjà eu un résultat : celui de stimuler la propagande gaulliste chez les étudiants[44]. »

Une semaine plus tard, la nouvelle se répand dans les lycées et les milieux étudiants. Micheline Bood, alors lycéenne, note dans son journal un appel à manifester le 11 novembre, à 17 heures, à l'Arc de triomphe. Cette nouvelle déclenche l'enthousiasme et la spontanéité de ces jeunes patriotes français. « Ça va être drôle ! S'il y a quelque chose qui se passe, on va toutes se faire fiche en prison ! Plus de devoirs, plus de profs et plus de punitions ! C'est ça qui serait chic[45]. » Le 9 novembre, les Français apprennent par voie de presse que le 11 novembre perd son statut de jour chômé et, à l'image du 14 Juillet, se réduit à un service religieux, un dépôt de gerbes et une minute de silence. Aucune manifestation ne sera donc tolérée. De son côté, le recteur de Paris se voit obligé par l'occupant de mettre en garde étudiants et lycéens contre toute tentative de démonstration publique. L'effet est immédiat ; la contestation prend de l'ampleur, les tracts et les papillons circulent activement pour enjoindre les jeunes à manifester le 11[46], et le bouche à oreille fait des miracles. La consigne est simple : « Tous à l'Étoile, lundi après-midi. » Ce mouvement du 11 novembre 1940 est spontané et patriotique. La BBC n'a lancé qu'un seul appel sur les ondes, le 10 novembre, par l'intermédiaire du professeur de droit René Cassin qui cherche à interpeller les anciens combattants sur l'oppression inacceptable à laquelle sont soumis les Français et les appeler à garder l'espoir. Il les invite tout de même à se rendre au monument du Soldat inconnu à Paris et devant les monuments aux morts de France pour leur rendre hommage. « Le 11 novembre 1940, à l'oppression et aux lâches, vous répondrez tous : NON. »

Loin d'imaginer ce qui se passe à Paris, le 11 novembre, Jacques Duchesne programme une pièce de théâtre commémorative dans la demi-heure française de la BBC et décide de célébrer la victoire de 1918. La radio de Londres fait l'éloge du maréchal Foch et Jean Marin en profite pour fustiger Laval. En France, tout est orchestré par les communistes, relayés par la jeunesse. Toutefois, dès 8 heures du matin, une fraction du peuple français qui, tout naturellement, entend rendre hommage à ses glorieux aînés de la Première Guerre mondiale, vient déposer des fleurs et se recueillir sur la tombe du Soldat inconnu, sur les Champs-Élysées. Un peu plus tard dans la matinée, des jeunes gens, filles et garçons, descendent l'avenue par groupes d'une dizaine. Certains arborent une cocarde tricolore à la boutonnière. D'après les rapports de police[47], « vers 12 heures, on évaluait à 300 le nombre des visiteurs qui avaient défilé devant la statue [de Clemenceau] et à une centaine le nombre de gerbes et bouquets déposés devant le socle ». Selon la police française, vers midi, 6 000 personnes ont déjà défilé sous l'Arc de triomphe, 500 bouquets et 50 gerbes ont été déposés. À un certain moment, les policiers sont intervenus pour disperser les patriotes.

À partir de 15 heures, la foule se fait plus dense. Un premier incident sérieux éclate à l'angle de la place de l'Étoile et de l'avenue des Champs-Élysées[48], entre un officier allemand, un promeneur et la foule solidaire. Puis vers 16 heures, des groupes d'étudiants commencent à investir le haut des Champs-Élysées. Le rectorat a bien demandé aux proviseurs de retarder la sortie des élèves, mais rien ne fait reculer les jeunes gens dont beaucoup sont inscrits à Janson-de-Sailly, Carnot, Condorcet, Buffon, Chaptal et Henri-IV. Deux élèves de Janson, Igor de Schotten et Dubost, déposent sous l'Arc de triomphe une gerbe de deux mètres en forme de croix de Lorraine réalisée par un fleuriste[49].

De tout Paris, lycéens et étudiants affluent, se regroupant sous l'Arc de triomphe. Ils sont environ 3 000 d'après les témoignages de l'époque, près de 10 000 pour d'autres. Une telle démonstration patriotique de masse fait peur à l'occupant.

La manifestation spontanée va s'achever par des incidents. Des échauffourées ont lieu entre des jeunes et des adhérents du Jeune Front (groupe fasciste) ou de la Garde Française. Une brasserie, Le Tyrol, repaire des membres de ces deux organisations militantes, est investie par les étudiants et lycéens, aux cris de « Vive la France ! », « La France aux Français ! », « Vive de

Gaulle ! ». Là encore, la police intervient. Mais les groupes compacts de jeunes continuent à aller et venir sur les Champs-Élysées en chantant *La Marseillaise* ou en criant « Vive de Gaulle, à bas Hitler ! ». Sur l'air des lampions, un groupe suit un monôme qui brandit deux gaules (deux cannes à pêche), et tous scandent « Vive... ». Vers 17 h 30, la répression s'intensifie et certains manifestants sont interpellés. Des coups de feu sont tirés et de nombreuses arrestations opérées. En un quart d'heure, le haut des Champs-Élysées est dégagé. À 19 heures, l'ordre est rétabli. Au total, la police française estime à 24 500 le nombre de personnes venues dans ce lieu symbolique, au cours de la journée, alors que 1 550 bouquets et 58 gerbes ont été déposés. De source policière, 2 000 personnes se sont recueillies au pied de la statue de Clemenceau et 300 bouquets y ont été déposés. Cent quarante-trois étudiants sont arrêtés, les uns par la police française, puis remis aux Allemands, les autres directement par les forces d'occupation[50]. Ils seront relâchés par vagues successives, entre le 20 novembre et le 18 décembre[51].

Dans les jours qui suivent les événements du 11 novembre, la presse dans son ensemble ne fait aucune allusion à la manifestation, et les autorités engagent une reprise en main des étudiants. Jusqu'à nouvel ordre, les cours sont interdits dans toutes les facultés et les grandes écoles de Paris. Tous les étudiants français, non résidents à Paris, sont renvoyés dans leur foyer en province. Les jeunes Parisiens, eux, doivent se présenter tous les jours au commissariat de police de leur domicile. Un compte rendu dressé par la police est envoyé chaque semaine à l'administration militaire ou aux Feldkommandantur de régions. Le 15 novembre, les journaux annoncent le renvoi de Gustave Roussy, recteur de l'Université de Paris, remplacé le lendemain par Jérôme Carcopino.

Les manifestations du 11 novembre 1940, survenues à Paris et dans d'autres villes de France[52], précipitent la réaction de l'occupant qui exige de l'administration française une plus grande sévérité à l'égard des actes antiallemands. Mais il en faudra davantage pour calmer les jeunes Français qui ont goûté à ce jeu de l'opposition affichée. Les tracts et les graffitis continuent de proliférer dans les écoles et les lycées, alors que les speakers de Londres les incitent à la prudence et la réserve : « Que ces jeunes gens généreux évitent pour l'instant de provoquer les fusils allemands. Il y aura mieux à faire plus tard[53] », leur recommande-t-on le 2 décembre.

Au siège de la France libre, le mouvement du 11 novembre et ses suites ont provoqué une prise de conscience de l'évolution de l'opinion en France. « Résistez dès aujourd'hui, groupez-vous, formez les bataillons silencieux de la France prisonnière, qui se lèveront lorsqu'un jour proche nous viendrons pour vous délivrer. À bientôt, Français. Vive la France ! », conseille sur les ondes de la BBC un officier d'active et ancien professeur à Saint-Cyr, le capitaine Passy, le 20 novembre 1940. De Gaulle sent qu'il est temps d'utiliser le creuset de résistance civile existant dans l'Hexagone et d'inciter les Français à entrer symboliquement en action contre l'occupant.

À l'aube de l'année 1941, les hommes de Radio Londres s'apprêtent à remplir cette nouvelle mission ; au-delà de leur tâche quotidienne qui consiste à informer au mieux les auditeurs et à leur insuffler un peu d'espoir en attendant la délivrance, ils vont devenir les rouages d'une machine programmée pour soulever, à des dates clés, le plus grand nombre possible de patriotes contre l'occupant et Vichy. Le 5 décembre 1940, à 6 h 15, Henry Hauck demande aux ouvriers de commencer à s'organiser et former des cadres afin de lutter efficacement contre l'ennemi : « La libération de la France, je vous l'ai déjà dit bien des fois, camarades, c'est votre affaire à vous. » Le 14 décembre, à 11 h 45, « un ingénieur, officier des Forces françaises libres, s'adresse aux ingénieurs et aux industriels de France », pour les encourager à refuser de travailler pour les Allemands, à dissimuler les stocks pour les soustraire à l'ennemi, et travailler à « satisfaire les besoins primordiaux des Français ».

Côté anglais, les responsables sont très divisés sur le bien-fondé de ce genre d'appels, notamment ceux qui pourraient entraîner, de façon inconsidérée, la population française à s'exposer. « Dans quelle mesure convient-il de lier la propagande à l'action dans les pays occupés ? », se demandent les Anglais qui garderont cette terrible question en tête jusqu'à la veille du débarquement, redoutant des représailles sanglantes pour les civils. Mais la machine à soulever les Français est en marche. De plus en plus régulièrement, l'auditeur entend ces messages ciblés, avec en toile de fond la même consigne qui revient comme un leitmotiv : s'opposer à l'ennemi et soutenir l'action alliée ; grossir les rangs des opposants tout en veillant à opérer dans la plus grande prudence et à ne pas s'exposer à un danger trop grand pour préserver les forces en vue du jour J. Telles sont les consignes principales données à l'antenne. Elles vont bientôt appeler les Français à franchir le pas et entrer activement en résistance civile.

5

V comme Victoire

À l'aube de la nouvelle année, la stratégie qui vise à fomenter un grand mouvement de résistance civile en France est en marche. Sur une initiative du général de Gaulle, le premier appel officiel* qui doit engager l'ensemble des Français est lancé le 23 décembre 1940. Par la voix de son porte-parole Maurice Schumann, de Gaulle fait entendre à l'antenne son premier mot d'ordre. L'idée est audacieuse. Elle ouvre la voie à une guerre d'action d'un nouveau genre. L'appel est simple : le 1er janvier, de 14 heures à 15 heures en France non occupée, de 15 heures à 16 heures en France occupée, les rues des villes et villages de France devront être désertées. Hommes, femmes et enfants resteront chez eux ou dans des locaux fermés pendant cette heure de recueillement, en pensant à la Libération. Par ce geste symbolique, l'occupant qui déambulera dans les rues vides des villes et villages de France doit réaliser qu'il ne sera jamais qu'un ennemi dans le cœur des Français.

Jusqu'au jour prévu pour l'action, la consigne sera fréquemment rediffusée. Ce sera l'heure d'espérance. « Tout doit être fait, partout, discrètement et fermement, pour que cette protestation muette de la Patrie écrasée revête une ampleur immense », précise le Général. Pour cette première expérience patriotique, de

Gaulle reste prudent. Il préfère appeler les Français à se recueillir chez eux, dans un mutisme mobilisateur, symbole de la solidarité des foyers de France. Le 24 décembre, à 6 h 15, l'appel est renouvelé, puis jusqu'au 1er janvier, dans l'ensemble des programmes français de la BBC. De nombreux intervenants viennent soutenir l'idée du Général.

Le 27 décembre[1], Jacques Duchesne reprend le message de De Gaulle. Puis le professeur René Cassin s'adresse aux anciens combattants et aux universitaires auxquels il demande de donner l'exemple. Enfin, un certain commandant Hackin prie les « grands corps constitués » et les gens de « l'Institut », à savoir les philosophes, les historiens, les archéologues, les philologues et les linguistes, de s'associer à la protestation muette.

Le 28 décembre, le Général se rend en personne à la BBC pour lancer un deuxième message au peuple de France. Il déclare fermement que traiter avec les ennemis, accepter leur emprise, et collaborer, est une trahison à la Patrie. Il rappelle que, par cette protestation, la France fera savoir au monde entier qu'elle voit son avenir dans la liberté, la grandeur et la victoire. Son texte enregistré est rediffusé le soir même, à 22 heures et à 22 h 45, puis le 30 décembre à 6 h 30.

Le 29 décembre, une nouvelle offensive radiophonique est lancée. Le matin, dans le programme de 11 h 45, trois messages visent successivement les chrétiens, les paysans, les magistrats et les fonctionnaires de l'État. Habilement, ce sont des hommes proches des auditeurs ciblés qui sont chargés de les diffuser, le père Alby, Henri Hauck et le commandant Pierre Tissier. Dans le programme du soir, prolongeant cette série de « messages pour le premier janvier », André Labarthe vient au micro dans l'émission du général de Gaulle « Honneur et Patrie », pour s'adresser aux ouvriers.

Après avoir égrené la liste des usines et des secteurs industriels français qui travaillent pour la machine de guerre allemande, et montré que l'occupant est maître des outils de production en France, il appelle ses camarades à l'union nationale le 1er janvier. Après lui, Jacques Duchesne fait encore référence au mot d'ordre du Général dans le programme « Les Français parlent aux Français ». Le 30 décembre au soir, Maurice Schumann rappelle que cette heure de silence devra être l'occasion de s'unir passivement, de façon « majestueuse et digne », sans autre forme d'action. À 20 h 30, la championne de tennis Simone Mathieu, commandant du corps auxiliaire féminin des Forces françaises libres, lance un bref appel aux femmes pour leur demander un large appui le 1er janvier. Enfin, Jacques Bingen, qui sera chef-adjoint de la section NM (Non Militaire) des services secrets de la France libre, en appelle au soutien des marins de la flotte marchande. Le 31 décembre, les auditeurs entendent un dernier message enregistré par le général de Gaulle :

> L'heure d'espérance du 1er janvier, pendant laquelle nul bon Français ne paraîtra au-dehors, voici ce qu'elle voudra dire :
> Nos provinces sont à nous, nos terres sont à nous, nos hommes sont à nous. Celui qui nous prend nos provinces, qui mange le blé de nos terres, qui tient nos hommes prisonniers, celui-là est l'ennemi.
> La France n'attend rien de l'ennemi, excepté ceci :
> Qu'il s'en aille ! Qu'il s'en aille vaincu ! L'ennemi est entré chez nous par la force des armes. Un jour la force des armes chassera l'ennemi de chez nous. Rira bien qui rira le dernier !
> C'est cela que tous les Français vont signifier à l'ennemi en observant l'heure d'espérance.

Incontestablement, cette « heure d'espérance » constitue un test de l'influence de la BBC sur la population française. Le 1er janvier 1941, les hommes de la radio mettent tout en œuvre pour mobiliser leurs auditeurs. Tous les chroniqueurs du jour formulent des vœux de courage et d'espoir en direction de leurs compatriotes. Quelques messages plus ciblés visent les cultivateurs, les marins, les aviateurs, les intellectuels, les professeurs, les médecins et tous les responsables de diocèses. À 14 h 45, le Général délivre un ultime message, simple et court. Il exhorte à la victoire : « Le 1er janvier 1941, la France n'espère et n'attend rien que de la Victoire. » À 16 heures, (heure de la France occupée), la BBC fait retentir *La Marseillaise*. Londres est dans l'attente.

Les Allemands ont bien tenté de faire diversion et de contrer les appels lancés depuis l'Angleterre. À en croire un agent de la France libre, une vente autorisée sans ticket de pommes de terre et de sucre, et autres denrées rares, aurait été organisée en certaines localités de France, sans que la manœuvre ne remporte de succès apparent. À Saint-Servan, en Ille-et-Vilaine, l'occupant aurait également fait savoir à la population qu'elle pouvait se procurer du charbon entre 15 heures et 16 heures. « En dépit de ces promesses, personne ne sort », rapporte l'agent qui assure que, dans les grandes villes, le mot d'ordre a été bien suivi, comme à Lille, Rouen, Le Havre, Nantes, Rennes, Bordeaux, Besançon, Lyon et Marseille où la circulation aurait été quasi nulle[2].

Dans les autres régions, des témoins affirment que l'appel du général de Gaulle a été entendu. D'après un Anglais arrivé de France, à peine 5 % de la population est sortie dans les rues de Lyon, le 1er janvier[3]. Le jeune avocat André Weil-Curiel, alors à Quimper, estime que la Bretagne a très largement respecté l'appel[4]. À Saint-Brieuc, un tract vengeur dénonça comme « traîtres » ceux qui étaient sortis dans la rue ; à Lorient, des jeunes gens embusqués dans les portes cochères s'amusèrent à huer les passants, et à Châteaubriant, 9 habitants sur 10 auraient respecté la consigne gaulliste[5]. Dans le Calvados, dans le Nord, à Marseille, à Dijon où « le parti de De Gaulle avait posé partout de petits papillons disant : "Français, restez chez vous le 1er janvier de 15 heures à 16 heures[6]" », d'autres témoignages laissent penser que la consigne de l'heure d'espérance bénéficie d'une bonne réception.

À Paris, ville symbole dont on guette les résultats de cet appel au « vide », des Français répondirent avec conviction à l'appel du jour de l'an. Mais le mauvais temps, qui règne sur la capitale et une grande partie du territoire français, a peut-être incité des habitants à rester au chaud et à l'abri ; « la neige ne suffirait-elle pas à retenir les gens chez eux[7] ? », s'interroge le cardinal Baudrillard. Pour les agents des Renseignements généraux, le doute n'est pas permis : ce sont les conditions climatiques qui ont considérablement réduit la circulation dans Paris. Ils notent, avec une précision exemplaire, que le nombre de promeneurs resta très limité jusqu'à 16 heures, tant sur les Grands Boulevards que sur l'avenue des Champs-Élysées et au Quartier latin ; puis, à partir de 17 heures, à la sortie des établissements de spectacles, une légère augmentation de la circulation fut relevée, associée, heureux hasard, à un arrêt des chutes de neige[8].

Toujours est-il que les forces de l'ordre procédèrent à quelques arrestations. Ainsi, le 31 décembre, une jeune institutrice fut appréhendée sur le pont Saint-Michel, alors qu'elle collait un papillon invitant les Français à rester chez eux le 1er janvier[9]. À son domicile, la police retrouvera des rouleaux de pâte à polycopier, des tracts de propagande gaulliste et divers noms. Le 1er janvier, un habitant du 16e arrondissement est conduit au com-

missariat de police de son quartier après avoir invité, de
sa fenêtre, les gens à rentrer chez eux.

Quelles qu'aient été les conditions climatiques, l'appel
du 1er janvier a provoqué un sursaut patriotique dans les
grandes agglomérations et dans les villages, parfois de
façon insolite, comme à Villedieu-les-Poêles (Manche),
où quelques jours après le 1er janvier, les traîtres, c'est-
à-dire ceux qui ont été vus dans les rues du village, à
l'heure du recueillement, sont mis à l'index. Le 5 janvier, un tract[10] est déposé dans les boîtes aux lettres de
la ville et des communes environnantes. Le texte, direct
et incisif, pourfend l'attitude des lâches et dénonce les
« fascistes honteux » dont on donne l'identité. Cité
parmi les traîtres vilipendés, un médecin porte plainte
pour diffamation devant le parquet d'Avranches, mais
l'auteur du tract ne sera jamais démasqué.

Dans les jours qui suivent l'appel du 1er janvier, des
préfets s'inquiètent du sentiment patriotique qui monte
dans la population française. « La radio anglaise donne
des mots d'ordre stupides qui sont malheureusement
suivis avec un ensemble parfait. (…) Le premier janvier,
les gens ne sont pas sortis de 3 à 4 heures[11] », regrette
le sous-préfet de Béthune. Celui de Côte-d'Or (Dijon),
dans son rapport du 10 janvier 1941, tente de rassurer
le gouvernement et de minimiser l'affaire en expliquant
que l'engouement pour de Gaulle et la popularité de
Pétain ne sont pas antinomiques.

Néanmoins, en l'espace d'une petite heure, le pouvoir
de la radio de Londres s'est malicieusement manifesté
auprès des autorités en France qui, pour autant, ne
s'engagent pas sur la voie de la répression à tout-va.
Seule la population de la zone interdite est consignée
chez elle, le dimanche, dans les arrondissements de
Douai, Valenciennes et du bassin minier[12].

Succès ou échec ? Il est aujourd'hui bien difficile de trancher. Les témoignages et les lettres retrouvés prouvent, en tout cas, qu'un terreau de résistance civile existe bel et bien dans le cœur des Français. Pour de Gaulle, ce premier appel est une réussite, même s'il se garde de tirer des conclusions définitives. « Aucun signe ne donnait à penser que des Français, en nombre appréciable, fussent résolus à l'action[13]. » Quelques mois plus tard, le 5 avril 1941, alors qu'il se trouve au Caire, il se montre plus catégorique : « Nous savons quels sont les insignes qui se cachent sur les poitrines, nous savons quelles sont les inscriptions écrites sur les murs et quelle est la radio écoutée chaque soir avec passion. Nous savons que le 1er janvier dernier, l'immense majorité des Français a fait ce que nous avons demandé, laissant vides les rues de nos villes et de nos villages pendant l'heure d'espérance[14]. »

Le succès incertain, quoique revendiqué, de l'appel du 1er janvier, confère au Général une autorité supplémentaire et une certaine légitimité à s'exprimer au nom des Français. Pour les hommes de Radio Londres, il s'agit désormais de maintenir ou de développer chez leurs compatriotes des sentiments de révolte contre l'occupant. Tous les messages cherchent à leur faire prendre conscience du rôle qu'ils ont à jouer et de leur valeur dans le combat pour la liberté. Sérieux, voire même solennels, les appels peuvent aussi prendre un ton plus léger ; c'est le cas de l'opération « planquer les sous » qui suit quasi immédiatement l'heure d'espérance.

Depuis le début de l'année, les Alliés savent que les Allemands cherchent à récupérer la menue monnaie en nickel pour soutenir l'industrie de guerre. L'équipe de la BBC décide donc de mettre en œuvre une campagne visant à faire disparaître cette matière précieuse de la circulation. De façon ludique, on propose aux Français de jouer les épargnants en constituant des réserves de pièces jaunes.

Tout au long du mois de janvier 1941, l'opération est lancée sur l'air de *Savez-vous planter les choux ?* transformé en *Savez-vous planquer les sous*[15] ? L'appel, moins martelé que celui du 1er janvier, parvient étonnamment à sensibiliser les Français. Sur le continent, des relais prolongent la consigne de la BBC, notamment dans les milieux universitaires parisiens où circulent des tracts explicatifs. En mars, le Dijonnais Henri Drouot mentionne dans son journal des « papiers de propagande » qui passent de main en main et incitent à garder les pièces jaunes. Si chaque Français retire de la circulation huit pièces de 5 sous, soit 2 francs seulement, des tonnes de nickel échapperont aux Allemands[16]. L'opération est un succès. Au fil des semaines, les marchands manquent de décimes et de pièces de 20 centimes. Le 17 avril, une auditrice parisienne de dix-huit ans, Geneviève[17], précise que « chez les boulangers, il n'y a plus de petits sous. Vendredi dernier, au métro Montparnasse, il n'y avait plus du tout de monnaie de nickel. À ce propos, veuillez préciser si nous devons cacher toutes les pièces de nickel : 0,25 – 0,10 ou seulement les pièces de 1 sou retirées de la circulation[18] ». Le 18 avril, un autre témoignage assure qu'à Paris, la campagne des petits sous de nickel bat son plein : « A tous les guichets de métro, on a vu réapparaître l'écriteau "On est prié de faire l'appoint". Les cafés, les épiceries, tous les magasins ont été obligés de confectionner des cartons de 0,05, 0,10 et 0,25. Pour ma part, j'ai plus d'un kilo de petits sous, je connais des amis qui en possèdent 2 à 3 kilos. »

Même au cœur des prisons de France, la campagne prend une dimension symbolique et donne bientôt le sentiment à chacun de jouer un bon tour aux Allemands. Pierre Mendès France, enfermé à Clermont-

Ferrand, participe au détournement des précieuses pièces. « Nous rachetons pour un franc cinquante vingt-cinq sous de petite monnaie de nickel que nous jetons ensuite dans les cabinets ou dans les ordures ou que nous enterrons dans le chemin de ronde[19]. »

Dans de nombreuses régions de France, le phénomène fait boule de neige. Depuis Le Havre où elle enseigne, Madeleine Michelis conseille à ses parents qui demeurent en Bretagne de suivre les conseils de la BBC[20]. À Vincennes, des écoliers ont rassemblé leurs propres pièces et racheté des pièces de nickel à des marchands. À Nîmes, une jeune fille demande aux gens présents dans les queues s'ils souhaitent donner leurs pièces de nickel pour aider la RAF. Tout le monde accepte. Dans la même ville, un club de sport trouve un autre moyen de collecter les précieuses pièces : chaque joueur doit donner 10 ou 25 centimes pour entrer dans un jeu. Le responsable du club a ainsi récupéré 600 pièces[21]. À Nantes, des bijoutiers ont l'idée de fabriquer des broches avec les petits sous, mais les Allemands s'en aperçoivent et le port des bijoux en question est aussitôt interdit. Le 25 mars, une jeune Rennaise écrit fièrement à la BBC : « Je connais une personne qui m'a dit avoir déjà ramassé 500 francs de pièces de 5, 10 et 25 centimes, une autre en a collecté 300 francs[22]. » La consigne finit par perturber l'organisation de la vie quotidienne des Français. Face au manque de petits sous, certains commerçants choisissent d'arrondir les prix au profit des clients, d'autres, au contraire, en profitent pour les majorer[23].

Au milieu de cette atmosphère faussement mutine, l'occupant suscite une hostilité grandissante dans la population frappée par les privations, tandis que la politique du gouvernement de Vichy achève de semer le trouble dans l'opinion publique. Selon l'historien Pierre

Laborie[24], c'est à ce moment-là que les premières fractures d'importance entre la population et le régime surviennent, entraînant avec elles un basculement déterminant de l'opinion. Ces sentiments d'opposition sont exacerbés en zone nord et en zone occupée. Quant au Maréchal, une grande partie du peuple reste encore attachée à sa figure. Mais l'image de Pétain, que l'on continue de présenter sous les traits du père ou du grand-père de chacun des citoyens français, le garant de l'ordre et de la morale, le symbole de l'ordre nouveau, se dégrade. Le renvoi de Pierre Laval, le 13 décembre 1940, avait bien renforcé un temps l'aura du Maréchal et rassuré les Français, mais son successeur Darlan est très vite devenu aussi impopulaire, avec sa relance de la politique de collaboration. Par ricochet, Pétain est fragilisé, même si une partie des Français continue de croire que le Maréchal joue un double jeu, essayant de gagner du temps. En fait, gaullisme et pétainisme cheminent toujours ensemble dans l'esprit de nombreux Français. Cette complexité de l'opinion conforte le ministère de l'Information anglais (MOI) dans sa politique de prudence à l'encontre du Maréchal dont on évite toujours de parler dans les émissions françaises de la BBC.

Pour l'heure, en France, les portraits du Maréchal suscitent moins la ferveur du peuple[25]. Pour la région nord, caractérisée par son gaullisme et son anglophilie, l'historien Étienne Dejonghe parle d'un « fiasco de la campagne des "cartes du Maréchal" » dont beaucoup sont renvoyées à la Préfecture, déchirées et sous enveloppe affranchie[26]. L'acte n'est pas sans conséquence. Ainsi, au matin du 11 juillet 1941, les prisonniers du camp de Choisel, près de Châteaubriant (Loire-Atlantique), voient arriver un homme et une femme condamnés à six mois d'internement, pour avoir déchiré la photo du maréchal Pétain[27].

Les portraits officiels sont progressivement enlevés des magasins par leurs propriétaires soucieux d'éviter des incidents quotidiens avec les clients. Les directeurs d'école publique, eux-mêmes, décident de ne pas les installer pour éviter toute lacération de la part des élèves. Ailleurs, et surtout en zone occupée, on essaie de ne pas attirer l'attention dans cette période où les dénonciations sont fréquentes, comme le raconte Madeleine Gex-Leverrier. Un matin, à Paris, le facteur lui propose de participer à l'œuvre d'entraide du Secours national en achetant le portrait du Maréchal. « Certainement pas », lui répond-elle, tout en tendant un billet de banque pour sa participation. Gêné, l'homme explique qu'il est interdit d'accepter de l'argent sans donner la photo. « Et si je persiste dans mon refus, que ferezvous ? lui demande-t-elle. – Je serai obligé de porter votre réponse sur ma liste. » En refusant, elle se signalait à la mairie comme opposante à la politique du Maréchal[28].

Il n'est donc pas exceptionnel de trouver, sur l'ensemble du territoire, du nord au sud, des preuves de l'anglophilie du peuple français, des inscriptions injurieuses pour le gouvernement de Pétain et des lacérations d'affiches allemandes. Les autorités s'inquiètent de la floraison de papillons et autres inscriptions, insignes anglais, croix de Lorraine, V ou cocardes tricolores, « Vive de Gaulle ! » ou « Vive l'Angleterre ! ». À Toulon[29], le magasin Toulonna procède à la vente de pastilles « Royale donne Air et Force », le 21 juin 1941. Depuis Marseille, le 1er avril, deux écoliers « Roland et Cairette » informent la BBC du succès des insignes en milieu scolaire : « Je portais la croix de Lorraine ainsi que l'épingle anglaise mais une personne de l'administration de mon école me l'a enlevée. J'essayerai d'en avoir une autre. D'ailleurs, elle a été vite remplacée par une pochette qui porte les drapeaux toujours alliés français et britannique. »

Le préfet de l'Aube en est réduit à organiser des rondes spéciales de police, à la pointe du jour, pour découvrir et faire disparaître les inscriptions nocturnes qu'il attribue à la collusion des communistes et des gaullistes dans le département[30].

Mais c'est la Bretagne régulièrement couverte d'inscriptions gaullistes[31] qui figure parmi les régions les plus mobilisées. Le 28 janvier 1941, à Lorient, des habitants accueillent l'arrivée du corps d'un Anglais décédé par des « Vive l'Angleterre[32] ! ».

Le 20 mai 1941, 3 000 Lorientais, parmi lesquels les ouvriers de l'arsenal, manifestent contre Pétain. À Rennes, le 17 juin, jour anniversaire du bombardement de 1940, ils sont 3 à 4 000 à marcher sur la préfecture aux cris de « Pétain au poteau ! Vive de Gaulle ! » en face de gendarmes qui refusent d'intervenir[33]. Les Allemands, eux, évoquent la présence d'environ 400 personnes[34].

Des troubles similaires ont lieu à Paris. Le 10 juin 1941, face à l'ambassade des États-Unis, qui déménagera bientôt à Vichy, des citoyens manifestent aux cris de « Vive Roosevelt, vive l'Amérique ! ». Quelques arrestations sont opérées[35]. Deux mois plus tard, le 17 août, dans les 14e et 18e arrondissements, des jeunes gens décident de déclencher une manifestation. À 11 h 25, rue Daguerre, une dizaine de personnes portant deux drapeaux tricolores et chantant *La Marseillaise* se dirigent vers l'avenue d'Orléans. Un jeune gardien stagiaire les en empêche. À 12 h 05, boulevard Barbès, à l'angle de la place du Château-Rouge, 150 personnes forment un cortège et tentent de défiler en chantant l'hymne national et en agitant de petits drapeaux tricolores. Ils se dispersent avant l'arrivée des gardiens de la paix[36].

En ces occasions, la contestation s'affiche au grand jour. Une partie de l'opinion publique n'est pas prête à tous les sacrifices et refuse cette situation d'une France divisée, occupée et muselée. La presse clandestine profite de ce climat pour tenter d'accroître les foyers potentiels d'opposition. Dans son numéro d'avril 1941, le journal clandestin *Valmy* publie quelques recommandations sur le mode des dix commandements :

> *La BBC écouteras*
> *Chaque jour avidement.*
> *Radio Paris laisseras*
> *Car il est boche assurément*
> *Ceux de Vichy mépriseras*
> *Et leurs propos avilissants*
> *Laval, Déat, tu châtieras*
> *Et leurs complices mêmement.*
> *Et quand leur tête on coupera,*
> *Tu danseras joyeusement.*
> *La Carmagnole chanteras*
> *Quand crèveront tous les tyrans*[37].

Ces feuilles clandestines, auxiliaires précieux des hommes de Londres, renforcent le camp allié. La population française regarde vers l'Angleterre qui incarne l'espoir d'une vie meilleure, et Radio Londres va accroître son influence.

Mais c'est la « campagne des V », lancée au mois de janvier en Belgique, qui est probablement l'opération de propagande alliée la plus ancrée dans la mémoire collective des Français. Entre le geste enfantin, qui consiste à tracer des V, et l'acte en lui-même qui défie l'autorité occupante, cette opération est à l'origine d'un phénomène spectaculaire qui va permettre aux Anglais et aux Français de Londres de mesurer tout le pouvoir de la radio sur une population asservie.

L'origine de cette campagne remonte au 14 janvier 1941. Ce jour-là, le speaker de la section belge de la

BBC, Victor de Laveleye, lance un mot d'ordre à ses compatriotes, leur demandant de tracer des V un peu partout en Belgique. « Je vous propose, comme signe de ralliement, la letter V, parce que V c'est la première lettre de "Victoire" en français, et de *Vrijheid* (liberté) en flamand : deux choses qui vont ensemble, comme Wallons et Flamands marchent en ce moment la main dans la main, deux choses qui sont la conséquence l'une de l'autre, la Victoire qui nous rendra la Liberté, la victoire de nos grands amis anglais. Et "Victoire" en anglais se dit *Victory*. Le mot commence donc aussi par V. Vous voyez que cela « cloppe » de tous les côtés. La letter V est donc le signe parfait de l'entente anglo-belge[38]. » Victor de Laveleye a eu vent, grâce aux rapports des services secrets britanniques, de l'apparition en Belgique des trois lettres « RAF » tracées sur les murs des villes et des villages ; une preuve de l'envie de la population de défier l'occupant en affichant des symboles interdits.

Le 1er février, l'émission en langue flamande amorce la même démarche. « Il faut que tous les patriotes de Belgique aient un signe de ralliement, qu'ils multiplient ce signe autour d'eux, qu'en le voyant inscrit partout, ils sachent qu'ils sont une multitude[39]. » Sur le plan psychologique, ces symboles permettent de faire émerger plus vivement un esprit de lutte contre l'occupant.

La simplicité graphique du V a vraisemblablement participé au succès de l'opération. Très vite, les V surgissent sur les murs de Belgique, de Hollande, mais aussi dans le nord de la France et en Normandie. Le 22 janvier, la lettre d'une auditrice française basée dans un port de la Manche signale l'apparition de V dans son secteur. Sur les conseils d'Emile Delavenay, l'équipe française de la BBC décide alors de reprendre l'idée pour le territoire français[40]. C'est ainsi que la section française lance le mot d'ordre, le 22 mars 1941, en l'honneur du roi Pierre de Yougoslavie qui a refusé de capituler devant les Allemands. Le succès est immédiat et l'ampleur du phénomène pousse les Britanniques à former un « comité des V » pour coordonner la campagne. Créé le 16 mai, il tient sa première réunion le 26 mai[41]. Heureuse coïncidence, quelqu'un découvre que la letter V en morse se compose de trois brèves et d'une longue, ce qui correspond parfaitement aux premières mesures de la *Cinquième Symphonie* de Beethoven ! Le succès est double. Le V devient non seulement un symbole visuel simple, mais aussi un référent sonore qui va se muer en sifflement emblématique de la Résistance. Un mois plus tard, le 28 juin, le programme français de la BBC en fait l'amorce de ses émissions. Par la campagne des V, les Anglais réalisent que les auditeurs peuvent jouer un rôle capital dans le combat. Ils s'en souviendront.

Sur les ondes françaises de la BBC, la campagne débute donc le 22 mars 1941, en soirée, par la diffusion d'un « slogan V ». Puis Jacques Duchesne lance l'offensive. « Songez donc, un V, ça se trace tout seul. On marche sur le trottoir le long des murs en rentrant chez soi avec un bout de craie ou un bout de fusain dans la main et on laisse derrière soi une traînée de V et personne ne vous a vu les tracer. Un grand V dans le dos d'une capote bien tracé à la craie, une capote qui pend dans un vestibule, ça fait très bien, surtout si la capote est allemande. La peinture d'une automobile allemande arrêtée dans un coin où il n'y a pas beaucoup de monde, il ne faut pas longtemps pour y couper un V au couteau. Il y a beaucoup de mots allemands qui commencent par V. Il y a le mot *Verboten*, un cercle autour du V de *Verboten*, c'est agréable à voir. Il n'y a pas de doute, l'idée est bonne, nous vous la signalons, nous ne l'avons pas inventée, c'est vous qui l'avez inventée. » Les jours suivants, l'équipe française saisit toutes les occasions pour promouvoir la campagne, tout en préconisant la prudence dans l'action : « N'oubliez pas que la situation est trouble. Ne vous exposez pas témérairement, ne vous laissez pas aller à des mouvements inconsidérés[42] », conseille le jeune Pierre Lefèvre, le 5 avril. Au sein de cette équipe des « Français parlent aux Français », Maurice Van Moppès invente de nouveaux slogans et imagine des ritournelles en l'honneur des V aux titres variés : *V for Victory, V coq, Chantez les V, L'heure des V, Chanson des V, V dans la nuit, Voici les V, V au café, Réveil en V, Village en V*... Le plus célèbre fut certainement la *Chanson des V** reprise sur l'air de la *Cinquième Symphonie* de Beethoven.

Dans son émission « Honneur et Patrie », la France libre, elle, garde ses distances et se contente d'évoquer le succès des V, notamment par la voix de Maurice Schumann, le 17 avril 1941.

V ou croix de Lorraine, chacun peut adopter facilement ces signes de reconnaissance et de ralliement. Le symbole V connaît un immense succès et devient une arme d'intimidation contre l'ennemi, quotidiennement agressé par ce signe obsédant. À partir du printemps 1941, les V sont régulièrement mentionnés dans les rapports des Renseignements généraux, de la police, des préfets ou des services des occupants : ils sont partout reproduits, à la craie, au crayon, à la peinture, sur les murs, les voitures, les tracts, les feuilles volantes, les affiches, dans les journaux, sur les papillons ou à même le sol. « On n'en finirait pas de citer les manifestations en tous genres, depuis le petit garçon de la rue qui, comme distraction, passe sa journée du jeudi à inscrire des V sur les voitures officielles et même sur les bottes des soldats allemands qui passent dans la rue, jusqu'aux chauffeurs des trains qui, en entrant dans les gares, lan-

cent dans l'air des V en morse[43] », constate-t-on à
Londres.

Le succès de l'opération est inattendu, même si la
démarche est naturelle pour des Français déjà habitués
à inscrire des « Vive la RAF ! », « Vive de Gaulle ! »,
« Vive les Anglais ! » et à dessiner des croix de Lorraine.
Les témoignages abondent pour décrire le phénomène.
De Marseille, où la préfecture en est recouverte, de la
Marne, de Franche-Comté, d'Argentières, de Nancy, de
Rouen, de Vichy, d'Angoulême, de Versailles, d'Aix-en-
Provence, de Tarbes, de Paris et bien d'autres villes, on
relève des V, souvent au côté de la croix de Lorraine et
d'un H pour « Honneur ». À Lille, dans la seule journée
du 28 mars, 5 500 V, 300 croix de Lorraine, 14 « Vive
de Gaulle ! », quatre « A bas les Boches ! » et un « Vive
Churchill ! » sont repérés et effacés[44]. Dans la région, à
Boulogne-sur-Mer, des tracts « Faites des V » sont
découverts rue Nationale, le 21 mars. À Lyon, selon un
auditeur de la BBC, rares sont les coins épargnés. Le
lendemain du premier appel, sur les murs du Grand
Hôtel, où siège la commission allemande, en plein cœur
de la ville, rue de la République, trois V sont tracés. Le
jour suivant, un quatrième est ajouté malgré la présence
continuelle des Allemands[45]. Dans ses carnets de captivité, Paul Reynaud raconte que des avions anglais dessi-
nent des « V » en fumée au-dessus de Lyon[46]. Plus à
l'est, dans le Jura, en Haute-Saône, ou dans le Doubs,
notamment dans le pays de Montbéliard, à Besançon,
les V et croix de Lorraine couvrent les murs des villes,
on siffle les premières notes de la *Cinquième Symphonie*
de Beethoven, et les autorités en place accusent la jeunesse française : « Tout laisse supposer qu'il s'agit de
jeunes gens, étudiants et étudiantes, et ce suivant les
consignes données par les postes anglais[47] », écrit ainsi
le commissaire de police de Besançon, le 7 avril 1941.

À Paris, dès le lendemain du lancement de la campagne, la letter V envahit la capitale. Le 17 avril, Geneviève, Parisienne âgée de dix-huit ans, précise aux membres de l'équipe française de la BBC qu'elle a vu des V sur une voiture de la presse allemande et qu'une inscription « Vive de Gaulle ! » était restée longtemps sur les murs de l'hôtel Lutetia, siège de la Gestapo.

Aucune autorité officielle ne peut ignorer la campagne des V, même si les préfets cherchent à la minimiser en attribuant le tracé de la lettre aux seuls enfants et collégiens de France. Il est plus rassurant de réduire le phénomène à de simples jeux de gamins et à d'innocentes plaisanteries. « Ces inscriptions ne sont que le fait de collégiens, auxquels il ne faut pas attribuer une importance démesurée[48] », résume le préfet de la Lozère.

Il est vrai que la letter V est largement reproduite par de jeunes mains dans une atmosphère « récréative ». Les murs des écoles et des lycées sont facilement investis par les graffitis et se couvrent d'un nombre astronomique de marques à la craie. Deux jours après le lancement de la campagne, un élève en compte 1 174 sur les seuls murs de son lycée[49] à Paris.

Le jeu devient encore plus excitant quand il permet de ridiculiser les Allemands, ce qui suppose, pour cette jeunesse en mal d'action, de prendre quelques risques. Le vendredi 28 mars, rue d'Astorg, à Paris, Micheline Bood, alors lycéenne, trace des V sur une voiture allemande. « J'entends un bruit de bottes derrière moi, je m'en vais "en hâtant le pas", suivant l'expression d'Yvette. Le Boche s'est approché, a regardé le signe sur la voiture puis, se retournant vers Yvette, il lui a fait un sourire radieux. Mon Dieu ! Nous en avons fait des centaines et des centaines, de V ! Je n'aurais jamais cru que ça se faisait si facilement en plein jour[50]. »

Certes, les gamins s'en donnent à cœur joie, mais dans les couloirs du métro, des mains plus mûres sèment de petits V en carton de couleur[51], alors que certaines femmes tracent de grands V avec leur bâton de rouge à lèvres dans le dos des Allemands[52]. Un marchand de vin de la capitale pousse la provocation jusqu'à afficher cette publicité : « Vin à Vendre à Volonté[53] ». Il sera vite prié de réduire la taille des initiales de son slogan.

« La campagne des V est gagnée », écrit un auditeur de la BBC, depuis Paris, le 21 avril 1941, racontant que le 5 avril, *Le Petit Parisien*, sous le texte « Les graffitis imbéciles font d'innocentes victimes », annonça 6 200 avertissements taxés, dressés à l'encontre des concierges, boutiquiers, locataires ou propriétaires jugés responsables par les Allemands[54]. La répression est en marche.

Pour contrer l'opération, la presse et la radio nationales sont mises à contribution. Le 1er avril, Radio Paris indique que des sanctions vont être prises contre les responsables qui seront poursuivis en justice. Le 4 avril, le journal *Les Nouveaux Temps* stigmatise en première page « Les lâches qui causent tant d'ennuis à leurs compatriotes ». Pour les services de Vichy, le comportement des enfants laisse aussi supposer que leur famille ou leur entourage écoute la BBC ou, tout au moins, est sensible à la propagande de Londres. De peur que la « gangrène » n'imprègne davantage l'esprit des Français, Darlan décide d'envoyer, le 18 avril, une circulaire aux préfets leur demandant de ne pas négliger la répression de ce mouvement. Les sanctions encourues vont de l'obligation de nettoyer les inscriptions à la peine de prison, en passant par le paiement d'amendes parfois très lourdes. Dans la région interdite du Nord, les occupants décident pour leur part d'avancer l'heure du couvre-feu et de punir les propriétaires des immeubles barbouillés[55]. À Chéreng, dans le Nord, le commandant d'une unité allemande de passage dans la région infligea ainsi à la population une amende de 5 000 francs, saisit les postes de TSF et exigea la livraison de cinq bicyclettes au bénéfice de son unité[56].

En zone occupée, les Allemands punissent les municipalités récalcitrantes d'amendes parfois disproportionnées. Selon un article du journal *Le Temps* du 4 avril 1941, la ville de Moulins est condamnée à payer immédiatement 400 000 francs en raison de la multitude de V peints sur ses murs, le montant de cette amende devant être « réparti individuellement entre les habitants selon leur capacité de paiement[57] ». À Bourg-Achard, dans l'Eure, la municipalité doit s'acquitter d'une amende de 20 000 francs et subit un couvre-feu du 12 mai au 1er juillet 1941.

En dépit de toutes ces sanctions[58], les autorités ne peuvent que constater l'inefficacité de leur politique de répression. Les Allemands vont alors tenter de récupérer l'opération. Le 4 juillet, un journaliste de Radio Paris annonce : « L'Europe est en train de battre le bolchevisme et personne ne doute de l'ultime victoire sur la Russie. C'est ce que signifie la letter V. » Le 7 juillet, Goebbels donne l'ordre de reprendre pour le compte de l'Allemagne la letter V comme symbole du mot *Victoria*. Satisfait de son idée, il déclare le 21 juillet : « Il faut faire passer les Anglais pour les plagiaires[59]. »

La veille, il a fait placarder de grandes affiches rouges marquées d'un V blanc au centre. La lettre diabolique est peinte sur les voitures allemandes ou sur les portes des locaux réquisitionnés. Une immense banderole est tendue au-dessus du fronton de la Chambre des députés, une autre couvre le flanc de la tour Eiffel ; elle est ornée d'un slogan *Deutschland siegt an allen Fronten* (L'Allemagne vainc sur tous les fronts). Les Allemands font éditer des tracts avec « V H, Vive Hitler ! » et *Victoria*, associés ostensiblement à une croix gammée. L'occupant s'est emparé du symbole, et dès l'automne

1941, l'effet V s'essouffle quelque peu en France[60], même si ce signe de ralliement reste ancré dans le territoire français, irrémédiablement associé à la victoire prochaine des Alliés sur l'ennemi.

6

La guerre des mots

De toute évidence, le soutien d'une bonne partie des Français aux opérations de propagande lancées depuis Londres a troublé l'occupant et le gouvernement de Vichy contraints de riposter. Au sein du gouvernement français, l'arrivée de Paul Marion à la tête du secteur de la propagande, en février 1941, renforce la politique de censure et d'orientation des secteurs de l'information, de la presse, de la radio et du cinéma[1]. Cet homme, qui considère que la majorité des Français sont incapables de se forger une propre et « juste » opinion, muselle toute information qui pourrait gêner Vichy ou les Allemands.

En dehors des communiqués officiels des services de l'Information et de l'agence Havas, les journaux sont sévèrement censurés, entraînant une désaffection du public. « Dans les trains, personne ne lit les journaux, constate Charles Rist, le 26 juin 1941. À une époque normale, on se jetterait sur eux avec avidité ! Cette abstention en dit long sur ce que pense le public. Il ne croit plus rien des nouvelles qu'on lui donne et se nourrit de la radio[2]. »

Des Français se réfugient dans la lecture de quotidiens suisses comme *Le Journal de Genève*, *La Gazette de Lausanne* ou *La Tribune de Genève* dont les exemplaires vendus en France sont soumis à un contrôle préalable et parviennent avec vingt-quatre heures de décalage afin de ne pas précéder la presse nationale. Les journaux helvétiques réussissent tout de même à publier les communiqués anglais, américains ou russes, et offrent des éditoriaux salutairement objectifs.

La propagande joue à plein, discréditant l'image des dissidents, des anti-France réfugiés en Angleterre ou aux États-Unis. Churchill est représenté comme une bête avide de pouvoir et de territoires, tour à tour sous les traits d'une pieuvre, d'un bouledogue qui mord dans les colonies françaises, ou encore d'une hyène assoiffée de sang français[3]. Sous ces coups de crayons acérés, le Premier ministre britannique est croqué comme un homme aux rondeurs prononcées, voire obèse et donc répulsif, à côté d'un Roosevelt, filiforme, et d'un Staline en moujik ou drapé dans un manteau militaire.

Dans cette guerre des crayons et des pinceaux, le général de Gaulle, lui, est souvent en tenue équestre, présenté sous les traits d'un homme grand, longiligne, portant le monocle, d'allure distinguée pour bien marquer ses origines aristocratiques[4]. Mais les représentations du Général, au physique en réalité méconnu par bien des Français, restent finalement très approximatives, même si Vichy fait paraître en 1941-1942 des photomontages accompagnés d'une légende : « Leur victoire serait celle de la finance anglaise, des Juifs, des maçons, du bolchevisme, non celle de la France ». À la même période, la photo de De Gaulle commence à circuler, *via* les réseaux de Résistance. Au mois de mai 1941, un agent de la France libre comptabilise 4 000 exemplaires d'une photo du Général vendue à Nantes au prix unitaire de 1,50 franc « par les soins des patriotes aussi bien que par les petits commerçants[5] ». Un autre agent basé dans le Pas-de-Calais, au Touquet, précise à l'automne 1941 que la plupart des Français de

la région n'ont encore jamais vu la photographie du
général de Gaulle[6]. Des compatriotes prennent alors
l'initiative de faire tirer des milliers de clichés du Général portant, en bas, la croix de Lorraine.

Les gaullistes sont en tout cas férocement fustigés.
Dans une brochure intitulée *Pourquoi nous sommes
Degaullistes !*, ces militants sont brocardés sous les traits
d'individus chics, au vocabulaire anglicisé (bye-bye,
cocktail-party, standing de vie…), snobs à outrance, for-
tunés mais atrocement pingres, à l'affût des meilleures
combines pour s'enrichir. De quoi attiser la haine du
pauvre Français honnête qui se débat, lui, dans des
conditions matérielles difficiles ! « Les attentistes » ne
sont pas en reste et inspirent aussi les propagandistes
allemands.

Désormais, la BBC n'échappe plus aux coups de
griffes de la presse française installée en zone libre mais
pas moins virulente pour autant. Le 28 mars 1941,
L'Action française qui s'en prend à « l'aboyeur anglo-
juif », c'est-à-dire Maurice Schumann, ridiculise les
auditeurs crédules : « On rencontre par-ci, par-là,
quelques esprits assez réfractaires à l'évidence, pour
avaler des couleuvres et les crapauds de cette radio
anglaise dont ils croient devoir nous vanter l'habileté.
Elle vaut surtout par l'opiniâtreté, le cynisme insolent et
la pure indifférence au vrai et au faux. »

Le 17 avril, *Gringoire*[7] publie en une des caricatures
insultantes de quelques Français de Londres et de Boston : Georges Boris, appelé par le journal Goldenberg ;
Gombault surnommé Weiskopf et Louis Lévy pour la
BBC ; Pierre Cot, Geneviève Tabouis et enfin Henri
Géraud pour Boston. Tous représentent l'anti-France,
véritable fléau de la nation. Le titre a de quoi interpeller : « NAÏFS AUDITEURS DE LA RADIO GAULLARDE. Connaissez
du moins les individus qui vous bourrent le crâne ».
Gringoire ne rate jamais une occasion d'épingler les

hommes de Londres. Plus tard, dans un autre article intitulé « Ces messieurs de Carlton Gardens », le journal s'en prend au corps français de Londres, « cette poignée de pantins, désormais nippés, anglicisés, dénationalisés, singeant comiquement les manières de leurs maîtres (...) Dans ces bureaux s'active la plus belle bande de falsificateurs de dépêches et d'arrangeurs de documents qui puisse se trouver[8] »...

Le Français aime les bons mots. On lui offre de quoi satisfaire sa gourmandise. En juin 1941, Monsieur Lapoire fait son apparition dans la gamme des personnages humoristiques. L'homme est un petit bourgeois tranquille, chaussé de charentaises, l'oreille collée contre le poste branché sur la BBC. Persuadés qu'ils tiennent là un bon filon, les hommes de Vichy déclinent les aventures de celui que l'on présente comme un pauvre « bougre » ouvert à tous les boniments. Le 5 juin 1941, les Allemands commandent une brochure *Les Bruits et les prophéties qu'on émet... et la vérité toute nue* à Jean Chaperon. On fait paraître aussi *L'Abécédaire, à l'usage des petites enfants qui apprennent à lire et des grandes personnes qui ne comprennent pas encore le français*, chaque lettre de l'alphabet servant de prétexte à la description d'un symbole de la nouvelle Europe : A pour la perfide Albion, B pour bobards, C pour collaboration, M pour Montoire, ou Z pour zéro comme l'Angleterre.

La campagne anti-BBC atteint son paroxysme au milieu de l'été. Dans les colonnes du *Matin*, daté du 30 juillet 1941, le journaliste Paul Allard, furieux de l'engouement des Français pour la radio de Londres et le général de Gaulle, alerte, non sans humour, la population d'un nouveau danger, le « dingaullisme[9] », une épidémie, dit-il, qui fait des ravages. Décrit comme une « maladie honteuse », le dingaullisme se signale par divers symptômes : « Agitation, fébrilité, parfois légère tendance à l'agressivité, (...) rupture totale avec le réel, ou schizophrénie. Par peur de regarder la vérité en face, le dingaulliste s'enferme, volontairement, dans un monde imaginaire, de fictions et de chimères. (...) Il se laisse aller à des hallucinations hystériformes. Il entend des voix qui lui annoncent la délivrance. (...) Le dingaullisme s'attrape, surtout, par les organes auditifs. Le plus souvent, il résulte d'une intoxication chronique par les ondes courtes. Certains malades ne peuvent plus se passer de leur drogue habituelle, et se relèvent, la nuit, pour boire, à Radio Londres, une coupe de messages "stupéfiants". Il s'attaque de préférence aux natures débiles : femmes nerveuses, collégiens impubères, vieillards inadaptés aux conditions nouvelles de vie, émigrés déracinés, oisifs de la zone non occupée, etc. » Paul Allard conseille donc aux pouvoirs publics de prévoir « une cure de désintoxication et de vérité » pour ces malades au caractère antisocial et antinational en constante aggravation. Puis il conclut, non sans humour : « P.S. : je remercie, par avance, les dingaullistes atteints de graphologie anonyme qui ne manqueront pas de m'adresser, à la suite de cette étude clinique, des lettres débordantes de rage, d'injures et de lettres majuscules, révélatrices de leur état mental, de la précieuse collaboration qu'ils apporteront ainsi au diagnostic et à la thérapeutique antidingaullistes. »

Pour l'heure, Paul Allard inspire l'occupant. Deux mois plus tard, les Allemands font sortir des presses parisiennes 100 000 prospectus dingaullistes. Dans le même style, *La Gerbe* publie un article, non signé, intitulé « La guerre des boutons... de radio[10] ». Déplorant la bêtise et la crédulité des auditeurs du poste, le journal s'évertue, lui aussi, à détruire la réputation des Français de Londres. L'auteur a du talent et la plume facile pour raconter une scène dont il prétend avoir été le témoin :

Dans un petit café de Ménilmontant, des hommes discutent autour du comptoir. (...) Soudain, l'un des hommes jette un coup d'œil à la pendule et s'approche de l'appareil de TSF.

— Vous permettez, patron ? C'est pour avoir Londres...

Autour de lui, on s'esclaffe, on se congratule :

— Ah ! Il n'a pas froid aux yeux, celui-là !

Cependant, un client proteste.

— Froussard ! lui crie l'homme qui manipule le poste.

Le froussard a la médaille militaire et une jambe en moins. Sans un mot, il s'en va, tandis que la radio de Londres commence à nasiller.

Oui, si étrange que cela puisse paraître, si abracadabrant que cela soit, il y a toujours des gens qui écoutent la radio anglaise. Depuis un an, elle n'a fait que se contredire ; depuis un an, les pires défaites lui ont infligé chaque jour des démentis, mais il y a encore de distingués amateurs pour se brancher sur ses ondes et croire ce qu'elle raconte. (...)

Ils sont vraiment persuadés qu'ils accomplissent une action d'éclat et il ne faut pas s'étonner si le fait imbécile de tourner un bouton de TSF et d'écouter les speakers de la trahison passe désormais pour de l'héroïsme, tant nous assistons chaque jour à un effarant travestissement de la vérité.

Je voudrais que les aliborons et les coquins à la cervelle molle qui font de la propagande anglaise sachent un peu quels sont les hommes qui, de Londres et de la dissidence de New York, leur dictent leurs consignes.

Ces propagandes antialliées, distillées dans la presse ou sur les ondes nationales, parviennent probablement à semer la confusion dans certains esprits fragiles.

D'autres, plus éclairés, restent insensibles à ce poison savamment injecté.

« Depuis Strasbourg jusqu'à Biarritz, la radio est aux mains des Fritz », clame un slogan de la BBC[11]. La réalité n'est pas cependant très éloignée de la formule à la rime moqueuse. Entre Radio Vichy qui tente d'attirer de nouveaux auditeurs par quelques aménagements de sa grille des programmes, et Radio Paris plus virulente que jamais, les Français sont abreuvés d'une propagande radiophonique intense. Chaque camp, vichyste ou allemand, espère récupérer des auditeurs en dénigrant les ondes « subversives » de Londres.

En cette année 1941, la Radiodiffusion nationale cherche à se faire mieux entendre en étendant les zones d'écoute, tout en offrant des programmes attrayants pour conserver son audience. À côté des informations et des émissions de variétés, qui représentent respectivement seize et vingt heures hebdomadaires, les programmes proposent des sujets sur l'amour de la France et du terroir, des reportages dans les villages de France, des visites des grands monuments qui font l'histoire du pays, et ne ratent aucun des déplacements du Maréchal dans les régions de la zone sud. En septembre, la RN obtient le droit d'établir des liaisons directes, deux fois par semaine, avec Paris et les théâtres nationaux. Cette décision intervient au moment où Radio Vichy recompose son orchestre national mis en sommeil depuis l'armistice. L'orchestre se fait à nouveau entendre sur les ondes, pour le plus grand plaisir des auditeurs de la radio qui, côté variétés, peuvent aussi écouter l'ensemble de Jo Bouillon et ses vedettes. L'affiche est parfois prestigieuse. En décembre, on annonce fièrement le passage sur les ondes de Mistinguett, Marguerite Moreno, Rina Ketty, Sacha Guitry et Raimu[12]. En 1941, Radio Vichy hésite encore à afficher officiellement sa collaboration avec l'occupant, conservant dans

ce domaine une certaine neutralité de ton. Elle ne juge
pas non plus utile de donner des nouvelles des affrontements extérieurs, arguant que les armées françaises n'y
prennent aucune part. À l'inverse, le succès de la BBC et
du général de Gaulle pousse ses dirigeants à dénoncer
les dangers de la dissidence et la perspective possible
d'une guerre civile. Selon Léon Werth, sur les ondes de
Radio Vichy « les gaullistes ne sont que juifs, francs-
maçons, communistes, tous bellicistes et responsables
de la défaite. À leur bellicisme s'oppose le pacifisme
réorganisateur de Hitler[13] ».

Sur Radio Paris, l'antisémitisme se déchaîne, et
l'entrée en guerre de la Russie aux côtés de l'Angleterre
entraîne une exacerbation de la violence verbale. Dès le
22 juin 1941, des chroniqueurs s'en prennent aux
hommes de Moscou, désormais « acoquinés » à ceux de
Londres. Seule l'Allemagne peut lutter contre le danger
du bolchevisme aux frontières de l'Europe, d'après les
voix de la radio allemande. Juifs, Anglais, bolcheviques,
speakers de la BBC, gaullistes, tous subissent les
attaques au vitriol du poste. Depuis la mi-avril, les auditeurs ont été prévenus : « Ceux qui écoutent la radio
anglaise sont *de facto* des ennemis de la France. Plutôt
que de demander leur emprisonnement ou pendaison,
les bons Français devraient être désolés que leurs compatriotes se trompent eux-mêmes. Ceux qui s'exclament
"Enlevez leurs postes de radio" doivent se rappeler
d'avoir pitié de l'aveugle qui préfère voir les choses à
travers le brouillard londonien plutôt que sous le
magnifique ciel bleu de la France. » On ne compte plus
les saynètes, les calembours et les chansonnettes inven-
tés sur cette antenne pour ridiculiser la BBC : « Bibici...
Ce n'est qu'une serinade. Bibici, Serinade sans espoir. »
Mais Vichy n'échappe pas non plus aux excès verbaux
de Radio Paris qui reproche au gouvernement français

son attentisme et sa mollesse, sans oser toutefois s'attaquer à la personne du Maréchal.

Avec l'entrée en guerre des États-Unis, en décembre 1941, la pression monte et les nouveaux Alliés anglo-américano-russes subissent ensemble ces attaques des occupants. Le 8 décembre, Radio Paris s'en prend violemment au président américain Roosevelt, « l'ennemi public n° 1 », « le plus grand criminel des temps modernes », « asservi à la juiverie », qui n'a pas écouté les sentiments pacifistes de ses compatriotes. « Seule sa "mégalomanie", qui ne peut s'expliquer que par son "infirmité", lui a fait donner l'ordre d'attaquer les forces navales de l'Axe[14] », persifle la radio allemande. Cette propagande haineuse finit par produire un effet désastreux. Radio Paris se discrédite et Radio Vichy ne manque pas d'exploiter la situation. « Nous ne pouvons plus écouter les mensonges de Radio Paris, nous prenons seulement la radio française », résume une Anglaise, épouse d'un médecin français basé à Arcachon (Gironde)[15], dans une lettre adressée à la BBC.

Le poste du Maréchal conserve cependant un ton collaborationniste. En pariant sur l'amélioration des programmes et la diffusion d'émissions plus ludiques et divertissantes, les autorités pensent encore récupérer les auditeurs « égarés »… La tâche n'est pas facile. Les Allemands ont beau rendre le blocus imposé par les Anglais responsables de la pénurie de nourriture, et faire apposer des affiches comme celle qui représente une mère et ses enfants affamés, avec pour message : « C'est Churchill qui vous a fait cela », les Français n'adhèrent pas si facilement à cette propagande grossière. Ces reproductions, fraîchement sorties des services de la propagande allemande, sont souvent lacérées ou couvertes d'ordures.

De chaque côté de la ligne de démarcation, le poste de Londres préoccupe le pouvoir confronté à un problème insoluble. Il faut coûte que coûte porter atteinte à l'image positive de la BBC, mais il apparaît difficile, voire impossible, de surveiller chaque auditeur ou chaque foyer. Seules de nouvelles mesures répressives peuvent nuire au « phénomène Radio Londres » et calmer les ardeurs des plus fervents auditeurs.

D'un commun accord, Vichy et les occupants amplifient le brouillage des radios ennemies[16]. Les Allemands, dont la technique obtient de meilleurs résultats que le réseau de l'État français, se concentrent sur l'amélioration de leur dispositif.

Ils décident aussi de prendre des mesures plus fermes contre les auditeurs de la BBC. En certains lieux, des avis placardés mettent en garde les contrevenants et rappellent qu'il est formellement interdit d'écouter d'autres postes que ceux autorisés par l'occupant[17]. « Méfiez-vous des bobards. La surveillance exercée dans les lieux publics a amené ces jours derniers l'arrestation de personnes qui répandent des nouvelles entièrement fausses et de nature à provoquer l'inquiétude dans la population. Le préfet de Police met le public en garde contre ces manœuvres qui seront l'objet de poursuites et de sanctions sévères[18] », lit-on sur les murs de Paris. Des agents de police procèdent régulièrement à des interpellations de personnes pour « propos tendancieux et gaullistes ». En janvier 1941, 62 arrestations sont opérées dans la capitale et des poursuites judiciaires engagées. En février, 27 personnes sont arrêtées ; en mars, un habitant de Chatou (Seine-et-Oise) est condamné à six mois de prison pour distribution de tracts gaullistes. Le rapport du 26 mai fait encore état de 7 personnes arrêtées pour propagande gaulliste. On ne connaît pas les mesures prises à leur encontre.

À Chalon-sur-Saône, au Creusot et à Paray-le-Monial (Saône-et-Loire), les populations ont été sommées d'acquitter le paiement d'amendes comprises entre 40 000 et 500 000 francs à la suite de manifestations proanglaises, en avril 1941[19]. Dans la région nord, les occupants ont ordonné le retrait total des postes de TSF dans certaines communes[20]. Cette politique de répression extrême s'explique par l'attitude de la population qui, selon le préfet, exécute « à la lettre toutes les recommandations de la propagande diffusée par la TSF anglaise[21] ». De nombreuses inscriptions injurieuses, inspirées par la propagande étrangère, étant régulièrement tracées sur des bâtiments publics ou privés dans tout le département, l'Oberfeldkommandantur prescrit le retrait des postes de TSF dans les communes de Douai, Comines et Wervicq.

En zone occupée, la saisie des postes de radio devient aussi une arme pour l'occupant. À la date du 31 octobre 1941, 1 650 postes ont déjà été confisqués à des habitants d'Evreux[22], dans l'Eure. En zone libre, les confiscations sont plus rares, même si on relève quelques cas, ici ou là, comme à Hyères où la police s'est emparée de 7 postes dans la semaine du 18 au 23 juin 1941[23].

La situation devient plus dramatique quand les saisies se doublent de condamnations. Dans son rapport du 5 avril 1941, le préfet du Gers fait état de « plusieurs individus, inculpés au cours des mois précédents de propagande étrangère, [et qui] ont été condamnés à des peines variant entre 2 et 4 mois de prison et 500 à 2 000 francs d'amende[24] ». En Alsace annexée, ce sont six personnes qui sont condamnées pour avoir écouté ensemble la radio étrangère. Le verdict est sévère : quinze mois d'emprisonnement pour le chef de la bande et huit pour ses complices[25].

Les sanctions prises à l'encontre des auditeurs de la BBC décident Émile Delavenay, responsable du service d'étude britannique sur l'auditorat de la radio de Londres en France, à s'adresser aux auditeurs. Le 12 septembre 1941, il demande aux Français de cacher leur poste de radio, « une arme dans la guerre totale moderne, au même titre que le fusil ou la mitrailleuse. (...) Dans chaque village, dans chaque quartier de ville, dans chaque groupement professionnel ou autre, il doit maintenant y avoir un poste de radio caché qui serve à prendre et à diffuser les nouvelles, les idées force, les mots d'ordre. Toutes les fois que deux Français se rencontrent, il faut qu'il y en ait un qui puisse au besoin informer l'autre. (...) Nommez celui qui prendra les nouvelles – un sténographe de préférence. Soyez à même de faire reproduire les informations essentielles à la machine, à la polycopie, à la main s'il le faut[26] ».

Majoritairement citadins, plutôt jeunes, les auditeurs de la BBC se manifestent régulièrement auprès de leurs « amis de Londres », en écrivant au siège de la radio anglaise. Ils font preuve d'humour et d'ingéniosité, et gardent l'espoir. Le lien tissé avec l'équipe française transforme les émissions en moments « d'intimité où des voix affectueuses viennent apporter un peu de baume au cœur et de réconfort à la tristesse et au dégoût que nous procure la lutte de chaque jour[27] », confie un auditeur de Savoie. Il est possible que l'émission hebdomadaire « Courrier de France[28] », qui a démarré le 3 janvier 1941, ait incité d'autres Français à se lancer dans l'écriture. Présentée par Jacques Borel (Brunius), l'émission fait entendre des extraits de lettres et égrène la liste des correspondants. « Écrivez-nous de plus en plus... C'est vous qui devez guider notre action quotidienne[29] », avait déclaré Jacques Duchesne, le 7 octobre 1940, lors du lancement de sa première émission consacrée aux courriers parvenus de France.

En règle générale, les lettres proviennent plus souvent de la zone libre que des autres zones du territoire français. À titre d'exemple, de février à juillet 1941, 395 lettres arrivent de zone occupée et 585 de zone libre, mais on sait que des auditeurs de la zone nord réussissent à poster ou faire poster leurs écrits depuis la zone sud, augmentant ainsi leur chance d'arriver à bon port. D'après les estimations des services britanniques[30], 20 % des lettres envoyées à la BBC ne parviennent pas à destination, stoppées par les censures française ou allemande.

Conscients de ce barrage, des auditeurs s'enquièrent fréquemment de la destinée de leurs courriers. Sont-ils arrivés à bon port ? « Neuvième lettre adressée à la BBC. Avez-vous reçu mes lettres précédentes ? », écrit une auditrice de La Seyne-sur-Mer, dans le Var. Dans certaines correspondances de la zone occupée, la peur d'être repéré est perceptible, et tous ces adeptes de la plume ne savent pas toujours à quelle adresse faire parvenir leur courrier. De « BBC Londres » à « Radio française de Londres » en passant par « Voix française de Londres », « Radio France Libre », etc., les libellés varient. Beaucoup de ces lettres sont directement adressées à un membre de l'équipe des « Français parlent aux Français », mais il est évident, pour la plupart des compatriotes, que les programmes sont placés sous le contrôle de la France libre. Interrogé le 28 mars 1941, à son retour de France, le lieutenant Boissonnas confirme cette croyance : « En France, on ignore absolument qu'il y a deux émissions dont deux organisations différentes sont responsables. Tout ce que l'on entend est attribué à une seule source et il est bien évident que cette source est la France libre[31]. »

D'après le contenu des courriers, l'avis des auditeurs est assez proche de l'opinion générale des Français : les Allemands sont méprisés alors que le maréchal Pétain conserve un certain prestige jusqu'à l'été 1941. Si une partie des auditeurs semblent perdus, tiraillés entre l'anglophilie, le gaullisme et le pétainisme, d'autres expriment leurs doutes. On continue de relever des appels pour « ne pas démolir notre Maréchal, notre Sauveur[32] ». « Nous espérons fermement que notre vieux Pétain – qui ne peut faire autrement – joue un double jeu. Quelle illusion d'être trompé[33] ! », confie un résidant de Cannes. « Le vieil homme est en réalité un gaulliste », écrit-on de Montluçon, le 12 avril. Mais le doute s'installe. « Les simples d'esprit et les égarés ne marchent plus », écrit une jeune fille de Nîmes, le 31 mars. Un Parisien estime, le 21 avril, que le petit peuple commence à comprendre la vraie partition jouée par Pétain et conseille d'entamer les hostilités contre le vieillard : « Si vous voulez affaiblir la collaboration, c'est Pétain que vous devez frapper. Plus rien ne distingue Pétain de Darlan, Darlan qui ne pourrait rien faire sans Pétain. L'opinion publique est prête à vous écouter et vous suivra. »

Doit-on voir dans ces remarques l'annonce de « la fin d'une légende », pour reprendre les mots d'un rapport britannique paru en juillet ? En tout cas, dans ce contexte difficile, des auditeurs trouvent le moyen de s'amuser au détriment des soldats allemands, en les affublant de noms insolites, et en ridiculisant, à la première occasion, les collaborateurs. On connaissait les noms de « haricots verts, doryphores, grenouilles ». Un dernier vient d'être inventé, « les noix vertes ». « Pourquoi, direz-vous ? mais parce qu'ils ont besoin d'être gaulés ! », s'esclaffe dans sa lettre un auditeur breton, en avril 1941. Un Lyonnais, le 30 mars, s'amuse de l'ingéniosité de ses compatriotes. Il rend compte de la transformation fréquemment subie par l'emblème de Doriot « PPF » qui, de deux traits de crayon, devient « RAF ». Il ajoute que le slogan officiel du chef du PPF, « Doriot, l'homme de demain », se mue, après efface-ment d'une simple particule, en une vérité connue de tous : « Doriot, l'homme de main ». Ces comportements débonnaires et l'écoute croissante de la BBC bénéficient, parfois, du laxisme des Allemands. Un correspondant breton rapporte qu'à Rennes, en présence de soldats occupants, il a écouté relativement fort la voix de De Gaulle, dans un petit restaurant. Les Allemands eux-mêmes ne perdaient rien des propos diffusés par Londres.

« Les Français parlent aux Français » et « Honneur et Patrie » sont les programmes préférés des adeptes de la radio anglaise. Les journaux d'information distillés dans la journée et l'émission du matin, à 6 h 15, écoutée en particulier par des ouvriers, des artisans, et des commerçants recueillent aussi une bonne audience. Quant à la tranche 11 h 45-12 h 30, composée d'émissions parlées, d'une dépêche du matin, de l'émission « Honneur et Patrie » de la France libre et d'une rediffusion des « Français parlent aux Français », elle affiche un taux d'audience tout à fait honorable, selon les courriers reçus à Londres. L'émission « Les Trois Amis » et celle de « La Petite Académie » conservent une bonne notoriété. Leur succès va même jusqu'à bouleverser les habitudes de quelques Français, comme celles de cet auditeur des Bouches-du-Rhône qui raconte que pour pouvoir écouter « Les Trois Amis » et les « magnifiques » séances de « La Petite Académie », il « mange à la maison, chose qu'il n'a jamais faite avant[34] ».

Mais si l'auditoire de la BBC est assidu, il est aussi exigeant. Un habitant de Paris regrette d'entendre quelques vulgarités dans les conversations entre « Les Trois Amis », et se plaint du ton parfois trop relâché. Il s'inquiète des allusions trop fréquentes et insistantes faites aux apéritifs. « Il n'y aura pas de France nouvelle si l'on y a toujours soif et si l'on demande, comme chose naturelle, de la bière à 10 heures du matin comme vous l'avez fait dans la dernière émission des "Trois amis[35]". »

Nombreux sont les auditeurs qui ne supportent pas d'entendre la BBC adopter un ton similaire à celui de Radio Paris ou de Radio Vichy, au risque de tomber dans l'excès et la vulgarité. On attend des hommes de la radio anglaise un langage soutenu et des interventions fines et justifiées. Le moindre débordement indispose. « La radio de Londres est vraiment absurde et, dans un sens opposé, aussi exaspérante que celle de Vichy », assène un habitant de l'Indre. Un autre du Forez interpelle Pierre Bourdan, le 9 mai 1941, sur les dérives verbales proférées à l'antenne : « Votre façon de faire, ironique, et les traits d'intelligence subtilement dirigés sont un plaisir constant pour nous, mais quand vous êtes déchaîné, comme vous l'étiez l'autre soir, nous vous aimons moins. » Certains vont jusqu'à considérer la radio de Londres comme le garant de l'ordre et de la morale. En fait, si les chroniqueurs de la BBC ont parfois dérapé, ces comportements restent exceptionnels.

Au-delà de ces considérations langagières et de bonne moralité, une impatience sporadique se fait sentir. Des auditeurs réclament d'agir : « Oui, dites-nous ce que l'on peut faire. Sur les murs, c'est fait. Les tracts, c'est fait. Mais ce n'est pas assez, nous devons anéantir les traîtres[36]. »

Répondant à la demande, le soir du 1er mai, la section française de la BBC renoue avec les appels à l'action. L'échéance est prévue dix jours plus tard, pour la fête de Jeanne d'Arc. Les Alliés s'offrent là une occasion formidable de recueillir le fruit de leur travail minutieux et de tester leur pouvoir de mobilisation. « Le 11 mai, fête de Jeanne d'Arc, tous les Français s'uniront dans une seule pensée : la liberté de la patrie. Ce jour-là, de 15 heures à 16 heures, ils se trouveront tous sur les promenades publiques de nos villes et de nos villages. Ils y passeront individuellement, ou en famille, ou par groupes d'amis ; ils ne formeront pas de cortège ; le silence absolu règnera ; mais, en se regardant l'un l'autre droit dans les yeux, leur regard suffira pour exprimer leur volonté commune et leur fraternelle espérance[37]. »

Une nouvelle fois, de Gaulle est à l'origine de l'appel à la résistance civile. Dans un télégramme envoyé depuis Brazzaville, le 28 avril 1941, à destination de René Pleven, directeur des affaires extérieures et économiques de la France libre à Londres, le Général estime qu'il faut provoquer en France et dans l'Empire, le 11 mai, une immense manifestation d'unanimité nationale, comparable à celle du 1er janvier 1941. Il demande « d'organiser la chose sans délai et sans discontinuer », *via* la radio de Londres. De Gaulle veut donner de la puissance à cet appel. Il décide de recourir à la radio de Brazzaville où il prévoit de parler le 10 mai à 20 h 30, heure locale[38]. C'est la première fois que ce poste est utilisé pour relayer une consigne. Nouveau venu dans le paysage sonore, le poste Radio Brazzaville n'est pour l'essentiel entendu que dans le sud de la France. Mais à compter de ce jour, il devient un relais systématique pour les opérations de propagande montées par les services de la France libre.

À Londres, toutes les équipes de la radio sont mobilisées pour l'opération « fête de Jeanne d'Arc ». Deux sortes de messages sont diffusées ; les uns à l'ensemble de la population ; les autres aux catégories spécifiques de la société française comme les femmes, les anciens combattants, les Alsaciens-Lorrains, les travailleurs... Chaque jour, du 1er au 5 mai et du 7 au 11 mai, « Honneur et Patrie » diffuse un appel : « Non seulement Jeanne prouva que l'ennemi n'était pas invincible, non seulement elle montra que la France était une, mais elle le prouve et elle le montre encore, mais elle le prouvera et le montrera tant qu'il y aura des Français pour prononcer son nom[39] », clame Maurice Schumann, le 2 mai. Trois jours plus tard, il fait revivre la sainte pour mieux galvaniser le peuple de France : « Jeanne avait coutume de dire que, si elle aimait son épée, elle aimait "quarante fois plus" son étendard. Pourquoi ? Parce que, si son épée chassait l'envahisseur, son étendard réconciliait les Français. Or, la France réconciliée, c'était la France irrésistible. L'union dans la résistance, c'était déjà la délivrance. » Le 4 mai, le journal clandestin *Libération*[40] relaie l'opération et publie, en première page, une « Instruction pour la fête de Jeanne d'Arc » appelant les Français à se promener, sans manifester, entre 15 heures et 16 heures, pour prouver aux occupants que la vraie France n'est pas morte. Le 10 mai, comme il l'avait annoncé, de Gaulle lance depuis Brazzaville son « appel pour la fête de Jeanne d'Arc ». En chef rassembleur, en guide légitime et homme de la dissidence, il s'adresse à ses concitoyens. L'allocution est diffusée sur les ondes de la BBC à 21 h 25.

En France, les autorités disposent d'une marge d'action passablement réduite. Face à la nouvelle attaque radiophonique, elles choisissent la voie de la fermeté. Tout pavoisement, défilé ou réunion en l'honneur de la fête de Jeanne d'Arc sont interdits, à l'exception des services religieux et des cérémonies officielles. En dehors des mouvements de jeunesse qui peuvent obtenir une dérogation pour déposer une gerbe au pied des monuments à la gloire de la sainte, toute autre démonstration est prohibée. Même la réunion des anciens combattants et victimes de guerre qui devait avoir lieu le dimanche 11 mai, à Paris, salle de la Mutualité, est reportée à une date ultérieure. La presse officielle salue tout de même Jeanne d'Arc comme celle qui « bouta les Anglais hors de France[41] » ! *Le Cri du peuple* se gausse de la campagne orchestrée par la BBC. Le 11 mai 1941, un dessin montre Churchill, hilare, riant à gorge déployée, caché derrière un Juif qui proclame au micro : « Auchourt'hui, 11 mai, nous allons zéléprer notre crante zainte nazionale : Cheanne t'Arc. »

Rien n'ébranle les hommes de Londres. Le 11 mai, à 15 h 15, Maurice Schumann s'adresse une dernière fois aux Français. « Beaucoup d'entre vous viennent de rentrer dans leurs foyers. D'autres, plus nombreux, s'apprêtent à sortir. Dans le silence, vous vous regardez l'un l'autre droit dans les yeux. Et, dans ce regard, l'Allemand apeuré lit votre volonté commune et votre fraternelle espérance : "L'ennemi ne nous aura pas, un jour il sera chassé de chez nous". » Après une description des festivités organisées à Londres, devant la statue de Foch, le porte-parole de la France libre passe le relais à ses compatriotes[42].

En France, l'étendard est bravement porté de 15 heures à 16 heures. « La radio anglaise... lance de véritables appels à la révolte », déplore le sous-préfet de Béthune surpris de voir ces mots d'ordre qualifiés de « stupides » suivis dans un ensemble parfait. « C'est ainsi que le 1er janvier, les gens ne sont pas sortis de 3 à 4 heures et que le 11 mai, les rues étaient noires de monde de 3 à 4 heures. Dans certaines villes comme Bruay, on marchait même sur la chaussée[43]. »

L'opération 11 mai connaît, en effet, un large succès, tant en zone libre qu'en zone occupée. Des manifestations importantes ont lieu un peu partout. À Caen, la foule défile devant la Feldkommandantur. Alors qu'un agent français veut empêcher une jeune fille de déposer une gerbe au monument aux morts, la population s'interpose, et un ancien combattant de la guerre 14-18 remet les fleurs au pied du monument. Le gendarme zélé décide alors de conduire les coupables au commissariat, mais les manifestants interviennent à nouveau pour libérer les prévenus[44]. À Lille, 5 à 10 000 personnes se retrouvent autour de la statue de Jeanne d'Arc. Ils sont 100 000 à Bordeaux, 80 000 à Nantes où les tombes d'aviateurs britanniques sont fleuries. Selon le journal clandestin *En captivité*[45], dans les rues de la ville, le spectacle est magnifique, animé par une foule émue et recueillie qui défile gravement. « Beaucoup, bravant les ordres de la police, arboraient hardiment la croix de Lorraine, et la plupart des boutonnières s'ornaient de fleurs tricolores. » À Marseille, les habitants répondent en masse à l'appel. À Dijon, le vicaire qui officie à 11 h 30, à l'église Saint-Michel, parle de la sainte comme d'un modèle de courage et de confiance, et prêche la foi en l'avenir qui verra le sol « souillé » de France libéré de ses ennemis[46]. Dans ce bel ensemble de patriotisme et d'anglophilie, certaines grandes villes de France ont tout de même fait preuve d'apathie face au mot d'ordre lancé. À Cannes, par exemple, les appels du 1er janvier et du 11 mai n'ont reçu aucun écho, et à Lyon, le succès de l'appel fut plutôt mitigé.

À Paris, la préfecture de police met en place dès le matin un service d'ordre renforcé et un dispositif général de sécurité. Certaines stations de métro comme celle de l'Étoile restent fermées pendant plusieurs heures. Des camions militaires avec des soldats allemands circulent ostensiblement dans les rues. Mais les Parisiens sont au rendez-vous, et des compatriotes se permettent même une entorse à la consigne établie par le général de Gaulle : le silence n'est pas respecté partout. Dès 15 h 15, selon les services de police[47], le public afflue aux abords de la place des Pyramides où des barrages, destinés à canaliser la foule vers le jardin des Tuileries et la rue de Rivoli, ont été établis. Vers 15 h 40, quelques jeunes gens entonnent *La Marseillaise*, rue des Pyramides. Devant la façade du *Figaro*, avenue des Champs-Élysées, un inconnu lâche trois ballonnets bleu-

blanc-rouge, en baudruche, ficelés ensemble. Son geste
déclenche aussitôt quelques applaudissements. Raymond Josse se souvient de la réponse massive des habitants à l'appel de De Gaulle. « Dans la foule, pas un
mot, pas un cri[48] », alors que d'autres évoquent des
« Vive l'Angleterre ! », « Vive de Gaulle ! » qui se
mêlaient au chant de *La Marseillaise*. Des officiers allemands sont hués. Un agent de la France libre[49] raconte
même que sous les fenêtres du parti de Doriot, la foule
scande « Doriot au poteau » et « Vive de Gaulle ! ».
Place des Pyramides, d'autres témoins entendent « La
France aux Français », « Hors de France les Barbares »,
« Vive de Gaulle ! », « Vive Churchill ! », « Hou, les affa-
meurs ». Au même moment, deux jeunes filles allemandes, en uniforme gris des services de la TSF, sont
conspuées par la foule, qui se lance de main en main
leur bonnet de police, pendant que leurs propriétaires,
« pâles comme des mortes et le nez pincé », s'enfuient,
épouvantées. Aux fenêtres de l'hôtel Crillon réquisi-
tionné, des Allemands regardent le spectacle, sous les
quolibets. À 16 heures, une foule considérable se
retrouve enfermée dans les jardins des Tuileries où elle
s'était massée. Les grandes grilles ayant été fermées, la
foule est évacuée lentement par les petites sorties et se
retrouve coupée de la manifestation. Le reste du défilé
progresse en rangs serrés, sur les Champs-Élysées, en
direction de l'Arc de triomphe. « Une haie d'agents
gardait le tombeau du Soldat Inconnu, devant lequel il
fallait passer vite sans s'arrêter. » Après quelques incidents, quarante-deux arrestations furent opérées par la
police municipale. À 18 h 15, la situation était redeve-
nue normale[50].

Dès le lendemain de la fête de Jeanne d'Arc, la presse
autorisée rend compte des « émouvantes » et « grandioses » cérémonies officielles. Nulle part ne sont évo-

qués les débordements survenus dans quelques grandes villes de France, et les sanctions prises par les autorités. Les habitants de la zone nord sont les premières victimes de la répression. Interdiction est faite à la population de sortir de chez elle, le dimanche après 15 heures, dans les villes où l'on a signalé des incidents[51]. Des auditeurs indiquent à la BBC[52] que des confiscations de postes ont été opérées à Boulogne, Calais, Douai, Lille, Béthune et Roubaix où le général allemand Miechof menaça de prendre des otages. Afin de prévenir tout débordement futur, le commandant des forces militaires allemandes en France adresse, le 16 mai, une note ferme à tous les préfets de la zone occupée. Ils devront désormais demander à « la police qui relève de leurs services d'empêcher, si besoin est par la force armée, tout rassemblement ou toute tentative si réduite soit-elle, d'encercler immédiatement tout rassemblement, d'arrêter toute personne directement concernée, de ne la libérer que sur ordre des autorités allemandes et de remettre immédiatement au tribunal militaire allemand toute personne responsable de tels agissements[53] ».

Cette politique répressive décidée en haut lieu, par les autorités allemandes, confirme le succès des appels à la résistance civile lancés depuis Londres.

7

D'une seule voix

Avec la rupture du pacte germano-soviétique et l'entrée en guerre de la Russie aux côtés des Alliés, les ondes libres ont changé de ton et de contenu. Jusque-là, le parti communiste avait adopté une position discrète à l'égard de l'occupant. Un tract daté du 9 décembre 1940 était même ainsi libellé : « Ni Londres, ni Berlin. Le *National Zeitung* félicite Laval et vante Pétain. Les dirigeants anglais utilisent de Gaulle et Catroux. Seul le parti communiste lutte contre tous les capitalistes fauteurs de guerre. À la porte les forbans de Vichy, valets de l'étranger ! La France aux Français ! Thorez au pouvoir[1] ! » Pour les communistes, de Gaulle était considéré comme un « agent de la finance anglaise » tandis que les Anglais étaient traités d'impérialistes. Le 22 juin 1941, tout change. À Londres, Maurice Schumann se réjouit de voir Hitler en guerre sur deux fronts et accueille avec satisfaction l'Union soviétique dans le camp des Alliés[2]. Le 6 juillet 1941, dans l'émission « Les Français parlent aux Français », c'est au tour de Jacques Duchesne de plaider en faveur de l'union avec les Soviétiques et de dénoncer l'Allemagne qui s'évertue à transformer l'agression contre le peuple russe en une croisade contre le communisme. Pour lui, toute considération idéologique doit disparaître derrière une seule priorité : libérer le pays.

En France, les communistes se rapprochent des gaullistes et des Alliés. Ils adoptent certains symboles de résistance comme les V et les croix de Lorraine, aux côtés de la faucille et du marteau. Ils appellent les Français à écouter Radio Moscou dont ils diffusent, via des tracts et des papillons, les heures d'émission et les longueurs d'ondes.

Pour une partie de la population française, ce nouvel équilibre est une chance formidable. L'entrée en guerre de la Russie aux côtés des Alliés laisse entrevoir l'affaiblissement prochain du régime nazi et permet d'espérer une issue heureuse à l'oppression, même si certains craignent encore la menace « rouge » du bolchevisme et ses débordements. Trois semaines après cette nouvelle alliance, les trois alliés mettent leurs forces en commun en vue d'un appel à la résistance civile.

« Le 14 Juillet, c'était autrefois jour de fête, jour de gaieté ; on dansait aux carrefours. Dans ma circonscription, les anciens combattants organisaient des banquets auxquels je devais assister. Cette année, la tristesse règne partout. Le gouvernement a donné des instructions pour que le 14 Juillet ait un caractère aussi discret que possible[3] », regrette Pierre Mendès France.

La fête nationale du 14 Juillet est effectivement décrétée jour de deuil et jour férié par les autorités françaises. Par peur des débordements, cette pratique commence à s'institutionnaliser. À Londres, la position adoptée est radicalement opposée. On estime que le 14 Juillet devra être l'occasion de brandir haut et fort les trois couleurs du drapeau français.

Le coup d'envoi d'une nouvelle campagne radiophonique est donné le 8 juillet 1941, à 13 h 05, par René Cassin, qui appelle à arborer les teintes bleu blanc rouge, le jour de la fête nationale. En zone libre, les Français devront sortir des drapeaux. En France occupée où l'occupant a interdit les couleurs officielles et toute cérémonie ou manifestation, on préfère s'en remettre à l'ingéniosité du peuple pour trouver le moyen d'obtenir une harmonie tricolore. La consigne paraît facile à exécuter et propre à éviter des représailles de la part des autorités. Toutes les interventions faites à la radio de Londres invoquent à l'unisson la liberté, l'espoir, la joie et l'union des Français face à l'ennemi. Les hommes du service français de la BBC décident aussi de profiter de l'occasion pour relancer la campagne des V, et organiser une journée spécialement consacrée à ce symbole, le 20 juillet. Les autorités britanniques acceptent le principe de lancer ces appels au peuple français en coordination avec la France libre, à condition que la population n'encoure aucun danger. La campagne peut commencer.

Le 9 juillet, Duchesne suggère de composer des tenues vestimentaires dans une belle composition tricolore : « Que les chapeaux, les bas, les souliers, les foulards, les cravates, les mouchoirs, les chemises, les corsages des femmes, les rubans, les gants se combinent de telle sorte que partout nos trois couleurs sautent aux yeux de l'envahisseur impuissant. » Le 11 juillet, dans le quart d'heure du soir (19 h 30-19 h 45), Bonifas peaufine l'idée : « en étoffe, en papier, au crayon ou à la craie de couleurs », partout des cocardes et des drapeaux bleu-blanc-rouge doivent s'afficher, en signe d'une volonté commune de voir, un jour, la terre de France libérée. Le même soir, Schumann revient sur la communion dont les Français ont fait preuve les 1er janvier et 11 mai précédents, pour rappeler les succès passés et mettre en avant l'union pour la liberté de la patrie.

Le 14 Juillet, le général de Gaulle lui-même s'adresse aux Français, mais cette fois, Churchill conclut la campagne : « J'adresse ce message pour dire à tous les vrais

Français et Françaises où qu'ils puissent se trouver, quelque rude que soit leur destin, que la nation et l'Empire britannique sont toujours en marche le long de la grande route qui mène à la victoire. Je suis convaincu que la plupart d'entre vous vivront pour voir un autre 14 Juillet au milieu des gloires restaurées de la France[4]. »

Pour la première fois, un vaste système de relais se met en place dans l'Hexagone pour répandre plus largement le mot d'ordre de Londres. D'après le rapport de la police de Paris, du 15 juillet 1941, « les militants avaient mission d'appuyer partout les initiatives d'origine "gaulliste" qui pouvaient se manifester[5] ». Au moyen de tracts, de papillons et de journaux clandestins, les organisations résistantes invitent les Français à pavoiser et arborer les trois couleurs en l'honneur de la fête nationale.

Associés pour la première fois, les communistes donnent un large écho au mot d'ordre. Dans son numéro spécial du 14 Juillet, *L'Humanité* titre : « Le 14 juillet 1941, Manifestez, pavoisez tricolore, témoignez votre solidarité à l'URSS. Formons le Front National de Lutte pour l'Indépendance de la France. À bas Hitler ! Vive l'URSS, Vive la France[6] ! » Le texte relaie l'appel de Londres, mais on ne relève pas encore d'allusion aux Français libres ou aux Alliés anglais. Le parti communiste demande aux Français d'accompagner les manifestations par *La Marseillaise* et *Le Chant du départ*. Le journal des jeunesses communistes de France, *L'Avant-Garde*, et *Libération* apportent également leur soutien, tandis que *L'Université libre*[7], dans son 25e numéro, appelle sur deux pages les Français à faire du 14 Juillet une « fête de l'Union pour la Libération de la Patrie », au chant de *La Marseillaise*, et les invite à démolir la nouvelle bastille, celle de l'oppression et de la tyrannie.

« Jamais les gens ne s'étaient regardés avec autant de soin[8] », note l'écrivain Jean Guéhenno, au retour d'une promenade dans Paris, le 14 Juillet. Chaque Français cherchait à déceler les astuces des uns, les inventions des autres, souliers bleus, bas blancs, robes ou vestes rouges, sac bleu de l'une, gants blancs de l'autre.

Le caractère inventif et volontaire des Français donne des résultats savoureux et truculents. Ici, des jeunes filles déambulent par trois, vêtues, chacune, de l'une des trois couleurs nationales pour former un trio patriotique[9]. Invitées par la police à se séparer, elles refusent. Deux d'entre elles sont conduites au poste de police, la troisième réussit à s'échapper en se fondant dans la foule. Ailleurs, des Français ingénieux trouvent d'autres moyens d'honorer la patrie. Là, trois enfants sont à une fenêtre, chacun tenant un cahier bleu, un blanc et un rouge. Des drapeaux sont accrochés aux arbres ou aux poteaux, certains avec V et croix de Lorraine, les couleurs nationales sont peintes sur des trottoirs, des inscriptions au minium favorables à l'URSS sont relevées en divers endroits de la capitale et de sa banlieue[10], des dépôts de fleurs sont opérés, *La Marseillaise* entonnée. À certaines fenêtres, la police a fait enlever des pièces de lingerie dont l'assemblage forme une harmonie colorée évidente. Une femme de soixante-quinze ans, vêtue de blanc et voilée de crêpe, une écharpe bleu blanc rouge sur la poitrine se dirige en silence vers l'Arc de triomphe avec une gerbe tricolore dans les bras. Derrière elle, des étudiants suivent, répétant à voix haute : « C'est la France en deuil qui passe. » La police arrête la vieille dame et les étudiants[11].

En marge de ces manifestations pacifiques, des échauffourées éclatent. Des vitrines de librairies vendant des ouvrages de propagande allemande sont brisées. Au final, un manifestant est blessé d'un coup de feu et un Allemand atteint d'un coup de couteau. La police estime à 26 000 le nombre de personnes venues se recueillir devant le seul monument du Soldat inconnu[12].

L'appel a également été suivi dans les régions de France, comme en Normandie, notamment à Lisieux, Caen et Bayeux parées des couleurs nationales. De nombreuses localités de l'ouest de la France, Lorient, Vannes, Quiberon, affichent des bleu-blanc-rouge variés et des drapeaux tricolores, des V et des croix de Lorraine. D'autres témoignages de Clermont-Ferrand, de Dunkerque, de Charente, de Haute-Savoie prouvent que l'on se prête là aussi au jeu du pavoisement. À Colmar, de minuscules drapeaux tricolores, semés dans la nuit, jonchent les rues de la ville[13] au petit matin. Dans le Nord et le Pas-de-Calais, des drapeaux rouges sont placés sur des mairies, et des monuments aux morts renversés comme à Fouquevilliers[14]. À Wattrelos[15], « une affluence anormale de visiteurs » est relevée au cimetière du « Crétinier » en l'honneur des militaires britanniques inhumés. Des drapeaux anglais et français sont placés sur les tombes. À 16 h 30, environ 700 à 800 personnes se trouvent sur les lieux. Dispersé par la police française du commissariat de Roubaix, un groupe d'une cinquantaine de patriotes acharnés reste sur place. Vers 22 heures, 250 personnes se présentent à nouveau au cimetière. *L'Internationale* et *La Marseillaise* se mêlent, dans un accord vibrant, des Français lèvent leurs doigts en forme de V, des cris « Vive la Russie ! », « Vive les Soviets ! », « À bas Vichy ! » fusent. À 23 heures, le calme est revenu.

Visiblement suivies en milieu urbain, les manifestations de patriotisme poussent les autorités à la sévérité. À Paris, la police procède à 346 arrestations[16]. Sur le reste du territoire français, la répression prend des formes diverses. Seules les autorités de Lyon procèdent à des représailles musclées. Le préfet fait charger à plusieurs reprises les manifestants[17].

Dans le camp allié, l'opération du 14 Juillet est saluée comme un succès, et les bases d'une collaboration entre les résistances, intérieure et extérieure, sont posées. Aussitôt après l'appel du 14 Juillet, les hommes de la BBC préparent l'opération « Journée des V » prévue six jours plus tard. Slogans et fanfares en l'honneur du signe rassembleur se multiplient sur les ondes de Radio Londres, avec en point d'orgue l'intervention de Churchill le 20 juillet. En prévision de cette nouvelle offensive, le journal *Gringoire* engage les Français à tracer un peu partout des VP pour « Vive Pétain » : « Que le traître de Gaulle et son bailleur de fonds Churchill sachent que les lettres "VP" sont désormais le signe de ralliement des Français autour du Maréchal, symbole de l'unité nationale. VIVE PÉTAIN[18] ! » Mais seuls des V s'affichent sur les murs. À Paris[19], la police en relève 4 408, alors que 5 300 V en papier ont été éparpillés sur la voie publique. Des propriétaires ou des concierges d'immeubles maculés de la lettre reçoivent des avertissements. Deux femmes surprises en train de tracer le symbole honni sont même arrêtées ; une assistante scolaire de vingt-huit ans et une femme de quarante-six ans, sans profession. Dans la nuit du 19 au 20 juillet 1941, les Allemands font placarder de grandes affiches rouges portant un V blanc et une croix gammée. En dessous, on peut lire : « Victoria ! Triomphe de l'Allemagne qui construit l'Europe nouvelle. » Il est trop tard. Le symbole est désormais, et pour toujours, celui de la victoire à venir des Alliés.

En cet été 1941, la violence s'installe sur tout le territoire français, visant des nationaux, mais aussi des soldats allemands. Le malaise débute le 16 juillet 1941. Ce jour-là, Marx Dormoy, ancien ministre de l'Intérieur de Léon Blum et député-maire de Montluçon, est assassiné. Après avoir été interné à Vals-les-Bains (Ardèche), et placé en résidence surveillée à Montélimar, à l'hôtel du relais de l'Empereur, il est tué dans sa chambre par une bombe à retardement. On attribue d'abord l'assassinat au PPF de Doriot. D'autres l'imputent à la Cagoule. « Ce crime (…) est sans doute en partie l'effet de ces appels à la haine qu'on fait entendre un peu partout[20] », écrit le pasteur Boegner. Au même moment, le trouble s'installe dans le camp allié. Les politiques de propagande développées sur l'antenne de la BBC[21] deviennent plus fréquemment des sujets de querelles entre Français libres et services britanniques, et les visées du général de Gaulle se heurtent souvent aux décisions des Britanniques. Contraint de devoir systématiquement passer par les Anglais pour intervenir à la radio et s'adresser au peuple de France, de Gaulle s'impatiente. Réputé pour son caractère fier et entier dès lors qu'il est question de la cause nationale, il s'autorise quelques dérapages verbaux qui éveillent les foudres du Premier ministre britannique. Fin août 1941, au Levant et à Brazzaville, de Gaulle se laisse aller à quelques déclarations explosives à l'encontre des Anglais. Estimant les intérêts français menacés, il juge nécessaire de faire part de son opinion. Churchill réagit très mal et ordonne de prendre des mesures à l'encontre du général français. À son retour, de Gaulle est purement et simplement mis en quarantaine ; le cabinet lui interdit de parler à la radio, en raison d'une divergence relative à la Syrie, et les Britanniques sont sommés d'afficher une attitude froide à l'égard des Français libres et de leurs revendications. Le nom du Général est rayé de la liste des chefs d'État des pays occupés qui doivent prendre la parole à la BBC à l'occasion de l'anniversaire de la bataille d'Angleterre. De Gaulle, qui désire parler aux Français le 8 septembre, ne peut le faire. Pendant trois semaines, les programmes de la BBC ne font plus aucune référence au Général, et l'émission « Honneur et Patrie » est suspendue pendant dix-sept jours[22]. De Gaulle trouve alors refuge sur les ondes de Radio Brazzaville, mais il sait qu'il doit impérativement retrouver sa place à la BBC, la seule tribune d'envergure capable de toucher tous les Français. Dans le même temps, il se refuse à renier son honneur et réviser ses jugements. Il lui faudra pourtant accepter de rendre visite au ministre de l'Information Brendan Bracken pour voir la sanction levée.

Le 17 septembre 1941, de Gaulle reçoit Nigel Law, directeur du département Enemy and Enemy Occupied au ministère de l'Information, et le major F.W.G. Hamilton, qui dirige la section française de la BBC. Il réitère sa demande d'expliquer, sur les ondes de Radio Londres, les différences de point de vue entre la France libre et le gouvernement britannique, c'est-à-dire entre l'émission de la France libre, « Honneur et Patrie », et les autres programmes placés sous la coupe des Anglais. Law se souvient très précisément de cette entrevue au cours de laquelle de Gaulle déclare qu'il ne veut pas être rendu responsable de points de vue qui ne sont pas les siens.

> J'expliquai qu'une nette distinction était faite entre son programme et les autres, et qu'aucune coupure n'avait été faite dans ses discours ou les exposés de ses porte-parole. Il répliqua qu'en France on croyait que tout Français qui parlait à la radio était présumé le faire pour lui et, puisque tous ceux qui, en France, s'opposaient à la collaboration se tournaient vers lui, de Gaulle, il était naturel qu'ils croient que tous ceux qui attaquaient Vichy ou les Allemands étaient ses

porte-parole. Il ajouta que cette confusion fut particulièrement déplorable pendant l'affaire syrienne. Il eût
été alors préférable qu'une nette distinction ait été
faite entre ses points de vue et ceux du gouvernement
de Sa Majesté. À cela je répondis que montrer à nos
ennemis les divergences pouvant exister entre nous
aurait été une grave erreur. Au contraire, répliqua-t-il,
il n'y aurait eu qu'avantage. Les Français n'ignoraient
point l'existence de divergences et, si elles avaient été
montrées à la radio, ils auraient tout de suite compris
qu'il maintenait la position française et les Britanniques la leur. (...) Avant notre départ, il demanda
avec une certaine amertume s'il aurait maintenant la
permission de parler à la BBC. Je répondis : « Mais
naturellement, nous en avons besoin et nous attendons un de vos excellents discours. » Cette remarque
parut lui faire un réel plaisir et nous nous séparâmes
en bons termes[23].

Après plus de deux semaines d'interdiction d'antenne,
de Gaulle finit par retrouver le micro de la BBC qu'il va
utiliser pour tenter de calmer les ardeurs de ses compatriotes français.

Tout au long de l'été, les attentats se sont multipliés,
perpétrés par des groupes clandestins communistes
cherchant à instaurer un climat de peur chez les Allemands. Le maréchal Pétain, qui sent se lever « un vent
mauvais », s'en inquiète rapidement. « Un véritable
malaise atteint le peuple français, déclare-t-il à la radio
nationale, le 12 août 1941. Les raisons de ce malaise
sont faciles à comprendre. Aux heures cruelles succèdent toujours des temps difficiles[24]. »
Cherchant à mettre en garde le peuple de France, il
incrimine la radio de Londres censée cultiver le désarroi. Pour le Maréchal, la collaboration, nécessaire au

pays, reste une œuvre de longue haleine qui n'a pas encore porté ses fruits et que les Français ne doivent pas compromettre. Le 14 août, le général von Stülpnagel, gouverneur militaire de l'administration allemande en France, décide que toute activité communiste sera passible de la peine de mort. Le 19 août, les Allemands font procéder à deux exécutions. La violence monte encore d'un cran. En représailles, les communistes inaugurent une nouvelle forme de lutte : le harcèlement meurtrier. Le 21 août, au métro Barbès, un aspirant allemand, Moser, est abattu par un communiste, Pierre Georges (que l'on connaîtra plus tard sous le nom de colonel Fabien). La spirale attentat-répression est engagée. Le lendemain, l'autorité militaire allemande publie une ordonnance qui stipule que toute personne arrêtée sera considérée comme otage et que, pour tout soldat allemand tué, 100 otages seront exécutés (50 immédiatement et 50 quelques jours plus tard si les auteurs des attentats ne sont pas identifiés ou dénoncés). Le 27 août, cinq communistes sont exécutés. Puis trois autres le lendemain. Mais les attentats se poursuivent, et les occupants renforcent le dispositif répressif. Le 21 septembre[25], sur les ondes de Radio Vichy, le maréchal Pétain réprouve ces attentats « criminels » qui peuvent « entraîner de nouveaux malheurs ». Il les impute « à des agents de l'étranger, car il n'est pas conforme à la tradition des Français d'attaquer dans l'ombre des soldats obéissant à leur consigne ». Il demande le concours des Français pour trouver les coupables et éviter que la répression allemande ne frappe des innocents.

L'horreur atteint son paroxysme le 22 octobre 1941, après l'exécution de 48 otages dont 31 communistes ; 27 à Châteaubriant, 16 à Carquefou, près de Nantes, et 5 au Mont-Valérien. Deux jours plus tôt, trois jeunes communistes avaient abattu de deux balles le commandant allemand de la place de Nantes, le lieutenant-colonel Karl Hotz, en plein centre-ville, vers 7 h 30 du matin[26]. Aussitôt, 300 personnes furent arrêtées, avant d'être relâchées le lendemain. Mais le général von Stülpnagel ordonna de fusiller 50 otages en guise de représailles. Le Français Pierre Pucheu joua un rôle considérable dans cette opération macabre[27]. À la même époque, le conseiller militaire Reimer est assassiné à Bordeaux. La riposte allemande est identique : 50 otages, parmi lesquels 42 communistes, sont exécutés au camp de Souge[28].

Toutes ces fusillades provoquent une vive émotion en France. Le choc est tel que le Maréchal pense un temps s'offrir en otage, mais ses ministres l'en dissuadent. Le 22 octobre, il demande aux Français de faire cesser la tuerie et rappelle que, grâce à l'armistice, les armes ont été déposées. « Dressez-vous contre ces complots. Aidez la justice ! Un coupable retrouvé et 100 Français sont épargnés. Je vous jette ce cri d'une voix brisée : ne laissez plus faire de mal à la France[29] ! » Le 25 octobre, Pétain fait même promulguer une loi qui oblige les Français à dénoncer les auteurs d'attentats. De Gaulle décide d'intervenir. Le 23 octobre 1941, il s'adresse aux Français. Tout en fustigeant l'occupant, il tente d'apaiser l'atmosphère, de désamorcer la situation et de réaffirmer la primauté du Comité de la France libre dans la conduite de la guerre. Sur les ondes de la BBC, il approuve explicitement les attentats contre les forces d'occupation : « Il est absolument normal et absolument justifié que les Allemands soient tués par les Français. Si les Allemands ne voulaient pas recevoir la mort de nos mains, ils n'avaient qu'à rester chez eux et ne pas nous faire la guerre. » Mais de Gaulle n'entend pas, pour autant, encourager les actes sanguinaires. Tous les combattants doivent observer la consigne suivante : « Pour le territoire occupé, c'est de ne pas y tuer ouvertement d'Allemands. Cela, pour une seule, mais très bonne, raison : c'est qu'il est, en ce moment, trop facile à l'ennemi de riposter par le massacre de nos combattants momentanément désarmés. Au contraire, dès que nous serons en mesure de passer, tous ensemble, à l'attaque par l'extérieur et par l'intérieur, vous recevrez les ordres voulus. Jusque-là, patience, préparation, résolution[30]. »

Son appel est rediffusé le soir même à 22 h 15, et le lendemain à 0 h 15, 6 h 15, 12 h 09 et 14 h 15. La presse française s'empare prestement du sujet pour démontrer la responsabilité de la radio de Londres dans les atrocités commises. Le 28 octobre, *L'Avenir* titre : « M. De Gaulle reconnaît sa responsabilité », et ajoute : « M. De Gaulle reconnaît ainsi implicitement que les auteurs des attentats relèvent de son obédience politique : il lève le voile sur l'origine de ces attentats. » Le journal *Aujourd'hui* dénonce, lui, la nuisance des ondes « ennemies » et titre, le 30 octobre : « Défense d'écouter la radio des traîtres[31] ».

Aucune allocution radiophonique n'a pourtant incité les Français à commettre ce genre de crimes. Au contraire, Maurice Schumann a demandé aux Français de modérer leurs ardeurs. À ceux qui voulaient coûte que coûte rejoindre les rangs de la France libre, il préconise d'attendre le bon moment plutôt que de se faire arrêter. « S'insurger trop tôt, c'est s'insurger en vain. (…) Mais se contenir n'est pas se résigner. C'est même exactement le contraire. » Cela signifie, par exemple, saboter la machine de guerre ennemie à l'usine ou au bureau, ralentir les cadences, miner le moral de l'occupant ou encore rendre la vie impossible aux collaborateurs. « Et, quant au reste, se contenir, c'est accepter de frapper plus tard pour frapper plus fort et plus juste. »

Dans les bureaux de la France libre, on sait que l'opinion est doublement choquée ; par les méthodes des résistants communistes et par la répression violente de l'occupant.

Dans cette atmosphère tendue, la BBC veut apaiser les esprits. Les 22 et 24 octobre, Maurice Schumann demande à ses compatriotes de différer l'heure du châtiment. « Venger les otages, ce n'est pas s'instituer en justicier ; ce n'est pas agir en ordre dispersé ni multiplier les gestes individuels. » La meilleure façon de faire la guerre, explique-t-il, c'est de mettre chaque jour un grain de sable dans les rouages de la machine infernale de l'ennemi, et de « discipliner sa fureur de servir, en contribuant, avec méthode et prudence, à former les bataillons de la délivrance qui, à l'heure H mais pas une minute avant, sur un signal mais pas sans mot d'ordre, sauteront à la gorge de l'ennemi[32] ». Le 25 octobre au matin, la BBC se tourne vers les femmes de France pour ramener le calme dans l'esprit des hommes, leurs maris, leurs frères, ou leurs fils. Elles doivent les empêcher de sacrifier en vain leur existence qui sera précieuse dans l'avenir, et leur démontrer qu'ils peuvent être plus utiles dans la résistance passive : « L'heure de la révolte ouverte n'a pas encore sonné[33]. »

En l'honneur des hommes tombés sous les balles allemandes, attachés à un poteau d'exécution, le général de Gaulle orchestre une manifestation silencieuse, un « garde-à-vous national* ». Cette fois, il veut exhorter les Français à observer un hommage recueilli et immobile pendant une heure. Schumann estime qu'un tel mot d'ordre est irréalisable et remplace son texte, à l'heure prévue, par « cinq minutes » de garde-à-vous national à la mémoire des morts de Châteaubriant, Nantes et du Mont-Valérien. Le 25 octobre, l'appel est lancé : « En fusillant nos martyrs, l'ennemi a cru qu'il allait faire peur à la France. La France va lui montrer qu'elle n'a pas peur de lui. Elle va lui en administrer la preuve par la manifestation actuellement la plus impressionnante possible, un gigantesque garde-à-vous national dans une totale immobilité. Vendredi prochain, 31 octobre, de 4 heures à 4 h 05 du soir, toute espèce d'activité devra cesser sur tout le territoire français. Vendredi prochain, 31 octobre, de 4 heures à 4 h 05 du soir, tous les Français, toutes les Françaises demeureront immobiles, chacun là où il se trouvera. Dans les champs, dans les usines, dans les bureaux, dans les écoles, dans les magasins, tout travail sera interrompu. Dans les rues, personne ne bougera (…) » L'appel est rediffusé le soir même à 22 h 15, et le 26 octobre, à 6 h 15 et à 12 h 08. Il prend une dimension internationale quand Schumann, dans ses allocutions des 26 et 28 octobre, informe les Français du soutien des Alliés dans le drame des otages : « Punir ces crimes sera désormais un de nos principaux buts de guerre », a dit Churchill. « Le châtiment sera terrible », déclare Roosevelt[34]. Maurice Schumann annonce aussi que le gouverneur de Californie, M. Olson, a demandé aux Américains de s'associer à l'hommage.

Le 30 octobre, le général de Gaulle intervient une dernière fois pour que « le 31 octobre à quatre heures, la France rentre en ligne avec toute son âme en attendant qu'elle marche avec toutes ses forces vers la victoire et vers la grandeur ». Son texte est rediffusé à plusieurs reprises dans la matinée du lendemain.

Pour appuyer le mot d'ordre, les services britanniques de la RAF larguent des tracts sur certaines régions de France. Dans l'Eure, la gendarmerie nationale de la section des Andelys ramasse 1 080 exemplaires intitulés « Les Otages », répandus dans la nuit du 30 au 31 octobre, sur le territoire des communes de Lyons-la-Forêt et Le Tronquay[35]. Le parti communiste et certains journaux clandestins encouragent, eux aussi, leurs militants.

Difficile à mettre en œuvre et malaisé à analyser, le garde-à-vous national rencontre un succès moindre. À Paris, la forte présence policière rend la démonstration d'hostilité délicate. Des inspecteurs de police et des gardiens de la paix ont été déployés en nombre dans les grands magasins, les cafés, près des écoles, des facultés et dans les communes de banlieue. L'hommage est donc peu suivi. Seul le métro ralentit nettement son trafic de 16 heures à 16 h 15. La police note quelques relâchements et des interruptions du travail entre 16 heures et 16 h 05 dans divers établissements de la région parisienne, et quelques cas de personnes discrètement immobiles à l'heure dite, dans la rue ou dans des écoles. Pour le général de Gaulle, la manifestation a revêtu un caractère impressionnant, surtout dans les usines[36], et il en conclut qu'il faut organiser les forces de résistance présentes dans la population française. Pour le colonel Passy, et les services britanniques, l'appel du général de Gaulle ne fut guère suivi[37].

L'appel au garde-à-vous provoque, en tout cas, les foudres de journaux français. Dans son édition du 1er novembre 1941, *Aujourd'hui* dénigre « les voix malsaines » de la BBC en qualifiant les consignes promulguées par Londres de ridicules, saugrenues et puériles. Soulignant que la grève de cinq minutes n'a interrompu aucune activité, le journal admet que les programmes de la BBC, « véritable ennemi de la France et un adversaire dont l'efficacité est malheureusement trop certaine[38] », représentent un danger pour le gouvernement de Vichy. Cette diatribe contre la BBC intervient alors que la radio de Londres est visée par une succession de lois et décrets destinés à punir ses auditeurs.

Le 13 août 1941, déjà, par une ordonnance du *VOBIF* (journal officiel du Militärbefehlshaber en France[39]), les

Allemands ont décidé de confisquer les postes de TSF appartenant aux Juifs. Ils devaient être remis jusqu'au 1er septembre 1941, contre récépissé, à la préfecture de police ou dans les commissariats d'arrondissement pour les habitants du département de la Seine ; au maire de leur domicile ou de leur résidence permanente pour les autres. À l'issue de cette confiscation, tous les postes furent envoyés aux préfets désignés comme les garants de leur bonne conservation[40]. Tout contrevenant à cette ordonnance encourt une amende et une peine de prison.

Les Allemands envisagent ensuite d'étendre la confiscation des postes à l'ensemble de la population française. Avant d'agir, ils prennent toutefois l'avis de différentes kommandanturs de l'ouest de la France, notamment celles de Saint-Malo, Saint-Brieuc, Morlaix et Brest, et de la Feldkommandantur de Quimper[41]. À l'issue de ces consultations, le 30 septembre 1941, dans un courrier interne du Kommandeur au chef de l'équipe administrative du Militärbefehlshaber en France, l'officier allemand admet que le brouillage ne remplit pas correctement son rôle face à la propagande anglaise. Il émet cependant un avis négatif concernant une éventuelle confiscation générale des postes de radio car « cela entraînerait un recul irréversible des fruits du travail de propagande allemande. En outre, la confiscation entraînerait forcément une augmentation de l'écoute sauvage et un accroissement des mesures de répression[42] ». La solution serait plutôt de s'attaquer à certains groupes d'auditeurs et non à l'ensemble de la population, d'impliquer le gouvernement français et de l'inciter à instaurer une loi interdisant l'écoute des ondes étrangères sous peine de sanctions sévères.

Le gouvernement de Vichy accepte de franchir le pas. Par la loi du 28 octobre 1941[43], la réception et l'audition de certaines émissions radiophoniques dans tout lieu public ou privé sont interdites. Cette mesure est étendue aux territoires d'outre-mer par la loi du 2 novembre 1941. Le 31 octobre 1941, les Allemands font donc publier un décret qui stipule l'interdiction de capter et d'écouter « les émissions de postes britanniques, étrangers ou non, se livrant à une propagande antinationale, dans tous les lieux publics ou privés », sous peine d'emprisonnement.

La presse annonce largement la nouvelle loi. « Défense d'écouter la radio des traîtres », clame en première page *Aujourd'hui*, le 30 octobre 1941. Le 1er novembre, le journal se réjouit des sanctions instaurées par la loi. « Ceux qui, jusqu'à maintenant, ne tournaient les manettes de leur poste que pour entendre les appels hypocrites, les rodomontades ou les informations travesties que leur distribuait la radio de Londres, laisseront désormais leurs boutons de réglage en paix ou sauront à quoi ils s'exposent. » Par voie de presse, le gouvernement justifie la décision prise contre les mensonges, les fausses nouvelles, les calomnies : « Une mesure qui s'imposait (...) d'une juste et saine rigueur », écrit Guy Crouzet dans *Les Temps nouveaux*, le 1er novembre.

Rien n'y fait. Les nouvelles mesures n'empêchent pas les Français de rester fidèles à la BBC. L'écoute a cours « jusqu'au fond des campagnes », soulignent certains préfets[44], persuadés que les auditeurs restent des anglophiles avérés plutôt que de farouches gaullistes. En zone occupée aussi, on préfère minimiser l'importance du « gaullisme » que l'on qualifie de « tendance inorganisée », comptant des sympathisants venant des milieux et des partis les plus divers. « La situation personnelle du général de Gaulle est depuis quelques mois assez diminuée et si les auditeurs de la radio anglaise restent fort nombreux, il ne faut pas voir en eux autant de gaullistes, tant s'en faut[45]. »

Les auditeurs étaient-ils gaullistes, anglophiles ou simples citoyens français à la recherche d'un peu d'espoir et de réconfort ? Une chose est sûre, l'écoute du poste de Londres est en constante progression et inquiète les autorités.

Dans ce climat répressif, l'année 1941 s'achève sur le sentiment qu'une partie de la population française est désormais prête à s'engager aux côtés des Alliés et à répondre aux appels. Le mois de décembre, qui marque un tournant sur le théâtre de la guerre, renforce les ardeurs des patriotes. Entre le 5 et le 20 décembre, les troupes allemandes sont repoussées par l'armée Rouge à deux cents kilomètres de Moscou. Le 7, l'aviation japonaise attaque la flotte américaine à Pearl Harbor, faisant plus de 3 000 tués ou disparus, et précipite l'entrée en guerre des Américains. Le 11, l'Allemagne et l'Italie déclarent la guerre aux États-Unis. Le camp allié peut désormais compter sur la puissance américaine pour combattre le fléau nazi, même si des esprits lucides en France n'entrevoient pas la fin du conflit avant quelques années. En ce deuxième hiver d'occupation, la majeure partie des Français pensent avant tout à manger à leur faim et à se chauffer convenablement. Le 24 décembre, s'adressant aux petits Français, sur le ton du conte, « Il était une fois la France », le général de Gaulle évoque la terre ancestrale sous les traits d'une belle dame qui a pour voisine une mégère, l'Allemagne. Dans ce « Message de Noël adressé aux enfants de France », il fait cette promesse : « Mes chers enfants de France, vous avez faim, parce que l'ennemi mange notre pain et notre viande. Vous avez froid, parce que l'ennemi vole notre bois et notre charbon, vous souffrez, parce que l'ennemi vous dit et vous fait dire que vous êtes des fils et des filles de vaincus. Eh bien ! moi, je vais vous faire une promesse, une promesse de Noël. Chers enfants de France, vous recevrez bientôt une visite, la visite de la Victoire. Ah ! Comme elle sera belle, vous verrez[46] ! »

8

De grandioses manifestations

L'année 1942 marque un tournant décisif dans le camp allié qui assiste à l'explosion de mouvements de résistance civile en France. La propagande déployée sur les antennes de la BBC a visiblement fait mouche. Mais l'évolution de la situation politique en France n'y est pas non plus étrangère.

Le 17 avril 1942, Darlan démissionne. Pierre Laval revient au pouvoir grâce à ses puissants appuis allemands, Hitler en tête, qui aurait déclaré que son retour était « désirable[1] ». Favorable à un renforcement de la collaboration, Laval suscite la méfiance du peuple français dont les craintes vont rapidement s'avérer fondées. Le 22 juin, au cours d'un appel radiophonique en faveur de la Relève[2] (c'est-à-dire le départ d'ouvriers spécialisés français contre le retour de compatriotes prisonniers), le nouveau chef de gouvernement lance la phrase devenue tristement célèbre : « Je souhaite la victoire de l'Allemagne, car, sans elle, le communisme s'installera partout en Europe[3]. » En juillet et août 1942, les grandes rafles de Juifs[4] opérées avec l'aide de la police française et du Commissariat général aux questions juives finissent de choquer la population. Les consciences se réveillent, les comportements se modifient, et l'on voit, « en particulier chez les catholiques et les protestants, le développement accru des réseaux d'entraide et l'organisation de structures d'accueil clandestines. La violence de la répression antisémite, bientôt relayée par l'entrée des Allemands en zone sud, puis par le STO, accélère une mutation déterminante[5] », analyse l'historien Pierre Laborie. Les résistants vont récolter les fruits de cette dégradation de l'opinion qui laisse percevoir un mouvement de solidarité plus large. La Résistance intérieure conquiert les esprits et le mouvement gaulliste se gonfle de nouveaux sympathisants. La fracture s'accentue. Au printemps 1942, il n'est plus rare de relever des inscriptions « À bas Pétain » sur les murs, même si une partie des Français continue de nourrir du respect pour le Maréchal. En zone occupée et dans la zone interdite, le divorce est consommé depuis déjà quelque temps entre la population et Vichy[6]. Seule une grande partie des notables et des bourgeois soutient encore un pétainisme censé les protéger contre une hypothétique flambée révolutionnaire sanglante et une possible guerre civile.

La persistance de la popularité de Pétain dans une partie de la population française conforte les Britanniques dans leur politique de propagande qui interdit toujours de prononcer des attaques personnelles contre le chef de l'État français.

Avec le retour de Laval, le ton se durcit sur les ondes vichystes. La milice et la LVF (Légion des Volontaires Français contre le bolchevisme), créée en juillet 1941, accèdent au micro des radios nationales et poussent au paroxysme la dénonciation des ennemis de la France : les Juifs[7], les gaullistes, les résistants, les communistes et les francs-maçons. La Relève est un sujet largement développé sur les ondes[8] où l'anticommunisme et l'antisémitisme constituent des thèmes récurrents. Les campagnes de dénonciation des bombardements meurtriers de la RAF et de la barbarie des Anglais se multiplient. Ainsi, le pilonnage des usines Renault, à Boulogne-

Billancourt qui, dans la nuit du 3 au 4 mars 1942, fait près de 600 morts et 1 000 blessés, est largement exploité. Ce jour-là, pour la première fois, Philippe Henriot et Maurice Schumann s'affrontent par micros interposés[9]. Dans l'émission de midi sur la radio nationale, Henriot s'emporte : « Il est trop facile d'applaudir à la mort quand il s'agit de celle des autres et de se féliciter des maisons détruites quand on se croit bien à l'abri dans la sienne. (…) Tant qu'il y aura une usine debout en Allemagne, l'Angleterre n'aura aucune excuse à bombarder les usines en France. » Le soir, à 20 h 30, Schumann répond : « Oui ! Les travailleurs qui sont morts parce qu'ils avaient été contraints de construire – pour l'Allemagne et sous le contrôle des chronométreurs allemands – des gazogènes, des tanks, des moteurs d'avion et jusqu'à mille camions par mois, c'est en otages qu'ils sont tombés eux aussi ! Par eux s'est reforgée la même unanimité nationale contre le même et seul ennemi, l'envahisseur. »

Désormais, grâce à de meilleures sources d'information, les hommes de Radio Londres répondent dans la journée aux attaques du camp adverse, notamment aux invectives de Philippe Henriot[10] qui inquiètent les Alliés. Né en 1889, fils d'un officier d'infanterie, Henriot a suivi de brillantes études à l'Institut catholique de Paris, puis à la Sorbonne avant d'être professeur dans un collège catholique de Gironde. En 1925, il fit partie de la Fédération nationale catholique du général de Castelnau. Trois ans plus tard, il fut battu aux élections législatives à Libourne. Proche de l'Action française jusqu'en 1926, il milita au sein de la Fédération nationale catholique et, en 1932, entra au Palais-Bourbon en tant que député de la Gironde. Sa dérive vers l'extrême droite l'amena à écrire dans *Gringoire* et dans *Je suis partout*. Porte-parole de la révolution nationale, puis de la

Milice, il s'adonne à un éditorial hebdomadaire diffusé sur la radiodiffusion nationale depuis février 1942.

Avec une éloquence exceptionnelle, il s'en prend ouvertement aux Alliés et à l'anti-France, et envoûte son auditoire. Ce talentueux polémiste, artiste du verbe et de l'idée, fait des merveilles pour le camp allemand, et des dégâts dans le camp allié ! Mais le succès de la BBC ne faiblit pas. Au contraire, il oblige même les Allemands à prolonger les émissions de Radio Paris[11] de 20 heures à 2 heures du matin, et à renforcer la propagande et le brouillage. Au cours de l'année 1942, le Radio-Journal passe de cinq à sept bulletins, alors que le reste de la programmation continue de proposer de la musique, des concerts, des pièces de théâtre, des causeries et des émissions de propagande. La liste est éloquente. Lundi : « Ceux du Stalag » ; mardi et jeudi : « Les travailleurs français en Allemagne » ; mercredi : « La Légion des volontaires français vous parle » et « La critique militaire du Radio-Journal de Paris » ; mercredi et dimanche : « Un journaliste allemand vous parle » ; vendredi : « Le quart d'heure de la collaboration » et « Un neutre vous parle » par Georges Oltramare ; samedi : « La rose des vents ».

À l'image de Radio Vichy, Radio Paris constitue la tribune idéale pour promouvoir le départ des travailleurs français vers l'Allemagne. Des émissions sont spécialement consacrées à la Relève, et l'arrivée à Compiègne du premier train de prisonniers libérés (un pour trois ouvriers partis travailler en Allemagne), le 11 août 1942, se transforme en événement radiophonique. Désormais, chaque occasion d'exalter les vertus du STO au service de la patrie et de la collaboration est saisie. Le ton antisémite, poussé à l'extrême, trouve son point d'orgue dans deux émissions : « Les Juifs contre la France », émission d'un quart d'heure de Georges Oltramare, alias Charles Dieudonné, lancée fin 1941, et le nouveau programme « Au rythme du temps » lancé sur la chaîne en mars 1942. À coups de sketches et de ritournelles contre les Juifs et les Alliés, les propos sont d'une rare violence. Dans ce flot de haine déversé chaque jour, la BBC n'est pas oubliée par la radio allemande qui lui dédie quelques rengaines comme celle-ci, clamée sur l'air de *Auprès de ma blonde* :

> *Au jardin d'Angleterre, les bobards ont fleuri*
> *Tous les menteurs du monde parlent à la BBC*
> *Au gré de ces ondes, qu'il fait bon mentir,*

Ou bien :

> *Ici Radio Londres*
> *Bobards et chansons*
> *Divagations hypocondres*
> *Ou boniments de francs-maçons*[12].

Par ailleurs, des tracts s'attaquent à Radio Londres, intitulés Ragots, bobards et racontars[13], ou bien Bobards, Boniments, Corporation[14], ou encore ce Dictionnaire à l'usage des auditeurs des émissions françaises de Radio Londres qui, sur le mode comparatif, parcourt l'alphabet en présentant deux versions des faits. Ainsi, à la lettre E, on peut lire : « Quand le speaker dit : "Mr Churchill a confiance en son Étoile", cela veut dire : "Mr Churchill a confiance en l'Étoile de Salomon". » À la lettre F : « Quand le speaker dit : "Nous vaincrons par le fer", cela veut dire : "Nous avons mis notre espoir dans la faucille et le marteau". » Dans un autre registre, le document La Guerre des ondes se propose de mettre en parallèle les informations déversées par les radios ennemies en mai 1942 et celles des radios en France. Sur le même modèle d'opposition de discours, Le bluff britannique et les mensonges de Churchill aux prises avec la réalité dresse la liste des soit-disant « pires » mensonges diffusés par Londres depuis 1939[15].

Mais cette propagande répandue par les autorités occupantes, et appuyée par Vichy, constitue un aveu implicite de la puissance des ondes anglaises. Cet état de grâce de la radio alliée est dû, en partie, à une politique de propagande plus réfléchie, en dépit des relations tendues qu'entretiennent de Gaulle, Churchill et Roosevelt. Des différends qui commencent à être ressentis en terre française : « Je crains que l'on ne reconnaisse pas à la France combattante et au Comité national français les mêmes droits qu'aux autres Nations unies, s'inquiète "une jeune fille française" dans une lettre datée du 24 août 1942. J'ai peur qu'on ne les considère trop uniquement comme une force militaire sans plus, et c'est surtout du côté des États-Unis que je crains cela. Bien chers amis, je vais profiter du fait que je suis en zone non occupée pour écrire au consulat américain. Je veux leur dire que, pour nous, le général de Gaulle et le Comité français représentent vraiment l'opinion française dans son immense majorité, que le maréchal Pétain n'est rien pour nous[16]. »

En fait, depuis la première interdiction d'antenne imposée à de Gaulle en septembre 1941 pendant dix-sept jours, les divergences entre les Alliés n'ont guère cessé. Le 25 décembre 1941, passant outre l'opposition des Américains et des Anglais, les Français libres conduits par l'amiral Muselier avaient débarqué sur l'archipel de Saint-Pierre-et-Miquelon, sous la coupe de Vichy. Ce défi lancé par de Gaulle avait ouvert une série de conflits qui devait détériorer les relations dans le camp allié jusqu'à la Libération[17]. Le débarquement de Madagascar, sans la participation de la France libre, le 5 mai 1942, puis le débarquement anglo-américain en Afrique du Nord dans la nuit du 7 au 8 novembre 1942, finiront d'affecter douloureusement les rapports entre Churchill et le Général.

Fort des appuis des résistants intérieurs et de Moscou, de Gaulle refuse d'endosser l'uniforme du petit soldat aux ordres des Anglo-Américains et demande même aux Russes de l'accueillir, avec son mouvement, en cas de désaccord total avec les Anglais[18]. Dans ce climat contrasté, caractérisé par la montée du gaullisme et de l'anglophilie en France, et par le développement de querelles diplomatiques entre Alliés, 1942 s'annonce comme une grande année en matière de mobilisation de la population civile.

Sur fond de croisade contre la Relève, marquée par le slogan « Ne va pas en Allemagne* » largement diffusé sur les antennes de la BBC pendant sept mois, les hommes de Londres s'engagent en 1942 dans une nouvelle campagne adressée aux Français, relayée cette fois par des tracts largués par la RAF sur le territoire national. Il s'agit de prévenir les Français des opérations militaires à venir, de les engager à suivre des conseils pour ne pas gêner les manœuvres alliées et préserver, en même temps, leur sécurité. En mars, le premier « avis » est lancé pour préparer le raid des Anglais contre la base sous-marine allemande de Saint-Nazaire. Le 26 avril, après l'opération militaire, un autre avis est diffusé pour annoncer la présence prochaine de commandos britanniques sur le territoire. Pour autant, les Français ne doivent pas s'engager dans le combat. « Lorsque l'heure sera venue de faire appel au concours du peuple français dans son ensemble, vous en serez prévenus », entendent-ils sur les ondes. L'avis n° 2* qui s'adresse aux habitants des zones côtières interdites, depuis la frontière belge jusqu'aux Pyrénées, est inlassablement répété deux fois par jour jusqu'à la fin du mois de juin, puis une fois par jour en juillet et enfin deux fois par

semaine au mois d'août. Déclarant que les zones
côtières de la France occupée vont être le théâtre d'opérations de guerre, les hommes de la BBC demandent
aux habitants d'« évacuer dans le plus bref délai les
zones côtières interdites, telles qu'elles ont été délimi-
tées par les Allemands » pour ne pas gêner l'action des
« troupes amies ». « N'attendez pas le dernier moment.
Il serait trop tard. Éloignez-vous le plus tôt possible. »
Ceux qui ne peuvent pas partir doivent impérativement
préserver leur vie car les armées de la libération auront
besoin d'eux le moment venu. En réalité, Londres n'a
pas l'intention d'ouvrir un second front, mais les plus
hautes autorités britanniques trouvent judicieux de tenir
ainsi le peuple de France en état d'alerte. Une telle propagande peut avoir des conséquences désastreuses. De
Gaulle en a conscience. Le 28 juillet 1942, il fait part de
son scepticisme à Anthony Eden, secrétaire d'État au
Foreign Office, qui lui confirme qu'il n'est pas envisagé
d'ouvrir un second front en France. « Dans ces conditions, fait remarquer le Général, pourquoi tenir à ce
sujet le langage que vous tenez actuellement ? La BBC
recommande, depuis des semaines, d'évacuer les côtes.
De grands espoirs vont être déçus. Cela ne fera pas de
bien[19]. » L'avertissement du chef de la France libre ne
parviendra pas à infléchir la politique « alarmiste » des
avis engagée par les Anglais.

Pourtant, depuis l'été 1942, les rapports britanniques
mentionnent eux-mêmes un mouvement de défiance
vis-à-vis de l'Angleterre dans l'opinion française. Ils
conseillent même de cesser la diffusion de l'avis n° 2.
Mais, le 23 septembre, sur les ondes de la BBC, un avis
n° 3 est délivré par la voix du colonel Sutton. Expliquant aux Français que les avis précédents entendaient
protéger le sang français en cas d'opérations sur les
côtes de l'Hexagone, Sutton souligne l'utilité de ces

consignes car « l'offensive des Nations unies se prépare ». Puis il renouvelle les recommandations suivantes : évacuer les zones côtières voisines de bâtiments abritant un état-major allemand, des troupes allemandes ou faisant office d'entrepôt ; s'éloigner des centres ferroviaires importants, des voies de garage, des ateliers de réparation de locomotives ; fuir les zones où des usines travaillent pour les Allemands et les grands centres industriels ; évacuer les zones côtières interdites. Ceux qui ne peuvent quitter ces lieux doivent réclamer des abris convenables aux autorités françaises ou allemandes, et surtout personne ne doit devancer les indications ultérieures qui seront données sur les ondes de la BBC. « Restez à l'écart de toutes les opérations préliminaires. » Le 20 octobre, un avis n° 4, relatif aux bombardements visant les trains et le matériel allemand, est encore diffusé : « Pour ménager les vies françaises dans toute la mesure du possible, nos aviateurs ont reçu l'ordre formel de s'abstenir de toute attaque de jour contre les trains de voyageurs en zone occupée. La nuit, aucune distinction n'est possible à ces aviateurs. Ne voyagez pas de nuit. »

Au sein de la France libre, on accepte mal la diffusion de ces appels qui jouent dangereusement avec le moral des Français occupés. Le désaccord va persister, tandis que les services du Général peaufinent leur propagande et se dotent d'outils plus efficaces. Les Français libres ont cherché à disposer au plus vite de renseignements fiables afin d'être en mesure de riposter, dans l'heure, aux attaques verbales de l'ennemi. En mars, un centre d'écoutes capable de capter, entre autres, les émissions de Vichy, de Paris et d'Alger est créé. Composé d'une cinquantaine de personnes équipées d'un matériel perfectionné, le centre fonctionne en permanence et fournit trois bulletins polycopiés par jour. C'est grâce à ce service que Maurice Schumann peut réagir, le 22 juin

1942, dès 21 h 25, à la célèbre déclaration de Laval
(« Je souhaite la victoire de l'Allemagne »), délivrée le
jour même sur les ondes nationales.

Le 1er avril 1942, la création du Comité Exécutif de
Propagande (CEP) est officialisée. Créé à titre expéri-
mental en janvier 1942 par le commissaire à l'Intérieur,
André Diethelm, le CEP est composé de six membres :
Bozel (Jean Richemond, président), André Roy, Georges
Boris, Jean-Louis Brilhac, Henri Hauck et Maurice Schu-
mann. Il se réunit trois fois par semaine. Quand André
Philip prendra la succession de Diethelm, il attirera
d'autres personnes aux réunions du CEP comme Jacques
Bingen, Pierre Brossolette, Louis Closon, le député
Antier, Jean Marin ou Jacques Soustelle. Des membres
de la section française du PWE sont conviés à participer
aux réunions, notamment le Dr Leslie Beck, responsable
des postes noirs et qui sera, par la suite, chargé de la
rédaction des directives politiques britanniques[20]. Le
Comité exécutif de propagande est désormais, selon la
formule de l'historien Jean-Louis Crémieux-Brilhac,
« l'organe directeur de la propagande politique française
par la radio », à l'image du PWE anglais.

En juin 1942, enfin, une section NM (Non Militaire,
c'est-à-dire politique) est créée au BCRA (Bureau Central de Renseignements et d'Action) pour recevoir les
informations politiques venues de France (documents
ou télégrammes) et les transmettre au commissariat à
l'Intérieur. Plusieurs dizaines de kilogrammes de courriers, composés d'une documentation variée dont les
bulletins du BIP (le Bureau d'Information et de Presse
mis sur pied par Jean Moulin), les bulletins d'information des MUR (Mouvements Unis de Résistance), des
journaux clandestins et autres rapports, parviennent
parfois à Londres. En sens inverse, la section adresse à
la Résistance des instructions du commissariat. Grâce
aux liaisons qui s'établissent avec les mouvements de

Résistance en France, en 1942, le commissariat à l'Intérieur pèse plus fortement sur la propagande radiophonique. Des relations étroites sont tissées entre les deux Résistances, intérieure et extérieure, à tel point que des hommes comme Jean Moulin et Pierre Brossolette[21] préconisent une politique de propagande plus militante, afin de développer chez les Français un esprit de résistance en vue de l'action finale[22].

Écrivain et journaliste, membre du parti socialiste, Pierre Brossolette est un dissident de la première heure qui, après avoir participé au réseau du musée de l'Homme, intégra le réseau Confrérie Notre-Dame du colonel Rémy, à la fin du mois de novembre 1941. À l'automne 1942, ayant rejoint le groupe Jean-Jaurès qui, à Londres, rassemblait les socialistes français émigrés, il devint adjoint en chef des services secrets de la France combattante. Ce résistant socialiste, gaulliste de cœur, est convaincu que seul le Général saura maintenir l'union des Français et mener la rénovation du pays. Il prône une orientation plus gaulliste, c'est-à-dire plus politique, de la radio de Londres pour faire comprendre aux compatriotes français que de Gaulle n'est pas seulement le bras armé de la résistance à l'ennemi, l'homme du sursaut et de la prochaine libération aux côtés des Alliés, mais aussi et surtout l'avenir politique de la France[23]. Cependant, à cette date, le Général n'est encore qu'un chef militaire pour les Français, et non cet homme politique providentiel évoqué par Brossolette. Sans compter qu'il ne bénéficie pas, pour l'heure, d'une liberté de parole suffisante sur les antennes de la BBC. Certes, il pense, un temps, abandonner les bords de la Tamise pour s'installer en Afrique et recourir aux antennes de Radio Brazzaville où il dispose d'une tout autre liberté d'expression, mais il sait que Londres offre, pour le Comité national, une situation stratégique incomparable[24]. Il lui faut être patient et continuer à renforcer sa position. Ses services disposent déjà de moyens plus efficaces d'être informés. Ils atteindront bientôt une audience inespérée auprès de la population française qui, en retour, ne lui mesurera pas son soutien.

Malgré le dispositif de répression instauré par Vichy et les Allemands, et la censure postale, les Français continuent d'écrire à la BBC qui a élu résidence à Bush House, au cœur de Londres, depuis le 18 février 1942. Après généralement trois mois de voyage, les lettres atteignent la radio de Londres. On en dénombre 81 en mai, 57 en juillet, 261 en août, 272 en octobre et encore 262 en décembre, écrites de toutes les régions de France, même si la zone libre est plus largement représentée. De son côté, Jacques Borel, l'animateur de l'émission « Courrier de France », délivre de plus en plus de conseils pratiques. Le dimanche 22 mars 1942, dans le programme de 16 h 15, face au brouillage qui s'est intensifié, le speaker annonce : « Nous avons décidé de vous transmettre de brefs bulletins d'information en signes de télégraphe morse. Une émission quotidienne de 15 minutes aura lieu pour la France toutes les nuits, à 3 heures du matin (heure française), à partir de la nuit de dimanche à lundi et sera répétée aussitôt terminée, soit à 3 h 15. Ces transmissions seront effectuées sur les longueurs d'ondes suivantes : sur ondes moyennes sur 261 mètres et sur ondes courtes sur 49,59 mètres. Nous croyons que beaucoup d'entre vous qui connaissent le morse et qui, en raison de leurs travaux nocturnes ou de leurs loisirs, pourront prendre ces émissions, auront intérêt à les faire circuler autour d'eux. La vitesse de l'émission sera lente (environ 1 signe par seconde). Le bulletin contiendra les faits les plus importants de la journée[25]. » On ignore si ce genre d'émission a touché la population française, mais il est certain qu'à cette date les auditeurs sont exaspérés par le brouillage lancinant qu'un correspondant qualifie de « plus grand crime contre la vérité, la justice, la liberté[26] ».

Cette attirance pour les ondes interdites est d'autant plus remarquable que les occupants et Vichy ont encore renforcé la législation répressive. Le 23 mars 1942[27], une ordonnance interdit de procéder à la formation de radiotélégraphistes et de techniciens de la TSF, sauf dérogation prise par le Militärbefehlshaber en France. Le 8 septembre 1942, Vichy légifère à son tour. Par la loi n° 814, l'État réprime l'utilisation ou la détention des postes radioélectriques d'émission non autorisés et punit d'une peine de travaux forcés à perpétuité (voire de la peine de mort dans le cas de trahison ou d'espionnage) toute personne (sauf les professionnels, fabricants ou vendeurs) utilisant ou détenant ces postes. Le matériel devra être confisqué. Le 17 septembre, on interdit encore l'usage de différents matériaux, dont ceux utilisés pour la fabrication des appareils de réception de TSF (amateurs ou professionnels), ainsi que des appareils amplificateurs de son, à l'exception de ceux destinés au cinéma.

Les autorités en France n'hésitent plus à arrêter et emprisonner des auditeurs de la BBC. Selon la police nationale, de février 1942 à octobre 1943[28], en zone occupée, 47 personnes dont 39 hommes écopèrent de peines allant de cinq mois à un an de prison, d'amendes allant jusqu'à 2 000 francs ou de la confiscation de leur poste TSF. D'autres arrestations d'auditeurs de la BBC furent bien évidemment opérées.

Le durcissement de l'arsenal répressif intervient alors que Radio Londres traverse une période difficile. Au début de cette année 1942, les émissions en français s'articulent autour de sept bulletins quotidiens d'information, quatre demi-heures ou quart d'heures d'émissions par jour, le programme du soir, à 20 h 30, demeurant l'émission la plus suivie. Chaque auditeur a son speaker « préféré » comme l'écrit un élève de première de Marseille. Il y a les marinistes, les labarthistes ou les bourdanistes, chacun vantant l'éloquence de sa « référence ». Mais si la BBC est la radio interdite la plus écoutée, sa suprématie semble contestée, dans les deux zones, par les ondes américaines et suisses. Dans l'été, les préfets rapportent que « la radio gaulliste paraît être abandonnée en faveur du bulletin de 23 h 15 "L'Amérique vous parle", poste dissident de la BBC[29] ». Cette émission de la Voice of America a débuté ses programmes le 24 février 1942, relayée en Europe par la BBC alors que l'image de l'Angleterre a été écornée par les défaites successives (en Cyrénaïque et en Extrême-Orient), et que le conflit s'éternise. Les auditeurs français ont apparemment décidé de diversifier leurs choix d'écoute. La déception a gagné les esprits et la BBC est exposée à des critiques sévères. On commence à douter de la sincérité des Anglais et de la radio de Londres qui, *via* les avis, a poussé à croire en l'imminence du débarquement. Les Britanniques ont entretenu l'espoir au risque d'y perdre leur crédibilité. Début juillet, les Français s'impatientent. Les plaintes proviennent de toutes les régions (Marseille, Monaco, Valence, Basse-Normandie, Haute-Loire[30]...), et certains auditeurs avouent carrément s'éloigner du poste de Londres. « Je n'écoute plus la radio car les Anglais nous racontent beaucoup de choses et ne font rien », fulmine un auditeur de Haute-Loire. D'autres lettres fustigent le contenu des programmes de la radio anglaise. Le temps des slogans, des chansons humoristiques, des émissions et des propos légers, voire futiles, semble révolu. Les auditeurs veulent des informations, des nouvelles concrètes, militaires ou politiques, des sujets en rapport avec la dureté de leur existence. Certains demandent des informations

DE GRANDIOSES MANIFESTATIONS

locales, sur la situation de la France, d'autres des nouvelles des États-Unis, de l'Angleterre et de l'URSS. Il
faudra attendre le mois de novembre pour que les Britanniques du PWE prennent clairement conscience de
ce changement de mentalité. « Le moment est peut-être
venu de considérer si les rubriques légères et frivoles ne
doivent être bannies de nos programmes français »,
écriront-ils. L'humeur sombre des Français les poussera
à introduire une gravité correspondante dans le programme radiophonique, et ils finiront par faire précéder
les tranches d'information par les chroniques les plus
importantes[31]. Les responsables britanniques des services de l'audience invoqueront même une réorganisation complète des programmes français de la BBC : « Le
temps est peut-être venu de se demander si "Les Français parlent aux Français" ne devraient pas devenir,
avec l'ensemble des transmissions françaises, nouvelles,
programmes ou relais des programmes alliés : "Les
Nations unies parlent aux Français[32]". »

Sans exiger de changements aussi radicaux, les
fidèles auditeurs du poste de Londres réclament seulement des émissions sérieuses et de meilleure tenue.
Paradoxalement, ils n'hésitent pas à écouter les programmes de divertissement proposés par les deux
postes qu'ils exècrent, Radio Paris et Radio Vichy[33].
« Chez nous, la radio marche, sinon toute la journée
(sauf le dimanche) du moins à peu près toute la soirée,
écrit un Lyonnais. Les programmes sont vraiment français et très bien faits. Si je le pouvais, je vous enverrais
Radio-National, l'hebdomadaire de radio, et vous verriez
l'agréable variété de ces programmes. Beaucoup de
chansons, opéras, opérettes (avec des artistes excellents), chansons légères et classiques, beaucoup de
concerts symphoniques..., concertos, et musique de
chambre. C'est une véritable fête. Des comédies et
drames classiques, reportages de Marseille, Nice, Tou-

louse et même de la musique et cabarets de Montmartre de Paris. »

Malgré cette défiance, tout au long de l'année 1942, sur fond de campagne contre la Relève[34], les voix de la BBC continuent d'appeler ponctuellement le peuple de France à manifester, mais les ficelles ne sont plus seulement tirées par les hommes de Londres. Les mouvements de la Résistance en France initient désormais des opérations de résistance civile, une contribution qui va favoriser l'union des troupes pour aboutir à des manifestations d'une ampleur inégalée.

L'idée des deux manifestations de masse qui vont marquer durablement cette année faste, celles du 1er Mai et du 14 Juillet, vient directement du MOF (Mouvement Ouvrier Français), organisation constituée à l'initiative de Jean Moulin et de Léon Morandat (alias Yvon), agent de la France libre entré au Comité directeur de la Libération et qui fut secrétaire départemental de la Confédération française des travailleurs chrétiens de Savoie. Le MOF rassemble les militants de la CFTC et les ex-confédérés. Reprenant la ligne préconisée par les services du général de Gaulle dans le rapport du 7 juillet 1941[35], les manifestations sont limitées à la zone non occupée, évitant de mettre en péril la vie des concitoyens directement menacés par la répression allemande. « Nous ne pouvions, en effet, donner aux Allemands l'occasion de décimer la Résistance et d'opérer des arrestations en masse, ce qui leur aurait permis de peupler les usines d'outre-Rhin qui commençaient à manquer de personnel[36] », explique Léon Morandat.

À l'approche du 1er mai 1942, alors que Jean Moulin est sceptique, Léon Morandat défend âprement l'idée de cette manifestation ; Louis Saillant (de la CGT) n'est pas très emballé ; Emmanuel d'Astier de la Vigerie approuve le concept, mais craint que cette action soit prématurée.

Enfin, certains syndicalistes, qui ne sont pas encore complètement clandestins, redoutent que la célébration du 1ᵉʳ mai ne provoque des arrestations. À mesure que la date approche, Morandat, lui, devient plus anxieux. « Si c'était un fiasco, nous allions prouver aux yeux du monde entier que les Français ne suivaient pas de Gaulle et la Résistance[37] », confiera-t-il plus tard.

Malgré les craintes exprimées dans un télégramme envoyé le 14 avril, des dirigeants des associations clandestines de la zone non occupée proposent au Comité national français de préparer une manifestation pour le 1ᵉʳ Mai. Le 17 avril, un deuxième télégramme informe le Comité d'une proclamation du MOF, en accord avec les différentes organisations syndicales, et demande d'en approuver l'idée et le contenu. Ce manifeste paraît dans la plupart des grands journaux clandestins sous le titre « Encore un premier mai de guerre ». Le 21 avril, un télégramme de la France libre préconise de mettre l'accent sur « l'unanimité nationale » avec pour mot d'ordre « contre la faim, contre la misère, contre la servitude, pour le travail libre dans la France libérée », et d'associer, de ce fait, les communistes. Le 25 avril, un télégramme adressé à la France libre indique que les communistes adhèrent au projet. La mobilisation est générale. Le MOF, le Comité d'action socialiste et les mouvements de Résistance publient moults tracts et journaux qui convient les Français, le 1ᵉʳ Mai, de 18 h 30 à 19 h 30, à passer dans chaque localité devant la statue de la République ou, à défaut, devant la Mairie, « symbole des premières libertés obtenues par la Nation française[38] ». Tout au long du mois d'avril, *Libération*, *Franc-Tireur*, *Combat*, *L'Humanité*, *L'Avant-Garde*, *La Vie ouvrière* et d'autres journaux relaient l'appel du 1ᵉʳ Mai, « pour la délivrance et la libération du pays ». Selon Jean Moulin[39], au total, quelque 120 000 journaux et 250 000 tracts sont diffusés pour appeler à l'action ce 1er Mai 1942.

De son côté, la BBC diffuse les appels tandis que, pour bénéficier d'un plus large soutien hertzien, les postes clandestins et Radio Moscou s'associent à l'opération.

Dans les studios de Radio Londres, la campagne démarre le 25 avril, à 7 h 15. Henri Hauck demande aux travailleurs de ne pas prendre part aux « mascarades officielles » en France. Le 28 avril, Maurice Schumann lance un appel à l'union nationale de tous les combattants du front de France, ceux des villes comme ceux des champs, leur demandant de se mêler aux travailleurs le 1er Mai. Il rappelle qu'il s'agit là d'une lutte contre les privations et pour le travail libre dans une France libérée, et convie la nation à passer devant les statues de la République ou les mairies après 18 h 30, sans cortège et sans cris. Continuant la nostalgie et la foi en l'avenir, il lance : « Français, le 1er mai 1942, comme le 11 mai 1941, vous vous regarderez l'un l'autre, droit dans les yeux, sur les places publiques de nos villes et de nos villages. Et ce regard suffira – sous le signe du Travail comme sous le signe de Jeanne d'Arc – pour exprimer notre volonté commune et notre fraternelle espérance. » Le soir même, la BBC diffuse une déclaration de la Fédération syndicale internationale qui rappelle le mot d'ordre du 1er Mai.

Le lendemain, à 7 h 15, comme chaque jour, Henri Hauck renouvelle son appel aux ouvriers ; à 12 h 45 René Cassin s'adresse aux combattants français des deux guerres ; dans le quart d'heure du soir, un speaker sollicite l'engagement des paysans de France dans l'action ; et à 20 h 25, Schumann explique aux auditeurs le rapprochement opéré entre la France libre et la Résistance. Une heure plus tard, le texte de l'appel du MOF est rediffusé[40]. Il le sera jusqu'au 1er Mai.

Le 30 avril, dans la matinée, Louis Closon (rédacteur en chef du *Volontaire*, organe français libre pour la Cité chrétienne) en appelle à l'engagement des travailleurs chrétiens, et dans la soirée Jacques Duchesne se charge de promouvoir l'Union nationale pour le 1ᵉʳ Mai. Ce soir-là, de Gaulle en personne appelle à manifester. Répondant aux souhaits de Jean Moulin qui, la veille, lui a adressé un télégramme (« regrettable Général pas lancé lui-même appel promis occasion première manifestation commune ouvriers et mouvements de Résistance[41] »), il prend place face au micro. Sans parler de l'union de la France libre et de la Résistance, il décide de mettre l'accent sur la dimension nationale de cette manifestation et sur la fraternité qui doit guider les Français vers la liberté. Le 1ᵉʳ Mai est une fête nationale acclamée par tous les Français et les travailleurs, explique-t-il. « Fête nationale ! Parce que, dans les pires drames de notre Histoire, c'est du peuple laborieux que se levèrent toujours les grandes vagues profondes dont la patrie sauvée, libérée, renouvelée, déclare de Gaulle qui conclut par cette affirmation : Demain 1ᵉʳ Mai, par cette immense et muette manifestation, la France se prouvera à elle-même et fera comprendre à l'ennemi qu'elle a retrouvé, dans l'union fraternelle de tous ses enfants, l'ardente certitude de son destin. »

Le 1ᵉʳ Mai, alors que Henri Hauck s'adresse, dès 7 h 15, aux ouvriers français et que la dépêche de midi de la BBC réitère l'appel à la manifestation d'unité et de patriotisme, Pétain qui se trouve à Thiers exhorte les travailleurs à la solidarité nationale et à œuvrer pour la paix intérieure. « La collaboration de tous est nécessaire », lâche-t-il. Cet appel à la paix et à la concorde sociale, aux accents paternalistes, n'est pas entendu et les manifestations du 1ᵉʳ Mai connaissent un très gros succès sur l'ensemble du territoire français. Selon les agents de la France libre, les préfets et les agents de

police, on dénombre 50 000 personnes à Lyon, 30 000 à
Marseille, 20 000 à Paris, 10 000 à Montpellier et à
Clermont-Ferrand, 80 000 à Toulouse, 3 000 à Bor-
deaux, ou encore 2 000 à Roubaix.

Les Allemands[42] préfèrent minimiser le bilan de la
journée. Selon eux, 2 000 à 3 000 manifestants ont été
dispersés sous le contrôle de la police française et certains ont été arrêtés. La police de Paris fait état de
quatre interpellations (deux hommes et deux femmes) :
trois, place de la République, et une à Saint-Maur, dans
la banlieue sud-est de la capitale.

Malgré la répression qui frappe l'ensemble des
régions, la Résistance ne peut que se réjouir du franc
succès de cette mobilisation. « C'est la première manifestation concertée au sein de la Résistance », écrit Jean
Moulin dans son courrier du 7 mai[43], fier du concours
des trois mouvements de zone libre (Libération, Combat
et Franc-Tireur) et de la SFIO. Convaincu que les militants ont senti, pour la première fois, la force du lien
entre Londres et les chefs locaux, il savoure le bilan de
cette journée qui « a marqué nettement la communion
d'idées et la volonté d'action de la Résistance derrière
de Gaulle que tous ont revendiqué comme chef et symbole ».

Après le succès des manifestations du 1er mai 1942,
les trois grands mouvements de Résistance de la zone
libre réitèrent l'opération à l'occasion du 14 Juillet. Par
des échanges télégraphiques entre le territoire français
et la capitale britannique, les résistants essayent d'organiser au mieux les festivités. Le 3 juin, Jean Moulin
envoie un premier télégramme à Londres, mais sa
demande d'instructions reste sans réponse. Par un autre
télégramme envoyé le 18 juin, il propose un défilé à
18 heures en zone non occupée, le pavoisement aux
couleurs nationales et des chants patriotiques, tout en

précisant que, dans les villes importantes, l'emplace-
ment de la manifestation sera fixé par tracts[44] et par la
radio. Quelques jours plus tard, il suggère de soumettre
à Londres un texte de manifeste et de couvrir les murs
d'inscriptions patriotiques. Les services de la France
libre n'apportent leur soutien aux mouvements de Résistance que le 22 juin, à travers cette réponse faite à Rex,
alias Jean Moulin :

> Pour 14 Juillet, désirons initiative manifestation
> soit prise par vous et appuyée par nous comme pre-
> mier mai afin de démontrer à nouveau France et
> monde coordination parfaite entre vous et nous. Sug-
> gérons :
> 1 : Inscriptions lettres L.E.F., initiales Liberté, Éga-
> lité, Fraternité.
> 2 : Papillons semblables ceux an dernier avec croix
> de Lorraine et 14 juillet 1942, Liberté, Égalité, Frater-
> nité, Vive la République, Vive la France.
> 3 : Aucun défilé ?
> 4 : Éventuellement, pavoisement individuel comme
> l'an dernier. Faites-nous connaître décision. Renseignez-
> vous sur attitude communiste des deux zones[45].

Le 28 juin, un télégramme de Moulin informe que les
communistes, qui projetaient une manifestation devant
les prisons, se rallient au projet commun[46]. Il en profite
pour réclamer un appui conséquent, et le plus tôt possible, de la radio. Le texte du manifeste, dont il avait
annoncé l'envoi précédemment, parvient au bureau de
Londres le 1er juillet.

Cette fois-ci, l'appel à manifester concerne la seule
zone libre où les Français devront se rendre à 18 h 30
devant les monuments aux morts, les statues de la
République, les mairies ou dans les rues de la République. Le 10 juillet, à 13 heures, la BBC rappelle aux

auditeurs de la zone occupée, où l'on redoute une répression sévère, qu'il est formellement interdit de déployer le drapeau tricolore et de chanter *La Marseillaise*. Seuls les habitants de la zone non occupée sont invités à manifester, avec enthousiasme, le 14 Juillet. « Pavoisez vos maisons, arborez des insignes tricolores, chantez *La Marseillaise* dans les rassemblements. Manifestez doublement en votre nom et au nom de nos compatriotes de la zone occupée. Vous montrerez ainsi à l'ennemi et à ses complices la ferveur patriotique du peuple français unanime qui lutte pour reconquérir la liberté perdue[47]. »

L'interdiction faite aux Français de la zone occupée de manifester n'empêche pas Maurice Schumann de laisser ses compatriotes libres de choisir l'attitude à adopter : « Nous ne voudrions pas vous pousser dans une voie où vous risqueriez tout pour ne gagner presque rien. Nous ne pouvons pas vous interdire d'arborer des cocardes à vos vestons ou vos corsages, ni de choisir ce jour pour extérioriser votre patriotisme et votre haine de l'occupant, mais nous vous répétons que vous êtes les seuls juges de ce qu'il vous est permis de faire ou de tenter. Nous ne nous lasserons jamais de vous conseiller d'être prudents et de penser à l'avenir avant d'agir dans le présent », lance-t-il, le 12 juillet.

Se dégageant de toute responsabilité en cas de représailles allemandes sur la population française, tous espèrent secrètement voir l'ensemble des Français manifester leur opposition à l'occupant et au gouvernement français.

À l'approche de la fête nationale, les autorités de Vichy décident de faire du 14 Juillet un jour férié, mais sans cérémonie pour cause de deuil national. Tous les attroupements, rassemblements, processions ou défilés sont interdits. « Cette année, la France est en deuil et le

14 Juillet sera grave. Il n'y aura pas de lampions, on ne dansera pas dans les rues. Mais au contraire, chaque Français méditera sur la grandeur du pays. Chaque compatriote pensera à notre passé et à notre avenir. (…) Le 14 juillet 1942, les factions ont le devoir de se taire. En France, les hommes n'ont plus le temps de rire[48] », annonce-t-on, le 13 juillet, sur les ondes de Radio Paris.

Les organisations de Résistance en France prennent le contre-pied de cette consigne. À la radio, comme dans les journaux clandestins, les tracts et les papillons, les propos sont reproduits à l'identique. On exalte le désir de liberté du peuple français et on dénonce l'Occupation, les prisonniers, la Relève, l'asservissement et le pillage de la France. Tous les Français sont interpellés, qu'ils soient ouvriers, paysans, ménagères, jeunes, marins ou officiers.

À partir du 5 juillet, l'ensemble des postes alliés, de Radio Gaulle à Radio Brazzaville, en passant par Radio Moscou et les postes américains, se mobilise aux côtés de la BBC pour donner le plus ample écho au mouvement engagé. Les programmes de Radio Londres participent à la mobilisation. Maurice Schumann lance le premier appel aux Français, précisant que les consignes données ont été élaborées sur le sol national et approuvées sans réserve par le général de Gaulle. « Français de la zone non occupée, pavoisez vos maisons le 14 Juillet ; qui oserait vous le reprocher, le jour de la fête nationale ? Français de la zone non occupée, promenez-vous l'après-midi dans les grandes artères de vos villes en arborant les trois couleurs. Français de la zone non occupée, le soir du 14 juillet, à 18 h 30, rassemblez-vous en grand nombre et chantez *La Marseillaise*. Manifester le 14 Juillet, c'est un devoir national. Que le peuple français se dresse de toute sa taille en cet anniversaire de sa première victoire ! » Aux côtés de l'émission « Honneur et Patrie », le programme « Les Français parlent aux Français » rappelle quotidiennement la journée à venir. Au fil du temps, les intervenants de la radio de Londres affinent leur discours. À compter du 12 juillet les appels se font plus précis. Le plan établi par les organisations en France et les services de la France libre s'avère d'une extrême minutie. Pour chaque grande ville, onze au total, Maurice Schumann précise les lieux de rassemblement que la population française doit investir[49].

Selon son habitude, la veille de l'événement rassembleur, de Gaulle s'assoit derrière le micro. Avec habileté, il développe les thèmes de l'espoir, de la fierté et de la fureur pour une France de demain libre.

Dans la matinée du 14 Juillet[50], la radio de Londres diffuse une nouvelle fois des allocutions de Hauck, Schumann et de Gaulle. L'imprégnation des esprits, en matière de propagande, passe inévitablement par la répétition du message qui, en période de brouillage, devient une nécessité. Aux voix habituelles s'ajoutent celles d'inconnus qui, par la curiosité qu'elles suscitent, constituent une chance supplémentaire de toucher l'auditoire et de faire naître chez les compatriotes de France de nouvelles raisons de répondre à l'appel.

Comme il l'avait déjà exigé pour la journée du 1er mai 1942, le colonel Passy ordonne à ses agents de renseignements de rendre compte, au plus vite, du résultat des manifestations. On leur donne même l'autorisation exceptionnelle d'utiliser leur poste radio-émetteur pour diffuser les informations. Entre le 16 et le 21 juillet, par les postes émetteurs ou au moyen de télégrammes clandestins, les agents confirment le succès de la mobilisation en France. En dépit des chiffres difficiles à vérifier et qui diffèrent parfois d'un rapport à l'autre[51] au sein même de l'organisation de la France libre, la BBC dresse une liste de 27 villes dans lesquelles la manifestation a remporté un franc succès. De notre côté, nous en avons relevé 71. Les résistants parlent de 150 000 manifestants à Lyon, 100 000 à Marseille, 30 000 à Toulouse, 10 000 à Grenoble ; les manifestations repérées ne sont pas toutes des démonstrations de « gaullisme », mais elles mêlent des symboles patriotiques (cocardes tricolores, drapeaux nationaux) aux V et croix de Lorraine. À côté des cris « Vive de Gaulle ! », des slogans anticollaborationnistes et antiallemands tels « Hitler au poteau », « Laval au poteau », ou « Vive la liberté ! »[52] s'élèvent de la foule.

Dans son émission du 18 juillet 1942, Maurice Schumann souligne que « le peuple de la France dite non occupée s'est dressé de toute sa taille. Il s'est dressé en dehors et au-dessus des divisions politiques du passé : dans la foule qui partout chantait *La Marseillaise*, il n'y avait plus de partisans ; il n'y avait que des Français et des Françaises poussés par la même fureur et unis par la même espérance[53]. »

En zones occupée et interdite, on s'est également mobilisé. D'après le correspondant du quotidien *The Times*[54], toute la population de Nancy se réunit au monument aux morts pour déposer des couronnes. D'autres célébrations ont eu lieu à Belfort, Dijon, Reims, Lille, Rouen, Le Havre, Nantes, Saint-Nazaire, Tours, Bordeaux et Bayonne. À Paris, les autorités allemandes ont pris des précautions minutieuses pour étouffer toute tentative de manifestation. Des tanks et des chenillettes patrouillent dans les rues principales dès 9 heures du matin. La police française, les gardes mobiles et les équipes de Doriot sont mobilisés sur le terrain. Malgré ce déploiement de forces, des gens se réunissent, à l'Arc de triomphe, place de la Nation, place de la République et place de la Bastille, en chantant *La Marseillaise*[55]. Les rapports de police n'en jugent pas moins que la journée se solda par un « échec total de la propagande commu-

niste pour faire du 14 Juillet une journée d'agitation[56] ».
Paris aurait conservé son calme[57], assure-t-on.

Ailleurs, des manifestations se sont achevées dans la
confusion. Ainsi, à Hochfelden[58], dans le Bas-Rhin,
après un défilé organisé aux chants de *La Marseillaise* et
de *La Madelon*, la foule décida de se rendre en masse au
monument aux morts pour y déposer une gerbe, mais la
répression fut extrêmement sévère. Les autorités procla-
mèrent la loi martiale, perquisitionnèrent dans les maisons, et envoyèrent 160 jeunes gens dans des camps.

Entre les différentes sources, il n'est pas toujours aisé
de faire la lumière sur les chiffres avancés. Au-delà des
71 manifestations recensées, d'autres mouvements ont
certainement eu lieu dans des localités de moindre
importance. Comme l'écrit cette auditrice de la BBC,
Marie-Louise, « vous avez bien signalé les manifestations de grandes villes, mais je vous signale celle d'une
petite ville du Rhône (Thizy où tout le monde se
connaît). Très bien organisés, les gaullistes, dès 17 h 30,
recevaient le petit ruban tricolore, signe de ralliement.
Vers 18 heures, ils se dirigeaient vers le monument aux
morts de 14-18 et à 18 h 30, près de 300 personnes,
commerçants, anciens combattants et groupements de
jeunes, ouvriers et patrons, entonnaient une *Marseillaise*, dont la signification n'a échappé à personne.
Après une minute de silence, les cris de "Vive la
France !", " Vive la Liberté !" se firent entendre et la dis-
location se fit sans bruit[59] ».

Au lendemain de la journée nationale, interdiction est
faite aux médias de divulguer la moindre information
sur les troubles survenus sur le territoire français. Seul
le compte rendu des cérémonies officielles, célébrées,
dit-on, dans la dignité et le recueillement, est autorisé.
Les radios demeurent donc muettes sur les débordements patriotiques. Loin de se voiler la face, les Alle-

mands et les hommes de Vichy savent pourtant que la BBC et ses relais clandestins posent un problème de taille. L'arme radiophonique qu'est la BBC a su pénétrer les foyers de France. Il est bien difficile de l'en déloger.

Pour les Français libres, devenus Français combattants depuis le 14 Juillet, et reconnus par l'Angleterre et les États-Unis[60], le succès des manifestations symbolise une lutte commune pour la dignité de la personne humaine et pour la libération du pays[61]. L'engagement des Français est chaleureusement salué par les Alliés. Le soir du 14 Juillet, Anthony Eden lance lui-même un message d'amitié et de confiance au peuple de France, précisant qu'il ne s'adresse pas seulement à des amis, mais aussi et surtout à des Alliés, dans l'adversité[62]. « L'Angleterre a vu avec admiration et avec espoir grandir la résistance du peuple de France qui n'accepte pas la défaite et qui refuse de passer dans le camp de l'ennemi. Le 21 octobre 1940, M. Churchill vous disait : "Je refuse de croire que l'âme de la France soit morte et que sa place parmi les grandes nations du monde puisse être perdue." Ces paroles datent du plus dur moment de l'épreuve de la France et de l'Angleterre. La confiance exprimée alors par Winston Churchill est partagée aujourd'hui par toutes les Nations unies. (…) Le peuple anglais souhaite et prépare votre libération aussi ardemment que vous le faites. » Le même jour, le programme « L'Amérique s'adresse au peuple de France » rend un vibrant hommage aux Français, à leur force de caractère et de résistance, et les assure de l'appui des États-Unis dans « la guerre totale contre Hitler et tous ses Alliés[63] ».

La journée du 14 Juillet ouvre un climat de confiance à Londres. La France combattante éprouve, à ce moment-là, des sentiments jubilatoires et le peuple de France un moment d'espoir, même si la fête nationale est entachée par une tragédie qui s'est jouée à Marseille où deux femmes, victimes innocentes, sont tombées sous les balles des collaborateurs[64].

Comme dans d'autres villes, à 18 h 15, un cortège s'ébranla sur la Canebière. Les trottoirs étaient noirs de monde. Des gens applaudissaient, d'autres criaient « Laval au poteau », « Ne va pas en Allemagne », « La France aux Français ». On chanta *Le Chant du Départ* et *La Marseillaise*. À 18 h 45, rue Pavillon, devant la Légion antibolchevique, quelques nervis arrachèrent la cocarde tricolore d'une jeune femme en lui criant : « Nous avons nos morts sur le front Est. » Furieuse, elle répliqua : « J'ai deux morts parmi les miens et qui ne sont pas tombés sous l'uniforme boche. » La foule l'acclama, et les trublions s'enfuirent. Mais à 19 h 15, ils ouvrirent le feu sur la foule qui repassait rue Pavillon. Deux femmes furent tuées et plusieurs autres personnes plus ou moins grièvement blessées[65]. Cet acte odieux suscita un vent de révolte jusqu'à Londres. Le 16 juillet, sur une proposition des mouvements de Résistance en France, Maurice Schumann décide d'inviter les Marseillais à accompagner les victimes en leur dernière demeure, le lendemain, à 14 heures. Le convoi partira de l'Hôtel-Dieu. « Les consignes sont : "Silence et dignité". Je répète : "Silence et dignité". Il vous suffira de porter une cocarde tricolore pour échanger, sans mot dire, le serment de venger ces martyrs[66]. »

En France, le préfet a vent des préparatifs en cours. Pour éviter tout débordement, il fait savoir qu'il reporte la date de l'enterrement. Dans la soirée du 16, à 19 h 30, un nouveau télégramme envoyé à Londres annonce le report des obsèques : « Redoutons escamotage pour éviter hommage population. Retélégraphierons[67]. » Il s'agit en définitive d'une ruse du préfet qui maintient les funérailles à la date du vendredi 17 juillet. Furieuses d'avoir été bernées, les organisations de la Résistance décident alors de réagir et orchestrent une autre manifestation pour le dimanche 19 juillet, à 17 heures. Le 18 juillet, un premier télégramme prévient la France libre du nouveau programme, et l'informe que « des précisions ultérieures seront données afin que la radio convoque les manifestants ». Le lendemain, un second télégramme, arrivé à midi, demande aux hommes de Londres de lancer un appel immédiat à manifester le même jour, 19 juillet, à 17 heures, au cimetière Saint-Pierre. Maurice Schumann lance l'appel à 13 h 15, et le renouvelle vers 15 heures.

Deux jours plus tard, le 21 juillet, le porte-parole de la France combattante rend compte, sur les ondes, du déroulement de cette manifestation silencieuse. Une foule énorme, selon lui, a honoré les deux disparues et fleuri leurs tombes, dans le silence et la dignité[68].

Le préfet de Marseille ne dément pas. Il sait que la radio de Londres est devenue un outil redoutable et très réactif : « Les appels de la radio anglaise se multiplient ; ils diffusent de plus en plus de mots d'ordre précis exécutables en quelques heures et qui, dans ces conditions, touchent l'opinion à coup sûr[69] », regrette-t-il dans son rapport du 22 juillet 1942.

Équipés de puissants moyens d'information, les Français libres ont la maîtrise du jeu radiophonique. Aux appels nationaux, ils peuvent ajouter des appels locaux qu'ils expérimentent avec une même pertinence. Les exactions des « sbires » d'Hitler mobilisent spontanément l'opinion ulcérée des Français. Le porte-parole du Général joue de ces sentiments de révolte et d'injustice qui se révèlent, à certaines occasions, de puissants facteurs de rassemblement des masses.

Ainsi, après le succès remporté à Marseille, l'anniversaire de l'assassinat de Marx Dormoy sert d'événement mobilisateur localement. Le vendredi 24 juillet, Maurice Schumann transmet un appel en l'honneur du maire de Montluçon, assassiné un an plus tôt et enterré à Montélimar. L'idée vient de Léon Morandat (alias Yvon), qui, quelques jours auparavant, par télégramme, demande au BCRA de communiquer l'information suivante : « A Montluçon où la tragique disparition de Dormoy avait provoqué la plus vive réaction, les Républicains en souvenir du disparu se rendront dimanche prochain 26 juillet, anniversaire de son assassinat, fleurir la tombe de son père, Jean Dormoy, premier maire socialiste de la ville[70]. » Schumann lance la consigne sur les ondes. Le lendemain, à 7 h 15, Henri Hauck délivre, lui aussi, une allocution à la mémoire de Marx Dormoy, « mort au champ d'honneur ». « En se recueillant sur la tombe de Jean Dormoy, le dimanche 26 juillet, et en honorant la mémoire de Marx Dormoy, les républicains et les patriotes de Montluçon feront acte de foi dans la France et dans la liberté. Ils feront en silence le serment de venger Marx Dormoy en aidant à abattre le nazisme et le fascisme, à libérer la patrie et à affranchir l'humanité[71]. »

À l'image de la manifestation organisée à Marseille, l'idée de « venger les victimes » fait partie intégrante du message diffusé. L'appel rencontre un large écho. Tout au long de la journée, des gens de la région se succèdent au cimetière et les bouquets de fleurs s'amoncellent sur la tombe de Jean Dormoy. Sur certaines gerbes, barrées de rouge, on peut lire les noms d'entreprises dont les travailleurs se sont cotisés : les usines Saint-Jacques, Dunlop, la Sagem, les Cires françaises, les Hauts-Fourneaux, Landis et Gyr, les PTT, ou la SNCF. D'autres signent « un groupe de commerçants », « un groupe de patriotes », ou « la Cité des Guineberts » du nom d'un quartier de Montluçon. Dormoy n'est pas oublié non plus par ses collègues du conseil municipal, des Jeunesses socialistes et du parti socialiste qui font déposer une énorme couronne. Le même jour, des gerbes sont placées sur la tombe de Marx Dormoy à Montélimar[72]. L'opération est un succès.

Entre les mois d'août et d'octobre 1942, en application de la propagande établie, des adresses sont lancées aux étudiants, aux femmes, aux ouvriers, aux policiers, aux cheminots et aux paysans, pour leur faire part des tâches régulières que chacun peut accomplir, à son niveau, pour entraver la machine de guerre allemande. Du simple renseignement aux actes de sabotage, en passant par un ralentissement des cadences dans les usines utiles à l'occupant, l'aide aux personnes en danger, ou une campagne des « transports » qui consiste à ralentir les convois qui alimentent les armées ennemies et retarder ainsi les approvisionnements allemands, les devoirs dévolus au peuple de France sont multiples.

Le refus de la Relève rythme toujours les émissions françaises de la BBC. Le 6 octobre 1942, un appel aux Français résume ainsi les conseils prodigués : « Ouvriers menacés, cachez-vous ! Paysans, aidez-les ! Fonctionnaires, ralentissez ! Policiers, fermez les yeux ! Français, tous unis contre les marchands d'hommes ! » Qui que l'on soit, et où que l'on se trouve, chacun est appelé à glisser du sable dans les rouages de la machine ennemie. Le patron peut disperser ses ouvriers pour les mettre à l'abri, le paysan embaucher un chômeur, le patriote donner asile à un travailleur pourchassé, le fonctionnaire égarer un papier, et le policier saboter un ordre donné. Pour tous ces gestes, la patrie libérée ne sera pas ingrate, assure-t-on sur les antennes de la BBC, car « le compte des mérites est tenu à jour comme celui des crimes. L'un et l'autre seront réglés jusqu'au dernier centime ».

9

La crise

Avec l'arrivée de l'automne et le retour du froid, les Français sombrent à nouveau dans le découragement. Les Alliés se font attendre, et un troisième hiver de privations s'annonce avec son lot de difficultés quotidiennes. En zone nord[1], l'anglophilie reste intacte au sein de la population hostile à l'occupant et au gouvernement de Vichy. Ailleurs, le climat est plus morose et l'opinion publique se détache des Alliés.

Reconnu comme chef de la Résistance française par les mouvements de la Résistance intérieure, le général de Gaulle n'a pas réussi à faire admettre aux Américains qu'en son nom une seule France livre bataille. Pourtant, la superbe victoire de la VIIIe armée britannique du général Montgomery et des Français combattants, face à Rommel et son Afrika Korps, près d'El-Alamein (23 octobre-4 novembre), et la résolution du problème de Madagascar ont permis de détendre les relations avec Churchill. Il est même convenu que Madagascar et ses dépendances (Comores, îles Kerguelen, Saint-Paul, Amsterdam et Crozet) seront désormais administrées par la France combattante. Mais deux événements vont rompre cette belle harmonie. L'un concerne l'univers radiophonique. Le second, les opérations militaires.

Outre la guerre des ondes qui se joue quotidiennement au-dessus du Channel, le contrôle et l'utilisation
de cet instrument ont entraîné une tension perceptible
entre les Français combattants et les Anglais, et, en
octobre 1942, un poste, Radio Patrie, sème le trouble
dans les rangs alliés et cause de graves interférences au
sein de l'alliance.

Développé par les Britanniques, Radio Patrie est un
poste noir installé en Angleterre. Basé à Woburn, à
proximité de Londres, il est présenté aux auditeurs
comme émettant depuis la France, sous le contrôle du
général de Gaulle. En réalité, il a été créé sur l'insis-
tance d'un résistant français, Carte, parvenu à persuader
les Britanniques qu'il disposait du soutien de l'armée
d'armistice, c'est-à-dire des 100 000 hommes concédés à
Pétain après la signature de la fin des combats. Mais
l'individu n'est qu'un illuminé dont les Anglais se
démarquent bientôt, tout en gardant l'idée de créer un
poste de résistance et d'y placer des hommes à eux.

Animée par Jean Gandrey-Réty, puis par l'écrivain et
homme de radio Maurice Diamant-Berger, alias André
Gillois (célèbre pour ses émissions fameuses diffusées,
avant guerre, sur le Poste Parisien telles que « En correctionnelle » ou « Les incollables »), bientôt rejoint par
Claude Dauphin et sa sœur Francine Legrand, cette
radio émet quotidiennement à partir du 1er octobre
1942. Elle commence par diffuser cinq minutes d'émissions quotidiennes, puis un quart d'heure à compter du
8 décembre, à 20 heures, et enfin une demi-heure quotidienne de programmes à 20 heures, suivie d'un quart
d'heure à 22 heures.

Sans en avertir les Français de Londres, les responsables britanniques du groupe d'action SOE (*Special
Operations Executive*, les services secrets britanniques
d'action et de subversion) projettent d'utiliser le poste

pour exercer un contrôle sur la Résistance intérieure française. Inconscience ou irresponsabilité ? Les speakers commencent, en tout cas, à adresser des consignes aux mouvements de Résistance « au nom du général de Gaulle et en accord avec les états-majors alliés ». Ils encouragent les Français à renseigner les Alliés en relevant, par exemple, le numéro des unités allemandes. Ces consignes, qui peuvent s'avérer dangereuses, sont très éloignées de la politique de propagande de la France combattante dont les services d'écoute finissent par repérer le poste incontrôlé.

Le 6 octobre 1942, une note du BCRA (Bureau Central de Renseignements et d'Action), provenant du commissariat national à l'Intérieur, rapporte l'existence d'un poste qui adresse, en français, des instructions à la Résistance : « Divers membres de la Commission signalent qu'ils ont entendu la veille au soir, 4 octobre, à l'émission de 8 h 15, l'annonce d'un poste donnant des consignes d'action militaire aux mouvements de Résistance en France. Personne n'a pris note avec précision des caractéristiques du poste. M. Boris est chargé d'enquêter auprès des services britanniques qualifiés[2]. » Deux mois plus tard, le 10 décembre 1942, le centre d'écoutes de la France combattante capte clairement l'émission du poste noir, sans savoir encore de quelle radio il s'agit. Le centre se doute cependant que les émissions proviennent d'Angleterre. « Le lancement d'un tel poste en pleine crise nord-africaine ne pouvait être interprété que comme une tentative pour diviser la Résistance et court-circuiter les services secrets français[3] », estimera Jean-Louis Crémieux-Brilhac après la guerre.

Jacques Soustelle, commissaire à l'Information, envoie aussitôt une lettre au colonel Sutton, qui reconnaît que Radio Patrie est anglaise. De son côté, Jacques Bingen, chef-adjoint de la section NM (Non Militaire) demande, par une note du 15 décembre, au chef de la section AM (Action Militaire du BCRA), d'informer les « amis en France » qu'un poste clandestin, appelé Radio Patrie, diffuse des consignes à caractère militaire à destination des patriotes français. « Ces émissions ne proviennent ni des Forces françaises libres, ni d'un service qualifié britannique et, jusqu'à nouvel ordre, il ne faut tenir aucun compte des consignes données par Radio Patrie, ordonne-il. Pour mémoire, ajoute-t-il en *nota bene*, longueurs d'ondes 30,85 et 48,60 et heure d'émission : 20 heures. Il vaut mieux ne pas envoyer ces indications à nos amis[4]. » On craint de les inciter à se brancher sur ces ondes divergentes.

Les hommes de Radio Brazzaville reçoivent, eux, la consigne de dénoncer « les postes non autorisés ». L'affaire est grave et le général de Gaulle intervient en personne auprès d'Anthony Eden pour qu'un terme soit mis à la propagande sur l'antenne de Radio Patrie. Dans une lettre écrite le 30 décembre 1942, il proteste violemment contre le procédé utilisé par les services britanniques :

> Monsieur le secrétaire d'État,
> Un poste britannique de radiodiffusion en langue française, qui s'intitule « Radio Patrie », diffuse de soi-disant « consignes » données aux citoyens français de l'armée secrète au nom d'un soi-disant « haut commandement interallié ». En outre, ces « consignes » invoquent le « gaullisme », la « France combattante » et mon propre nom, tendant ainsi à faire croire que le général de Gaulle serait d'accord. Je joins à ma lettre le texte de l'émission du 26 décembre 1942 à titre d'exemple.
> Je dois dire à Votre Excellence que moi-même et le Comité national français protestons de la façon la plus formelle contre des émissions de cette nature. S'il ne

saurait appartenir à une autorité alliée, certes, mais étrangère – qui, au surplus, dans l'occasion, garde l'anonymat et évite du même coup les responsabilités – d'attribuer à des citoyens français des missions de guerre, le fait de créer autour de ces soi-disant « consignes » l'équivoque « gaulliste » et l'illusion de ma propre approbation constitue un procédé dont je suis sûr que Votre Excellence le qualifiera, comme moi, de la façon la plus sévère.

Le Comité national français ne doute pas que le Gouvernement de Sa Majesté britannique veuille faire mettre fin à de telles émissions. Je suis sûr, connaissant ses sentiments, que Votre Excellence aura à cœur de m'en donner l'assurance dans le plus bref délai possible[5].

Le 21 janvier 1943, Anthony Eden répond au général de Gaulle afin d'effacer l'incompréhension entre les deux parties. Il assure que les termes de « gaullisme » et de « haut commandement interallié » ne seront plus employés par le poste noir. L'affaire est temporairement close mais, entre-temps, les conditions du débarquement anglo-américain en Afrique du Nord ont provoqué un conflit autrement plus violent entre les Alliés et la France combattante.

Dans la nuit du 7 au 8 novembre, peu avant minuit, la BBC avait fait entendre ce message codé : « Allô Robert, Franklin arrive », Robert étant le prénom de Murphy qui dirige la manœuvre et Franklin le prénom du chef suprême des forces américaines. C'est le début de l'opération Torch, au cours de laquelle les forces anglo-américaines débarquent à Oran et à Alger. D'autres troupes américaines se déploient en même temps à Port-Lyautey, Fédala et Safi, au Maroc, pour atteindre Casablanca. Churchill, qui n'ignore pas les conséquences d'un tel débarquement, donne, malgré tout, son aval à une opération anglo-américaine en Afrique du Nord, sans associer le chef de la France combattante.

Le 8 novembre, vers 6 heures du matin, le colonel Billotte, chef-d'état-major personnel de De Gaulle, se présente au domicile du Général pour lui annoncer le débarquement. « J'espère que les gens de Vichy vont les jeter à la mer ! On ne pénètre pas en France par effraction[6] ! », fulmine-t-il. Mais le premier emportement est vite balayé par l'urgence de la situation. Surmontant l'affront, il appelle les Français d'Afrique du Nord à l'union et au soutien armé des Alliés. Dans une allocution prononcée dans la soirée du 8 novembre, il explique que les Alliés de la France ont entrepris d'entraîner l'Afrique du Nord française dans la guerre de libération. L'Algérie, le Maroc et la Tunisie doivent, dès maintenant, constituer la base logistique pour la libération de la France, aux côtés des Américains.

En France, l'annonce du débarquement anglo-américain provoque d'abord l'enthousiasme et l'espoir des auditeurs. Des lettres arrivant à la BBC témoignent du bonheur qui submerge les Français. « Oui, je crois que le printemps revient », jubile un Languedocien, qui signe F.B.13. À Mulhouse et à Strasbourg, des manifestations de joie se produisent après l'annonce du débarquement. Le drapeau tricolore aurait même flotté sur la cathédrale de Strasbourg[7]. Une auditrice de Lyon, qui se surnomme « Nany 1902 », ne sait plus comment exprimer ses sentiments : « Non, vraiment, je me sens toute folle de joie, (…) je ne sais plus ce que je fais. (…) Beaucoup de Français sont avec moi. J'ai hâte d'être à demain au bureau pour crier mon ivresse à mes collègues qui sont avec moi. (…) Je ne peux vous en dire plus long, je suis trop contente, je pleure, je chante, je ris, je suis ivre de joie. »

L'excitation fait bientôt place, chez certains, à la consternation face à la décision des Alliés de négocier avec l'amiral Darlan, ancien vice-président du Conseil dans le gouvernement de Vichy, resté chef des forces armées et qui, le 13 novembre, devient haut-commissaire en Afrique du Nord. Cette décision entame sérieusement le crédit des Alliés[8]. L'incompréhension est quasi générale. La nomination intervient alors que la BBC a raillé, pendant des mois, cet homme à coups de slogans rageurs et de chansonnettes humoristiques : « Un amiral signé Darlan est garanti pro allemand », ou encore, sur l'air de *Frère Jacques*, « Qui trahit la France ? C'est Darlan ! C'est Darlan ! ». En France, en Angleterre et aux États-Unis, les opinions publiques dénoncent d'une seule voix cette désignation de l'amiral Darlan. Affaibli par l'affaire du poste noir Radio Patrie et le débarquement en Afrique du Nord, mais se sentant soutenu par l'opinion publique et la Résistance intérieure, le général de Gaulle est décidé à exprimer son point de vue sur les ondes de la BBC dont l'accès lui est progressivement interdit. Le 9 novembre 1942, Maurice Schumann se voit refuser, par un censeur américain, une partie de son texte qui attaque violemment « l'anti-France de Vichy ». Jacques Soustelle se souvient de la réaction de De Gaulle : « Bientôt, me dit le Général ce soir-là, Noguès, Darlan et Pétain seront à Alger, soutenus par des dollars de l'Amérique. Ils paraderont dans de longues voitures[9]. » Le 14 novembre, il demande aux gouverneurs Eboué à Brazzaville, Cournarie à Douala, Montchamp à Nouméa, au général Catroux à Beyrouth et à l'administrateur Savary à Saint-Pierre-et-Miquelon de faire lire un communiqué à la radio, lors de toutes les émissions en français et en anglais, et ce pendant plusieurs jours. Son texte visé par les Anglais, Schumann est autorisé à le délivrer sur les ondes de la BBC, le 16 novembre, à vitesse de dictée : « Le général de Gaulle et le Comité national français font connaître qu'ils ne prennent aucune part et n'assument aucune responsabilité dans les négociations en cours en Afrique du Nord avec les délégués de Vichy. Si ces négociations devaient conduire à des dispositions qui auraient pour effet de consacrer le régime de Vichy en Afrique du Nord, celles-ci ne pourraient évidemment être acceptées par la France combattante. L'union de tous les territoires français d'outre-mer dans le combat pour la libération doit se faire dans des conditions conformes à la volonté et à la dignité du peuple français[10]. »

La réaction ne se fait pas attendre. Les voix de la France combattante sont interdites sur les ondes de la BBC. Le 19 novembre, Churchill refuse qu'une nouvelle déclaration des organisations de Résistance françaises, adressée aux gouvernements alliés, soit diffusée sur l'antenne de la BBC. Signé par Combat, Libération, Franc-Tireur, le MOF (regroupant alors la CGT et les syndicats chrétiens), le Comité d'action socialiste, la Fédération républicaine, les Démocrates populaires et les Radicaux, ce texte affirme que le général de Gaulle est le chef incontesté de la Résistance et qu'il bénéficie du soutien de tout le pays. Les résistants réclament que le destin de l'Afrique du Nord française soit, au plus tôt, remis entre ses mains[11]. Les censeurs américains opposent évidemment leur veto à un texte aussi virulent. Le 21 novembre, la diffusion de l'allocution déjà enregistrée du général de Gaulle est interdite. Ce n'est que six jours plus tard que le Général retrouve les studios de la BBC, pour une intervention relative au sabordage de la flotte de Toulon, le 27 novembre 1942. L'ampleur du désastre explique cette prise de parole. Mais, le 3 décembre, il est à nouveau interdit d'antenne. On lui reproche dans son allocution radiophonique une allusion à un « quarteron d'hommes qui symbolisent la collaboration ». Confrontée à l'impossibilité d'accéder au micro de la BBC, la France combattante envoie ses textes à Brazzaville, Douala, Beyrouth où les radios locales les diffusent plusieurs fois par jour.

À cette date, de Gaulle juge avec sévérité la servilité du Premier ministre britannique devant les Américains. Pour ne pas donner l'impression d'accepter la situation en Afrique du Nord, il décide d'interrompre son émission « Honneur et Patrie ». Jean Marin et les autres collaborateurs gaullistes des « Français parlent aux Français » quittent à leur tour la BBC. Ce silence radio inquiète les résistants qui se refusent à croire que les Britanniques ont interdit d'antenne le Général. « Plus que jamais les FFC doivent être présentes à la BBC. Il est déjà extraordinaire qu'elles ne régissent pas la totalité des émissions en français qui ne sont pas le communiqué lui-même. (…) Nous ne savons pas à quels buts de haute politique se rattache la mesure de cinq minutes chichement octroyée aux FFC, mais nous pouvons vous affirmer qu'elle est l'expression d'une erreur de psychologie dont les patriotes s'inquiètent et dont l'Allemand profite[12]. » Les Anglais tentent de faire revenir les Français combattants sur leur décision, mais le dialogue est difficile. Maurice Schumann et Jacques Soustelle, le commissaire national à l'Intérieur depuis le 6 octobre, posent une condition de taille à leur retour sur les ondes : que le général de Gaulle soit autorisé à faire une allocution sur quatre thèmes particuliers ; la souveraineté française dans tout territoire libéré, le principe de l'unité de la nation française, l'unification de la Résistance et le rétablissement de la légalité républicaine[13].

Les Anglais refusent et la France combattante reste muette. En attendant, le Général dispose de ses propres moyens radiophoniques avec Radio Brazzaville, même s'il craint pour la sécurité de cette station. N'a-t-il pas demandé par télégramme, le 3 décembre, au gouverneur général Eboué et au général Leclerc « de continuer de faire assurer la garde militaire du poste de radio de Brazzaville. Il y a des raisons sérieuses pour cela[14] » ?

Finalement, l'assassinat de Darlan met fin à la crise. Le 24 décembre 1942, l'amiral français est tué dans son bureau par Fernand Bonnier de la Chapelle, un jeune royaliste et gaulliste de vingt ans qui sera jugé et fusillé le 26 décembre, à l'aube. La disparition de Darlan soulage les Alliés de cette coopération sulfureuse. La voie est libre pour une réconciliation avec la France combattante[15].

Le 25 décembre, l'assassinat de l'amiral Darlan est sobrement annoncé sur les antennes de la BBC, par un speaker qui assure que le calme règne à Alger. Trois jours plus tard, l'équipe d'« Honneur et Patrie » reprend ses émissions. Les Français combattants retrouvent leur place à la BBC.

Malgré ces incidents qui ont ébranlé le climat de confiance entre les Alliés, le colonel Sutton du PWE ne manque pas de rappeler au commissaire à l'Intérieur André Philip la procédure à respecter pour la diffusion à la radio des textes de la France combattante. Dans une lettre datée du 31 décembre 1942[16], il indique que les textes du général de Gaulle seront directement visés par Ivone Kirkpatrick, directeur des services européens de la BBC, sans toutefois lui imposer un délai particulier. Les autres devront être livrés en deux exemplaires (un pour Darsie Gillie de la BBC et un autre pour le colonel Gielgud du PWE) au moins douze heures avant diffusion. Seules les chroniques d'actualité du porte-parole de la France combattante pourront être remises en double exemplaire, avant 17 heures pour une diffusion le soir même, à 21 h 25. Si le texte est plus long que d'ordinaire, il conviendra d'en informer la section française. Après la crise, les Britanniques entendent, plus que jamais, conserver la maîtrise de leur radio.

Dans un télescopage prévisible, le débarquement anglo-américain intervint trois jours avant l'entrée des troupes allemandes en zone sud, le 11 novembre 1942, préalablement décrété jour de deuil par Vichy. Le gouvernement de Pétain n'entendait tolérer aucune manifestation alors que les mouvements de la Résistance en France avaient une nouvelle fois appelé à la mobilisation. « De tous les coins de France, nous recevions des rapports nous indiquant un regroupement très net de la population, jusqu'alors hésitante, derrière de Gaulle et la France combattante », écrit le colonel Passy. Dans ce contexte, tout est mis en œuvre pour encourager une nouvelle manifestation d'envergure et envisager, pour la première fois, une série d'attaques contre des locaux occupés par l'ennemi ou ses thuriféraires[17]. L'opération est initiée le 5 octobre 1942, à Londres, chez André Philip, lors d'une rencontre entre des représentants de la France combattante et de la Résistance intérieure, réunis pour aborder le thème de l'information et de la propagande pour la France. Avec Pierre Brossolette, Henri Frenay, le chef du mouvement Combat, Emmanuel d'Astier de la Vigerie, le chef de Libération, Jacques Soustelle, commissaire à l'Information, Georges Boris, conseiller d'André Philip, Jacques Bingen et Bruno Larat, du BCRA, tous sont d'accord pour organiser, le 11 novembre, une manifestation dont les modalités restent à déterminer.

Les suggestions les plus diverses sont émises. Frenay propose d'orchestrer une manifestation dans les rues ; Bingen veut une simple mobilisation de femmes qui n'éveillerait pas de répression allemande ; Brossolette suggère « que tout le monde se mette à la fenêtre à une heure déterminée et chante *La Marseillaise* », mais on craint que cette proposition ne se solde par « un effet miteux ». Puis Frenay lance l'idée d'« un quart d'heure de musique militaire française donné par la BBC avec une grande intensité, tous les postes de réception en France donnant à plein simultanément, toutes fenêtres ouvertes[18] ». Mais Bingen redoute que ce genre de manifestation ne permette l'identification des gaullistes.

Le projet est peaufiné les 7 et 15 octobre, pour aboutir à un consensus : dans tout le pays, de 12 heures à 12 h 30, les gens se réuniront sur leur lieu de travail, dans les églises ou les maisons, dans un silence total et sans la moindre tentative de manifestation de rue. En zone non occupée, des manifestations pourront avoir lieu devant les monuments aux morts, tandis que, sur tout le territoire, les organisations paramilitaires déclencheront, le 11 novembre, des actions contre les sites allemands ou vichystes. Le 24 octobre, le général de Gaulle associe les communistes aux manifestations prévues, acceptant qu'ils puissent se livrer à des opérations de diversion, lors du rassemblement de 12 heures-12 h 30, en zone occupée, et à 19 heures en zone libre[19].

Le mouvement prend bientôt de l'ampleur. Des journaux, des tracts et des papillons sont répandus sur tout le territoire français pour préciser les lieux et les horaires de rassemblement. Certains documents sont libellés de façon à toucher l'ensemble des Français, d'autres s'adressent à des catégories précises comme les femmes, les commerçants, les ouvriers, les mamans, les anciens combattants ou les Italiens immigrés.

Depuis les studios de Londres, un même travail de mobilisation est entrepris. Le 2 novembre, « Honneur et Patrie » commence les allocutions préparatoires à la journée du 11 Novembre. Simplement intitulé « 11 Novembre », le texte rappelle en premier lieu l'union des Résistances intérieure et extérieure, avant de lancer l'appel établi en octobre. Le 4 novembre, dans l'émission du soir, René Cassin interpelle les anciens combattants. Le 6, Jacques Lorraine sensibilise les Alsaciens et Lorrains. Le 7, dans la matinée, Maurice Schumann lance un vibrant appel dans lequel il donne les lieux de manifestation pour des villes de la zone libre.

Dans la soirée, le porte-parole du général de Gaulle assimile « l'esprit de Foch et de Clemenceau » à celui de la France combattante et renouvelle l'appel du matin.

À la veille de l'événement, on en appelle au calme, au sang-froid et à la discipline de la Nation. Le capitaine Hélène Terré s'adresse aux femmes. Puis, comme à chaque veille de mobilisation, de Gaulle prononce son discours au peuple de France pour célébrer cette « fête de la victoire ». Mais, cette fois, dit-il, la libération victorieuse est acquise et le combat contre l'ennemi engagé. Tous les Français vont fêter le 11 novembre 1942, en se rassemblant de 12 heures à 12 heures 30, dans les églises, les temples, sur les lieux de travail ou dans les habitations. Ceux de la zone non encore occupée doivent passer, dans l'après-midi et jusqu'à 19 heures, devant les monuments aux morts ou tout autre endroit fixé localement.

Aux côtés de Radio Londres, les ondes libres de langue française, comme Radio Brazzaville ou Radio Moscou, servent de relais pour assurer le succès de la manifestation. Mais les différents partis n'ont pas programmé l'avancée des troupes hitlériennes. Au matin du 11 novembre, à Londres, Henri Hauck n'est apparemment pas encore informé de l'entrée des troupes allemandes en zone libre. Il évoque le recueillement prévu à midi par les mouvements de Résistance et la manifestation de 19 heures. En revanche, les autres programmes vont s'efforcer d'appeler au calme et au sang-froid : « Le moment n'est pas encore venu du soulèvement qui donnera le dernier coup d'épaule à l'ennemi épuisé. Abstenez-vous de tout acte de violence. Ne donnez pas à l'ennemi l'occasion de représailles. Un jour viendra – et ce jour est plus proche que jamais – où la France et les armées de la libération auront besoin de vous », entend-on au cours de la dépêche de 13 heures.

À 13 h 10, le général de Gaulle lance un appel aux officiers, sous-officiers, soldats, marins, aviateurs, pour qu'ils le rejoignent avec leurs avions, leurs navires et leurs armes. Un porte-parole du haut commandement britannique et américain s'adresse également aux officiers, officiers mariniers et marins de la marine marchande française présents dans les ports de la Méditerranée. Il leur demande expressément de ne pas tomber aux mains des Allemands, mais d'appareiller et de rejoindre le port d'Alger, un port algérien situé à l'ouest d'Alger, ou encore la base britannique de Gibraltar, afin de participer au relèvement de la France. « Si, pour une raison quelconque, vous n'êtes pas en mesure de lever l'ancre immédiatement, prenez vos dispositions pour saborder, plutôt que de risquer de voir votre bateau saisi par l'ennemi[20]. » En réponse, Radio Paris, à 22 heures, exhorte tous les officiers mariniers et équipages de la marine marchande française à ne pas suivre l'appel du général de Gaulle et des Alliés. « Londres vous invite aujourd'hui à trahir. Votre devoir est tout tracé, le Maréchal vous demande de rester à votre place et de continuer à servir la France[21] ».

L'arrivée des Allemands en zone sud change un tantinet le déroulement des rassemblements prévus le 11 novembre, annulant par exemple l'exécution de sabotages. Si le trouble est perceptible en quelques endroits, le calme prédomine généralement, comme à Lyon où le pasteur Boegner rapporte que, pour le vingt-quatrième anniversaire de l'armistice de 1918, il vit les premières troupes allemandes traverser la ville. À ce

LA CRISE 225

moment-là, les soldats français, qui bivouaquaient au coin des places en attendant la manifestation du 11 novembre, les regardèrent passer avec indifférence. Un grand nombre de villes françaises ont même été le théâtre de manifestations symboliques qui se traduisirent généralement par des dépôts de fleurs au monument aux morts, des rassemblements devant les mairies, une minute de silence ou encore des arrêts de travail dans des usines afin de conserver au 11 novembre son caractère férié. Les manifestations se soldèrent parfois par des arrestations comme à Brive (17 internements administratifs), à Valréas (internement administratif du meneur), à Nîmes (6 internements administratifs), à Noves dans les Bouches-du-Rhône (21 internements administratifs[22]), à Ambérieu dans l'Ain (7 personnes arrêtées) ou encore à Givors (6 manifestants interpellés).

L'invasion de la zone sud par les soldats allemands et l'interdiction des manifestations par les autorités n'ont pas empêché la mobilisation de nombreux Français. Un article de Léon Bailby dans *L'Alerte,* le 5 décembre 1942, rappellera le problème auquel les autorités sont confrontées : « Si la radio n'avait pas existé, il n'y aurait pas eu de gaullisme en France. C'est par cet empoisonnement méthodique, pratiqué à raison de six injections par jour, que l'esprit public s'est laissé circonvenir, et qu'il a prétendu prendre, dans la direction des affaires, une part prépondérante à laquelle ses erreurs et ses bévues de l'avant-guerre ne lui donnaient aucun droit[23]. » Le 18 novembre 1942, les Allemands établissent une nouvelle ordonnance concernant « la sauvegarde de l'autorité occupante », reprenant et réaffirmant celles déjà promulguées à l'encontre des radios, tracts, ou autres manifestations antiallemandes susceptibles d'écorner leur image et de constituer un risque de troubles dans le pays. La nouvelle loi qui paraît au jour-

nal officiel allemand du 2 janvier 1943[24] consacre un
article à Radio Londres dont on reconnaît implicitement
l'influence : « Quiconque aura écouté, soit en public,
soit en commun avec des tiers, des émissions de radiodiffusion autres que celles des postes allemands ou des
postes de la radiodiffusion nationale française ou des
postes situés dans les régions occupées par les troupes
allemandes ou qui aura facilité leur audition à des tiers,
sera puni de la peine des travaux forcés, et dans les cas
de moindre gravité, de la peine de l'emprisonnement et
d'une amende ou de l'une de ces deux peines
seulement[25]. »

Visiblement, des Français trouvent toujours le moyen
de capter Londres bien que le confort d'écoute se soit
encore dégradé. Les Allemands ont fait construire 6 nouveaux émetteurs en ondes moyennes, 6 autres en ondes
courtes par des firmes françaises et 94 brouilleurs. Mais
l'arsenal des sanctions et la nuisance technique, une
nouvelle fois renforcés, ne peuvent rien contre l'écoute
de la radio de Londres. En novembre et décembre 1942,
les rapports des préfets de l'ancienne zone occupée et
ceux des commandants des légions de gendarmerie[26]
confirment l'augmentation du nombre d'auditeurs des
radios étrangères[27]. Écouter Londres fait partie du quotidien. « Le matin nous allons à la messe, l'après-midi
nous allons au match de football, le soir nous dînons,
écoutons les Anglais et allons nous coucher[28]. » Telle est
la réponse fournie par un élève de l'Aveyron à la composition de français dont le sujet est : « Que faites-vous
le dimanche ? » Les plus jeunes sont toujours en quête
de moyens multiples pour afficher leur opposition,
assoiffés de provocations face à l'occupant honni. Leurs
aînés trouvent dans les grandes évolutions du théâtre
de la guerre des raisons de rechercher les informations
émises depuis la capitale anglaise, propres à susciter un
regain d'espoir chez les Français. Espoir parfois vite

déçu, comme le 19 août 1942, après la tentative avortée de débarquement à Dieppe. Ce jour-là, sous le commandement de Lord Mountbatten, des troupes alliées amphibies, essentiellement canadiennes, avaient été débarquées par 237 péniches, soutenues par 69 escadrilles de la RAF. L'opération s'était soldée par un fiasco. En dépit des lourdes pertes subies par les Alliés, les hommes de la BBC s'étaient félicités le jour même du coup de main de Dieppe. Sans s'étendre sur les victimes, Jean Marin lui-même avait estimé que les Alliés étaient prêts à mener des opérations de grande envergure. En continuant à organiser leurs forces d'invasion, ils pourraient, un jour prochain, non plus ouvrir une brèche de quelques heures, sur le front côtier allemand, mais réaliser un débarquement de troupes massif !

Les Français ne demandent plus qu'à y croire. La victoire des Britanniques à El-Alamein, le 4 novembre, allait provoquer une émotion intense dans la population, mêlée au sentiment enivrant d'être à l'orée d'une prochaine libération. « Je renonce à vous décrire mon émotion, écrivait Violette, une auditrice de Toulouse, le 5 novembre. Je ris, je pleure à la fois. Je ne ferme pas mes fenêtres pour écouter la radio ; il me semble que c'est le commencement de la Victoire qui s'annonce ! Du coup, j'ai mangé un morceau de pain en plus à mon dîner, et j'ai pris du "café" avec deux morceaux de sucre comme avant. Vous voyez toutes les folies que la joie me fait commettre ! Que sera-ce pour le grand coup[29] ? »

Les événements en Afrique du Nord ont eu pour effet d'attirer de nouveaux auditeurs vers la radio de Londres[30], persuadés que l'hiver 1942 sera le dernier sous la botte nazie. C'est du « crétinisme intégral » pour Marcel Déat qui, le 16 novembre, dans les colonnes de son journal *L'Œuvre*, fustige ses concitoyens. « Une quantité considérable de Français, une fois de plus, ont été parfaitement dupes de leur chère radio londonienne.

Ils ont poussé des clameurs de joie en apprenant le débarquement américain en Afrique du Nord et, depuis, ils attendent en pleine confiance et en extrême jubilation la "délivrance" et l'afflux paradisiaque des denrées sans tickets[31]. »

Le 1ᵉʳ décembre, le journaliste Jean Luchaire dans *Les Nouveaux Temps* s'en prend lui aussi aux ondes ennemies coupables de tous les maux : « Neuf cent quatre-vingt-dix-neuf Français sur mille étayent leurs opinions sur des illusions sentimentales, sur des notions périmées depuis un quart de siècle et sur les "bobards" des radios étrangères, parmi lesquelles la radio suisse de Sottens (…) brille d'un éclat particulier. (…) Cette opinion se ridiculise par sa présomption ou par sa méconnaissance de faits et de chiffres connus à l'étranger du plus médiocre étudiant ès sciences politiques et économiques[32]. »

Ces attaques démontrent le succès permanent des radios étrangères qui, dans cette période d'euphorie radiophonique, se lancent dans un examen critique de leurs programmes, poussés en cela par les résistants qui commencent à émettre des remarques virulentes à l'encontre de la ligne éditoriale de Radio Londres.

Le 5 octobre 1942, déjà, Henri Frenay du mouvement Combat et Emmanuel d'Astier de la Vigerie pour Libération, de passage à Londres, s'étaient interrogés sur le sujet. Au cours de la réunion qui s'était tenue au domicile d'André Philip, en présence notamment de Pierre Brossolette, ils avaient dressé la liste des dysfonctionnements des émissions françaises à la radio de Londres. Les *talks* leur semblaient trop indigestes et trop longs, et les nouvelles insuffisamment axées sur la France. Selon eux, l'ensemble des propos diffusés quotidiennement manquait de virulence : « Il ne faut pas être vulgaires, mais il ne faut pas non plus être trop doux ou planer constamment sur les cimes. » Tous tombèrent d'accord sur le fait qu'il fallait accentuer, sinon créer, des émissions destinées à la jeunesse avec un ton plus offensif, et proposèrent la programmation d'une émission ouvrière à 20 h 15, horaire plus approprié que celui du matin. Quant à l'émission des « Trois Amis », ils jugèrent urgent de l'arrêter, « cette émission n'[étant] supportable que lorsqu'il tombait des bombes sur Londres[33]. » Ces remarques rejoignent celles formulées par les auditeurs qui réclament progressivement moins d'émissions humoristiques et plus de nouvelles.

Quelques semaines plus tard, le 23 novembre 1942, les responsables du mouvement Libération adressent à la France combattante une note de suggestions concernant les émissions françaises de Londres devenues, selon eux, trop ambitieuses, loin de la réalité vécue par les Français. On conseille à Maurice Schumann de diminuer la fréquence de ses interventions (deux ou trois fois par semaine) pour conserver une plus grande autorité, notamment au moment de lancer des appels importants. Il faut faire entendre des voix nouvelles et trouver un speaker qui ne donne pas dans « le ton oratoire et déclamatoire ». Un « speaker qui a une voix chaude et sympathique, qui sait être familier et manier, en même temps, l'ironie et le sentiment comme s'il parlait à l'oreille de son auditeur, doit certainement obtenir des résultats beaucoup plus profonds qu'un speaker ayant continuellement recours à l'art oratoire ». D'après les auteurs du document, les programmes français de la BBC sont encore trop parsemés de commentaires et de propagande. Ils manquent d'émissions d'information sur la guerre, mériteraient de se consacrer davantage aux actions clandestines, et devraient donner des consignes de sécurité, de protection ou de sabotage. Enfin, pour éviter que des informations erronées, incomplètes ou inexactes, concernant la France, ne soient diffusées sans autre forme de vérification, les mouvements de Résistance proposent d'aider les hommes de Londres en améliorant les réseaux d'information[34].

Le bilan a été dressé, les critiques émises et des solutions proposées. Mais il faudra attendre l'année 1944 pour voir ces observations communes prises en compte dans la programmation de la BBC.

À la veille d'une troisième année d'occupation, le peuple de France garde les yeux tournés vers l'Est, attentif à la bataille de Crimée, et il reprend espoir. De Gaulle, lui, oubliant les mois de tension entre les Alliés et souhaitant maintenir le peuple français uni, livre, le 28 décembre, un discours qui se veut rassembleur et confiant dans la victoire finale. Il rappelle que tous ceux qui portent les armes de la France ne forment qu'une seule et même armée, et il entend redonner à la France sa place dans le concert des nations. Il annonce la nécessaire mise en place d'un organe gouvernemental représentatif[35], et se présente en homme politique désireux de restaurer la grandeur de la France. À ce stade du conflit, la France combattante a fortement renforcé son crédit. Ponctuée par les plus importantes manifestations de résistance jamais orchestrées en France, l'année 1942 a prouvé que la BBC est devenue une arme de guerre à part entière. Mais l'année s'achève aussi sur une note morose. L'affaire Darlan a réduit l'influence des Britanniques sur la population française et « éveillé des méfiances dans l'esprit de nos meilleurs amis en Europe[36] », selon les services du PWE. Les Français ont perdu confiance et doutent de l'imminence annoncée d'un débarquement allié. Conscients du fossé qui se creuse avec la population française, les Alliés poursuivent malgré tout leur politique des avis. Le 29 décembre, avec sa petite voix aiguë, le colonel Sutton, qui s'exprime dans un français parfait teinté d'un léger accent britannique, délivre l'avis n° 7[37]. Expliquant que, depuis l'invasion de la zone libre par les Allemands, la France tout entière risque d'être le théâtre d'opérations de guerre, il étend à tous les Français le conseil déjà donné aux seules populations de la zone occupée. Les autres doivent exiger des abris et des protections contre les attaques aériennes. Pour les Français, à coup sûr, quelque chose se prépare.

10

En proie au doute

En cette année 1943, la douleur et les épreuves n'épargnent plus la France. Les bombardements nombreux et souvent imprécis de l'aviation alliée meurtrissent l'Hexagone, inspirant des commentaires sévères des auditeurs. Ainsi, après un violent pilonnage de la ville de Morlaix où quarante-deux enfants d'une école primaire furent tués, un habitant implore les Anglais d'épargner les innocents : « Ne recommencez pas ça, c'est trop horrible[1]. » Les bombardements frappent surtout la moitié nord du pays[2]. Au total, entre janvier et mars 1943, 118 bombardements touchent la France contre 84 durant la même période de 1942.

En février, le gouvernement de Vichy appelle les habitants de certaines bandes côtières, comme la zone du Nord ou le littoral méditerranéen, à évacuer les secteurs qui subissent ou pourraient subir des attaques alliées. On organise l'évacuation des hôpitaux, sanatoriums, hospices, congrégations religieuses et internats. De leur côté, au moyen de tracts lâchés au-dessus de la France, les Britanniques convient partout la population des zones les plus exposées à se mettre à l'abri et à s'éloigner. Ils espèrent pallier l'effet dévastateur des bombardements pour l'opinion publique. Mais le déplacement des populations ne sera pas toujours possible, et les propagandistes allemands profitent de l'aubaine pour dénoncer la barbarie du communisme et la férocité des adversaires. Sur les tracts et les prospectus, Churchill, affublé d'un cigare qui lui déforme les lèvres en un rictus cruel, est croqué sous les traits d'un incendiaire, un charognard avide du sang de ses victimes, alors que l'austère Roosevelt, aux formes sèches et allongées, le menton en galoche et le long nez pointu[3], est associé à la barbarie des bombardements. Les pilotes de la Royal Air Force sont présentés comme des lâches et des monstres. En mars 1943, le raid aérien sur Rouen est l'occasion rêvée de dénoncer l'Angleterre comme l'ennemie héréditaire de la France. À cette occasion, les propagandistes exhument l'image de Jeanne d'Arc et susurrent aux Français que « les assassins reviennent toujours sur le lieu de leurs crimes ».

Dans chaque région, cependant, des Français multiplient des actes de résistance civile, prêtant leur aide aux opposants. La politique collaborationniste du gouvernement de Vichy participe au succès des résistants. Mais c'est le STO (Service du travail obligatoire) qui provoque le basculement le plus complet de l'opinion publique[4].

Tout commence le 14 janvier 1943. Ce jour-là, le Gauleiter Fritz Sauckel, commissaire du Reich pour la main-d'œuvre depuis mars 1942, fait savoir à Laval qu'il entend obtenir 250 000 travailleurs prêts à se rendre en Allemagne et travailler pour le Reich, pour le 15 mars. La requête est rapidement exaucée. Le 2 février, Laval ordonne le recensement des Français nés entre le 1er janvier et le 31 décembre 1921. Le 16 février, il fait publier la loi sur le STO qui vise les Français nés en 1920, 1921 et 1922, prévoyant tout de même quelques exemptions, notamment pour les étudiants et les jeunes paysans. La durée du STO est fixée à deux ans.

250 000 hommes, dont 157 000 travailleurs spécialisés, se soumettent à la loi, mais très vite les réfractaires se multiplient ; certains sont aidés par des inspecteurs du travail qui les exemptent ou retardent le départ prévu, d'autres s'enfuient et trouvent refuge à la campagne. En janvier 1943, des maquis, bientôt alimentés par les réfractaires du STO, commencent à se former dans le Puy-de-Dôme et en Corrèze. Le 9 avril, Sauckel exige encore 220 000 personnes pour le 30 juin (il en obtiendra 100 000) et 500 000 autres en août. À cette date, Laval refuse en soulignant que les opérations poussent les jeunes gens vers les maquis. De près ou de loin, chaque famille de France est désormais concernée par la nouvelle exigence hitlérienne. De juillet à décembre 1943, 58 000 jeunes Français partent encore pour l'Allemagne[5].

Dans ces conditions, l'opposition au gouvernement de Vichy et aux Allemands enfle de jour en jour. Une partie de l'opinion publique encore indécise rejoint le camp des Alliés ou des résistants qui doivent s'organiser pour aider, au mieux, les réfractaires. L'ignoble marchandage passé entre les autorités françaises et allemandes signe la perte du gouvernement de Vichy et de la politique de collaboration. La contestation dépasse le stade des simples mots rageurs écrits sur les lettres destinées aux hommes de Londres. Dans toute la France, les manifestations anti-STO se multiplient. Lors des opérations de recensement ou des visites médicales préalables au départ, il n'est pas rare de voir des jeunes gens se grouper aux chants de *La Marseillaise* ou de *L'Internationale*, et crier «Vive de Gaulle ! », « À bas Laval ! ». Au moment des départs, les incidents sont parfois violents, des manifestants investissent les gares, au cris de « Laval au poteau ! » et au rythme de *La Marseillaise* ou du *Chant du Départ*. La force de réprobation s'exprime souvent par les symboles patriotiques qui constituent des éléments rassembleurs et réunissent une somme de

rancœurs individuelles. Parfois la foule se montre belli-
queuse, détachant des wagons ou arrêtant les trains afin
de faciliter la fuite des requis. Ainsi, en janvier, à Montluçon (Allier), le procédé permit à 130 ouvriers réquisitionnés sur 160 de s'échapper.

Les responsables politiques français tentent d'étouffer
de leur mieux ces mouvements de population. On
ordonne à la presse de ne pas en faire mention. Le
maréchal Pétain n'est plus la figure admirée et respectée
des premiers temps. Incapable de guider lui-même la
politique du gouvernement, il est, pour beaucoup, un
jouet aux mains de Laval. « On commence à accuser
ouvertement les vrais criminels, en tête figure Pétain, le
bon papa Pétain qui en bon berger a mené tous ses
moutons à l'abattoir ! se réjouit une auditrice de la BBC,
le 12 mars. Le vrai responsable, le premier coupable,
c'est lui, qui derrière son auréole de grand soldat a mis
la France à nu devant son ennemi de toujours : l'Allemagne. On ne lui pardonne pas, surtout à lui, un soldat,
d'avoir si lâchement vendu la France et son peuple[6]. »
« M. le Maréchal Pétain n'est plus aux yeux de ses plus
fidèles "qu'un pauvre vieux qui n'y voit plus goutte",
quand il n'est pas taxé de "germanomanie[7]" », écrit un
auditeur parisien, à la BBC, en avril.

Les Britanniques n'infléchissent pas pour autant leur
attitude prudente vis-à-vis de Pétain. Au printemps
1943, une directive du PWE[8] encourage à ne pas s'en
prendre au Maréchal, estimant que « le mythe Pétain est
mort de sa mort naturelle ». L'attaquer aurait pour
conséquence de lui prêter une importance qu'il n'a plus.
En revanche, les hommes de la radio de Londres sont
autorisés à démentir chacun de ses discours afin de discréditer le vieil homme.

Dans cette guerre des propagandes, où les adversaires
se disputent l'opinion des peuples, la campagne anti-

STO mobilise les services de Londres. La BBC se lance, en effet, dans l'une des plus importantes campagnes radiophoniques jamais menées contre la déportation de la main-d'œuvre française. Depuis le début du conflit, le PWE produit chaque semaine ses directives de propagande pour les programmes de radio et les postes clandestins, des tracts et autres documents écrits destinés aux populations occupées. Ces consignes, élaborées avec l'aide d'agents de la BBC, parmi lesquels Jacques Duchesne qui assiste aux réunions, vont fournir l'essentiel de la matière à la guerre des mots contre le STO.

Le CEP est un autre inspirateur de la propagande radiophonique. Jusqu'à l'été 1943, Georges Boris[9], André Philip[10], Maurice Schumann et Jacques Soustelle (commissaire à l'Information) y participent de droit. En 1943-1944, on y intègre des chefs de la Résistance comme Henri Frenay, Jean-Pierre Lévy, Emmanuel d'Astier, des parlementaires et des syndicalistes comme les communistes Fernand Grenier ou Waldeck Rochet. À la fin de l'année 1943, Darsie Gillie sera convié à assister à l'une des trois séances hebdomadaires du Comité.

Grâce aux envois adressés par les agents et les groupes de résistants en France, les moyens de propagande et d'information du CEP ne cessent de s'améliorer. Périodiquement, des centaines de journaux et de documents divers parviennent à Londres : des publications clandestines, des rapports des services de Vichy (rapports de contrôle postal, rapports des RG ou synthèses des rapports des préfets), et des télégrammes des agents français envoyés au commissariat à l'Intérieur. En septembre 1943, le commissariat recevra, pour la première fois, à Londres, le rapport de la Sûreté générale du mois précédent. À partir de février 1944, il pourra même compter chaque mois sur la dernière synthèse des préfets et sur les derniers rapports de la préfecture de police et de la direction des Renseignements généraux[11].

Cette masse de documents constitue une mine d'or. Elle fournit aux services de propagande du général de Gaulle une image plus nette de l'opinion publique, et dote le porte-parole du CFLN[12], le Comité Français de Libération Nationale, officiellement créé le 3 juin 1943, d'informations précises et de première main qui permettent d'ajuster les mots d'ordre en fonction des attentes des Français. Il peut ainsi réagir instantanément aux annonces faites par les adversaires, sans oublier que ces documents sont autant de sources précieuses pour l'élaboration des directives destinées à l'émission « Honneur et Patrie », à la propagande écrite, à la Résistance et au poste Radio Patrie. Le CEP doit cependant s'efforcer de distinguer ce qui constitue une information et ce qui peut s'avérer être une indiscrétion. Quelques erreurs de jugement de cet ordre seront malheureusement émises à l'antenne, faisant réagir des agents de la France combattante basés en France qui n'hésiteront pas à accuser Londres de mettre en péril les réseaux de Résistance. « Des informations extraites de documents d'un caractère confidentiel ont été diffusées sans avoir subi aucune préparation, mettant ainsi en fâcheuse posture le fonctionnaire qui les avait communiquées, sous le sceau du secret, pour être envoyées à Londres et Alger. (...) Nous élevons, une fois de plus, une protestation véhémente contre une telle façon d'agir. Les notes et documents secrets, transmis en France, sont toujours recueillis par nos informateurs au prix de grandes difficultés et malgré un danger toujours présent. Ces envois ont pour but, non de préparer des diffusions spectaculaires, mais de renseigner aussi parfaitement qu'il se peut les patriotes qui sont à la tête de la dissidence. » Le message est entendu, et la multiplication des sources va permettre aux voix de Londres de disposer de moyens efficaces dans la guerre menée contre le STO.

Ainsi, le 15 février, alors que la radiodiffusion nationale vient d'annoncer la création du Service du travail obligatoire le soir même, Maurice Schumann répond au micro par un seul mot d'ordre : « Non au recensement. » Le 16 février, il s'adresse aux jeunes Français de 21 à 31 ans pour les appeler à se soustraire au départ : « Sur l'ordre de l'ennemi, Laval a décidé de vous soumettre à un recensement général. Aucun de vous ne se méprend sur les raisons véritables de cette mesure soudaine, quels que soient les prétextes dont on fait semblant de l'affubler. De quoi s'agit-il ? De vous recenser pour vous mobiliser. De vous mobiliser pour vous embrigader de force dans l'armée industrielle d'une Allemagne aux abois. (…) Le devoir sacré est de tout faire pour demeurer sur le sol de France. Oui ! de tout faire pour demeurer sur le sol de la Patrie. » Il en appelle à la solidarité nationale des secrétaires et des employés de mairie, les encourage à égarer les feuilles de recensement, à travailler lentement pour ralentir les départs, à ne pas exiger les récépissés de la déclaration de recensement lors de la distribution des titres d'alimentation. Le sabotage administratif, moins périlleux et plus sournois, peut être très efficace, explique-t-il. Un grain de sable glissé chaque jour dans les rouages de la machine allemande peut aider les « désignés » du STO, leur faire gagner des minutes précieuses, des heures ou des journées qui pourront, à terme, leur éviter de se rendre en Allemagne.

Pendant des mois, le poste anglais va mener cette lutte contre le départ massif des travailleurs français vers l'Allemagne, au moyen de consignes, d'appels, d'allocutions, de chansons, de slogans, et de saynètes sur les thèmes « Ne va pas en Allemagne », « L'Allemagne, c'est le bagne », « Français, n'y allez pas »,

« Tout vaut mieux que l'Allemagne », « Si tu veux raccourcir la guerre, ne travaille pas pour Hitler ».

On s'adresse aux patrons, aux fonctionnaires, aux
policiers[13], aux gendarmes, aux hommes et femmes de
l'administration, et à l'ensemble des Français pour aider
les réfractaires. Tous les programmes sont mobilisés
pour relayer les appels à la solidarité. Selon des auditeurs, de tous les côtés, la résistance s'organise : « C'est
un requis errant d'une maison amie à l'autre pour ne
pas rentrer chez lui où les gendarmes pourraient lui
remettre sa feuille de départ, c'est une famille de paysans qui offre gracieusement le gîte et la nourriture à un
pauvre ouvrier traqué, c'est encore un chef de gendarmerie qui refuse de voir les jeunes gens dissimulés dans
le village. Comme il est bon de sentir qu'il existe encore
des vrais Français de France avec leur hospitalité si cor-
diale, leur bonne humeur même sous la menace du danger. » Mais, convient cette auditrice de Lusignan,
d'autres « méritent leur place sur la liste noire que vous
tenez scrupuleusement à jour[14] ».

Le 18 février, Maurice Schumann lance un avertissement solennel et définitif aux préfets : « De tous les
fonctionnaires du régime moribond, explique-t-il, aucun
n'est mieux à même de prêter main-forte à la déportation des travailleurs et à la persécution des patriotes, ou
de servir la France en sabotant les ordres de l'anti-
France. Il leur appartient de faire le bon choix, et de
décider, du même coup, de leur propre sort car il n'est
pas un préfet – régional ou départemental – qui ne soit
surveillé heure par heure », et dont le compte des
méfaits et des mérites est tenu à jour. Le même genre
d'avertissement est lancé, un peu plus tard, aux fonctionnaires. On sait aujourd'hui que cette catégorie de
Français, encouragés par la BBC, prit une part active à
la lutte contre le STO[15].

Aux côtés des speakers réguliers, syndicalistes et hommes politiques présents à Londres se mobilisent contre la déportation. Albert Guigui vient parler au micro de la BBC, le 8 avril 1943, pour lancer le mot d'ordre d'« Union totale » de la CGT aux travailleurs de France. Le dimanche 4 juillet, le communiste Fernand Grenier rappelle que chacun doit aider les réfractaires à trouver asile, argent et nourriture. Les fonctionnaires doivent perdre les dossiers et égarer les fichiers ; les policiers et les gendarmes peuvent fermer les yeux sur les hommes en situation irrégulière. « Nous connaissons ceux d'entre vous qui font leur devoir, et c'est noté. Mais nous connaissons aussi les autres : tous ceux qui exécutent servilement les ordres de l'ennemi et de ses larbins de Vichy. Qu'ils ne croient pas que leurs méfaits seront oubliés. Tout cela est tenu à jour ici, et sérieusement[16]. » Dans un subtil mélange de conseils et d'avertissements, chacun tente de responsabiliser les citoyens français et de les unir dans un grand mouvement de fraternité et de solidarité.

Sur les antennes, le message est martelé. « Aujourd'hui, la tâche la plus urgente est de combattre et d'empêcher la déportation », entend-on le 24 août 1943. Dans un appel à la nation, le Conseil national de la Résistance (CNR, créé le 10 mai 1943 et présidé par Jean Moulin) fait passer, ce jour-là, un message d'urgence invitant tous les Français à apporter leur contribution personnelle à la lutte. Le CNR suggère de rédiger des pétitions, de prendre part à des manifestations contre les départs, de recueillir et de distribuer de l'argent, des vivres, des tickets, de préparer des abris et d'organiser des « maquis ». Ecclésiastiques, instituteurs, femmes, ouvriers, contremaîtres, ingénieurs, patrons, cultivateurs, artisans, propriétaires, secrétaires de mairie ou gendarmes, cheminots, postiers, fonctionnaires, commerçants ou retraités, tous doivent tenter de faire quelque chose pour enrayer la machine à déporter[17].

En France, sous forme de tracts ou de courriers adressés aux policiers, magistrats et autres fonctionnaires, les mouvements de Résistance répandent ces appels à la désobéissance. Des papillons sont largement distribués sur le territoire. Le ton de certains articles est également menaçant à l'adresse des forces de l'ordre ; en résumé, ceux qui ne participeront pas à la campagne anti-STO seront impitoyablement châtiés.

En compagnon de lutte, la BBC salue le dispositif de propagande mis en œuvre par les organisations de Résistance en France. Le 15 mai, le porte-parole de la France combattante donne lecture de larges extraits des journaux clandestins tels *Libération*, *Combat*, ou encore *Bir-Hakeim*.

Dans cette campagne contre le STO, la BBC est en osmose totale avec l'opinion publique française. Sa propagande amplifie l'opposition des Français aux exigences allemandes et à la complicité du gouvernement de Vichy. Le 4 août, Henri Drouot relève même qu'à Dijon « les réfractaires se cachent à peine. Les gendarmes ne font que semblant de les poursuivre. Ils descendent tranquillement des bois se ravitailler dans les villages[18] ». Un agent de Londres constate un relâchement sérieux dans les administrations et surtout dans les services de police, à Grenoble[19]. En novembre, le préfet de l'Isère confirme que « la politique d'intimidation pratiquée par la radio anglaise et les mouvements de Résistance envers les magistrats, la police et les organismes nationaux, porte ses fruits, ce qui explique le grand nombre de démissions parmi les membres de la Légion et même parmi les présidents de sections[20] ». Jusqu'à l'automne 1943, la BBC se fait le porte-voix du refus au STO. L'appel à la formation de maquis viendra

EN PROIE AU DOUTE

plus tard, au début de l'automne, à la demande du Conseil national de la Résistance.

Le 30 septembre et le 1er octobre, Radio Londres appelle aussi les jeunes gens de la classe 43 à se soustraire à la « déportation » et à faire établir de fausses cartes d'identité. On les encourage à entrer dans l'illégalité, mais cette campagne active aura des conséquences malheureuses dans la bataille du maquis qui se profile à l'horizon[21].

Pour l'heure, le moral des Français s'essouffle. Et les propagandistes de Londres ne prennent pas suffisamment la mesure du désespoir de la population qui attend impatiemment le jour de la délivrance[22]. « Dépêchez-vous un peu… avant qu'il ne reste plus un Français en France[23] », écrit un auditeur de la zone occupée le 21 février. « Nous attendons votre arrivée avec impatience, nombreux sont ceux qui souffrent[24] », rapporte un habitant de la Manche, le 24 février. Certains envisagent fermement d'entrer seuls en action contre l'ennemi. « Donnez-nous des armes et libérez-nous. Nous languissons de vous voir arriver[25] », écrit un habitant du Morbihan, le 16 avril. Les exemples de ces lamentations se multiplient dans les lettres reçues à Londres[26]. Entre attente fébrile et morosité ambiante, le moral des Français est d'une grande fragilité. « L'attente est devenue si fiévreuse que, si les événements militaires impatiemment désirés étaient encore longtemps différés, l'esprit de résistance pourrait s'effondrer d'un seul coup[27] », juge-t-on au sein de la France combattante.

Sur les ondes de Radio Londres, on diffuse des appels à la patience tout en annonçant une libération prochaine[28]. Churchill promet que le débarquement se ferait « avant que les feuilles soient tombées », entendu « avant l'automne 1943 ». Dans ce contexte de lassitude morale et de grande incertitude, les Allemands se saisissent de la promesse non tenue par les Anglais pour exercer leur propagande. La politique des « avis » menée par le haut commandement interallié alimente également la confusion et la méfiance des auditeurs. Malgré les injonctions des agents de la France combattante qui préconisent d'expliquer aux auditeurs français, fatigués et lassés, pourquoi les avis de 1942 ne se sont pas soldés par un débarquement des troupes alliées, les Britanniques ne procèdent à aucune mise au point et poursuivent la diffusion d'autres avis. Le colonel Fairlie demande régulièrement aux Français de s'éloigner des endroits susceptibles d'être bombardés ou, tout au moins, de déplacer leur famille en un lieu plus sûr, de réclamer des protections et des abris contre les attaques aériennes, d'aider secrètement les résistants et de se méfier des bruits concernant un éventuel débarquement allié. En aucun cas, ils ne doivent devancer les indications ultérieures qui seront données par voie radiophonique. Aux appels à la patience succède l'excitation d'une opération imminente. Ainsi, le 17 juin, à 20 h 30, l'avis n° 13 demande instamment de s'éloigner au plus vite des objectifs exposés aux bombardements aériens. « Il n'y a pas un jour à perdre », précise-t-on à l'antenne. Les Français, déroutés, s'imaginent à l'aube du débarquement, mais les jours passent sans que rien ne laisse entrevoir l'ombre d'un bataillon allié sur le territoire français. Aussi, les doutes concernant le discours tenu par les Alliés[29] s'affichent plus largement et plus sévèrement. « Depuis plus de deux ans, vous nous annoncez un débarquement des troupes alliées sur le continent européen et, depuis un an, vous nous faites espérer ce débarquement comme imminent. Les patriotes français ont eu, jusqu'ici, une confiance aveugle en vous et ils se sont préparés fébrilement pour ce jour tant attendu. Ils ont écouté et suivi passionnément tous vos mots

d'ordre. Mais aujourd'hui, je dois vous avouer franchement que nous commençons à désespérer. (...) Encore
une fois, hâtez-vous, mais n'entretenez pas chez nous
un rêve chimérique, car le réveil serait d'autant plus terrible », lit-on dans une lettre datée du 5 avril 1943. Le
danger est grand pour la coalition ; la rébellion gagne
du terrain. « Les départs pour l'Allemagne sèment le
désespoir. Il faut avoir le cœur bien endurci pour aller
se promener à la gare de l'Est en ce moment. Répéter
"Ne partez pas, résistez" ! irrite plutôt. "Facile à dire !"
gronde le pauvre diable[30] », écrit au même moment un
auditeur parisien.

On n'hésite plus à rapporter la réprobation d'une partie de la population, comme ce jeune avocat français qui
déclare bien « rigoler » à l'écoute du poste de Londres.
« Qu'ils y viennent voir ! Quand les auditeurs français
entendent un avis du type "Ne va pas en Allemagne",
"Camouflez-vous", etc., ils ont vite fait de répondre :
"Qu'est-ce qu'on va bouffer ? Comment est-ce qu'on va
être habillé" ? Des conseils du genre "Planquez-vous"
etc., ils obtiennent souvent la réponse : "Ils nous aga-
cent un peu[31]". »

Témoin, sur place, des sentiments de méfiance et de
rancœur qui se développent, Pierre Brossolette juge
opportun d'intervenir à la BBC, d'autant plus que les
speakers des radios adverses exploitent le malaise pour
mettre en doute la crédibilité de la BBC et dénoncer ses
« bavardages » ou ses « criailleries ». « Comment ne pas
douter de cette offensive verbale, qui demeure verbale,
et à laquelle quelques raids d'aviation ne sauraient, en
toute équité, apporter le cachet de réalisme correspondant aux images qu'on s'est faites depuis trois ans, de la
libération triomphante ? », interroge le speaker de
Radio Paris, le 28 avril, à 20 heures. Le 24 juin[32], Brossolette intervient donc au micro de Londres et en
appelle à la raison des Français : « La patience ! Je sais

bien que vous n'aimez pas beaucoup qu'on vous parle de patience. (...) Mais ne sentez-vous pas que la patience d'aujourd'hui, que l'attente d'aujourd'hui, ce n'est plus la patience, ce n'est plus l'attente d'hier ? (...) Et ne comprenez-vous pas que, s'il ne s'est rien passé de sensationnel depuis un mois, en réalité s'est accompli partout, pour isoler et ronger les défenses de l'ennemi, un immense travail de termites ? (...) Vous verrez un jour où leur offensive portera les armées dont l'assaut se prépare en ce moment avec minutie et patience. »

Confrontés aux doutes de l'opinion publique, les Alliés doivent également résoudre leurs conflits internes et apaiser les tensions qui rythment les relations avec le général de Gaulle. En cette année 1943, Anglais et Français libres parviennent à clore la crise radiophonique ouverte par l'existence du poste noir « Radio Patrie ».

Le 15 février 1943, André Philip fait parvenir une lettre au Dr Leslie Beck du PWE dans laquelle il demande notamment l'utilisation en commun du poste clandestin mis en place par les Britanniques : « Il m'est apparu que nous étions de part et d'autre animés d'un désir d'entente et que, tandis que vous-même estimez utile de poursuivre certaines activités de "Radio Patrie", nous, de notre côté, pensons qu'il serait opportun de reprendre les émissions de "Radio Gaulle", interrompues en novembre dernier. Je crois que cette conciliation pourrait être réalisée par la création d'un poste unique, dit "de la Résistance française", géré et exploité en commun à tous les échelons, par les services anglais et les services de la France combattante[33]. » Selon Philip, un tel poste aurait pour objectif de donner des conseils pratiques pour mener des actions contre les entreprises de l'ennemi comme la collaboration industrielle ou la Relève. Son but ultime viserait à développer l'esprit combattant de la population, à la tenir en haleine et à la préparer psychologiquement à l'action finale.

Le 16 février, Beck donne son accord. Après quelques négociations supplémentaires, le poste noir est suspendu le 9 mai 1943 et remplacé, le 15 mai, par une autre radio clandestine appelée *Honneur et Patrie* qui émet sur les mêmes longueurs d'ondes (30,8 m et 40,8 m), de 20 heures à 20 h 15, avec une rediffusion des programmes à 23 heures. Cette fois, le poste est placé sous le contrôle conjoint des Français et des Anglais. Il diffuse des communiqués de la Résistance, une chronique appelée « Le Pilori », qui dénonce les collaborateurs, des conseils de sécurité, donne des informations sur la résistance européenne, la lecture de la presse clandestine, des commentaires de la presse étrangère et un court résumé des nouvelles. D'un commun accord, Français et Britanniques en déterminent la programmation. Seules les questions de sécurité militaire et les considérations de haute politique internationale peuvent justifier une censure. La première émission est lancée le 17 mai 1943, avec pour indicatif musical *Le Chant des partisans* composé par Anna Marly. Maurice Druon et son oncle Joseph Kessel devaient en écrire les paroles, et parfaire ainsi cet hymne qui allait devenir une ode nationale à la Résistance, sifflée et jouée dans toute la France. L'émission est animée par Claude Dauphin et André Gillois qui annonce « Honneur et Patrie, voici le poste de la Résistance française ». La radio va fonctionner jusqu'au 2 mai 1944, avec deux rédacteurs-speakers, Maurice Druon et Robert Nivelle, qui complètent l'effectif. Le poste ne rencontrera pas une forte audience, mais ces échanges en matière de radiodiffusion ont au moins eu le mérite d'assouplir les relations entre Français et Britanniques. Dans la foulée, les directives anglaises deviennent moins sévères et, à partir du mois de mai 1943, un vrai climat de confiance s'installe, incitant même les responsables de la radiodiffusion à coordonner les consignes d'action entre tous les postes d'émissions en français, essentiellement la BBC, *Honneur et Patrie*, Radio France (nouvelle appellation de Radio Alger depuis début février 1943) et Radio Brazzaville[34].

Quelle accalmie dans les relations franco-britanniques, en un temps où les Américains continuent de préférer Giraud à de Gaulle ! Le chef de la France combattante bénéficie pourtant du soutien des Français, notamment depuis l'invasion de la zone sud et l'établissement du STO. Mais le Général sait qu'il doit encore renforcer son image et imposer sa légitimité à ses partenaires du camp allié. La défiance manifestée par le président Roosevelt à son encontre l'incite à renforcer ses appuis auprès des mouvements de Résistance en France et des communistes. L'évolution de son statut doit nécessairement passer par l'unité de la Résistance. C'est chose faite avec la création du Conseil National de la Résistance (CNR), survenue le 10 mai 1943. Présidé par Jean Moulin, le CNR comprend les représentants des huit grands mouvements de Résistance, Combat, Libération-Sud et Franc-Tireur pour la zone sud, et pour la zone nord, Front National, OCM. Ceux de la Résistance, ceux de la Libération, et Libération-Nord. Il compte aussi deux syndicats, la CGT et la CFTC, ainsi que les représentants de partis politiques (les démocrates populaires, les radicaux, l'Alliance démocratique, la Fédération républicaine, les socialistes, et les communistes). Jean Moulin a communiqué la nouvelle à Londres en précisant que « le général de Gaulle demeurera le seul chef de la Résistance française, quelle que soit l'issue des négociations d'Alger ».

1943 s'annonce comme l'année de l'union nationale de toutes les forces de Résistance. Mais l'unification de la Résistance et l'appui du parti communiste ne suffisent pas au Général pour contrer l'hostilité des États-Unis. Même Churchill « lâche » de Gaulle. Le 21 mai, le Premier Ministre britannique adresse un télégramme à Anthony Eden. Il se demande s'il ne faut pas « dès maintenant éliminer de Gaulle en tant que force politique. (...) Nous dirions dans ce cas au Comité national français que nous cesserons d'avoir des relations avec lui ou de lui donner de l'argent aussi longtemps que de Gaulle en fera partie. (...) Je serais quant à moi tout à fait disposé à défendre cette politique devant le Parlement et à montrer à tout le monde que le mouvement de résistance en France, qui est au cœur même de la mystique gaulliste, ne s'identifie plus à cet homme vaniteux et malveillant. (...) On ne peut vraiment pas laisser ce gaffeur et cet empêcheur de tourner en rond poursuivre ses néfastes activités[35] ». Churchill semble alors peu au fait des relations qui unissent le général de Gaulle aux résistants. « Il s'en fallut de très peu que, dans cette conjoncture, nous rompions définitivement avec cet homme si difficile[36] », confessera plus tard le Premier ministre britannique dans ses *Mémoires*.

Bien sûr, l'influence américaine qui s'exerce sur Churchill se répercute inévitablement sur le contenu des émissions de la BBC. Rédigés par des Britanniques, les bulletins d'information ne relatent pas forcément les positions du général de Gaulle. Dans les cas extrêmes, Jacques Soustelle se fait fort de protester au nom du Comité français, mais son rôle est très délicat dans cette période où la censure politique a été renforcée sur les émissions de la France combattante qui, de plus en plus fréquemment, font entendre des positions plus politiques que militaires. Tous les textes doivent être soumis à la section française de la BBC et au PWE qui peut émettre un veto ou, moins radicalement, demander aux services de De Gaulle, *via* la section française, d'opérer certains changements. Le Foreign Office a droit de veto, en dernier recours, sur l'émission « Honneur et Patrie ».

L'atmosphère dans la capitale anglaise devient pesante. Le 27 mai 1943, de Gaulle quitte Londres pour Alger, rejoint dans l'été par les états-majors politiques et militaires. Seuls Maurice Schumann et Georges Boris au Commissariat à l'Intérieur (sous l'autorité de l'ambassadeur du CFLN Viénot à partir de l'automne), ainsi que les services du colonel Passy pour le BCRA demeurent dans la capitale anglaise. La propagande et les actions menées en France restent dirigées depuis l'Angleterre où de Gaulle ne reviendra que quelques jours avant le débarquement en Normandie.

Dans ce climat de défiance, Radio Brazzaville devient, plus que jamais, la radio du général de Gaulle. Équipée d'un nouvel émetteur de plus forte puissance (50 kW) au printemps 1943[37], la station compte six antennes[38], une orientée vers la France, l'Afrique du Nord, la Grande-Bretagne, la péninsule Ibérique, une autre vers l'Europe centrale, la Russie et le Bassin méditerranéen oriental, la troisième vers l'Extrême-Orient, la quatrième vers Madagascar, l'Union sud-africaine et l'Australie, la cinquième vers l'Amérique du Sud, et la dernière vers l'Amérique du Nord et le Canada. Cette nouvelle puissance permet aux auditeurs français d'entendre ses programmes de 8 heures à 9 h 30, 12 heures à 13 h 20 et 19 heures à 23 h 15. Elle diffuse neuf émissions par jour sur les longueurs de 19 et 25 mètres. Sur place, quatre équipes d'une dizaine de personnes se succèdent nuit et jour, dirigées par quatre opérateurs européens, chefs d'équipe. Le service d'écoute de la radio permet de capter les émissions de la BBC, les postes américains, Radio France (Alger),

Radio Dakar, Radio Paris, Radio Vichy et la radio allemande. Les hommes de la radio gaulliste sont donc en
mesure de répondre aux arguments déployés sur les
ondes ennemies et d'affirmer plus librement la position
de la France libre. Leurs conditions de travail, particulièrement éprouvantes au début, sont encore loin d'être
idylliques, comme le soulignera une Anglaise de
l'équipe, âgée de vingt et un ans, interrogée le 22 janvier 1944, sur les antennes de la BBC.

> J'ai fait un peu tous les métiers, comme tout le
> monde, nous étions si peu nombreux au début,
> rapporte-t-elle. Je faisais l'écoute des postes étrangers,
> la traductrice, je lisais quelquefois les bulletins de nou-
> velles en anglais, j'apprenais le morse et la dactylo aux
> indigènes.
>
> Au début, nous n'étions que deux pour écouter les
> postes étrangers. Si l'une de nous avait une crise de
> malaria, il fallait bien que l'autre travaille jour et nuit.
> Il n'y avait presque jamais moyen de faire la sieste
> soi-disant indispensable. Pendant le travail de nuit,
> nous gardions notre casque colonial, tant il y avait
> d'insectes variés, surtout des scarabées volants qui
> s'accrochaient dans nos cheveux. Au micro, c'était sou-
> vent difficile de lire posément pendant qu'une des
> nuées de moustiques nous piquaient, et nous avions
> un fameux accompagnement avec le coassement des
> grenouilles et les cris des grillons.

Malgré leurs conditions de vie et de travail plutôt
exotiques, les membres de Radio Brazzaville réalisent
surtout leur chance d'avoir assisté à un « quasi-miracle :
l'éclosion d'un poste de radio dans ce pays perdu, sur
les rives du Congo, où tout le matériel devait être
importé, dans ce pays où la lenteur est reine, où il est
difficile de faire comprendre à qui que ce soit l'idée

d'urgence ». Après tant d'efforts et de mois d'attente, la récompense survient le 18 juin 1943. Ce jour-là, le Général inaugure en personne le nouvel émetteur baptisé *Poste national français*, et salue avec chaleur cette radio qui va permettre à « la France qui combat » de se faire entendre. Grâce à lui, de Gaulle peut toucher les oreilles de tous les Français, dénoncer Vichy, le Maréchal et même les positions américaines. Le potentiel du poste gaulliste se mesure à la réaction des occupants qui mettent en place un poste noir Radio Brazzaville II pour contrer la station des Français libres. De Gaulle dispose aussi de la radio d'Alger, qui se veut plus culturelle, diffusant des programmes musicaux et des pièces de théâtre, avec des invités comme Gide ou Saint-Exupéry. Le poste, qui émet chaque jour pendant dix-huit heures, sur trois longueurs d'ondes moyennes, a déjà conquis une partie de l'auditorat français, et le normalien Georges Gorse, chef de cabinet du général de Gaulle, ajuste avec minutie les orientations politiques de Radio France et les consignes gaullistes qui, *via* les ondes, partent vers la France.

Caricaturé par les propagandistes allemands comme un fantoche aux mains des Juifs et des communistes, comme la marionnette de Churchill et de Roosevelt dont il serait devenu « le "moustique" ou le "microbe" que, d'un coup de patte, le lion britannique ou l'ours soviétique vont écraser sans ménagement[39] », de Gaulle prouve qu'il n'est pas aux ordres de ses puissants partenaires. Son acharnement va payer. Il finit par obtenir la reconnaissance de son mouvement sur le plan politique. Les Anglais franchissent le pas les premiers, suivis du bout des lèvres par Roosevelt qui, le 26 août 1943, précise toutefois que, dans l'avenir, le peuple français devra choisir son propre gouvernement « librement et sans interférence ». À la fin de l'année, trente-sept pays ont reconnu le CFLN.

Satisfait et conforté, de Gaulle n'en reste pas là. Persuadé d'avoir été lésé dans la répartition du temps d'antenne, il exige une révision du statut radiophonique des émissions françaises de la BBC. Sur les cinq heures trente d'émissions quotidiennes en langue française, il ne dispose toujours que de dix minutes de temps de parole (les cinq minutes du soir et les cinq minutes supplémentaires dans le programme de midi). La France combattante ne veut plus se contenter de ce laps de temps ridicule. D'autres pays alliés, qui bénéficient également d'une série d'émissions libres et d'une autre contrôlée par les Britanniques[40], lui semblent mieux servis. La Belgique et la Hollande, par exemple, disposent, chacune, de trente minutes d'émissions libres par jour, la Tchécoslovaquie et la Pologne, de vingt-cinq minutes, la Grèce et la Norvège, de dix minutes. Le 11 juin, la révision du statut radiophonique de la France à la BBC est donc mise à l'ordre du jour lors d'une réunion du Comité exécutif de propagande.

Les membres du CEP souhaitent que la France bénéficie d'une demi-heure d'émissions libres sous la responsabilité du CFLN, répartie en deux tranches horaires, de 12 h 45 à 13 heures et de 21 h 30 à 21 h 45.

Georges Boris est chargé de poursuivre les négociations avec les autorités britanniques, mais le Foreign Office ne donne pas suite. Les Anglais redoutent le caractère difficile et imprévisible du général de Gaulle. Habilement, ils font savoir aux Français combattants qu'ils disposent de moyens radiophoniques suffisants avec, entre autres, Radio France (Alger) et Radio Brazzaville devenue désormais l'une des stations ondes courtes les plus performantes.

Mais trop loin de Londres, de Gaulle a l'impression de ne pas être assez entendu. « Le contact personnel que la radio me permettait de prendre avec la nation française se relâchait peu ou prou. En effet, les ondes d'Alger étaient en France moins familières que celles de la BBC[41] », écrira-t-il dans ses *Mémoires*. En juillet 1943, le gouvernement de Sa Majesté propose que les dix minutes d'émissions allouées aux Français libres soient désormais radiodiffusées d'Alger et relayées par Londres. Mais la proposition est rejetée en raison d'insuffisances techniques, les émissions d'Alger étant trop faibles pour être relayées de Londres dans des conditions satisfaisantes de régularité. Les gaullistes préfèrent maintenir le système de diffusion directe depuis Londres, et ils suggèrent que le programme « Les Français parlent aux Français » soit intégré dans le quota général des émissions du CFLN. Selon cette proposition, Jean Marin ferait office de délégué des commissariats à l'Information et à l'Intérieur auprès de la BBC, et assurerait ainsi la direction politique de l'ensemble des émissions tout en laissant à Jacques Duchesne les fonctions d'organisateur du programme. « Conformément aux propositions des autorités britanniques, l'équipe "Les Français parlent aux Français" serait prêtée à la BBC[42] », avancent les responsables du Comité français de la Libération nationale qui entendent contrôler, enfin, le programme chapeauté par les Anglais. Côté britannique, la réponse se fait attendre. L'enjeu mérite réflexion.

Côté français, le général de Gaulle tient à ce que les auditeurs comprennent la singularité des émissions françaises diffusées par la BBC. Selon lui, il est urgent de spécifier que seule « Honneur et Patrie » relève de l'autorité du CFLN. Dans une lettre adressée au colonel Sutton, le 22 juillet, le commissaire à l'Intérieur et à l'Information André Philip[43] pose clairement le problème de l'indépendance de l'émission « Les Français parlent aux Français » : « D'une part, le titre de cette émission ne saurait être maintenu si elle n'est pas placée sous l'autorité du CFLN, et d'autre part, il importera d'informer le public français d'une façon très nette de quelle autorité elle relève effectivement[44]. »

En 1943, de nombreux Français continuent de croire que les deux programmes dépendent du Général. Pour les autres, la gestion des émissions est forcément commune et harmonieuse. « Dans l'esprit populaire, les Anglais et de Gaulle sont étroitement associés. L'expression classique "on prend les Anglais", pour dire que l'on écoute la radio gaulliste, est particulièrement significative[45] », rapporte un agent de la France combattante, le 10 décembre 1943.

Pourtant, depuis le début de l'année, les journaux clandestins ont commencé à clarifier la répartition des rôles au sein de la radio de Londres. Le 17 février 1943, *Résistance* avait déjà prévenu les lecteurs que l'émission « Les Français parlent aux Français » était indépendante des organisations gaullistes, allant jusqu'à préciser qu'elle était menée par « un groupe de journalistes français qui, ayant émigré à Londres, ont signé un contrat avec la BBC ». Le 15 août, *Libération* conseillait à ses lecteurs d'écouter aussi Radio Brazzaville, car le programme diffusé à partir de 21 h 15 sur les ondes de la BBC dépendait des Anglais[46]. *Combat*, le 1er août, et *Libération,* le 1er septembre, publièrent les longueurs d'onde de Radio Brazzaville, sans mentionner celles de la BBC.

L'entêtement du général de Gaulle et de son entourage finit par donner des résultats concrets. En octobre 1943, André Philip fait parvenir des propositions plus précises au Foreign Office, dans lesquelles il réclame toujours trente minutes d'émissions quotidiennes pour le Comité, durée semblable à celle dont bénéficient les gouvernements alliés repliés à Londres. Il propose également une « unité de vues » entre Radio France et la BBC, et la mise en place d'émissions

communes[47]. Concernant la réorganisation suggérée par
la BBC qui offre de fusionner les émissions françaises du
Comité et celles de la BBC, il demande quelques garanties, notamment qu'un représentant du CFLN soit admis
à participer à l'établissement des directives, à l'élaboration et l'orientation des programmes auprès de Darsie
Gillie ; une présence à l'antenne réservée chaque jour
aux speakers désignés par le Comité ; la participation de
leur représentant au contrôle général des émissions, disposant du droit de demander les suppressions ou modifications nécessaires. André Philip propose enfin qu'en
cas d'échec de l'organisation le statut antérieur soit rétabli. Mais dans ces négociations sensibles, qui touchent à
la suprématie radiophonique, le temps doit faire son
œuvre.

11

Très cher poste !

Depuis l'invasion de la zone sud, en novembre 1942, les Allemands se sont emparés de tous les secteurs stratégiques, à commencer par les médias[1]. Sans se soucier de l'opposition du gouvernement de Vichy, ils ont placé des superviseurs dans chaque bureau de censure et imposé à la radiodiffusion nationale de diffuser des communiqués allemands directement transmis depuis Paris. Les programmes à la sauce germanique diffusés sur les ondes nationales[2] attirent l'auditeur friand d'émissions de variétés et de musique légère dont on le rassasie sur un rythme exponentiel. En 1942, on comptait 45 % d'émissions musicales pour 55 % d'émissions parlées. En août 1943, ce quota passe à 60 %, dont 40 % de musique légère et de variétés.

Outre le temps d'antenne réservé au divertissement, les éditoriaux politiques de Paul Creyssel ou de Philippe Henriot sont, eux aussi, très écoutés. Bien qu'il soit estampillé « pro-collaboration », Henriot captive d'emblée l'auditorat par sa verve et ses formules vitriolées. Sa chronique hebdomadaire et ses deux éditoriaux quotidiens diffusés sur les ondes nationales à partir du mois de février 1943, constituent une véritable attraction radiophonique dont les Anglais et les auditeurs de la BBC sont la cible privilégiée. « Allons, les anglophiles honteux, les traîtres à la manque, les auditeurs de Boston et de Daventry, qu'on vous mène devant les cercueils », s'époumone-t-il le 7 mars 1943, après des bombardements alliés[3].

Chaque nouvelle victoire remportée par le camp allié, comme le débarquement en Sicile, sont des occasions de vilipender les conquérants du moment et d'accuser la radio de Londres de n'être qu'un marchand de rêves coupable de bourrage de crâne[4]. Dans ce florilège de propos envenimés, l'auditeur de la BBC est présenté comme un personnage ridicule de crédulité et de stupidité, menacé par la bolchevisation du continent.

Considérés comme les « grands ténors de la cause nationale », le Dr Friedrich et Philippe Henriot captivent par leur force de conviction et leurs indéniables qualités oratoires. À leurs côtés, Jean Hérold-Paquis défend la collaboration franco-allemande, assurant la promotion de l'idéologie nazie tout en s'affichant comme un bon Français. Ses propos, nourris d'un nationalisme exacerbé, voire xénophobes, alimentent du même coup son anticommunisme, son antisémitisme et sa violence à l'égard des Britanniques et des Américains. Connu pour la phrase célèbre qui termine ses éditoriaux, « Et l'Angleterre comme Carthage sera détruite », il se distingue en mai et juin 1943 par « La grande colère des ventres », une campagne qu'il mène contre le marché noir. Son style n'est pas des plus remarquables, mais il connaît, comme Philippe Henriot, la valeur du martèlement des mots qui attire les curieux et finit par ébranler l'esprit des plus indécis[5]. Jean Hérold-Paquis sait très précisément manier la moquerie et la virulence pour atteindre ses objectifs. Le 13 mars 1943, dans un éditorial perfide, il attaque ainsi Maurice Schumann : « Il se dit Bourdon et il s'appelle Schumann. Il est juif, naturellement. Et c'est un Français qui parle aux Français. Naturellement encore. A la radio anglaise, bien

entendu. Tout cela n'aurait qu'un caractère de peu inté-
ressante médiocrité si le bourdonnant Schumann ne
s'avisait de vouloir, à longueur d'antennes, donner à nos
compatriotes et des leçons de politique et des leçons de
patriotisme. Il y ajoute parfois des conseils d'assassinat.
C'est le Juif appelant au pogrom[6]. » Déclamée sur un
ton léger, la propagande distillée par Hérold-Paquis,
insidieuse et répétée, joue son rôle dans la politique glo-
bale d'orientation des esprits déterminée par l'occupant.

Dans cette guerre que se livrent les propagandistes,
via l'arme radiophonique, les tracts, les journaux et
autres affiches publicitaires, les attentistes et les gaullistes constituent des cibles prioritaires. Symboles de
l'anti-France, antipatriotiques, drogués par les propagandes ennemies, ils sont dépeints sous les traits de
vieux et gras bourgeois en pantoufles, écoutant la BBC.
Des rentiers-spéculateurs qui, sans effort, garnissent
leurs maisons de bonnes victuailles. Bourgeois-trafiquants,
ils représentent la vieille France, amorphe, fer de lance
de l'Ancien Régime (la République radicale) aux antipodes de la France d'aujourd'hui, jeune, dynamique,
prête à reconstruire le pays[7]. Les bombardements alliés
peuvent bien s'abattre avec vigueur sur la France,
l'attentiste-gaulliste reste impassible, l'oreille collée au
poste, croyant encore en la délivrance du pays. Pour
Bigislas du journal *Au pilori*, c'est un « sourd » et un
« aveugle ». Pour Dubosc du *Petit Parisien*, un « incu-
rable ».

Est-il bien utile d'abreuver de la sorte une population
qui rejette visiblement ces campagnes de propagande
vengeresses et qui regrette que Vichy et l'occupant
usent des mêmes méthodes ? Le constat d'André Demaison, secrétaire général auprès du chef du gouvernement, dressé dès le début de l'année 1943, était
pourtant édifiant : « Nous avons à peu près perdu la

guerre des ondes presque autant que la guerre militaire[8]. »

Les préfets ne sont pas loin d'adhérer à cette conclusion, rapportant toujours l'engouement pour les ondes étrangères, Londres, mais aussi Sottens très appréciée pour ses informations de 19 h 15 et 22 heures, et pour les exposés d'un quart d'heure de René Payot sur la situation internationale, le vendredi à 19 h 25.

Les agents de la commission mixte de contrôle technique de Vichy résument ainsi l'atmosphère en mai 1943 : « Les radios étrangères, toujours très écoutées, sont à l'origine de la plupart des "bobards" qui, rapidement propagés dans le public, contribuent à dresser l'opinion contre le gouvernement[9]. » Vichy est obligé d'admettre que ces radios jouissent d'une grande influence sur le public et que leurs nouvelles se répandent avec rapidité au sein de la population qui les tient immédiatement pour vraies[10]. Encore faut-il pouvoir disposer d'un poste de radio !

En effet, au fil des années de guerre, il devient difficile, voire impossible, d'acquérir une TSF. Le marché noir est florissant. Au début de l'année 1943, un communiqué annonce qu'à compter du 31 mars toute vente de récepteurs et de pièces détachées sera interdite, sauf pour les personnes ayant subi un bombardement, les nouveaux mariés et les chantiers de jeunesse. À Antibes (Alpes-Maritimes), on a vu des Italiens payer 7 000 francs pièce des postes et 800 francs des lampes. *Via* des petites annonces, on peut encore acheter des appareils d'occasion, comme à Toulouse et à Roanne (Loire), mais ce genre d'affaire devient rare. Un Lyonnais raconte qu'à la mi-août il a pu obtenir un poste d'occasion, à huit lampes, pour 5 300 francs ! Les prix sont insensés, dans un pays où le salaire horaire d'un ouvrier spécialisé parisien est d'environ 10 francs ! « Au moment de mon départ et pendant une durée précédente d'au moins six mois, il était impossible de se procurer un poste, soit neuf soit d'occasion », raconte un capitaine de l'armée de l'air française, parti de Lyon le 2 août et nouvellement arrivé à Lisbonne. D'après lui, seules les réparations banales, ne nécessitant pas de pièces de rechange essentielles comme la remise en état d'un contacteur, le changement de la lampe d'éclairage du tableau, sont encore possibles ; mais les lampes de TSF devenant introuvables, l'usage des postes dépend du bon état de ce composant. Seuls les Français au porte-monnaie bien rempli peuvent encore se procurer des lampes pour 700 à 800 francs. Une ampoule grillée signifie généralement la mise hors service du poste.

Pour les « accros » de la radio de Londres qui franchissent la barrière financière, il faut encore surmonter le barrage du brouillage. Depuis l'invasion de la zone libre, le système a été intensifié, particulièrement sur les ondes courtes. S'il est encore possible de capter Londres sur la longueur d'ondes longues (1 500 mètres) en Bretagne, dans le Pas-de-Calais et parfois à Paris, les ondes courtes restent les plus audibles dans le reste de la France. D'une manière générale, les longueurs 25 mètres et 31 mètres donnent le meilleur confort d'écoute. Il faut dire que les techniciens anglais ne cessent de travailler à l'amélioration du système d'émission, de développer de nouvelles longueurs d'onde et d'augmenter la puissance des émetteurs. Les services de propagande de Londres élaborent alors des documents spécifiques afin de fournir les nouveaux renseignements en matière d'écoute et de longueurs d'onde de la radio de Londres. Fin mars-début avril 1943, les avions de la RAF larguent un numéro du *Courrier de l'Air* informant les auditeurs de la BBC d'un changement d'horaires des émissions du poste anglais à compter du 29 mars. Suit la liste des heures d'émissions et des longueurs d'onde établies

pour les programmes français de la BBC et pour l'émission « L'Amérique s'adresse au peuple de France ». Le
résultat est encourageant.

Finalement, les Français se débrouillent toujours pour
avoir chaque jour des informations. Selon le journaliste
résistant Pierre Limagne, au début du mois d'avril, certains parviennent à entendre la BBC sur ondes courtes
vers 6 h 30, d'autres captent parfois Radio Brazzaville à
8 heures. Sur grandes ondes, on « réussit de nouveau à
"isoler" tant bien que mal la même BBC, en se servant
d'un cadre orientable, car le brouillage a cessé de
consister dans la juxtaposition de plusieurs voix parlant
en allemand et en français, système extrêmement
efficace[11] ».

En cas de brouillage intense, et en dernier ressort,
des groupes de résistants se branchent sur les émissions
en morse de la BBC. Encore faut-il savoir décoder ce
langage inconnu du commun des auditeurs !

Les émissions américaines, relayées par la BBC à
14 h 30 et à 23 h 30, semblent attirer des auditeurs
français, surtout les femmes à l'écoute du programme
du début de l'après-midi. Mais d'une manière générale,
la BBC garde la vedette. Les auditeurs restent attachés
aux voix de Pierre Bourdan, Jacques Duchesne, Maurice
Schumann et Jean Marin, qui va bientôt les quitter pour
rejoindre la marine à l'automne 1943*.

« La masse de la population est pendue à l'écoute de
la radio anglaise. Il n'y a aucun moyen de lutter là
contre[12] », estime le délégué à l'Information et à la Propagande du Doubs.

Les programmes de midi et du soir conservent la plus
forte audience. Mais en cas de brouillage intense, ou si
les nouvelles ne sont pas d'une grande importance,
beaucoup préfèrent fermer leur poste de radio après le
résumé des nouvelles[13] de 19 h 15, par souci d'entretien
du précieux matériel.

Le peu d'efficacité des mesures de répression en vigueur pousse Vichy à intensifier les sanctions, d'autant que de nombreux Français n'hésitent plus à enfreindre les lois qui interdisent d'écouter Londres. Déjà, au début de l'année, le gouvernement de Vichy avait exigé que toutes les demandes de réparation soient enregistrées, afin de disposer d'une liste de possesseurs de postes de radio. Il ne s'agit plus de relativiser la pratique radiophonique illicite des Français, mais de la stopper définitivement. S'inspirant des Allemands qui ont, depuis longtemps, engagé le bras de fer avec les auditeurs, *via* une politique répressive, des fonctionnaires français, comme le préfet de la Seine-Inférieure, demandent aux commissaires centraux et aux polices régionales de prendre des mesures afin de dissuader la population d'écouter les émissions « tendancieuses » de Radio Londres et de Radio Boston qui entraînent, selon lui, une agitation préjudiciable à la politique de l'État français. « Vous voudrez bien, en conséquence, donner des instructions précises aux services placés sous vos ordres en vue de découvrir un ou deux cas d'écoute de la radiodiffusion britannique et de traduire les auteurs devant les tribunaux compétents[14]. »

Les Allemands, eux, poursuivent leur politique ultra-répressive. À la suite d'attentats ou de manifestations antiallemandes ou pro-Alliés, des postes de radio sont régulièrement saisis. En janvier, après un sabotage sur la ligne de chemin de fer, les habitants de Longueau, près d'Amiens, doivent tous remettre leurs postes. À Bayeux[15], le 24 février, après une manifestation organisée devant la tombe d'un aviateur anglais, les Allemands arrêtent 13 personnes, dont 6 hommes, et la Gestapo procède à la saisie de postes de TSF chez 12 habitants. Les arrestations d'auditeurs se multiplient. En mars, le préfet de l'Aube signale l'arrestation de per-

sonnes coupables d'avoir écouté la BBC, un chauffeur
de Fouchères, un chef de gare de 49 ans, habitant Vaux-
devant-Damloup, et deux ex-employés des chemins de
fer âgés de 42 ans. Le 12 mars 1943, un surveillant de
la maison centrale de Clairvaux est condamné à deux
ans de prison, par le tribunal militaire de Troyes, pour
avoir communiqué des nouvelles diffusées par la BBC
ou la radio suisse, aux détenus condamnés par le tribunal allemand[16]. En mai, un magistrat demeurant à Meudon, en région parisienne, est incarcéré à la prison de
Fresnes, après avoir découvert les horaires des émissions de la BBC inscrites dans son calepin[17].

Pour effrayer les adeptes de la BBC, Radio Paris[18] cite
à l'antenne les sanctions et les condamnations prises à
leur encontre, et l'on entend à nouveau parler de la
confiscation des postes de TSF. « Suppression immédiate des appareils de TSF. Les Français sont malades
de la tête. Ils sont vicieux de négatisme, fulmine l'écrivain Céline au début de l'année, dans une lettre adressée au journal *Le Pilori*. La BBC est le poison français
actuel, mais je suis assuré que les Français d'Alger
n'écoutent plus que Radio Vichy. Suppression de la
radio. Hygiène mentale[19]. » Jugeant la radio de Londres
responsable de l'échec du STO, le Feldkommandant de
Besançon[20] se met de la partie et souhaite la saisie des
appareils. Dans l'Alsace annexée, les Allemands ont déjà
franchi le pas. Par une ordonnance[21] prise à Strasbourg,
et entrée en vigueur le 1er janvier 1943, ils ont décidé
que les appareils de radio pourraient être confisqués, au
profit du Reich allemand, sans considération des liens
de propriété, moyennant tout de même quelques
dédommagements.

Inquiets de ces mesures de répression, les Britanniques décident de relancer une campagne de sensibili-
sation des Français sur la valeur de chaque poste de
TSF, et de suggérer quelques conseils pour mieux le

préserver. Ainsi, du 10 au 23 mai 1943, de nouvelles directives rappellent le rôle clé de la radio dans cette guerre et émettent des recommandations relatives à l'entretien des postes qui constituent le seul moyen de liaison entre les hommes de Londres et les Français. Les auditeurs sont encouragés à former des groupes d'écoute, pour répandre les nouvelles, et à préparer des cachettes en cas d'opération-confiscation menée en France. Outre les conseils diffusés sur les ondes, les Français reçoivent en juin des tracts intitulés « Français, veillez à votre poste de radio[22] ! ». C'est aujourd'hui le souci majeur des Alliés. Sans cette petite boîte devenue arme de guerre dans la lutte menée contre les Allemands, les Alliés auront bien du mal à continuer d'informer et de diriger la population de l'Hexagone.

Des renseignements obtenus par leurs agents justifient les craintes des Anglais et des Français combattants qui redoutent une saisie massive des postes en France. Dans un mouvement coordonné de propagande, les membres du CEP[23] et ceux du PWE décident donc de renforcer leur politique de mise en garde. À l'été, la BBC s'engage dans une vaste campagne d'avertissement relayée par les postes alliés. Les 8 et 9 juillet, le speaker du poste *Honneur et Patrie* détaille les mesures à prendre : mettre en lieu sûr, dans une cachette connue d'eux seuls et d'amis discrets, un appareil aussi récent que possible ; mettre de côté des pièces de rechange, et en particulier des lampes ; pouvoir se passer du courant électrique de la ville, soit en se branchant sur un courant particulier, soit en ayant un appareil monté sur piles ou sur accus[24].

À partir du mois d'août 1943, tous les quinze jours en moyenne, une campagne de prévention établie par le PWE[25] rappelle aux Français que les postes de TSF sont des armes de guerre à préserver et qu'ils doivent former des groupes d'écoute. En cas de saisie par l'occupant, comme l'expliquent Boivin et Pierre Lefèvre le soir du 2 octobre, les auditeurs pourront toujours livrer aux occupants les vieux postes de radio. Quant aux risques de délation, il faut respecter cette règle d'or : ne jamais répandre les nouvelles données par la BBC dans une zone géographique trop proche de son lieu de vie.

Les speakers s'activent au micro de Radio Londres : « Économisez votre poste, car les pièces de rechange sont de plus en plus introuvables. N'usez pas vos lampes pour écouter les âneries d'un Radio Vichy quelconque. Votre poste est une arme de guerre, vous n'avez pas le droit d'en compromettre le fonctionnement sans utilité. » Les consignes de prudence s'ajoutent aux recommandations techniques : « Et sitôt terminée l'écoute de la BBC ou des postes alliés, changez, sans perdre un instant, la longueur d'onde. Fixez l'index sur un poste anodin. Prenez au sérieux toutes ces consignes. Il faut qu'à chaque instant, informations, mots d'ordre ou messages puissent parvenir sans délai à leurs destinataires. En compromettant leur diffusion par votre négligence, vous vous rendez coupable envers la France. Ne l'oubliez pas. » À la même époque, et pour amplifier leur campagne radiophonique, les Britanniques larguent encore des tracts d'information intitulés « Sans filistes », et « Français, veillez à vos postes de radio ».

Malgré l'arsenal déployé, les réactions des Français[26] sont mitigées. Certains ne craignent pas les confiscations, persuadés que « les Allemands ont d'autres chats à fouetter ». D'autres préfèrent prendre au sérieux les recommandations de Londres et s'organisent en conséquence. Mieux vaut rester vigilant, comme le conseillent les speakers de la BBC. La perte des postes de radio enterrerait bien des espoirs chez les Alliés.

12

Un second souffle

Au terme d'un quatrième hiver de privations et alors qu'aucune libération n'est en vue, la Résistance unifiée doit songer au moyen de maintenir la population française en éveil et ponctuellement active à ses côtés.

Alors que le 1ᵉʳ Mai se profile à l'horizon, comment inciter les Français à manifester leur opposition à l'occupant ? Cette question est longuement débattue lors de trois réunions du Comité exécutif de propagande de la France combattante, les 16, 19 et 23 avril 1943. Car il s'agit bien désormais de trouver un second souffle. Diverses suggestions sont proposées : une manifestation symbolique (une ou trois minutes de silence partout où cela serait possible), des demandes d'augmentation de salaires, ou encore des appels incitant les travailleurs à rejoindre les syndicats qui appuieraient leurs revendications. On suggère aussi que des ouvriers prennent la parole à la BBC.

Finalement, le 23 avril, les gaullistes décident de s'en tenir aux minutes de silence. De peur d'exposer des compatriotes à un danger inutile, le Comité se refuse « à autoriser ou à couvrir toute autre manifestation qui risquerait d'être inconsidérée[1] ». Au passage, on conseille tout de même aux ouvriers de réclamer des augmentations de salaire.

Visiblement soucieux des décisions prises par le Comité, Jean Moulin, alias Rex, envoie le 24 avril un télégramme pour demander des informations sur la position adoptée : « Prière nous faire connaître d'urgence mesures que prévoyez pour le premier mai dans les deux zones[2]. » Aux quelques minutes de silence, on décide d'ajouter le jour même un discours du général de Gaulle, de Georges Buisson, secrétaire de la CGT, et de Marcel Poimbœuf, représentant de la Confédération Française des Travailleurs Chrétiens (CFTC).

Le programme est bien maigre, mais en pleine campagne acharnée contre le STO, à une époque où le peuple français est totalement sous le joug des occupants allemands, les Français de Londres n'osent appeler à manifester avec autant d'emphase et de panache que l'année précédente. On se contentera d'une journée de soutien aux déportés, censée symboliser la solidarité nationale, et on rappellera simplement qu'il faut garder confiance en la victoire prochaine des Alliés.

Les communistes vont toutefois se démarquer de la ligne molle adoptée par la France combattante. Le 1er Mai, à 6 h 30, Fernand Grenier préconise d'appliquer les consignes données sur le sol national par les organisations de la Résistance française[3], et s'alignant sur le Parti communiste français et Radio France à Moscou, il appelle tous les Français à la manifestation, aux sabotages et à l'action les 1er et 2 mai 1943.

Ces appels à la violence n'échappent pas aux services des Renseignements généraux et de la police de Paris qui notent que la collusion « communo-gaulliste » appelle tous les jours à l'action. Leurs rapports témoignent de l'activité grandissante des mouvements résistants, Combat, Franc-Tireur, Libération, le Parti ouvrier français, le Parti communiste, le Parti socialiste, le Front national, les Mouvements de Résistance unis, qui lancent des messages aux populations locales, à certaines catégories sociales ou à l'ensemble des Français. Tous prêchent pêle-mêle l'union nationale, l'adhésion aux syndicats et aux comités populaires, le dépôt de cahiers de doléances, la grève générale de vingt-quatre heures, et bien sûr des manifestations, sabotages et autres destructions de machines.

Le 1er Mai, dans un langage plus sobre, le général de Gaulle s'adresse aux Français et rappelle que la fête du travail est un jour solennel de la résistance nationale. Quand viendra la victoire, dit-il, « la patrie reconnaissante devra et saura faire à ses enfants, ouvriers, artisans, paysans, d'abord un sort digne et sûr, ensuite la place qui leur revient dans la gestion des grands intérêts communs[4] ». L'heure n'est pas à la démonstration de masse, explique encore, le même jour, André Philip. Gaullistes et Britanniques se refusent à appeler à la résistance active.

À Vichy, on décide de repousser la fête du travail au dimanche 2 mai. La loi du 14 avril, publiée au *Journal officiel* le 16 avril, autorise les seules manifestations officielles le 2 mai. Un discours du Maréchal sera diffusé sur les ondes nationales françaises. Par précaution, les forces de l'ordre seront partout déployées le week-end, notamment dans la capitale et sa banlieue où la voie publique et l'entrée des usines seront étroitement surveillées. « Vous n'hésiterez pas à faire interpeller et fouiller toute personne suspecte et à procéder à toutes arrestations utiles[5] », recommande-t-on aux agents de la police municipale de Paris. Finalement, selon la plupart des rapports des préfets, la journée se déroule dans le calme. Certes, ici ou là, des défections dans des usines et autres établissements[6], des manifestations dans quelques villes sont signalées, mais on est loin de la manifestation du 1er mai 1942.

Par prudence, les autorités françaises donnent tout de même consigne à la presse de « ne rien laisser passer sur une manifestation organisée le 1ᵉʳ Mai au Panthéon par le journal *La France socialiste* et au cours de laquelle une gerbe de fleurs a été déposée sur le tombeau de Jean Jaurès[7] ». L'interdiction paraît bien dérisoire, mais elle traduit la crainte permanente de voir grossir les rangs de la contestation.

À Londres et à Alger, le temps de l'action semble révolu. La tendance se confirme lors du troisième anniversaire de l'appel du 18 juin 1940 que le CFLN entend commémorer dans une atmosphère d'union et d'espérance. Le 16 juin, sur la radio d'Alger, à 9 heures, un speaker demande aux Français de l'Hexagone et de l'Empire de se réunir le 18, pour saluer « le jour où, malgré le désastre provisoire et la trahison, la France, à la voix du général de Gaulle, a décidé de rester debout dans la guerre aux côtés de ses Alliés[8] ». Si le recueillement et la foi en la victoire doivent guider cette journée, le Comité laisse les groupes de Résistance décider de la forme à donner à l'action. Mais la proposition semble faite du bout des lèvres, et la couverture radiophonique de cette action est bien faible. Sur les ondes de la BBC, seul Pierre Brossolette, qui occupe le fauteuil de Maurice Schumann parti à Alger du 4 juin au 27 juillet 1943, s'en fait l'écho, le 18 juin. Le même jour, un message délivré par « La Voix de l'Amérique », à 18 h 08, appelle, lui aussi, les auditeurs à faire de cette journée une date anniversaire. Sans plus[9].

Les Alliés ont désormais en tête la préparation des fêtes du 14 Juillet et du 11 Novembre. Malgré quelques ratés dans la coordination entre Résistance intérieure et France libre, la machine radiophonique entend assurer une participation massive des Français. L'enjeu redevient fondamental.

En France, les autorités se souviennent du 14 juillet 1942 qui s'était soldé par de gigantesques manifestations. À Vichy, le ministère de l'Intérieur prend les devants. Le 9 juillet, on émet une circulaire[10] à l'adresse des préfets régionaux et départementaux de la zone nord, à l'attention du préfet délégué secrétaire général à Paris, et pour information au préfet régional de Lille et d'Arras. Elle stipule que toute réunion, manifestation publique ou privée sera interdite, le 14 Juillet, et que tout attroupement doit être dispersé. Pour maintenir l'ordre, les préfets pourront prononcer, soit à titre préventif, soit à titre répressif, l'internement de tous ceux qui poursuivront une action antinationale. Il est également indiqué, en lettres capitales, qu'« AUCUN CONGÉ NE DEVRA ÊTRE ACCORDÉ AU PERSONNEL DE POLICE DU 13 AU 17 JUILLET ». Le 14 Juillet, le cabinet du ministre de l'Intérieur entend être informé de l'évolution de la situation, à 12 heures et à 19 heures.

Cependant, le jour de la fête nationale reste férié. La réglementation en vigueur sera celle d'un dimanche ordinaire, précise-t-on aux Français sur les ondes de Radio Paris, le 13 juillet, tout en ajoutant que la mise en vente et la consommation de pâtisseries et de glaces seront autorisées et que les restaurateurs pourront présenter le même menu que le dimanche[11]. Cette précision semble particulièrement déplacée en cette période de restrictions et de privations !

Plus vindicative, la presse collaborationniste s'efforce de semer la peur dans l'esprit des Français[12] : « Que se passera-t-il le 14 juillet 1943 ? questionne le journaliste Dorsay, le vendredi 9 juillet, dans *Je suis partout*. Nous n'en savons exactement rien. Sans doute y aura-t-il un peu plus de sang sur le pavé de nos villes et dans les champs de nos villages. Il se peut que des escadrilles de "libérateurs" s'acharnent avec une particulière violence sur les populations de nos côtes. (…) Que fête-t-on en France le 14 Juillet ? La prise de la Bastille ? Plaisanterie ! On fête la mainmise de l'Angleterre et de la maçonnerie sur la France », écrit-il avec force, précisant que, pour marquer ce jour, il arborera volontiers un drapeau noir à sa fenêtre.

Les résistants à l'occupant et à Vichy se sont, eux, coordonnés très tôt pour réussir la mobilisation du 14 Juillet. Après consultation, ils ont décidé de mettre l'accent sur la fibre patriotique des Français. Entre Sophie (alias Claude Bouchinet-Serreulles) et le BCRA, on communique par télégramme pour organiser la journée, mais certains dysfonctionnements concernant notamment l'heure du début de la manifestation vont perturber la prise de décision. Le 29 juin, Sophie télégraphie à Londres : « Le 14 Juillet, tous les Français et Françaises arborant cocardes et rubans aux couleurs nationales sortiront de chez eux à partir de 18 h 30, je dis 18 h 30 et se promèneront pendant la soirée dans les voies publiques de villes et de villages de France. Ils se réuniront en groupes pour chanter *Marseillaise* et *Chant du départ*. Tous mouvements d'accord sur ce mot d'ordre. Le faire répandre par BBC-Alger-Brazzaville, ces trois stations devront diffuser hymne national à chaque émission de la journée et surtout fréquemment pendant la soirée. Si possible *Marseillaise* complète à 18 h 30[13]. »

Le télégramme parvient à Londres le 7 juillet. Or, la veille, le BCRA a télégraphié à Sophie que la propagande débutait en vue du 14 Juillet, selon les propositions du Comité directeur de la zone sud. « Tous dans la rue le 14 Juillet à 19 h 45, je dis 19 h 45 top. Mot d'ordre détaillé sera donné par postes Honneur et Patrie. Top BBC-Londres via Radio Brazzaville et nous l'espérons Alger. Top. Propagande intérieure, tracts, journaux clandestins laissés votre initiative. Top. Divers mouvements décideront localement si *Marseillaise* pourra être chantée sans danger excessif. Top. Veuillez informer tous nos amis. Top. Amitiés. Fin[14]. » Constatant le problème lié à l'heure du début de la manifestation, le BCRA envoie le 10 juillet un nouveau message à

Claude Bouchinet-Serreulles pour confirmer l'horaire de 19 h 45 : « Merci votre câble du 29 juin concernant 14 Juillet. Top. Consignes déjà lancées BBC-Brazzaville avant arrivée câble, ne pouvons changer heure et maintenons 19 h 45, je dis 19 h 45. Top. Tâcherons modifier dans sens indiqué pour chant *Marseillaise* et diffusion hymne national par BBC, Brazzaville, Alger, top. »

Les radios alliées relayent le mot d'ordre, en particulier *Honneur et Patrie*. En vérité, l'appel ne sera pas largement véhiculé sur les ondes de la BBC. Le 7 juillet, dans le programme de la France combattante, le porte-parole du général de Gaulle formule très sobrement l'invitation à manifester, précisant qu'en attendant l'heure décisive, par leur seule présence, sans cris ni provocations, les Français affirmeront leur volonté de reconquérir les libertés perdues, l'indépendance et la souveraineté de la France. Les jours suivants, par l'intermédiaire des voix d'Oberlé, Gouin et Dutcher, la BBC reprend la consigne dans les nouvelles et les *talks*. Le 14 Juillet, Boivin et Brunius se font entendre pour célébrer cette journée nationale. Aux évocations historiques de la prise de la Bastille, à la « célébration du souvenir » succède le récit des victoires et des avancées des Alliés. « Aujourd'hui, on a le droit, pour la première fois depuis 1940, de considérer le 14 Juillet comme une fête. Nos Alliés sont passés à l'offensive. L'invasion tant attendue, tant désirée, a commencé. On se bat en territoire ennemi[15] », lance Boivin.

Cet espoir est toutefois tempéré par les discours prudents d'Anthony Eden et de Franklin Roosevelt qui, s'adressant à la France le 14 Juillet, n'évoquent aucune échéance pour une éventuelle libération[16]. Mais le soutien de ces deux personnalités donne du prestige et du poids à la mobilisation.

En réalité, seul André Philip, le 13 juillet, évoque l'avenir du pays. Le commissaire à l'Intérieur du CFLN appelle, certes, le peuple français à manifester « sa volonté de lutte et de libération », mais il demande surtout de ne pas oublier l'avenir républicain de la France et la restauration prochaine des libertés perdues.

Son intervention pose les premiers jalons du devenir du territoire français tel que le CFLN l'a déjà envisagé. La France se reconstruira comme une démocratie, respectueuse des droits de l'homme, où le peuple souverain décidera lui-même de son sort. La IVe République saura faire la synthèse des aspirations du peuple français, pour restaurer une communauté nationale unie et fraternelle.

En attendant, les Français se mobilisent pour la fête nationale. Le 14 juillet 1943, « 1116e jour de lutte du peuple français pour sa libération » selon la nouvelle formule du programme « Les Français parlent aux Français », une centaine de cortèges se forment dans trente-deux départements[17]. « Les mots d'ordre lancés par les émissions britanniques ont une influence de plus en plus grande et sont suivis généralement par de nombreuses personnes[18] », résume-t-on dans la synthèse des rapports des préfets de la zone libre du mois de juillet. Mais le résultat n'est pas à la hauteur des ambitions des Alliés. Pour Sophie, le calme a régné dans de nombreuses localités de France. Peu de manifestations, de cocardes et de chants. Déçu, il explique ce mauvais résultat par la crainte de la répression policière et la politique de la radio de Londres qui n'a pas donné de consignes quant au port de cocardes et aux chants à entonner. « Vous avez laissé aux Mouvements le soin de donner ces consignes en s'inspirant de la situation locale. Mais il ne faut pas compter sur les Mouvements pour donner de semblables mots d'ordre. Ils ne peuvent toucher, et très lentement, que leurs militants qui représentent une infime partie de la population résistante.

Seule la radio (Londres, Alger, Brazzaville) atteint les masses[19]. »

Moins spectaculaires que celles organisées un an plus tôt, dans une belle harmonie des Résistances intérieure et extérieure, les manifestations patriotiques du 14 juillet 1943 se soldent tout de même par quelques rassemblements massifs au Havre où, à 12 h 10, un drapeau tricolore de trois mètres sur un, avec une croix de Lorraine, fut déployé au-dessus de l'horloge de l'hôtel de ville, grâce à un ingénieux système d'horlogerie. À 12 h 15, le même procédé permit de dévoiler un autre drapeau sur le toit du magasin de chaussures Dressoir, à l'intersection de la rue Briand et du cours de la République. La police les fit aussitôt enlever et remettre à la Sicherheitspolizei[20]. D'après les Renseignements généraux, 80 % des Havrais, de tous âges et de toute situation sociale, ont circulé dans les artères de la ville, arborant pour beaucoup les couleurs nationales[21]. À Vannes, où près de 2 000 personnes se répandirent dans les artères principales de la ville[22], un magasin de couture, situé avenue Victor-Hugo[23], exposa en vitrine des robes de mariées bleu-blanc-rouge et d'immenses bouquets de bleuets, marguerites et coquelicots. « Cette personne mérite une mention très spéciale », recommande l'agent de la France combattante dans son rapport.

Malgré d'autres exemples de patriotisme relevés dans de nombreuses archives, le bilan reste mitigé et les commentaires acerbes. On regrette l'insuffisance de coordination entre les Résistances et le manque d'implication de la BBC. Dans un document reçu à Londres le 23 août 1943, le Comité de coordination de la zone sud enrage, estimant que « si les radios amies n'avaient pas en partie changé, en partie même supprimé, des mots d'ordre décidés par l'ensemble des organisations de Résistance en France[24] », le résultat n'aurait pas été aussi décevant.

On pourrait penser que les résistants allaient en tirer quelques leçons pour le prochain mot d'ordre qui, le 11 Novembre, devrait appeler les Français à cesser le travail à 11 heures, respecter une minute de silence, et défiler à 12 heures devant les monuments aux morts, en arborant les couleurs nationales et en chantant *La Marseillaise* ou *Le Chant du départ*. Pas du tout. Là encore, cette fois en raison d'une interruption des liaisons par avion pendant trois mois, le BCRA ne recevra pas à temps l'appel et les consignes du Conseil de la Résistance réclamées par télégramme les 28 octobre, 2 et 3 novembre[25]. Faute de disposer du texte intégral de l'appel lancé par le CNR, les voix de la BBC se rabattront sur les bribes parvenues par télégramme, censées reproduire les passages essentiels du texte complet qui, lui, n'arrivera à Londres qu'en... janvier 1944[26] !

Pour l'heure, au soir du 14 juillet 1943, la déception est d'autant plus difficile à digérer que les partisans de Vichy et de l'occupant ne manquent pas d'exploiter cette faiblesse de la Résistance. Ils donnent de la voix pour railler les méthodes des Alliés et discréditer la portée de leur propagande. Sur les ondes de Radio Lyon, le 14 Juillet, à 21 h 30, on souligne que si les Français sont sortis dans les rues des villes et villages de France, c'était pour profiter de la douceur de l'été et d'une fin de journée agréable[27]. Le même soir, à 22 heures, sur Radio Paris, un certain Jean Français fustige les hommes des radios interdites et leur volonté de s'approprier le 14 Juillet[28]. Le lendemain, le journal *Aujourd'hui* explique que, par ce 14 Juillet calme et ensoleillé, les promeneurs furent tout naturellement appelés à la flânerie, et que si la radio anglaise en conclut à une mobilisation conséquente de ses troupes nombreuses, « la ficelle est un peu grosse » fait observer le journaliste qui poursuit : « Attendons-nous dans quelques mois, vers fin

décembre, à entendre les speakers de Londres demander aux Français de se vêtir d'un pardessus pour manifester de leur attachement à de Gaulle. »

L'humour a ce pouvoir de toucher l'esprit des Français, friands, en ces temps difficiles, de commentaires
ironiques. Les Alliés, victimes de cette litanie de critiques et d'allusions moqueuses, le savent bien. Tout en
évitant de tomber dans la dérision et de provoquer
l'incompréhension des auditeurs qui réclament dans le
même temps plus d'informations et d'émissions
sérieuses, ils doivent considérer la part d'humour fin
nécessaire à une juste programmation.

En juillet 1943, une voix s'apprête justement à
rejoindre l'équipe française : Pierre Dac va faire son
entrée sur les ondes de la radio anglaise. Un an plus tôt,
Léon Morandat, sous la signature de Bernard (celle
d'Emmanuel d'Astier de la Vigerie), avait adressé un
télégramme à la France libre pour proposer de recruter
l'amuseur à la BBC, mais sa demande avait suscité
quelques réticences[29]. « Pierre Dac, journaliste speaker
et humoriste très populaire, demande rejoindre
Londres. Serait d'un grand secours pour relever émissions radio. (...) Si d'accord, donnez moyen. » Le
2 août, il avait renouvelé sa proposition[30] : « Proposons
Pierre Dac, le nom le plus populaire en France jusqu'à la
guerre pour prendre en main partie polémique et humoristique. Venue et apparition Pierre Dac à radio BBC,
étant donné étendue de son public ferait sensation en
France. Prière pressentir rapidement dirigeants BBC.
Pierre Dac présente garanties loyauté absolue et est à
disposition. » Mais le CEP avait jugé cette venue un peu
précipitée[31]. D'ailleurs, le compte rendu de la réunion
du 4 août 1942 stipule que « le Comité est unanime
malgré certaines réticences pour réserver à la demande
de M. Pierre Dac une réponse favorable. M. Philip

réclame seulement qu'on ne donne pas à la future recrue de faux espoirs ou des espoirs prématurés ».

Un an plus tard, la candidature de Pierre Dac est à nouveau présentée aux hommes de Londres. Le 10 septembre 1943, par une lettre à son ami Jacques Duchesne, Marcel Aboulker de Radio France prévient Londres de l'arrivée à Alger de Pierre Dac qui désire avant tout rejoindre l'équipe de la BBC. Aboulker est certain que la capacité à faire rire du chansonnier humoriste constituerait un atout majeur de la propagande alliée. Le 28 septembre, Duchesne donne son accord, après s'être excusé de sa réponse tardive, conditionnée par l'acceptation des Britanniques. Il se dit enchanté d'offrir de temps à autre le micro à Pierre Dac qui pourra aider les hommes de Londres à se renouveler après trois ans de travail acharné. Mais Duchesne craint de ne pouvoir employer au mieux les talents de l'artiste français et précise que, dans une émission réduite à vingt-deux minutes et trente secondes par jour, la participation de l'humoriste sera certainement très limitée[32].

Finalement, Dac se fait une place. L'homme a un savoir radiophonique évident. Né le 15 août 1893, à Châlons-sur-Marne, Pierre Dac, de son vrai nom André Isaac, a exercé divers métiers, représentant, homme-sandwich, chauffeur de taxi, puis chansonnier dans les grands cabarets parisiens où il est sacré « Roi des loufoques ». À partir de 1935, il triomphe sur les ondes françaises avec « Le club des loufoques », ou encore l'émission légendaire « La course au trésor » lancée en 1936 sur le Poste Parisien et dans laquelle les participants devaient rapporter le plus vite possible, au studio, dix objets insolites. En mai 1938, il lance un journal satirique, *L'Os à moelle*, présenté comme l'organe officiel des loufoques, mais avec l'occupation allemande, Pierre Dac doit se réfugier en zone libre, à Toulouse. Bien décidé à rejoindre de Gaulle, après deux tentatives

de passage par les Pyrénées, et un an et demi d'internement dans diverses prisons espagnoles, il parvient finalement à Londres. Son registre n'est pas celui des
hommes de la BBC. Duchesne le prévient d'emblée :
« Ici, c'est le travail en équipe... – D'ac[33] ! », répond
Pierre Dac qui va rester huit jours sans écrire une seule
ligne, le temps d'observer, d'écouter et de regarder « Les
Français parlent aux Français » à l'ouvrage.

Le 30 octobre, dans l'émission française, il fait une
intervention remarquée sur les ondes de la radio
anglaise. « Celui que vous allez entendre, annonce
Duchesne en guise de présentation, ce n'est pas seulement l'homme qui fit rire les Français au temps du bonheur de la France, qui les aida à se distraire et à oublier
dans le malheur, c'est le patriote qui a souffert et lutté
avec vous, et qui vous aidera peut-être un peu, par ce
qu'on a appelé sa loufoquerie, à passer ce dur hiver
pendant lequel chaque jour vous attendez la libération.
Pierre Dac vous parle. »

Avec une grande sincérité et une vive émotion, Dac
explique alors aux Français qu'il s'adressera désormais à
eux, non pas en tant que « loufoque » et dans son
registre habituel, mais plutôt sur un ton à la fois sérieux
et souriant, car le sourire peut être « un merveilleux
tonique ». Après avoir exprimé sa joie d'avoir rejoint la
radio de Londres, il lance, en guise de conclusion, cette
phrase devenue fameuse : « La révolution a commencé
avec un bâton et sept étoiles, elle finira avec une trique
et trente-six chandelles[34]. » Pierre Dac s'attelle alors à
l'écriture de chansons, de slogans, de textes et de petits
refrains qui vont bientôt faire le tour de la France. Au
mois de mai 1944, à la demande de Duchesne, il se
lance dans une joute contre le collaborateur Henriot qui
laissera, et laisse aujourd'hui encore, des souvenirs marqués par la violence des diatribes échangées.

L'arrivée de Pierre Dac redonne, pour l'instant, un véritable souffle à l'équipe française de la BBC qui dispose d'un atout supplémentaire pour cheminer vers l'issue du conflit.

En cet automne 1943, les voix de Londres, celles des « Français parlent aux Français » comme celles d'« Honneur et Patrie », tentent de s'unir pour communiquer aux auditeurs un regain d'optimisme. Mais, à l'image de la manifestation du 14 Juillet, l'appel du 11 Novembre, mal organisé, est inégalement suivi. La présence de forces de police a, apparemment, découragé certains Français de s'associer pleinement au mouvement. En cette période de l'année, l'enthousiasme affiché n'égale toujours pas celui des grandes manifestations de l'année 1942.

Au lendemain du 11 Novembre, les hommes de Londres sont pourtant certains que l'Allemagne s'est engagée sur la voie du déclin. Au micro, Pierre Bourdan déclare que l'hiver 1943 sera le dernier de la guerre : « Le 11 Novembre ouvre la dernière phase d'attente avant la phase d'action à l'ouest. » La délivrance est pour bientôt, s'exclame Bourdan qui sait, pourtant, que ce mot « bientôt » a trop souvent été servi aux Français qui n'en peuvent plus d'attendre. On se félicite encore de la grande communauté de silence et des cœurs affichée par les Français, malgré la répression perpétrée par l'occupant. La plus terrible fut probablement celle vécue par les habitants de Grenoble et dont personne ne parla, pas même la BBC. Le 11 Novembre, dans une ville investie par les forces allemandes présentes sur tous les points sensibles, les mouvements de Résistance avaient lancé un mot d'ordre de rassemblement au monument des Diables Bleus. À 11 h 30, alors que quelque 1 500 à 2 000 personnes, selon le journal *Le Réveil*, se trouvaient massées sur place, où une gerbe de fleurs et un drapeau tricolore avaient été déposés, au son de *La Marseillaise* devant des policiers français plutôt calmes, des soldats allemands, mitraillettes et pistolets au poing, surgirent et foncèrent sur la foule. Après avoir réussi à prendre une partie des manifestants en tenaille, ils arrêtèrent 620 personnes, parmi lesquelles des femmes et des enfants. Les plus jeunes et les plus vieux furent rapidement libérés, mais 393 personnes, selon les rapports de police, furent sans plus de ménagement déportés en Allemagne[35], « embarqués dans des camions bâchés, escortés d'automitrailleuses[36] ». Deux ans après le drame, le chef de gare raconta l'embarquement des prisonniers, effectué le 12 novembre, à 11 heures, dans des wagons à bestiaux où s'entassaient 80 à 100 personnes, sans paille, ni couverture, et pour certaines en pantoufles, en sandales et en bras de chemise. Les portes et vasistas furent fermés et plombés. « Personne ne pouvait approcher, des sentinelles gardaient les abords du quai d'embarquement ainsi que les rues avoisinantes[37]. »

Les détenus furent parqués au Fronstalag 122 du camp de Royallieu (près de Compiègne), connu pour être « l'antichambre de la mort ». De janvier à mars, ils furent progressivement déportés, à Buchenwald, Dora, Mauthausen, Dachau ou Flossenbürg. Seuls 120 revinrent à Grenoble. Cette répression massive ne fut jamais mentionnée sur les ondes de la BBC. Les hommes de Londres furent-ils seulement informés ?

En cette fin d'année 1943, les Alliés sont obnubilés par une autre forme de répression, celle qui verrait la saisie effective de tous les postes de radio en France et dont les occupants parlent avec une régularité inquiétante.

Depuis un mois, la rumeur court les rues des villes de France. Elle n'est pas infondée. Le 31 août, dans une lettre au gouverneur militaire en France, le commandant de la France du Sud-Ouest avait engagé une réflexion sur la récupération des « armes radio ». Il proposait d'ordonner, comme pour n'importe quelle arme, une obligation de livraison des appareils, au moins pour la population des régions côtières où devraient se dérouler les combats. Pour pallier la perte de cet instrument d'information, il préconisait d'utiliser des voitures radio ou des haut-parleurs alimentés par des émetteurs allemands.

Informés, les mouvements clandestins tirèrent la sonnette d'alarme et demandèrent à leurs compatriotes de cacher leurs postes. Sous le titre « Gare à vos postes de TSF », *Le Populaire* d'octobre 1943 fit publier un avis stipulant que le gouvernement de « l'architraître Laval » aurait donné l'ordre aux services techniques de la radiodiffusion nationale de procéder sans délai à la sonorisation de toutes les villes de France, y compris les chefs-lieux de cantons. Sans nul doute, cet ordre laissait présager une confiscation de tous les postes privés de TSF. « Auditeurs, Attention ! À la veille du désastre allemand, le gauleiter Laval veut vous empêcher de suivre les événements et recevoir les communications ou instructions du haut commandement allié. Attention, veillez sur vos postes[38]. » Effectivement, à Toulouse, le 2 novembre 1943, la police signala que, dans certains quartiers et sur la voie publique, on procédait à la pose de haut-parleurs[39].

Décidées à rompre le lien entre une grande partie des Français et la radio de Londres, les autorités allemandes sont prêtes à tout. À cette époque, Goebbels s'interroge effectivement sur une confiscation systématique des postes en France. Mais après mûre réflexion, il renonce à cette mesure qui, à terme, pourrait nuire à l'occupant. Sa stratégie sera toute autre ; il faut s'attaquer aux installations électriques[40]. Le Dr Goebbels pense sérieusement qu'en cas de tentative d'invasion, on peut déconnecter les réseaux électriques sans porter préjudice aux installations militaires. Ainsi, comme il l'explique au commandant des armées de l'Ouest, von Rundstedt, le 8 décembre 1943, la propagande ennemie ne toucherait plus les Français dont les postes sont alimentés par le secteur[41].

Cinq jours plus tard, le 13 décembre, dans une lettre adressée, cette fois, au commandant en chef en France, le général von Stülpnagel, Goebbels préconise aussi de réactiver des mesures plus classiques, mais efficaces et surtout réalisables : le brouillage radical des radios ennemies, et le renforcement de la propagande radio en France, sans oublier la législation répressive que l'on peaufine sans cesse. Par une ordonnance du 26 octobre 1943, publiée au *JO* du 30 novembre 1943, le gouvernement de Vichy interdit toute construction de postes émetteurs de radiotélégraphie, radiophonie et radiodiffusion sans autorisation. Les Allemands, eux, précisent le 18 décembre que quiconque aura détenu, utilisé, fabriqué ou vendu des émetteurs radiotélégraphiques ou radiotéléphoniques, y compris ceux d'amateurs, sans y être autorisé par le Militärbefehlshaber in Frankreich ou par une autre autorité habilitée, sera puni d'une peine de travaux forcés, de l'emprisonnement et/ou d'une amende, et dans les cas particulièrement graves, de la peine de mort. Mais les Allemands savent que les lois répressives n'empêchent pas le peuple français de se brancher sur les radios interdites. L'arsenal s'accompagne donc d'arrestations effectives[42]. En septembre, trente personnes répertoriées comme gaullistes ont vu leurs postes de radio confisqués, à L'Aigle, dans l'Orne. Pour l'anecdote, les Allemands eux-mêmes furent les victimes de ce jeu répressif. En octobre, le commandant allemand de Guerlesquin, dans le Finistère[43], se vit contraint de confisquer tous les postes de la région, et de déplacer ses propres troupes d'occupation. Certains

de ses soldats avaient été surpris en flagrant délit
d'écoute de la BBC chez des Français !

La maîtrise des ondes constituera un enjeu dans le
débarquement qu'évoquent Roosevelt, Churchill et Staline à Téhéran, du 28 novembre au 2 décembre 1943.
L'opération est en marche. À l'aube de l'année 1944, les
Anglais redoutent seulement la multiplication des
maquis que l'on ne pourrait pas suffisamment armer et
protéger. Ils préconisent de tenir des discours prudents
sur les antennes de Radio Londres. Mais les Français
combattants ne l'entendent pas ainsi, et continuent de
lancer des appels à la résistance armée et de donner des
conseils précis aux requis sur les démarches à suivre
pour se soustraire à la « déportation du travail ».

Le 19 novembre, la voix de Jean Marin retentit une
dernière fois sur l'antenne de la BBC*. Il a décidé d'intégrer les armées de la France combattante. Dans un propos émouvant, mêlant les notions de courage et
d'espoir, il rappelle son engagement sur les ondes de la
radio anglaise, puis dans les troupes des FFL, animé par
le même objectif : la victoire et la liberté retrouvée.
Dans une atmosphère de veillée d'armes, il déclare aux
auditeurs que les Alliés et les forces combattantes ne les
abandonnent pas, et que seule l'unité des Français per-
mettra de retrouver cette liberté. « Souvent, mes camarades, mes amis et moi, nous nous sommes dit, que
malgré l'éloignement, nous vivions aussi prêts de vous
que si nous avions vécu au milieu de vous, derrière vos
volets fermés sur l'ennemi. Toujours vous avez été nos
modèles, nos seuls inspirateurs, nous n'étions là que
pour vous, mieux encore nous n'étions là que par vous.
Vous entendiez nos voix, c'était la vôtre qui dictait, la
voix douloureuse mais toute-puissante de la France
fidèle à l'honneur, fidèle à sa tradition et à ses alliances,

semblable à elle-même dans le sacrifice, toujours à l'aise dans la grandeur. »

Sans ce pilier de l'équipe d'origine, les Français de la BBC vont continuer à accompagner les auditeurs, à les rassurer, à maintenir l'espoir, à mobiliser l'ensemble des Français tout en modérant l'ardeur des plus actifs. Dans un véritable exercice d'équilibre, à cinq mois de l'opération Overlord, ils vont devoir combattre l'essoufflement de l'opinion publique et préparer les Français à l'action.

13

Les mois les plus longs

« 12 h 45 : Ici Londres. Voici notre programme français de midi. Cette émission est diffusée pour l'Europe
sur 1 500 et 373 mètres, sur cinq longueurs d'onde dans
la bande des 31 mètres et sur quatre longueurs d'onde
dans les bandes des 41, 19, 16 et 15 mètres. » Le lundi
24 janvier 1944, la BBC débute son programme de la
mi-journée par un rappel de ses longueurs d'onde. Tout
au long de la Seconde Guerre mondiale, la radio
anglaise ne cessera de donner régulièrement ces renseignements précieux, bien que cette démarche répétitive
soit quelquefois jugée inutile par certains auditeurs.
Qu'importe ! Les Français sont à l'écoute et les préfets
continuent de souligner ce succès qui les dépasse dans
leurs rapports du début de l'année 1944.

Pourtant, les premiers mois de cette année décisive
sont bien difficiles à supporter pour le peuple français,
lassé d'attendre un débarquement maintes fois annoncé
et toujours reporté. Churchill avait parlé d'un possible
débarquement « avant que les feuilles de l'automne ne
tombent », en 1943. Les arbres sont nus, l'hiver s'est installé et le moral des Français souffre de naviguer sans
cesse entre l'espoir entretenu par les ondes alliées et les
désillusions. À plusieurs reprises, des agents de la
France combattante se sont heurtés à cette lassitude des

Français. À la fin du mois de février 1944, Léon Morandat (alias Yvon) explique à Emmanuel d'Astier que le pessimisme ambiant fait son chemin. « Des bruits, de provenance allemande, avaient annoncé le débarquement pour février. J'ai entendu personnellement des réflexions pleines d'optimisme dans la rue et le métro courant février. Hier, j'ai vu des gens ne se connaissant pas montrer leur désillusion publiquement[1]. » Au début de l'année 1944, le commissaire du Reich pour la main-d'œuvre, Fritz Sauckel, réclame encore 885 000 hommes destinés au travail en Allemagne. La milice et les mouvements collaborationnistes aident à rassembler cette main-d'œuvre en procédant à des rafles massives. Le 1er février, Vichy étend le STO aux Français âgés de 16 à 20 ans et aux femmes sans enfants de 18 à 45 ans. Le 6 juin 1944, Sauckel n'hésitera pas à demander à Laval la mobilisation de la classe 1944 pour l'envoyer en Allemagne. Seuls 42 000 départs seront comptabilisés durant l'année. Révoltée, la population française manifeste son aversion face aux méthodes de l'occupant. Le 4 mars, à Paris, 400 étudiants défilent, à 17 heures, du Luxembourg à la place Saint-Michel, au chant de *La Marseillaise*, au cri de « Pas un homme pour Hitler », en brandissant un drapeau tricolore en tête de cortège. À cette occasion, 40 000 tracts sont distribués[2].

Dans une France meurtrie, où la pénurie des biens, les queues devant les magasins, les coupures d'électricité, de gaz, les alertes et les bombardements rendent chaque jour l'existence plus difficile, les sentiments de mécontentement et de désespoir touchent tous les milieux. Des grèves sont signalées dans les secteurs des mines, des transports, de la métallurgie et des chantiers navals[3]. Même les paysans semblent désormais vouloir se démarquer du régime de Vichy incapable d'empêcher les exactions de l'occupant et les réquisitions de produits agricoles à bas prix. Ils sont rares ceux qui

cherchent encore protection et ordre derrière le gouvernement de Vichy, soutenu par les plus craintifs qui
redoutent les conséquences d'une éventuelle guerre
civile ou l'instauration du bolchevisme après un débarquement des Alliés.

Dans ce contexte douloureux, des Français s'en prennent aux futurs libérateurs qui pilonnent le territoire
national sans atteindre systématiquement leurs objectifs, et occasionnent des souffrances supplémentaires
aux civils. Il arrive que la population condamne ouvertement les Alliés, comme dans la région rouennaise où
un agent de la France combattante note que « de nombreuses personnes affichent des sentiments anglophobes
à la suite des récents bombardements de Rouen[4] ».
L'évacuation de la population des zones côtières françaises, entamée en février 1943, s'est maintenant
généralisée[5]. Les enfants doivent quitter les lieux dangereux et sont placés dans des familles d'accueil à la campagne ou dans des centres scolaires. Les personnes
âgées, les malades et les plus faibles sont également
évacués, avec l'aide du Secours national et de la Croix-
Rouge, mais les conditions de logement sont souvent
précaires pour les populations déplacées.

Les Français ont quelques raisons de désespérer, et
les propagandistes d'attiser les rancœurs. Les bombardements meurtriers des aviateurs alliés sont une véritable
aubaine. À grand renfort d'images de ruines et de
cadavres, ils amplifient l'indignation de la population.
Les Allemands diffusent, par exemple, un petit livret sur
lequel un garçonnet prie à genoux, avec cette légende :
« N'oubliez jamais que votre ferme, votre maison, votre
lieu de travail, l'hôpital qui vous soigne, le sanctuaire
où vous vous recueillez, le musée que vous admirez, vos
parents, votre enfant, vous-même, pouvez être victimes
des bombardements anglo-américains. » Et le petit gar-

çon de dire : « Mon Dieu, faites qu'ils ne viennent pas ce soir[6] ! » Le document a de quoi ébranler les plus endurcis. « Les Anglais, comme ils nous libèrent ! », lit-on encore en première page d'un autre tract représentant une mère de famille et ses quatre enfants surplombés par une bombe alliée[7]. « Le terrorisme aérien, une invention de la propagande…, et les Français n'y croient que lorsqu'ils sont atteints ! » Les programmes radiophoniques se servent aussi de cette politique agressive. Qu'il s'agisse de Jean Hérold-Paquis ou de Philippe Henriot, tous fustigent les bombardements anglo-américains.

Conscients du danger, les hommes de la BBC et des postes alliés, comme *Honneur et Patrie*, incitent les Français, et plus spécifiquement les enfants, les vieillards et les non-combattants, à s'éloigner des zones les plus exposées. Mais la BBC tente surtout de restaurer le lien avec ses auditeurs. Par la voix du porte-parole du commandement suprême interallié, le colonel Fairlie, et au travers de l'avis n° 20 diffusé le 28 février 1944, à 21 h 15, dans le bulletin des nouvelles en français, les Britanniques font leur mea culpa.

> Dans le passé, vous avez entendu des avis qui vous donnaient certaines instructions au nom du haut commandement interallié. Ces avis n'ont pas toujours été suivis immédiatement par les opérations auxquelles leur contenu se rapportait. Cela a pu faire naître une certaine confusion et même des doutes sur le caractère officiel et l'autorité d'avis de cette nature. Il est très important qu'au stade actuel de la guerre, la portée et la raison d'être de ces avis vous soient parfaitement connues.
>   L'objet de tous ces avis est – en gardant le souci constant de vos intérêts – de coordonner votre

conduite personnelle avec les plans militaires du commandement suprême interallié au nom duquel ces avis sont émis[8].

Les Alliés vont s'efforcer ainsi de justifier ces opérations parfois meurtrières.

À la mi-avril 1944, en l'espace d'une semaine, ils vont lâcher 25 000 tonnes de bombes sur les nœuds de communication en France. Le 16 avril, à 21 h 15, dans le bulletin de nouvelles en français, le colonel Fairlie déclare que les Alliés sont tenus, par des nécessités d'ordre militaire, de bombarder de nuit comme de jour les centres d'une importance capitale pour les communications de l'ennemi. « À contrecœur », les attaques seront intensifiées, annonce-t-il, malgré les risques pour la population civile. Les Français ont du mal à comprendre ce double langage qui, d'un côté, appelle à la mobilisation et sous-entend rester sur place, et de l'autre demande d'évacuer les zones à risque. Cette confusion incite André Gillois à éclairer l'auditeur. « La vérité est que ceux qui n'ont rien à faire doivent chercher refuge loin des zones de combat. Les autres doivent rester à leur poste[9] », déclare-t-il au micro d'*Honneur et Patrie*, le dimanche 9 avril 1944. Malgré l'imminence perceptible du débarquement, le trouble demeure. Dans cette atmosphère à la fois pesante et excitante, les Français voudraient tant croire que ces attaques annoncent enfin leur très prochaine délivrance.

Fidèles à la BBC, les auditeurs se branchent quand même sur Radio Paris et Radio Vichy dont les deux chroniqueurs vedettes, Jean Hérold-Paquis et Philippe Henriot, n'ont rien perdu de leur virulence. On écoute « pour voir comment ils expliquent les événements – c'est curieux[10] », résume une Parisienne, en juin 1944. Les auditeurs de Radio Paris apprécient toujours l'antenne pour ses concerts de musique classique, les représentations théâtrales, de même que Radio Toulouse et Radio Andorre sont écoutées pour leur programmation de musique plus légère. Entre les ondes interdites et les postes autorisés, les Français jouent du curseur et semblent vouloir rester juges du bien-fondé des propos diffusés par chaque camp.

Ce comportement volatil des auditeurs n'a rien de surprenant, mais les ondes nationales, dont les informations ont toujours 24 heures de retard sur celles des radios étrangères, souffrent de plus en plus des coupures d'électricité, et voient chuter leur audience.

En ce début d'année 1944, la ligne éditoriale de Radio Paris vise toujours à promouvoir la politique du STO tandis qu'elle attaque vigoureusement les communistes et le bolchevisme, dénonce les Alliés, les Juifs, les bombardements anglo-américains dans des émissions comme « La LVF vous parle », « Au rythme du temps », cette émission satirique composée de chansons, saynètes, sketches, et de propos anti-Alliés, ou encore « Les Juifs contre la France », et « Un journaliste allemand vous parle ».

Le ton n'est pas différent sur Radio Vichy. Si la radio du Maréchal fait toujours entendre des dramatiques, des pièces de théâtre et des programmes musicaux attrayants, des émissions plus vindicatives ont trouvé leur place dans la grille des programmes. Parmi elles, « La milice française », « La question juive », une causerie antisémite, et la chronique « La légion des volontaires français contre le bolchevisme ». Ces programmes dénigrent allègrement l'anti-France (les Juifs, les communistes, les francs-maçons, les gaullistes et les Alliés), brandissent l'épouvantail du danger bolchevique, et dénoncent les bombardements alliés annonciateurs d'un débarquement aux conséquences fâcheuses. Pour couronner cette dérive extrémiste, Radio Vichy a aussi

démarré une nouvelle émission intitulée « Avertissement sans frais », basée sur des dénonciations et au
cours de laquelle les personnes, dont les noms et les
adresses sont cités à l'antenne, peuvent encourir la
mort.

Personnage de poids, dont les hommes de Londres et
d'Alger craignent les diatribes et l'influence sur une
population au moral fragile, le secrétaire d'État à l'Information et à la Propagande, Philippe Henriot, a été
nommé, le 5 février 1944, à la tête du Conseil supérieur
de la radio. Celui qui a réveillé le paysage radiophonique français par ses éditoriaux dévastateurs s'adresse
deux fois par jour aux Français, aux heures de grande
écoute (à 12 h 30 et à 19 h 30[11]). Ses interventions sont
même rediffusées une heure plus tard.

Jouant avec les peurs de ses concitoyens, il bro-
carde pêle-mêle les bolcheviques, les maquisards, ces
« terroristes apatrides » et « communistes sanguinaires », les « assassins anglo-saxons » et leurs bombardements, la BBC, et il dénonce le complot des
hommes de la City alliés aux Juifs et aux bolcheviques. Saluant ainsi leur célébrité, Henriot fustige les
« enragés de Londres » : Oberlé « le raté du crayon »,
« Bourdan bourdonnant », Dac le « loufoque ». « La
radio de Londres ? Une entreprise montée par des fri-
pouilles à l'usage des imbéciles[12] », a-t-il l'habitude de
dire.

Son premier duel radiophonique l'oppose à Jean
Oberlé, le 13 janvier 1944. Ce jour-là, Henriot souligne
qu'en présentant les faits dans leur vérité, il entend ne
jamais s'interdire de leur conférer un éclairage français.
La réponse d'Oberlé est immédiate : « Comme charabia,
et comme tartuferie à la fois, on ne fait pas mieux.
M. Philippe Henriot (…) se plaint que toute la France
écoute la Radio de Londres, et que les Français détes-
tent les Allemands. Ça l'étonne, cet homme ! Après tant

de massacres, tant de morts, tant de misères infligées à notre pays depuis trois ans, il y a de quoi s'étonner en effet[13]. » Peu après, c'est Pierre Bourdan qui stigmatise la vénalité d'Henriot, coupable d'user d'une fausse émotion et d'une humanité feinte au point de donner « la nausée[14] » aux Français. « Soyez tranquilles ; eux, qui souffrent, ils vous ont imaginé, derrière ce micro de Radio Paris, tel que vous êtes, c'est-à-dire le traître larmoyant, compère de Déat, le traître pédantesque, et de Laval, le traître huileux. Ni plus, ni moins[15]. » Piqué au vif, Henriot lui assène une réponse tranchante dans son allocution du 15 janvier 1944, en précisant que le nom de Jean Oberlé ne peut être qu'un pseudonyme dissimulant un nom israélite. « Non, Monsieur, je n'adore pas les Allemands. Je défends simplement avec une conviction totale la réconciliation franco-allemande, pour des raisons profondément patriotiques (…). Vous parlez de vénalité, Monsieur Oberlé ? Regardez qui vous paie. Les Juifs, les francs-maçons, les communistes, les financiers anglo-saxons, tout ce qui a tenu la France en tutelle pendant tant d'années, l'abominable coalition qui l'a corrompue moralement, désarmée militairement, précipitée dans des guerres perdues d'avance ou dans des guerres qui la laissaient exsangue et ruinée sur son lit de lauriers, toute cette clique-là, qui vous paie en monnaie étrangère, vous interdit de parler de vénalité[16]. »

Il faut bien l'avouer, Philippe Henriot révolutionne l'antenne nationale. « Avant lui, la radio gouvernementale, chafouine, timorée, débitait une tisane insipide, dans l'indifférence générale[17] », admet Lucien Rebatet, autre collaborateur notoire. Avec un don évident pour l'écriture, il cisèle des textes sur mesure. D'une intelligence aiguisée, il reprend de larges extraits des propos tenus sur les ondes de la BBC ou d'autres radios ennemies pour mieux en réfuter les arguments. Henriot sait que l'interdiction d'écouter la BBC a produit un effet inverse. Avocat de la grandeur de la France et défenseur proclamé de la patrie face à l'envahisseur judéo-anglo-saxon ou russo-communiste, il fait entrer ses adversaires dans son tribunal radiophonique. « C'est à vos pièges que je vous prends, c'est sur vos textes que je vous confonds ; et entre vos pitoyables élucubrations bourrées d'erreurs matérielles et les arguments qu'avec références précises j'essaye loyalement d'apporter à mes compatriotes, qu'ils soient ou non d'accord avec moi, Monsieur Oberlé, tous mes adversaires ont choisi[18] », lance-t-il, sûr de lui, le 15 janvier 1944 sur Radio Vichy.

Parfois, pour mieux contrer la propagande d'outre-Manche, il cite « l'honnête BBC, la BBC anglaise ». Le résultat finit par convaincre. Le 10 février 1944, un agent de la France combattante rapporte que les éditoriaux de Philippe Henriot captivent l'attention de tous les auditeurs français, même de ceux qui se promettaient de fermer l'oreille à ses paroles[19].

Tout le monde reconnaît la force et le talent du secrétaire d'État à l'Information et à la Propagande, en particulier l'occupant allemand. En avril 1944, le Dr Friedrich Grimm, conseiller privé de l'ambassadeur allemand Otto Abetz, voit en lui un nouveau Goebbels : « Avant, on n'écoutait que Londres, maintenant on écoute aussi régulièrement ses émissions. (…) On l'appelle le Goebbels français[20]. » Le Militärbefehlshaber in Frankreich analyse le phénomène de façon plus modérée : « Le Français écoute presque sans exception les émissions ennemies, mais Henriot a tout de même réussi à entamer le monopole de la radio anglaise et à inciter le Français à la réflexion[21]. »

Londres cherche la riposte à l'effet Henriot. « Il importe de mettre fin d'urgence à cet état des choses », conclut un rapport des services du général de Gaulle, parvenu à Londres le 11 mars 1944[22]. « Il faut sans tarder faire de la contre-batterie[23] », renchérit un autre agent de la France combattante, le 31 mars, jugeant opportun de lui trouver un homologue de même talent sur les ondes de la BBC et des radios gaullistes. Les Alliés envisagent même d'enlever Henriot. Ainsi, à la fin du mois de mai 1944, le colonel Buckmaster, chef de la section française du SOE, déclare à Georges Boris et André Manuel, responsable des services secrets français libres de Londres : « Kidnappez-le, je me charge du transport à Londres[24] ! » Finalement, Pierre Dac est désigné pour répondre à Henriot, et le souvenir des joutes oratoires entre les deux hommes reste gravé à jamais dans de nombreuses mémoires, tout spécialement l'attaque frontale lancée par Henriot, le 10 mai 1944, à 19 h 40*. Ce jour-là, il brosse un portrait au vitriol de Pierre Dac alias « "Isaac André", fils de Salomon et de Berthe Kahn. (...) Cet Isaac André était bien entendu prédisposé à fuir la France à laquelle, en fait, rien ne l'attachait, dès qu'elle se trouva aux prises avec l'épreuve. (...) Le Juif Dac s'attendrissant sur la France, c'est d'une si énorme cocasserie qu'on voit bien qu'il ne l'a pas fait exprès[25] ».

Emporté par sa verve habituelle, Henriot commet là une erreur : il n'a pas jugé utile de vérifier les origines de Pierre Dac dont les parents, grands-parents et ancêtres, originaires d'Alsace, ont, des campagnes napoléoniennes à la Seconde Guerre mondiale, versé leur sang pour la France. Très ému, Dac lui concocte une réponse radiophonique intitulée « Bagatelles sur un tombeau » : « Puisque vous avez si obligeamment, et si complaisamment cité au cours de votre laïus me concernant les noms de mon père et ma mère, laissez-moi vous dire que vous en avez oublié un : celui de mon frère. Je vais vous dire où vous pourrez le trouver.

« Si d'aventure, vos pas vous conduisent du côté du cimetière Montparnasse, entrez par la porte de la rue Froidevaux, tournez à gauche dans l'allée, et à la sixième rangée arrêtez-vous devant la dixième tombe. C'est là que reposent les restes de ce qui fut un beau, brave et joyeux garçon, fauché par un obus allemand, le 8 octobre 1915, aux attaques de Champagne.

« C'était mon frère.

« Sur la modeste pierre tombale, sous ses nom, prénom et le numéro de son régiment, on lit cette simple inscription : "Mort pour la France à l'âge de 28 ans". Voilà, Monsieur Henriot, je le répète, ce que cela signifie pour moi la France. Sur votre tombe, si toutefois vous en avez une, il y aura aussi une inscription. Elle sera ainsi libellée : "Philippe Henriot, mort pour Hitler, fusillé par les Français[26]". » Il fit mouche, ce jour-là, car le secrétaire d'État à l'Information et à la Propagande n'entreprendra plus jamais Pierre Dac sur le terrain familial !

Tout fascinés qu'ils sont par le talent de cet homme « lucide, brûlé par la flamme qu'il répand », selon Alfred Fabre-Luce[27], les Français restent profondément germanophobes[28], et l'influence d'Henriot limitée. Selon un sondage clandestin réalisé par le résistant Max Barioux[29], au printemps 1944, 84 % des sondés estiment que les éditoriaux de Philippe Henriot n'ont aucune influence sur eux et 6 % ne l'écoutent pas. L'interprétation du sondage montre que la personnalité même de Philippe Henriot supplante en réalité sa propagande. D'autres enquêtes menées par des agents de la France combattante en France, à cette même période, aboutissent à des conclusions similaires[30]. Seuls les bourgeois, pourtant souvent traités d'attentistes, de gaullistes ou de procommunistes par les speakers des radios nationales, se reconnaissent dans les arguments d'Henriot « souvent plus nets que ceux de la radio dissidente[31] ». Ses propos tempéreraient leurs craintes des attentats terroristes, d'une révolution ou d'une guerre civile, à une époque marquée par le procès Pucheu[32].

Toujours selon le sondage clandestin réalisé par Max Barioux[33], trois auditeurs sur quatre écoutent la BBC et deux d'entre eux se déclarent satisfaits des émissions. À la question « les émissions de Londres (BBC) ne sont pas toutes bien faites. Mais dans l'ensemble, vous donnent-elles satisfaction ? », 68 % des 423 Français[34] interrogés entre le 26 avril et le 15 mai 1944 répondent par l'affirmative. Les réponses négatives émanent d'auditeurs exaspérés par l'attente du débarquement qui regrettent que la radio de Londres déverse « trop de boniments et trop de verbiages ».

À cette date, la BBC propose 17 émissions du service français[35], soit 6 h 30 de programmes diffusées sur les longueurs 25, 31 ou 49 mètres en ondes courtes et 261 ou 373 m pour les ondes moyennes. 70 % des foyers français sont alors équipés d'un poste de radio alors que le brouillage des ondes nuit toujours à l'écoute de la BBC, plus particulièrement pour les possesseurs de postes à grandes et moyennes ondes. Seules les ondes courtes permettent d'obtenir la meilleure réception, mais les auditeurs continuent bien souvent de naviguer entre les différentes longueurs d'onde pour mieux déjouer les effets du brouillage. Les conditions d'écoute varient toujours au gré de la journée et de l'implantation géographique, même si en règle générale, les Allemands renforcent le brouillage à l'heure du programme « Les Français parlent aux Français », à 21 h 15.

Outre le parasitage des ondes, l'année 1944 est marquée par de fréquentes coupures de courant qui provoquent une gêne supplémentaire pour les auditeurs en grande majorité possesseurs de postes reliés au secteur. L'électricité est le plus souvent coupée entre

7 heures et 13 heures et de 13 h 30 à 22 heures. En cas d'alertes[36], le courant est remis en service pour permettre l'éclairage des abris. D'après un correspondant français, des résidents profitent alors du retour de l'électricité pour rester chez eux et écouter la BBC. Pour les autres, le bouche à oreille permet de compenser la pénurie d'énergie électrique, une technique fragile qui fait craindre aux Alliés que de fausses informations soient plus largement véhiculées. Les cercles des résistants, eux, sont plus souvent pourvus de postes à batterie et échappent donc au désagrément des coupures de courant ; quant aux Français bricoleurs, ils se lancent dans la construction de postes à galène[37] de plus en plus répandus. On les fabrique avec toutes sortes de matériaux, parfois des pommes de terre ou même des lames de rasoir, sans oublier, sur les conseils des speakers de la BBC, des morceaux de charbon contenant des pyrites. Ces appareils se vendent sous le manteau à 1 500 francs. On est loin des 6 000 à 8 000 francs exigés pour un poste neuf, sur le marché noir. Chose extraordinaire, grâce à ces appareils bricolés, la réception des émissions de Radio Londres le long des côtes redevient « semblable à une conversation téléphonique ».

Qui écoute ? « Tout le monde, même les domestiques[38] », affirme une jeune Française interrogée à Londres, le 3 mai 1944. C'est toujours « le grand programme, le clou de la journée », confirme un autre. « Tout le monde écoute, même quand ils ont des invités. Les seules raisons pour ne pas écouter seraient d'aller au théâtre ou au cinéma. Des gens qui jouent au bridge s'arrêtent de jouer pour écouter[39]. » La Bretagne est particulièrement BBCiste ! Un pêcheur de Camaret assure, le 7 février 1944, que les Bretons n'écoutent que Londres : « Vous savez, on est très fanatiques en Bretagne, on écoute la Radio de Gaulle et c'est tout[40]. »

Sur l'ensemble du territoire français, Londres reste effectivement le poste le plus écouté, suivi de Radio Brazzaville notamment à 22 heures, juste après le programme du soir de la BBC. Mais des compatriotes transmettent leurs regrets de ne plus entendre la voix du Général sur les ondes anglaises. Des discussions vont donc s'ouvrir pour envisager, dans un premier temps, une retransmission par Londres de certains textes radiodiffusés de De Gaulle sur la radio d'Alger. Le 6 février, Darsie Gillie transmet une réponse positive au commissariat à l'Intérieur, tout en notifiant que, comme pour tous les chefs d'État étrangers, la censure anglaise s'appliquera au Général. En cas de divergence ou de sujet délicat, une concertation devra être entamée avec Duff Cooper, ambassadeur britannique à Alger.

En dehors de la BBC et de Radio Brazzaville, les Français du sud et du centre de l'Hexagone peuvent aussi capter Radio Alger. Mais c'est surtout Radio Sottens, le poste suisse, qui entretient une relation privilégiée avec les auditeurs français, grâce notamment à la chronique de René Payot, le vendredi soir, à 19 h 25, facilement captée sur les ondes moyennes à Paris et dans sa banlieue, au Havre ou encore dans la région de Toulouse. « Tout le monde l'écoute dans tous les milieux. Il n'y a pas une de mes employées, pas un de mes ouvriers qui ne l'écoute », rapporte un fabriquant de vêtements de Paris[41]. Le poste suisse a gagné une réputation de radio objective, neutre et sans parti pris. Par elle, les auditeurs vérifient les informations diffusées sur les autres ondes, y compris celles de Radio Londres dont la crédibilité est entamée. « On a beaucoup plus confiance dans la radio anglaise que dans la radio allemande, mais il existe toujours un petit doute[42] », explique un Français à un représentant britannique à Londres, le 19 février 1944. Radio Moscou, quant à elle, continue d'être suivie par la classe ouvrière française, alors que les postes américains ne suscitent plus un grand intérêt.

Depuis peu, Radio Londres essuie de nouvelles critiques de la part de ses fidèles, ou d'agents du CFLN présents en France. Les émissions, dit-on, pêchent par manque de renouvellement ou de vitalité, les chansonnettes sont parfois jugées trop vulgaires et les hommes de la radio paraissent bien éloignés des préoccupations quotidiennes des compatriotes de France. « Les intermèdes musicaux sont souvent déplacés. Les chansons et rengaines quotidiennement débitées décèlent une méconnaissance de l'esprit actuel des auditeurs et de la résistance. (...) Tel est l'avis général », lit-on dans un rapport daté du 26 mars 1944 qui déplore aussi que le sérieux cotoie de trop près la dérision dans les programmes diffusés[43]. En avril, Cléante, agent des services de la France combattante, fustige les programmes de Londres, sauf l'émission « Commentaire des nouvelles » qui, selon lui, conserve tout son intérêt. Il regrette seulement que l'on continue de diffuser des nouvelles périmées de France au lieu de répondre à la demande des Français qui aspirent à recevoir plus d'informations sur les résistants français, sur leur quotidien et leurs souffrances, et qui souhaitent que la BBC dénonce les traîtres et les lâches[44].

Depuis quelque temps, la diffusion d'informations inexactes entame la crédibilité de la BBC. Radio Londres n'a-t-elle pas annoncé, avec maintes précisions, la mort d'un résistant dont elle donna l'identité et les circonstances du décès, alors même que l'homme était en parfaite santé ? Le poste signala aussi la destruction d'un polygone, d'un arsenal ou d'une caserne réduits en cendres par la Résistance, alors que la destruction des lieux avait été accidentelle ou, pire, inventée de toutes pièces. « Par définition, il était impossible de vérifier les détails locaux, expliqua Cecilia Reeves après la guerre, et cela constituait l'un des principaux casse-tête de la salle des nouvelles pour savoir comment manœuvrer entre le danger d'être accusés d'être mal informés à cause de nos silences et le fait d'être mal ou partiellement informés en donnant une vision inexacte ou partiale des événements[45]. »

D'une façon générale, les auditeurs sont moins critiques à l'égard des chansonnettes, des traits d'humour et de l'articulation des programmes que les agents ou les membres de la Résistance. D'après l'étude de Max Barioux, les chansons de Dac sont appréciées par 50 % des Français[46], tout en précisant que son programme « ne fait pas sérieux pour une radio qui doit porter à travers le monde la voix d'une France traversant les moments les plus dramatiques de son histoire ». Signe d'un regain du patriotisme et de la recherche des symboles de la nation française confisqués sur l'autel de l'Occupation et de la collaboration, les auditeurs réclament la diffusion de marches militaires, ou de *La Marseillaise*. Ils demandent aussi un plus grand nombre de reportages sur la vie en Angleterre, voire aux États-Unis, et souhaitent que, dans leur forme, les programmes soient plus souples. Comme le suggère un auditeur anonyme[47], les événements imprévus pourraient être annoncés en cours d'émission, par communiqués spéciaux par exemple.

Les remarques des uns, combinées aux exigences des autres, traduisent une fois encore l'impatience des Français. Il est grand temps, pour les troupes alliées, de débarquer sur les côtes de France.

14

On saisit les postes !

Dès le début de l'année 1944, les Allemands s'interrogent à nouveau sur l'opportunité de confisquer les postes de radio en France. Mais le 24 février, à Berlin, l'idée est définitivement écartée lors d'une réunion du haut commandement de la Wehrmacht, l'OKW.

Dès lors, les Allemands réfléchissent à d'autres alternatives. Le 28 février, un document[1] émanant du chef des services de renseignements auprès du gouverneur militaire en France propose de démonter le système des ondes courtes sur tous les postes de radio qui en sont pourvus et de renforcer le brouillage des ondes moyennes. Estimant à dix millions le nombre de postes de radio existant en France (dont six millions déclarés), les Allemands, qui évaluent le temps d'intervention sur chaque appareil à une heure, ont calculé qu'il leur faudrait environ 1 000 ouvriers spécialisés pour réaliser cette opération sur trois ans, 3 000 sur un an, ou encore 6 000 sur six mois.

Le projet prévoit de confier l'impopulaire opération aux PTT ou aux techniciens français. Le 28 mars, après un entretien avec l'ambassadeur allemand à Paris, Otto Abetz[2], Laval se dit prêt à faire adopter une loi. Mais faute de disposer d'un personnel qualifié suffisant, il demande à l'occupant de fournir des hommes. Cette pénurie de techniciens était prévisible : depuis l'été 1940, le gouverneur militaire en France (MBH, Militärbefehlshaber in Frankreich) a soumis à autorisation préalable la formation des radiotélégraphistes et techniciens de la TSF, avant d'en interdire la formation, sauf cas isolés fut-il précisé, par une ordonnance du 23 mars 1942.

Confrontés aux incohérences et dysfonctionnements de leur propre système répressif, les Allemands décident d'abandonner ce projet de démontage des ondes courtes en avril 1944, après une conférence du ministère de la Propagande à Berlin. Désormais, ils s'en tiendront aux opérations locales de confiscation de postes de radio. En mars 1944, le MBH exige la saisie des appareils dans les départements susceptibles de servir de théâtre à un débarquement. Les délais prévus pour procéder au dépôt des postes sont annoncés à la population par publication locale. Les maires sont dans l'obligation de fournir des locaux pour entreposer les appareils rassemblés qui seront, ensuite, placés sous le contrôle des Allemands. Dans chaque département, seuls le préfet, les sous-préfets, les directeurs des agences de la Banque de France et les capitaines de gendarmerie sont autorisés à conserver un poste de radio. Les autres appareils deviennent propriété du Reich qui prévoit, tout de même, de dédommager les possesseurs spoliés. En théorie, tout propriétaire d'un poste de radio doit recevoir une quittance, être inscrit sur une liste et être payé comptant[3]. Rien n'indique que cette mesure ait effectivement été appliquée.

L'opération la plus massive est menée en mars 1944, lorsque les Allemands décident de confisquer tous les postes de TSF dans l'Orne, le Calvados, la Manche, l'Eure, le Nord et la Seine-Inférieure[4]. Au moyen de la presse locale, d'affiches et de crieurs, les habitants de ces zones sont invités à déposer leur poste dans les mairies, avant le 1er avril.

Au 1er juin, selon les rapports des Allemands, 99 020 appareils sur 133 000 ont été livrés en Seine-Inférieure[5] (55 664 à Rouen, 26 215 au Havre et 14 271 à Dieppe). Quelque 39 000 postes sont déposés dans le Calvados[6]. À Évreux[7], sur 3 500 postes déclarés, 1 000 seulement sont récupérés. En Bretagne, au 24 juin, on dénombre 494 appareils confisqués à Saint-Malo, dont environ 18 % sont vendus à la Wehrmacht. Sur l'ensemble des postes ainsi récupérés, les occupants estiment que 35 % sont inutilisables.

Dans la Manche, à Cherbourg, seuls 300 appareils sont déposés sur les 7 000 détenus par la population. À Ver-sur-Mer, 67 sur 120 sont ramenés, la plupart hors d'état de marche. À Isigny, si 75 % des postes sont remis, selon la gendarmerie locale, la plupart sont incapables de fonctionner. Un peu partout, de nombreux Français ont innocemment remis de vieux postes usagés et inutilisables.

À la date du 24 mai 1944[8], les autorités allemandes dénombrent 5 700 appareils confisqués à Abbeville (commune de 120 000 habitants, dans la Somme), dont seulement un tiers en état de marche. À cette occasion, le Feldkommandant du secteur signale que cette mesure s'est traduite par « une sauvage propagation de faux bruits », les habitants ayant adopté le système du bouche à oreille pour échanger les informations.

Poussés par la volonté de « rééduquer » les esprits, les Allemands commettent une erreur : ils laissent un poste de radio dans chaque mairie afin que les Français qui le désirent puissent venir écouter Radio Paris. « C'était plutôt utile, explique un maréchal des logis d'Isigny, surtout quand seul le garde champêtre ou le secrétaire de mairie étaient présents, car ils écoutaient Radio Londres et répandaient les nouvelles de sorte que tout le village savait ce qu'il se passait. De même, chaque gendarme d'Isigny avait gardé son poste de radio – ceci sans permission officielle –, ce qui permettait de faire circuler les nouvelles[9]. »

Ailleurs, les confiscations sont moins systématiques. À Amiens, par exemple, les postes de radio sont saisis, mais dans le reste de la Somme, la mesure n'est pas appliquée. Quelques confiscations locales ont encore lieu dans le Pas-de-Calais et le Nord. En Bretagne, en dehors des zones côtières, on ne relève pas de confiscations généralisées.

À la Libération[10], les postes de radio seront rendus à leurs propriétaires qui devront se présenter dans les mairies et les écoles où ils ont été entreposés. Certains ne seront jamais réclamés, comme à Ver-sur-Mer où, sur les 67 postes déposés, 9 ne retrouveront pas leur possesseur. D'autres ne pourront jamais être récupérés, comme à Brest où les Allemands emportèrent les appareils.

Face aux confiscations massives, les Britanniques et les Français combattants abreuvent les auditeurs d'avertissements. Dès le 7 février, dans l'émission de 17 heures, Paul Lévy alerte ses compatriotes : « Aujourd'hui, dans la nuit dans laquelle vous êtes plongés, vous avez une lumière. Si demain on vous enlève vos récepteurs, vous n'aurez plus rien, ce sera l'obscurité totale. Vous serez éblouis par l'obscurité, chancelants, comme ivres dans le noir[11]. » Après cette mise en garde imagée, le speaker conseille aux auditeurs de ne pas écouter inutilement la radio. Il est préférable, selon lui, d'économiser son poste de TSF, de le brancher sur les émissions les plus importantes, et dans la mesure du possible d'en trouver un fonctionnant sur batterie. « Si votre poste n'est plus tout neuf, ne passez pas de longues heures à l'écoute. Si vous avez un poste sur accus – un poste d'automobile –, un poste qui vous permette de vous passer pendant quelques jours du courant du secteur : révisez-le, soignez-le, mettez-le en état et cachez-le : c'est celui-là qui vous servira un jour prochain, c'est celui-là qui donnera des informations à tout votre quartier... qui sait, à toute votre localité. Soyez prudents... écoutez-nous, n'écoutez pas trop... écoutez bien ! Après avoir écouté, n'oubliez pas de régler votre récepteur sur une station au service des Allemands[12]. »

Le 17 avril, dans le programme « Les Français parlent aux Français », Jacques Duchesne renouvelle les avertissements aux auditeurs. Il annonce qu'il est procédé à des confiscations dans certaines régions côtières. Tous les Français doivent donc prendre les mesures nécessaires pour échapper à la confiscation de leurs postes. Ceux qui gardent leur appareil doivent s'entraîner à mémoriser les nouvelles ou les instructions afin de pouvoir, le moment venu, transmettre verbalement des informations exactes autour d'eux. Les programmes de Radio Londres tentent de sensibiliser les auditeurs sur le besoin impérieux de maintenir cet objet convoité en état. On leur prodigue non seulement des conseils pour le mettre à l'abri, mais aussi des astuces pour pouvoir assembler un poste à galène ou à cristaux.

Ces avis semblent porter leurs fruits. À Isigny, les membres de la Résistance ont pu sauver un poste à cristaux par village afin de recevoir leurs instructions. Ils possèdent aussi des postes à batterie. Dans le même secteur, un réparateur de TSF d'Anglesqueville a réussi à reconstituer des postes à galène qu'il vend 1 500 francs pièce.

En dehors du réseau radiophonique, des tracts et des brochures lâchés au-dessus de la France complètent le dispositif visant à prévenir les habitants des dangers encourus. Mais dans cette masse de documents de pro-

pagande, une brochure va entraîner un nouveau diffé-
rend entre Français combattants et Britanniques.

Au début de l'année 1944, un recueil de conseils pratiques a déjà été lancé sur le territoire français par les
aviateurs britanniques, sans que les autorités françaises
de Londres et d'Alger en aient été informées[13]. Le
26 mai, les services de Georges Boris, commissaire à
l'Intérieur de la France combattante, font part de leur
mécontentement au Dr Leslie Beck, de la section française de PWE. Rédigé au nom du commandement
suprême interallié, ce document intitulé *Savoir pour prévoir, prévoir pour pourvoir* est conçu comme « un recueil
de conseils pratiques au peuple français pour l'aider
dans sa libération ». Il ne s'adresse pas aux membres de
la Résistance organisée, mais à tous les autres Français
qui, sans bénéficier de la force et de la protection d'une
organisation clandestine, auront une tâche capitale à
remplir, lors des opérations de la libération. Il s'agira
« d'assurer leur propre sécurité, celle de leurs familles et
celle de leurs biens, pour que la France sorte de
l'épreuve, blessée, certes, mais forte, victorieuse et
renaissante[14] ». Suit une série de conseils sur le ravitaillement, l'écoute radiophonique, l'identification des
tracts, la vie dans l'illégalité. « Soyez prêts à tout, mais
ne prenez pas l'initiative de la violence. Les deux rôles
qui vous sont ouverts : Résistance active ou défense de
vos proches, sont également utiles. Ne passez pas sans
raison grave de l'un à l'autre. Chacun à sa place, jusqu'à
la victoire. » Le document présente aussi le poste de
radio comme une arme de guerre qu'il s'agit de préserver coûte que coûte des Allemands. Il est largement diffusé sur le territoire français, en même temps qu'un
autre intitulé *Français ! La confiscation des postes de
radio a commencé*[15].

Ce livret suscite bien évidemment une violente réaction des services de Georges Boris, qui s'évertuent à

pousser chaque Français à s'engager dans la lutte finale. Depuis quatre ans, de Gaulle et ses hommes n'ont eu de cesse d'appeler le peuple français « à s'unir dans l'action et dans le sacrifice ». Le fait qu'une autre autorité, étrangère de surcroît, se permette de conseiller aux Français d'assurer avant tout leur propre sécurité, et celle de leurs biens, est considéré comme inadmissible, voire révoltant. « Cet appel aux sentiments les plus égoïstes, sinon même à la peur, cette exaltation de l'instinct de conservation, de l'attachement aux biens matériels quand le sort de la patrie est en jeu, risque d'être funeste jusque dans ses conséquences. » Le CFLN exige l'interdiction de cette brochure qui risque de semer la confusion dans les esprits[16]. Finalement, pressés par le temps, Français et Britanniques réussiront à dépasser ces querelles et à établir une propagande commune, s'accordant sur leur volonté première de maintenir la population française en état d'alerte.

15

La mobilisation

Dans les mois qui précèdent le débarquement, la référence au combat de l'intérieur se renforce sur les antennes de la BBC. La propagande radiophonique, encore fortement marquée par la campagne anti-STO, multiplie les slogans, les saynètes, les chansons et autres concepts d'émissions qui martèlent l'idée selon laquelle les travailleurs français doivent refuser de se rendre en Allemagne, et bénéficier de l'aide de leurs compatriotes[1] ou rejoindre les maquis. Par la voie de Maurice Schumann, des appels à la fuite sont lancés. Ainsi, le 14 janvier, le porte-parole du CFLN annonce la réquisition de la classe 44. « Nous avons la preuve que des jeunes gens nés en 1924 ont été convoqués à la visite médicale préparatoire au Service du travail obligatoire, c'est-à-dire aux travaux forcés pour l'ennemi. (...) Il est donc clair que : d'une part, les jeunes gens de la classe 44 doivent dès maintenant se considérer comme visés par la grande rafle et dès maintenant préparer leur riposte ; d'autre part, les jeunes gens de la classe 44 d'ores et déjà convoqués doivent s'abstenir scrupuleusement de tomber dans le traquenard de la visite médicale. »

Le porte-parole en profite pour menacer les magistrats et autres fonctionnaires de Vichy qui n'aideraient pas ces jeunes à se dérober au STO par la destruction des fichiers ou en les avertissant à l'avance. Il s'agit d'une « suprême adjuration » : si la désobéissance passive peut suffire à sauver une carrière, seule la désobéissance active peut apporter le repos des consciences[2], prévient Schumann. Finalement, le 7 mars, le porte-parole du Général annonce la destruction du fameux fichier concernant cette deuxième réquisition[3]. Il incite tout de même les jeunes Français à remplir leur devoir de réfractaires en intégrant les maquis, parmi lesquels celui des Glières qui va bientôt connaître une funeste destinée.

Commencée le 2 février 1944, la bataille des Glières constitue probablement l'épisode le plus héroïque des maquis, celui qui tint en haleine l'ensemble des Français, de Londres et de l'Hexagone. En ce début d'année 1944, encadrés par des officiers et des sous-officiers du 27e bataillon de chasseurs alpins, près de 500 maquisards occupent le plateau des Glières, en Haute-Savoie, à 1 500 mètres d'altitude, au nord-est d'Annecy. Le 2 février, Maurice Schumann les met en garde contre une attaque massive de la milice de Darnand prévue pour le lendemain[4]. « Alerte aux maquis ! Alerte à la Haute-Savoie ! Allô, allô, maquis de Haute-Savoie, SOS, SOS ! L'Oberführer Darnand a décidé de déclencher, demain 3 février, une attaque massive contre les patriotes retranchés dans les montagnes de Haute-Savoie ! » Quatre jours plus tard, Schumann réitère son message. Sur les ondes de la BBC, on appelle les Savoyards à porter secours aux maquisards, en sabotant les voies ferrées et les routes, et on invite les ouvriers à déclencher une grève de solidarité. Le mot d'ordre est inconsidéré, propre à précipiter une dramatique insurrection locale. Involontairement, Maurice Schumann est devenu le porte-voix des maquisards qui trouvent, là, une occasion inespérée de prouver leur patriotisme à la

France entière et de répondre à Philippe Henriot qui,
depuis le début de l'année, les décrit comme des traîtres
sanguinaires et des terroristes apatrides. Dans ce jeu
d'honneur bafoué et de fierté combattante, sans le vouloir la BBC amplifie la symbolique de cette bataille
désespérée. Alertés, les états-majors alliés exigent de
stopper le mouvement. Par un nouveau message diffusé
sur les ondes de la BBC, le 7 février, Schumann
demande aux maquisards de décrocher. « La France
d'aujourd'hui aura toujours trop de martyrs. La France
de demain n'aura jamais trop de soldats. » Mais forts du
soutien perçu à Londres, les hommes du plateau refusent et décident de faire front. Le cas posé par les
Glières se solde, finalement, par un bain de sang.

Le 27 mars, le maquis est écrasé par les Allemands et
la milice. Dans leur volonté de soutenir les maquisards,
en leur donnant la force et le courage de tenir, malgré
la rudesse de l'hiver, le manque de vivres, de vêtements
chauds et d'armes, Londres et Alger ont travaillé à leur
célébration en saluant avec vigueur la geste patriotique
de ces hommes[5]. À compter de ce jour, ils n'auront de
cesse d'honorer ces héros des Glières, tandis qu'Henriot,
lui, sans vergogne, va s'acharner une fois encore sur
ceux qu'il appelle « un ramassis de déserteurs, de
gamins ». Le drame incitera, en tout cas, la BBC à glori-
fier plus largement l'action des maquisards et à exhorter
les Français à les soutenir[6], en prenant part, eux aussi,
au vaste mouvement de solidarité nationale qui se met
en place.

En attendant, Radio Londres commence à s'inscrire
directement dans la perspective du grand jour. Le mot
d'ordre a été lancé au début de l'année, par la délégation du commissariat à l'Intérieur à Londres, qui tient
compte des communications des mouvements résistants
et du Conseil national de la Résistance : il faut « prépa-

rer la masse des Français aux responsabilités qui leur incomberont à l'époque du débarquement ». En d'autres termes, il faut développer un état d'esprit tel que, lorsque le mot d'ordre sera donné, les Français prennent une part active aux combats de la Libération[7]. Afin d'éviter toute action militaire désordonnée, chacun devra s'en tenir aux consignes précises données par les voix officielles, c'est-à-dire le CNR et les organisations ouvrières (CGT, CFTC) en accord avec le CFLN, les radios alliées, les représentants locaux de la Résistance et des travailleurs.

De son côté, le PWE[8] britannique entend aussi préparer l'esprit des auditeurs, même s'il préfère agir avec une prudence extrême afin de ne pas pousser ces Français à s'exposer dangereusement. La position est résumée dans un tract lancé par la RAF sur la France en janvier 1944 :

QUATRIÈME RECOMMANDATION

Accueillez avec la plus grande méfiance les bruits que l'on pourra faire courir d'un débarquement allié. Les Allemands peuvent faire courir de tels bruits dans l'espoir de voir les éléments de résistance se découvrir.

Enfin, recommandation capitale, et que nous ne saurions vous rappeler trop souvent :

NE DEVANCEZ PAS LES INDICATIONS ULTÉRIEURES QUI VOUS SERONT DONNÉES PAR LA RADIO DE LONDRES OU PAR LA RADIO AMÉRICAINE.

Restez à l'écart de toutes les opérations préliminaires. Le jour où les armées de la libération auront besoin de votre concours actif, vous en serez prévenus[9] !

Au fil des semaines, les appels se font de plus en plus précis. Dans la semaine du 28 mars au 10 avril, il est demandé aux speakers de ne plus utiliser les expressions « jour J » et « heure H » qui peuvent faire penser que l'action militaire sur le continent sera de courte durée. « Au contraire, nous devons avoir en tête l'idée que la libération de la France peut demander une longue période de temps. On croit généralement en France qu'il y aura quelques jours d'activité intense, suivis de la "libération". Il est important de dissiper cette croyance[10]. »

Le PWE s'intéresse également au sabotage administratif. « Notre ligne doit être très dure pour tous les fonctionnaires policiers », peut-on lire dans les directives du 11 au 24 avril 1944. Les fonctionnaires français doivent dérégler la machine administrative (mélanger les fiches, égarer les dossiers, fausser les additions...) et partout rester à leur poste aussi longtemps que possible, ou démissionner plutôt qu'agir au nom des Allemands ou de Vichy[11]. Les fonctionnaires le savent : ils sont désormais « mobilisés au service de la nation », et « en état d'alerte ». Quant aux forces de l'ordre, elles doivent aider la population, les patriotes menacés, faire disparaître les dossiers compromettants et éviter des représailles sanglantes de la part des Allemands. Policiers, gendarmes, ou membres des GMR (Groupes Mobiles de Réserve) : tous doivent se considérer comme des soldats. Ces adresses sont agrémentées de menaces envers les attentistes. « Nous tenons un registre minutieux de l'activité de chaque policier, gendarme ou autre agent de la force publique. Il sera révélé le jour venu. Ne dites pas, plus tard, quand il sera trop tard : Que pouvions-nous faire ? Nous avions des ordres et il fallait les exécuter. Ne vous abritez pas derrière une attitude larmoyante. C'est maintenant que vous devez vous désolidariser des crimes des ennemis du peuple, aider de toutes vos forces la libération nationale[12]. »

Les magistrats et avocats sont, eux aussi, encouragés à saboter la politique répressive de Vichy ; les ouvriers à entraver la machine industrielle, les médecins à aider les recensés et mobilisés du STO à se soustraire à cette « déportation », et les paysans à soutenir l'armée de la Libération. Bref, les Français ne doivent plus se contenter d'une position attentiste. Ils doivent entrer dans la lutte[13], car tous les Français sont engagés dans la guerre totale contre l'envahisseur afin de libérer leur patrie[14]. L'attentisme est considéré comme une forme de collaboration, et les collaborateurs sont des hommes en sursis. « L'heure n'est pas éloignée en effet où les collaborateurs auront à rendre des comptes, à restituer les bénéfices tirés de leur trafic, à payer le prix de leur trahison[15]. »

Dans cette période fébrile, aux accents menaçants, les speakers et les journalistes engagent les Français à créer des centres d'écoute disposant d'appareils récepteurs à accus. Par le biais de slogans, de conseils ou d'avis, on les convie à se regrouper dans quelques maisons avec un bon poste de TSF et à constituer des stocks alimentaires en vue des prochaines opérations militaires sur le continent.

On conseille aux femmes, aux enfants et aux « inutiles » de quitter les villes en faisant valoir qu'après les opérations de débarquement il sera trop tard. Les paysans leur viendront en aide et leur fourniront des vivres. Mais ces conseils d'évacuation seront finalement peu suivis[16]. Des appels à la solidarité nationale s'adressent encore aux veuves, aux orphelins des combattants de la liberté, sans oublier les réfractaires.

Tous ces appels à la mobilisation suscitent bien évidemment l'inquiétude des autorités françaises et poussent Pétain à mettre en garde ses compatriotes face aux risques d'une guerre civile. Le 28 avril, au micro de Radio Vichy, le Maréchal reproche aux « soi-disant libérateurs aveuglés par le bolchevisme » de pousser les citoyens français au désordre et à l'indiscipline, d'engendrer le terrorisme et de compromettre ainsi l'avenir du pays[17]. Mais est-il encore écouté ?

Dans cette propagande préparatoire au jour J, le 1er Mai va faire office de journée de répétition. L'appel à la mobilisation débute à la mi-avril. « Sans attendre qu'arrivent de France les consignes lancées par le CNR ou la CGT, "Honneur et Patrie" commencera à faire campagne pour un 1er Mai d'union et de combat[18] », décide-t-on dans les rangs gaullistes, lors de la réunion du Comité exécutif de propagande du 19 avril 1944. Le 26, Schumann lance le mot d'ordre du CNR qui incite les Français à la grève le 1er Mai, entre 11 heures et midi. L'appel sera réitéré vingt-six fois jusqu'au 1er Mai. Les travailleurs de France sont invités à se grouper autour de leurs syndicats, comités populaires et organisations clandestines pour déposer leurs cahiers de revendications, tenter d'arracher des augmentations de salaire, et accroître la solidarité en faveur des réfractaires et des résistants. On les engage aussi à multiplier les sabotages, à former des milices de patriotes, à constituer partout des comités de libération qui devront entrer en liaison avec les comités départementaux déjà formés. Ils pourront ainsi unifier l'action des patriotes, et surtout préparer le succès du « soulèvement national ». Les autres Français, patrons, paysans, intellectuels, prêtres, militaires, sont conviés à participer à cette journée nationale aux côtés des ouvriers. Seuls en sont exclus les traîtres et les profiteurs, dont le châtiment approche, prédit encore Maurice Schumann le 28 avril. Le CFLN compte sur cette journée pour montrer au monde entier l'unité et la volonté d'action des Français.

Reprenant les thèmes généraux développés sur les ondes de la BBC depuis le début de l'année, les speakers de Londres encouragent les Français à diminuer la production et à intensifier le sabotage afin d'abattre l'Allemagne hitlérienne, libérer la France et faire de ce 1er Mai « un jour de lutte commune à tous les Français contre l'ennemi et contre lui seul[19] ». Les compatriotes doivent s'en tenir aux mots d'ordre prononcés sur les ondes ou transmis via les tracts et journaux clandestins, comme *France d'abord*, *Libération*, ou *La Vie ouvrière*. Le Parti communiste, le Parti socialiste, les comités d'action féminine du MLN, la CGT, les MUR, le Front national demandent à tous les travailleurs, hommes et femmes, de cesser le travail de 11 heures à midi et aux non-actifs d'exprimer leur solidarité. « Paysannes, ménagères, abstenez-vous de vendre ou d'acheter le jour du 1er Mai[20] », lit-on sur un tract des comités d'action féminine du MLN. « Hommes, femmes, enfants et vieillards, le 1er Mai, TOUS, le muguet de la Victoire à la boutonnière », annonce l'édition zone sud de *Libération* dans son numéro 47 qui titre « 1er Mai 1944. Grève Nationale – Insurrection Nationale » et prophétise la fin prochaine du calvaire des Français[21].

Presque chaque jour, dans l'un des programmes de la BBC, un texte radio évoque le prochain 1er Mai de lutte. « Les Français parlent aux Français » ont reçu, le 28 avril, consigne du PWE d'« appuyer vigoureusement » l'appel du CNR à cesser le travail.

Aussi, en dehors de la voix du représentant du général de Gaulle, de celles de syndicalistes et de Waldeck Rochet pour les communistes, des Britanniques et les speakers de Londres participent à l'amplification du mot d'ordre de mobilisation. Les Alliés ne cachent pas qu'il est capital de coaliser les forces vives en France : « Souvenez-vous qu'il ne s'agira pas cette fois d'une manifestation platonique, mais peut-être d'une certaine grande manœuvre avant la proche offensive », prévienton sur Radio Brazzaville, le 24 avril, dans l'émission de 7 heures, tout en rappelant que les Français ne doivent pas se laisser entraîner à agir au-delà des mots d'ordres diffusés. On en profite pour peaufiner la préparation des concitoyens en vue du débarquement désormais imminent, et on fait la promesse que ce 1er mai 1944 sera le dernier passé sous le joug des nazis.

Le 27 avril, Maurice Schumann joue sur l'émotion. Il évoque les mensonges de Pétain, la poignée de main de Montoire, et, pour mieux susciter la mobilisation, les horreurs commises par les occupants, comme la tuerie d'Asq, dans le Nord, le 2 avril 1944. Ce jour-là, quatre-vingt-six habitants de la commune avaient été massacrés. Le 28 avril, dans le programme « Les Français parlent aux Français », Lucie Aubrac, arrivée à Londres deux mois auparavant, vient évoquer au micro de la BBC ses souvenirs personnels des 1er Mai antérieurs passés à Lyon, notamment ceux de 1941 et de 1942 qui furent marqués par de véritables manifestations de patriotisme et de ferveur de l'ensemble des classes sociales locales, des moments d'une extraordinaire intensité. « Chacun de nous découvrait chez son voisin le même amour de son pays, la même honte de la défaite, le même désir de la libération. Avec quel plaisir et quelle joie nous nous affirmions tous prêts pour le même combat », explique-t-elle, en se souvenant, aussi, du 1er mai 1943, alors que les Allemands occupaient la France entière et que les forces de police empêchaient toute manifestation de rue. Cette année-là, la multiplicité des sabotages opérés dans la région et les arrêts de travail dans des usines avaient fait, selon elle, office de victoire remportée sur l'ennemi. Pour ce « dernier 1er Mai célébré sous l'oppression nazie », Lucie Aubrac appelle à l'arrêt total du travail de 11 heures à midi partout, à l'école, au bureau, à l'usine, dans une communion de pensée et avec la même certitude de la très prochaine libération du pays.

En fait, pour le camp allié, les travailleurs et l'ensemble des Français doivent parvenir à « faire trembler Laval, Déat, Darnand » et effectuer ainsi une « manœuvre utile en enseignement pour le déploiement à fond des forces disciplinées de la Résistance, le jour de l'insurrection nationale[22] ».

C'est presque chose faite ! Craignant le succès du mot d'ordre de grève, Vichy a déclaré chômée la journée de la fête du travail et pris en main les manifestations officielles avancées au dimanche 30 avril[23]. Les préfets ont reçu l'ordre d'y convier les représentants des syndicats, des comités locaux, des corporations paysannes et de tous les organismes ouvriers existants. Radio Londres appellera, bien sûr, les Français à déserter les manifestations officielles du 30 avril.

Le 1er Mai, sur l'antenne de la BBC, des personnalités viennent tour à tour apporter leur soutien et témoigner leur sympathie, aux ouvriers en particulier, et à l'ensemble des citoyens français en général. Albert Gazier, le délégué de la CGT et membre de l'Assemblée consultative provisoire à Alger, un représentant de la National Counsel of Labour (mouvement syndical des travaillistes), Harold Clay, président de la section londonienne du parti travailliste, Robert J. Watt, délégué des organisations ouvrières des États-Unis au Bureau international du travail, et Marcel Poimbœuf, secrétaire de la Confédération française des travailleurs chrétiens. Georges Buisson, secrétaire confédéral de la CGT et Waldeck Rochet interviennent, eux, dans le programme du soir, « Les Français parlent aux Français ». Au long de la journée, tous expriment le même espoir d'une libération prochaine, tandis que sur Radio France, à

Alger[24], on retransmet l'allocution que le général de Gaulle prononce devant les syndicalistes de la ville.

Le soir du 1er Mai, on tire les premiers bilans. La BBC laisse entendre que la journée a été couronnée de succès. Dans le programme de 20 heures, « French Service for Europe », on annonce que les ouvriers de centaines d'usines ont fait grève entre 11 heures et midi, et que d'autres n'ont pu suivre le mot d'ordre en raison de la fermeture des entreprises ordonnée par « le gouvernement fantoche de Vichy, pris de peur devant la menace d'une manifestation nationale[25] ». Mais les responsables du programme « Les Français parlent aux Français » sont plus prudents. Ils déclarent qu'en France, par des arrêts de production ou des sabotages, « la classe ouvrière aura manifesté sa haine de l'ennemi et de ceux qui le servent ».

Cette prudence s'avère inspirée car, en dépit de la campagne radiophonique massive, le mot d'ordre n'a pas, semble-t-il, recueilli une forte adhésion de la part des Français.

Alors que l'on attendait une série de sabotages ou de destructions, aucun événement grave ne s'est produit. Les résistants expliquent cet échec par la politique du gouvernement de Vichy qui, inopinément, déclara le 1er Mai jour chômé. D'après le Mouvement de la Libération nationale, le 1er Mai se solde tout de même par quelques actions d'éclat ; des dépôts de cahiers de revendications par les ouvriers ; des grèves partielles ou totales dans des entreprises au service des Allemands, dans les chemins de fer ou dans les mines[26]. À Paris, la police note quelques grèves comme dans les ateliers SNCF de Montrouge (600 ouvriers), dans ceux de la rue du Charolais à Paris (500 ouvriers) et de la rue Landy à Saint-Denis[27].

Dans les ateliers d'Oullins, dans la région lyonnaise, les 2 000 ouvriers débrayèrent à 11 heures et firent grève sur le tas ; aux aciéries du Nord à Marseille, au dépôt des machines de la SNCF de Veynes, dans les Hautes-Alpes, ou encore à l'imprimerie régionale de la rue Bayard, à Toulouse, des mouvements de grève furent largement suivis. Mais, en dépit de ces quelques cas isolés, et selon le bilan dressé par les services du Général : « Les journées du 1er et du 2 mai se soldent par un échec que l'on doit surtout attribuer aux contre-mesures prises par Vichy[28]. »

La presse française jubile, saluant au passage la « sagesse » des Français. « Une nouvelle fois, lit-on dans *Le Petit Parisien*, les excitations à la grève et aux sabotages lancés d'Alger, de Londres, de Washington et de Moscou ont connu un échec total ; une nouvelle fois, la preuve est faite que l'immense majorité du peuple de France se refuse à suivre les conseils intéressés des émigrés et des traîtres et qu'elle est toujours prête à écouter les mots d'ordre dictés par la sagesse et la logique. »

Avec sa verve habituelle, Henriot s'empare de l'insuccès des Alliés[29] sur les ondes de Radio Paris. Tout en jouant sur la peur éprouvée par certains Français face aux débordements de réfractaires et de résistants, il brosse un noir tableau d'une France à feu et à sang : un peu partout, on égorge les familles des agriculteurs, on pille des magasins et on détrousse des passants. La Libération ne passera pas par le désordre, déclare Philippe Henriot qui raille l'échec de ce 1er Mai « d'action et de combat » et juge l'influence de la dissidence singulièrement en baisse. Il se moque du déchaînement radiophonique opéré pendant des semaines par les gens d'Alger et de Londres, pour pousser la population française à la rébellion : « Eh bien, il faut reconnaître qu'on n'a rien vu du tout. La fête du travail a été célébrée avec une parfaite dignité et on ne peut considérer comme des manifestations les deux ou trois tentatives isolées qui ont pu être faites çà et là au milieu de l'indifférence générale. (...) Je ne sais d'ailleurs pas comment les radios étrangères vont raconter ce 1er Mai, j'imagine qu'on est en train d'astiquer le dernier bobard, de mettre la main aux dernières statistiques et de réviser la description des cortèges et des manifestations[30]. »

À ce stade, peu importent les propos « vomis » par Henriot. Le débarquement semble proche. Les auditeurs de Londres le perçoivent plus nettement. C'était « le dernier des 1er Mai de combat », lance André Gillois le jour même, à la veille de sa dernière émission sur le poste clandestin « Honneur et Patrie ». « L'heure de l'action décisive va sonner bientôt. Il n'est plus pour les patriotes que de l'attendre avec calme et résolution[31]. »

Les bombardements anglo-américains sur le territoire de France, de plus en plus fréquents, laissent d'ailleurs présager que l'issue est pour bientôt.

16

La bataille de France

À l'approche du débarquement, il devient urgent pour les différentes parties, communistes, gaullistes et britanniques, de s'entendre sur une même définition de ce que doit être l'insurrection nationale en France, après le lancement des opérations militaires. Tout le monde est conscient que la radio, par ses messages, peut avoir une influence déterminante sur le comportement de la population soumise à la longue occupation allemande. Les états-majors politiques de Londres et les services secrets d'action en France (BCRA et SOE) sont convaincus qu'il doit « y avoir une tactique et une stratégie radiophonique coordonnées avec la stratégie militaire[1] ».

Si les postes clandestins et les messages codés permettent de communiquer avec les réseaux de résistants et les mouvements organisés, la BBC constitue, personne n'en doute, un contact privilégié avec les Français, dont le soutien est indispensable aux troupes alliées. Mais le risque de pousser les patriotes inorganisés vers un massacre sanglant est réel.

Dans ce débat stratégique, les communistes et la plupart des résistants de l'intérieur adoptent les positions les plus radicales. Les francs-tireurs et partisans, le Parti communiste et son représentant à Londres, Waldeck

Rochet, prêchent l'activisme. Selon eux, il faut se tenir prêts à l'insurrection dès le début de l'offensive alliée sur la France. Pour cela, il faut intensifier la lutte contre l'ennemi sous toutes les formes, en multipliant les actions de harcèlement, les sabotages, les grèves revendicatives et de solidarité ; renforcer de façon massive les formations armées de la Résistance, telles que les francs-tireurs et partisans et les Groupes francs ; et organiser des milices patriotiques[2].

Les communistes souhaitent que l'insurrection nationale soit liée au débarquement afin de provoquer une action de masse, et déclencher la grève générale. Sur les ondes de la BBC, Waldeck Rochet demande explicitement aux Français de se préparer à paralyser les moyens de transports ennemis (chemins de fer, routes et canaux), à prendre d'assaut les dépôts de munitions, et occuper les lieux publics (mairies, préfectures, centraux télégraphiques et téléphoniques, gares et autres centres stratégiques). Il appelle aussi les Français à « abattre ou faire prisonnier les miliciens de Darnand et désarmer les gendarmes et les policiers qui résisteront aux forces de libération », à libérer les patriotes prisonniers en France et à remplacer les autorités de Vichy par des citoyens désignés[3].

Les gaullistes, eux, adoptent une position plus modérée. Le 18 avril 1942, de Gaulle avait certes déclaré que « la libération nationale ne peut être séparée de l'insurrection nationale », mais à cette époque, le Général envisageait une action purement militaire aux mains de professionnels, d'équipes spécialisées et des réseaux de Résistance soigneusement organisés selon les plans alliés. En 1944, il entend s'appuyer sur une insurrection nationale menée dans l'ordre. À Alger, on désire que la participation militaire de la Résistance au débarquement soit immédiate, mais ce que l'on appelle « l'insurrection nationale » doit être déclenchée un peu plus tard, de façon contrôlée et sur ordre du GPRF[4] (Gouvernement provisoire de la République française). Cette insurrection pourra prendre des formes différentes selon les régions, mais il est hors de question de provoquer des soulèvements populaires le jour J. Le porte-parole du CFLN l'explique clairement le 11 janvier :

> La levée en masse, l'insurrection, cela veut dire que CHACUN À SA PLACE se mobilise au service de la nation. Le déporté civil ou le prisonnier militaire qui, dans quelque usine allemande, sabotera le boulon qu'il aura reçu mission de saboter ; le gars du maquis qui, à l'heure dite et pas avant, sortira de sa cachette pour accomplir la besogne qu'il aura reçu mission d'accomplir ; enfin et surtout, le cheminot, le fonctionnaire, l'ouvrier, le patron qui, dans le cadre d'une organisation générale et cohérente, se figera à l'heure dite, dans une immobilité combattante, en soldat discipliné de la grève nationale : voilà le véritable soldat de l'insurrection nationale que le devoir de chacun est, dès aujourd'hui, de préparer[5].

Les Britanniques sont encore plus nuancés. Redoutant des représailles sanglantes de la part des occupants, mais aussi des dérives révolutionnaires, ils ont proscrit l'emploi, sur l'antenne de la BBC, de l'expression « insurrection nationale » depuis plus d'un an. Selon eux, la paralysie des transports et des communications devrait suffire.

Les Alliés préfèrent s'appuyer sur des personnes susceptibles d'être encadrées en France plutôt que provoquer une « levée en masse » comme le souhaite le PCF. Les combattants devront être disciplinés et trouver auprès du reste de la population une vraie solidarité. Les Français pourront renseigner et aider au mieux les

troupes alliées une fois le débarquement opéré. En cas
d'impossibilité, il est préférable, pour la sécurité des
troupes, que la population reste chez elle, assure sa
propre sécurité et ne se laisse sous aucun prétexte
entraîner sur les routes par les Allemands. « Le meilleur
abri contre les bombardements se trouve au-dessous du
niveau du sol. Dans la maison, c'est la cave, mais elle
devrait posséder deux issues et être protégée contre
l'inondation », conseille le haut commandement anglo-
américain, le 27 mai 1944, à 20 h 55, sur les ondes de
la BBC, tout en désignant d'autres abris possibles tels
une tranchée étroite et profonde, les carrières, les chemins en contrebas, les trous creusés dans les talus, les
bois ou les forêts. Il faut aussi prévoir une réserve de
provisions et d'eau potable susceptible d'être emportée
dans les abris, des couvertures, des vêtements chauds,
un manteau imperméable, un moyen d'éclairage, un
couteau, une pioche et une pelle. Pour le CFLN, cette
position est intolérable. Ces conseils ne font qu'inciter
les Français à la passivité.

Entre les communistes, les gaullistes et les Anglo-
Américains, de nombreuses discussions seront nécessaires pour parvenir à un accord et se rallier à la position de De Gaulle. Finalement, un texte rédigé par
Georges Boris et le colonel Vernon (qui n'est autre que
Ziegler, le chef d'état-major du général Kœnig, commandant en chef des FFI, Forces Françaises de l'Intérieur), entre le 15 et le 25 mai 1944, propose une ligne
politique acceptable par tous et permet au Général de
concilier ses devoirs militaires et ses ambitions politiques. Le texte préconise une insurrection nationale,
déconnectée du jour J, ordonnée dans le temps, et qui
prendra des formes différentes selon les catégories de
Français, les régions et les lieux de résidence (villes et
campagnes). « L'insurrection nationale sera néanmoins

le couronnement de la Libération : le jour viendra où tous les patriotes devront participer à visage découvert à l'action dont le Gouvernement provisoire donnera le signal. »

En retenant la notion d'insurrection nationale, de Gaulle conserve l'appui des communistes. Il assure également sa priorité sur les Alliés par la prise de pouvoir national au nom du CFLN et donne aux Français le sentiment d'avoir participé à la Libération[6]. Le 20 mai 1944, les Anglais autorisent l'emploi de la notion d'insurrection nationale, sans abandonner pour autant l'idée selon laquelle les populations doivent plutôt s'en tenir au renseignement et assurer leur sécurité. Le 22 mai, Waldeck Rochet s'incline devant la décision de dissocier débarquement et insurrection nationale, et s'associe au CNR et au GPRF[7]. Le 2 juin, enfin, sur les ondes de la radio de Londres, André Gillois précise que, pour le Général, l'insurrection nationale ne signifie pas des « manifestations spectaculaires et désordonnées », mais un état de fait qui, succédant à l'état d'alerte, imposera aux Français et aux Françaises d'obéir sans délai aux ordres qui leur seront transmis, soit par les organisations auxquelles ils appartiennent, soit par la radio[8]. Il ne reste plus qu'à régler la question du statut des émissions françaises de la BBC.

En effet, à l'approche du débarquement, les positions ont évolué et chaque partie admet qu'il n'est plus possible d'opérer une distinction entre les programmes « Les Français parlent aux Français » et « Honneur et Patrie ». Deux hommes, Henri Bonnet, commissaire à l'Information, et l'ambassadeur Pierre Viénot, représentant du CFLN à Londres, vont mener les discussions avec les Britanniques qui proposent de faire entrer l'émission « Honneur et Patrie » dans le programme « Les Français parlent aux Français ». Le contrôle et la censure de cette tranche seraient opérés de concert par les Britanniques et les représentants du CFLN. À l'exception des bulletins de nouvelles, l'ensemble des émissions en français passerait sous tutelle franco-britannique.

Cette proposition est ambivalente. Elle reflète, d'une part la reconnaissance du poids du CFLN dans l'action menée en France, et d'autre part, le refus probable des Britanniques d'endosser toute la responsabilité des directives adressées à la France dans une période aussi sensible que celle du débarquement.

L'accord est donc trouvé, mais il reste à convaincre l'équipe française de la BBC. Professeur d'anglais à la faculté des lettres de Nancy et délégué du mouvement « Ceux de la Résistance » à l'Assemblée consultative d'Alger, Jean-Jacques Mayoux est chargé de cette mission. Nommé délégué général de l'Information à Londres par Henri Bonnet, il est choisi pour assainir les relations avec la section française. « Il avait à Londres de nombreuses amitiés », se souvient Jean-Louis Crémieux-Brilhac. Grâce à ses relations, Mayoux réussit à convaincre Duchesne et son équipe de la nécessité d'assurer aux émissions une unité et une présentation uniforme, tout en garantissant une totale liberté d'expression. À l'orée de la bataille de France, un accord, conclu entre Pierre Viénot et la BBC[9], est officiellement annoncé le 4 mai 1944.

Trois jours plus tard, les auditeurs sont informés du rapprochement entre les deux programmes. Jacques Duchesne leur explique que, chaque soir, au début du programme « Les Français parlent aux Français », qui commencera désormais à 21 h 32, la voix du porte-parole se fera entendre, parfois suivie des consignes officielles du Comité à la France et bientôt d'instructions pour le combat. Déterminés à présenter la cohésion entre les hommes de Londres et d'Alger explique-t-il, les patriotes de la Résistance extérieure coordonnent leurs efforts pour la libération de la patrie.

Succédant à Duchesne, Jean-Jacques Mayoux prend la parole pour rendre hommage aux Anglais et à leur « esprit de liberté et de compréhension sympathique ». Il salue la tribune que constitue la BBC et le travail mené en commun pour la libération de la France. « En écoutant "Les Français parlent aux Français" vous entendrez des voix responsables et l'écho direct des décisions prises par votre gouvernement[10] », assure-t-il.

Après ce succès, Mayoux obtient le titre de représentant du CFLN auprès de la BBC, secondé par André Gillois qui devient, lui, le porte-parole du CFLN. Gillois prend donc congé de ses auditeurs sur le poste clandestin « Honneur et Patrie », le mardi 2 mai, en les enjoignant d'écouter les « consignes unifiées » données depuis Londres ou l'Afrique. Il n'y a plus de « forces divergentes[11] », lance-t-il sur les ondes de la BBC où il est désormais chargé d'intégrer les cinq minutes du général de Gaulle à l'émission « Les Français parlent aux Français ». Le 11 mai, Maurice Schumann le présente aux auditeurs sans toutefois divulguer son nom, ce qui confère un certain mystère au personnage[12]. Le lendemain, à 21 h 30, Duchesne lève le voile sur cette nouvelle voix : « Hier, pour la première fois, des consignes d'action vous ont été transmises par une voix que le porte-parole du Comité français de la Libération nationale vous a présentée. Cette voix, à vrai dire, certains d'entre vous la connaissent déjà, c'est la voix d'André Gillois, qui a lutté avec vous dans les mouvements de Résistance et qui dirigeait le poste clandestin "Honneur et Patrie", le poste de la Résistance française. Écoutez André Gillois. »

Un mois avant le débarquement, les structures sont en place ; Gillois intègre l'équipe de la BBC et les réunions hebdomadaires de directives[13] auxquelles il assiste en compagnie de Jean-Jacques Mayoux, Jacques Duchesne et Georges Boris (directeur du cabinet du ministre de l'Intérieur, d'Astier de la Vigerie[14]). Il écrira, plus tard, que, représentant le général Kœnig (qui appartenait au SHAEF, l'état-major allié), il ne soumettait pas ses textes aux censeurs militaires de la BBC, mais il recevait des informations du colonel Vernon, chef d'état-major de Kœnig, et de la part de Georges Boris. Il devait, toutefois, obtenir le visa de Darsie Gillie, toujours à la tête de l'émission française[15].

Dès sa prise d'antenne, Gillois travaille à la mobilisation des esprits et insiste au micro de la BBC sur les notions de discipline et de préparation. Sa propagande[16] doit prévenir les mouvements insurrectionnels prématurés ou inopportuns, tout en veillant à maintenir les Français en état d'alerte. Chaque citoyen doit impérativement intégrer l'idée selon laquelle le territoire ne sera pas délivré en un temps « éclair », mais que les opérations militaires pourront durer plusieurs semaines. Les Français doivent d'ores et déjà assurer leur ravitaillement et se prémunir contre toute arrestation ou rafle de l'occupant qui priverait les Alliés de forces vives lors des opérations de débarquement. Dès maintenant, il faut évacuer les villes : « Que toutes les femmes, que tous les enfants, que tous ceux qu'aucun rôle actif ne retient, évacuent immédiatement les grandes villes et surtout Paris. N'attendez pas. Partez à pied, partez à bicyclette, partez sur des péniches, mais partez avant qu'aucun ordre non moins impératif ne vous immobilise tous là où vous serez au moment où il sera donné. » À l'écoute d'André Gillois, ce soir-là, à Paris, l'archiviste Charles Braibant ne peut réprimer un sentiment d'effroi : « Ce garçon invite, avec brutalité, les femmes françaises à fuir immédiatement les villes, Paris surtout, en emmenant leurs enfants. J'ai l'impression que ces paroles sans mesure vont porter[17]. » De telles directives suscitent une profonde incompréhension de la population dont les conditions de vie sont précaires et les possibilités de fuite limitées[18]. Les campagnes ne sont d'ailleurs pas toujours aussi accueillantes que Londres tend à le croire. Si l'on considère les perquisitions qui sont régulièrement opérées par la Gestapo et la Milice dans ces secteurs, les grandes agglomérations sont probablement plus sûres que les zones rurales.

Le 20 mai 1944, l'état-major allié (SHAEF) lance la campagne officielle pour préparer les populations au débarquement. « Vous allez entendre une voix qui a pour vous une importance particulière – la voix d'un membre de l'état-major du commandant en chef de la Force expéditionnaire interalliée », explique-t-on à l'antenne. La première directive est transmise par le colonel Fairlie qui conseille d'observer les mouvements de l'ennemi, les effectifs de ses troupes, son équipement, les dépôts de munitions et de ravitaillement, de repérer les lieux minés, de mémoriser les visages et les noms des officiers supérieurs pour fournir le plus d'informations possible aux Alliés à leur arrivée et les aider dans leur progression sur le territoire national.

Cohabitant, désormais, avec les voix officielles de l'état-major allié sur les antennes de la BBC, Gillois juge utile de souligner que ses consignes sont « spécifiquement françaises[19] », émanant explicitement du CFLN et que les autres, plus prudentes, de l'état-major allié, sont l'« aide minima qu'est en droit d'exiger de toutes les nations asservies le commandant en chef des troupes de débarquement[20] ». Les Français, abreuvés de messages divers depuis quatre ans, n'ont pas toujours une vision très claire de l'origine, et donc de la portée, du mot d'ordre diffusé. En ont-ils seulement besoin ? Gillois penche pour l'affirmative puisque le 28 mai, il entreprend d'expliquer aux auditeurs que l'aide bénévole demandée par l'état-major allié est devenue un devoir impérieux que chacun doit accomplir à moins de commettre une faute grave. Mais il estime que les Français ne doivent pas limiter leurs efforts aux demandes du commandement suprême qui en appelle aux seules bonnes volontés. Ils doivent exécuter les consignes strictement françaises qui, elles, constituent un appel au devoir.

Au cours de cette bataille des positions, où le contrôle des médias reste plus que jamais un enjeu majeur, le CFLN entend s'assurer le contrôle de l'information. Il veut disposer de ses propres correspondants de guerre, chargés de couvrir les opérations de débarquement et de libération de la France. Cette requête soulève quelques réticences dans le camp allié, alors que Maurice Schumann est pressenti pour remplir la mission. Depuis son arrivée à Londres, en juillet 1940, Schumann a toujours clamé sa volonté d'« en être le jour du débarquement », malgré le désaccord du Général qui, à plusieurs reprises, lui refusa l'autorisation de se rendre en France. Le 22 mars 1944, de Gaulle lui adressa même cette lettre écrite d'Alger :

> Mon cher ami,
> J'ai mûrement pesé la suite à donner à votre demande renouvelée d'aller où vous savez.
> En conscience, de toute mon amitié pour vous et de toute ma conviction de responsable, je vous dis : Non, ce n'est pas le moment.
> Je comprends parfaitement votre immense désir. Mais vous êtes et vous allez être absolument indispensable à Londres.
> Je vous envoie toutes mes affections dévouées.
> Charles de Gaulle[21].

À l'aube du jour J, nouvelle désillusion. Le 26 avril, Maurice Schumann, qui bénéficie de l'appui du PWD (Psychological Warfare Division), apprend que, sur décision du PRD (Public Relations Division), la section du commandement allié en charge des correspondants de guerre, seule la BBC peut désigner deux correspondants français recrutés pour le jour J. Pour des raisons d'ordre militaire, le commandement allié s'oppose à opérer tout changement[22], précise une note officielle. Pour le CFLN, cette décision unilatérale est inacceptable. Tout Français débarquant en France pour y exercer une action ayant un caractère de « propagande » doit être agréé par le Comité. D'une seule voix, Mayoux et Schumann refusent le diktat. Ils estiment que la désignation de trois reporters français pour participer « à la guerre radiophonique » en France est indispensable et choisissent, dans « l'ordre de priorité intangible », le lieutenant Schumann, l'enseigne de vaisseau Jean Marin et Pierre Bourdan pour remplir la mission.

Leur réaction va payer. Quelques jours plus tard, le CFLN obtient la présence de deux correspondants français[23], à condition que le commandement en chef notifie le détachement de ces deux hommes auprès du PRD.

Parmi les arguments avancés auprès du général Koenig, le CFLN milite pour les voix de Schumann et Marin, auxquelles les Français accordent une grande confiance. Elles auront « une action certaine et infiniment supérieure à celle que pourrait avoir un inconnu », tant en matière d'ordres précis à transmettre à la population française qu'en terme de soutien et de réconfort moral. « C'est une véritable *arme de guerre* que nous vous proposons de mettre à la disposition du commandement allié », avance le CFLN.

Le 5 mai, Kœnig décide de soutenir les demandes du Comité auprès de deux officiers de l'état-major allié, le colonel Drexel et le lieutenant-colonel Biddle-Smith, jugeant du plus haut intérêt dans le domaine de la guerre psychologique de faire débarquer en France, dès le début des opérations, une équipe composée du lieutenant Schumann et de l'enseigne de vaisseau Marin. « De l'observation ou la non-observation des consignes que ces voix pourront transmettre au peuple français de la part du Commandement Interallié peut dépendre, en grande partie, la présence ou l'absence de ce "team" sur le sol français[24] », leur écrit-il. On ne peut être plus clair.

Sous la pression, les Anglais finissent par céder. Il revient à Mayoux de désigner deux correspondants de guerre pour couvrir les événements en France. Il nomme finalement Maurice Schumann et Pierre Bourdan qui seront détachés par le PWD du général Mac Clure auprès du PRD du général Davis et transportés par la section compétente de l'état-major du SHAEF.

Pour Schumann, cette nomination constitue une belle riposte à Jean Hérold-Paquis qui, l'année précédente, dans un éditorial donné le 13 mars 1943, l'avait violemment pris à partie : « S'ils viennent, ceux que Schumann appelle les libérateurs, s'ils viennent se jeter à l'assaut des canons qui garnissent nos côtes, s'ils viennent porter le fer et le feu en cette France qui n'aura bientôt plus de sang pour saigner, s'ils viennent, croyez-vous donc qu'il sera là, au premier rang, le bourdonnant Schumann, croyez-vous qu'il sera là en tête des vagues d'assaut, le premier à fouler le sol à libérer, croyez-vous qu'il sera là, le héros de la Gaule palestinienne ? Osez dire que vous le croyez, osez-le. Et nous lui demanderons alors, au juif Schumann, si telles sont bien ses intentions, s'il a, comme nous, la volonté de prendre un fusil lorsque sera finie la guerre des ondes, et qu'il faudra se battre à poitrine découverte ? Il n'ose même pas se battre à visage découvert, même pas dire son nom, rien que cela, son nom[25]... »

Le 30 mai 1944, Schumann quitte Londres, en ayant pris soin d'enregistrer autant d'émissions que de jours qui le séparent du *D Day*, afin de n'éveiller aucun soupçon du côté allemand. Son retour en France signe la fin de ses prestations radio, même s'il continuera à produire des reportages pour la radiodiffusion française jusqu'au 8 mai 1945. À partir du 6 juin 1944, il sera remplacé par André Gillois.

Deux jours avant le débarquement, la BBC diffusera la première chronique enregistrée par Schumann qui se trouve alors embarqué sur un navire au large du Cotentin. Le 9 juin[26], l'ancien porte-parole du général de Gaulle livre sa première dépêche, cette fois depuis le front normand.

Durant les jours qui précèdent le débarquement, les directives diffusées sur l'antenne de la BBC par le Gouvernement provisoire sont négociées par les représentants du comité d'Alger, les Britanniques, l'état-major interallié et le délégué du PCF, Waldeck Rochet. En matière d'information et de propagande, les règles sont claires : les journalistes et les hommes de radio doivent être très prudents, se cantonner à un traitement sobre de l'information et à des descriptions factuelles. Pas de commentaire superflu, ni de spéculation inutile.

Malgré les précautions prises par les Alliés, les auditeurs attentifs ne peuvent plus douter que quelque chose se prépare. Les messages personnels sont plus nombreux. Le jeudi 1er juin, 161 messages d'alerte sont diffusés à l'attention des régions et des réseaux du SOE (Special Operations Executive). Parmi eux, le fameux « les sanglots longs des violons[27] » tiré du poème de Verlaine, et destiné au réseau Ventriloquist qui doit déclencher le sabotage des voies ferrées situées en arrière des côtes de Bretagne et de Normandie.

Mais avec la multiplication des coupures de courant, les saisies de postes de radio en certaines régions et le brouillage, les Alliés craignent aussi que leurs consignes ne soient pas largement entendues. Le commandement suprême fait donc lâcher des tracts sur la France pour avertir la population de l'imminence d'une attaque, et l'engager à déserter le lieu visé[28]. D'autres documents jetés d'avion invitent la population française à suivre uniquement les consignes par « les voies clandestines connues ou par les voix autorisées de la radio[29] ».

À l'aube du débarquement, la BBC appelle à la mobilisation, à l'engagement dans le combat, humble ou héroïque. Les Français les plus actifs doivent constituer des groupes de trois à quatre hommes, s'armer et rejoindre les maquis. Les autres devront trouver le moyen d'aider les troupes alliées, les résistants et les groupes organisés, ou tout au moins ne pas entraver la marche de la Libération. Personne ne doit se lancer dans des actes inconsidérés. Il faut éviter les dérapages et tout soulèvement civil qui pourrait s'avérer dangereux.

Ces groupes d'auxiliaires devront suivre les ordres donnés par la radio et se mettre à la disposition des Forces françaises de l'Intérieur, au premier appel de celles-ci. « L'héroïsme, explique André Gillois le 3 juin, c'est cela, c'est cet instant où l'on décide, et après lequel tout s'enchaîne et vous entraîne, c'est ce moment qui se présente à vous ce soir, c'est la minute où vous entendez cet appel et où vous devez répondre en vous-mêmes, à vous-mêmes : présent. »

La BBC glorifie désormais les FFI et l'armée de la Résistance tout en brossant le tableau d'une France qui se libère elle-même. Le peuple sera bien le héros de la Libération nationale.

17

Le jour J

Initialement programmée le 1er mai 1944, l'opération Overlord est repoussée au 5 juin, puis retardée de vingt-quatre heures en raison des mauvaises conditions climatiques sur la Manche.

Quelques jours avant les événements, les Britanniques ont encore demandé aux représentants du CFLN de préparer des directives à diffuser sur les ondes de la BBC, pour le jour J, à destination des Français et des Françaises non rattachés à un groupe de Résistance et non organisés[1]. Ces consignes d'alerte générale s'adressent, avec une précision inégalée, à chaque catégorie de Français : les habitants des zones de combat, ceux des villes et ceux des campagnes, les fonctionnaires, les maires, les enseignants, les médecins, les policiers, les gardes mobiles, les GMR, les gardiens de la paix et autres agents de la force publique, le personnel de l'administration pénitentiaire, les patrons et chefs d'entreprise, les cheminots, les éclusiers et les haleurs, le personnel des mines, des services de distribution d'eau et de gaz, des centrales électriques, ou encore ceux des transports en commun. Tous, dans leur domaine d'activité et selon leurs possibilités, doivent œuvrer pour le succès des Alliés.

Le 5 juin, à 21 h 15, plus de 200 messages d'alerte sont diffusés pendant seize minutes, sans interruption, à destination des groupes résistants. Ces messages déclenchent les plans « Vert, Violet et Tortue » pour le sabotage des communications censé ralentir la progression de l'ennemi vers la Normandie.

Le débarquement peut commencer, même si les Alliés doivent, une fois de plus, régler de profonds désaccords, jusqu'au matin même du 6 juin, au sujet de l'administration de la France après le débarquement. L'affaire est pourtant ancienne. Les Américains souhaitent instaurer un AMGOT (*Allied Military Government of Occupied Territories,* une administration militaire alliée en territoires occupés), comme en Italie, émettant une monnaie sans lien avec le Trésor public français. Mais de Gaulle s'y est opposé, alors que les Américains ont refusé de reconnaître la souveraineté du gouvernement français d'Alger en France métropolitaine. L'ensemble du travail des hommes d'Alger et du CNR, la mise en place de comités de la Libération et des commissaires de la République prévus pour s'atteler à l'administration du territoire libéré, est alors totalement méprisé par les Américains.

Si Roosevelt abhorre de Gaulle, le général Eisenhower, commandant en chef des troupes alliées, lui, est conscient de l'admiration des Français pour le Général. Il sait que l'invasion du territoire français ne pourra réussir sans un accord avec l'autorité représentative du CFLN, la seule apte à régler les problèmes sur les arrières, à organiser l'administration civile en France, la mobilisation de la Résistance et l'adhésion de la population.

Joignant leurs efforts, Anthony Eden, ministre des Affaires étrangères pour l'Angleterre, et Eisenhower ont convaincu Churchill d'user de tout son pouvoir pour amener Roosevelt à reconsidérer sa position à l'égard du général de Gaulle. Nombre de télégrammes seront échangés au-dessus de l'Atlantique. En dépit de ces efforts, la querelle a pris une ampleur considérable.

Lorsque le 23 mai 1944, de Gaulle reçoit une invitation de Winston Churchill lui demandant de le rejoindre en Angleterre, il est persuadé que le Premier ministre britannique entend le forcer à accepter l'AMGOT. Le Général ne quitte Alger que le 3 juin dans l'après-midi, et le 4, à 13 heures, il rencontre le Premier ministre britannique dans son train spécial, bloqué près de la gare de Portsmouth. C'est alors qu'il apprend que le débarquement est imminent, quand Churchill lui expose les préparatifs de l'opération.

Ulcéré d'avoir été ainsi tenu à l'écart des discussions alors que, neuf mois auparavant, il avait fait parvenir aux Alliés des propositions sur le sujet, de Gaulle s'indigne de la précipitation avec laquelle le problème lui est posé à la veille du D. Day, et refuse d'en parler. Mais Churchill ne lui cache pas son parti : « Sachez-le ! Chaque fois qu'il nous faudra choisir entre l'Europe et le grand large, nous serons toujours pour le grand large. Chaque fois qu'il me faudra choisir entre vous et Roosevelt, je choisirai toujours Roosevelt[2]. »

La rencontre avec Eisenhower n'est guère plus chaleureuse. L'entrevue prend même une tournure glaciale après que le général de Gaulle a lu le texte dactylographié que le général américain a prévu, via le micro de la BBC, de livrer aux Français[3]. Eisenhower appelle à ne pas agir sans ordre, demande aux fonctionnaires de Vichy de rester à leur poste et annonce la tenue de prochaines élections libres. Atterré, de Gaulle proteste dans l'instant. Sur la proposition d'Eisenhower, le Général lui soumet des modifications, mais il ne sait pas encore que le texte de la proclamation est déjà imprimé depuis deux semaines. Quarante millions d'exemplaires vont être parachutés sur le territoire français dès le 6 juin.

Quand il l'apprend, de Gaulle refuse de mettre à la disposition du haut commandement allié les quelque 300 officiers français formés pour assurer des liaisons administratives une fois le débarquement opéré, la MMLA (Mission française de liaison administrative[4]). Il décide aussi de ne pas s'adresser aux Français, sur les ondes de la BBC, le 6 juin 1944, selon l'ordre et l'heure prévus par les Britanniques.

D'après cet ordre préétabli, le roi de Norvège, la reine des Pays-Bas, la grande-duchesse de Luxembourg, le Premier ministre de Belgique, le général Eisenhower et le général de Gaulle doivent se succéder au micro de la radio de Londres. De Gaulle refuse de prononcer son discours après Eisenhower car un tel acte signifierait au peuple de France qu'il avalise la position du général américain.

La situation est bloquée, d'autant que personne ne peut concevoir que le Général ne s'exprime pas à la radio. Les Français ne comprendraient pas cette absence et détecteraient, derrière ce refus, un désaccord majeur entre les Alliés et le CFLN.

À 18 heures, Churchill, furieux, convoque son cabinet pour une cellule de crise à 18 h 30. Joint au téléphone par le Premier ministre britannique, Eisenhower lui-même ne contient pas sa rage : « Qu'il aille au diable ! Et s'il n'en revient pas, nous traiterons avec quelqu'un d'autre[5] ! »

Dans la nuit du 5 au 6 juin, les pourparlers se succèdent entre de Gaulle et Churchill, par médiateurs interposés. Pierre Viénot et Anthony Eden, qui qualifiera la nuit de « combat de géants[6] », font la navette entre les deux hommes. Finalement, à 4 heures du matin, alors que le débarquement est sur le point de commencer, un accord est trouvé. De Gaulle enregistrera à 12 h 30 un texte qui sera diffusé à 18 heures. Son orgueil satisfait, il accepte également de laisser partir 20 officiers de la

MMLA avec les unités de débarquement. Les opérations peuvent commencer.

Le 6 juin, à 9 h 30, sur les ondes de la BBC, les auditeurs entendent un premier communiqué allié, le message d'Eisenhower, puis ceux des souverains et Premiers ministres en exil (traduction de leur allocution). À 17 h 30, le texte de De Gaulle est diffusé. À 21 h 30, les éditoriaux de Duchesne, Oberlé, Gillois et Schumann (« Je vous parle de France ») sont livrés.

Ce 6 juin, au micro de la BBC, Jacques Duchesne annonce ainsi le débarquement : « Ce n'est pas par accident, mes amis, que vous n'entendez pas ce soir "Aujourd'hui, 277e jour de l'invasion, etc." Ce n'est pas par oubli que vous n'entendez pas "1 444e jour de la lutte du peuple français pour sa libération" : il a fallu 1 444 jours pour que cette libération commence. Mais ces deux formules-là, vous ne les entendrez plus jamais[7]. » À compter de ce jour, les programmes français de la BBC entrent dans une nouvelle phase, diffusant les dépêches des correspondants de guerre français et alliés, communiquant les consignes du GPRF, du CNR et celles du commandement suprême. Le temps des saynètes, des slogans et des bons mots est révolu. Une place prépondérante est faite aux informations et aux reportages de guerre.

« Il semble que quelque chose commence[8] », écrit le pasteur Boegner le mardi 6 juin, à 8 h 25 du matin, après avoir entendu à la radio l'annonce de violents combats aériens et navals en Normandie. Tous les intervenants de la BBC, mais aussi Waldeck Rochet, Albert Guigui pour la CGT, Raymond Haas pour le Parti socialiste, Lucie Aubrac au nom des femmes invitent leurs troupes à suivre les mots d'ordre du SHAEF et du CFLN.

A 12 h 30, de Gaulle se présente à Bush House pour enregistrer le texte qu'il a refusé de soumettre, un peu plus tôt, aux Anglais, prétextant qu'il n'était pas rédigé. En réalité, le texte est dans sa poche. Les Anglais se dépêchent de le retranscrire pour le remettre à Eden qui, avec diplomatie, n'y change rien. Le Général est accueilli par son nouveau porte-parole, André Gillois, conscient de vivre un moment grave. « Je suis en train d'assister à un événement historique[9] », se dit-il, assis dans le studio de la BBC. Il prendra soin de conserver le texte du général de Gaulle.

L'allocution est moins brillante que celle du 18 juin 1940, moins exaltée, plus mûre. Les propos sont encourageants ; la victoire prochaine des Alliés contre l'ennemi, la libération de la France, et la défaite inéluctable des Allemands. Comptant sur les forces armées de terre, d'air et de mer, de Gaulle se tourne aussi vers les Français auxquels le devoir commande « de combattre par tous les moyens dont ils disposent[10] », en bon ordre, c'est-à-dire en prenant soin de suivre scrupuleusement les consignes données par le gouvernement français et ses représentants, et en évitant d'être mis hors de combat sans combattre. Sur un ton plus lyrique, de Gaulle conclut son intervention par ces mots enlevés : « La bataille de France a commencé. Il n'y a plus dans la nation, dans l'Empire, dans les armées qu'une seule et même volonté, qu'une seule et même espérance. Derrière le nuage si lourd de notre sang et de nos larmes voici que reparaît le soleil de notre grandeur. »

Le 6 juin 1944, « enfin » est probablement le mot le plus usité dans toute la France. Les Français qui n'habitent pas l'ouest du pays passent la journée dans l'attente des nouvelles. Mais une chose est sûre, depuis le matin, l'annonce du débarquement court les rues de nombreuses villes de France. Ce jour-là, le bouche à oreille fonctionne à plein et chacun réagit à sa façon. Le plus souvent avec emphase. « Enfin, ça y est. Le débarquement a commencé[11]... », note l'écrivain Jean Galtier-Boissière. « Tout le monde exulte... Enfin ! Enfin[12] ! », écrit de son côté Marie-Thérèse Gadala. À Paris, à 12 h 30, l'annonce est accueillie avec l'espoir d'une réelle délivrance et un calme parfois teinté de scepticisme. Le courant étant interrompu à partir de 6 h 30, Charles Braibant apprend par la voix d'un camarade, vers 9 heures, que le débarquement a commencé en Normandie. Il s'empresse de téléphoner à un ami de Neuilly qui dispose du courant et tourne aussitôt les boutons. « C'est vraiment le Débarquement avec un grand D. Pourtant une concierge de mon quartier reste sceptique : "Ce n'est qu'un avertissement", me dit-elle[13]. » Les gens espèrent, mais craignent de subir une nouvelle déception. Le calme, la joie et la crainte sont les sentiments les plus répandus dans les foyers.

Dans la capitale, on assiste à quelques démonstrations de joie. Les visages rayonnent, les regards s'enflamment, et les huit alertes de la journée ne provoquent pas l'anxiété d'antan. L'action aérienne alliée prend une nouvelle signification. « À midi, lorsque l'alerte nous surprit à table, les plus empressés à courir vers les abris restèrent à déjeuner dans la crainte de manquer le bulletin d'information de la BBC[14] », raconte Fernand Picard ingénieur aux usines Renault.

Ceux qui peuvent capter la radio de Londres font circuler les informations. « "Ils ont débarqué au Havre. Ils ont débarqué à Saint-Malo... On se bat à Caen... L'état de siège a été proclamé à Rouen..." Les nouvelles en passant de bouche en bouche devenaient autant de bulletins de victoire[15]. »

Dans les jours qui suivent, rien ne change dans la vie quotidienne des Français. Tout est presque comme avant, sauf dans l'ouest du pays. « Rien de plus que s'ils avaient débarqué dans une île du Pacifique. Nous

sommes déconcertés par ce contraste[16] », se lamente
Léon Werth.

En attendant d'assister au reflux général des occupants, l'appréhension refait surface[17], tandis que Radio
Londres demande aux auditeurs de se transformer en
auxiliaires des Alliés. Il faut en effet mobiliser les Français à leurs côtés tout en contenant leur envie d'agir,
encadrer leur participation à la libération du pays et
éviter tout risque de dérapage sanglant. Durant les trois
premiers jours qui suivent le débarquement, il s'agit surtout de fédérer les policiers, les gendarmes, les GMR
auxquels on demande de ne pas se laisser désarmer et
de rejoindre les patriotes. Les policiers et les membres
de l'administration pénitentiaire sont enjoints à déso-
béir et à ouvrir les portes des prisons et des camps de
détention pour libérer les prisonniers ; les fonctionnaires sont encouragés à saboter la machine allemande,
les médecins à rejoindre les FFI et les patriotes, les cheminots, les fonctionnaires des PTT à paralyser les transports et les transmissions en vue d'une immobilisation
générale de l'ennemi. On pousse les paysans à réserver
les récoltes et le bétail aux combattants et aux réfugiés,
les habitants des campagnes à porter secours et héber-
ger les habitants des villes en fuite ; et les femmes[18]
sont appelées à protéger les petits enfants, organiser des
relais vers les campagnes pour les mettre à l'abri et
aider les hommes. « Vous êtes tous mobilisés ; obéissez
aux ordres de votre gouvernement[19] », répète-t-on sans
relâche sur les antennes.

Aux maires, secrétaires de mairie, et à tous ceux qui
administrent le pays, Gillois lance : « Restez à votre
poste, veillez à la sécurité de la population, assurez ses
besoins essentiels, opposez-vous aux instructions et aux
réquisitions allemandes et sabotez-les par tous les
moyens[20]. » Quant aux employés des mines, des services
de l'eau, du gaz, des centrales électriques, hydrauliques,

thermiques et autres, ils doivent demeurer dans les usines pour protéger le matériel vital des destructions allemandes et appliquer les consignes de poursuite ou de cessation du travail. Les Français ont le « devoir de se dérober par tous les moyens aux ordres de l'ennemi et de l'usurpateur de Vichy[21] ». Les combattants isolés doivent constituer des groupes d'hommes, aider les Alliés et les résistants en les informant sur les mouvements de l'ennemi, en les guidant, en les ravitaillant sans pour autant affluer en désordre vers les maquis et les groupes de résistants, et risquer une paralysie de l'action. Ils doivent tout mettre en œuvre pour ralentir la progression des Allemands.

En cet été mouvementé, la propagande de la BBC oscille entre incitation à l'action et conseils de prudence. En dépit des messages censés prévenir une insurrection précoce et meurtrière, des mouvements insurrectionnels locaux poussent le général Kœnig à demander aux responsables de la résistance militaire « de freiner au maximum l'activité de guérilla[22] ». Le 9 juin, la BBC s'efforce de responsabiliser les Français, tout en essayant de les garder mobilisés, mais ces appels au calme et à la modération ne suffiront pas à empêcher des actes de guérilla, des comportements inconsidérés et la marche de volontaires vers les maquis. Dans cette période critique, en pleine débandade, les Allemands opèrent des représailles[23], dépassant les limites de l'horreur comme à Tulle le 9 juin, Oradour-sur-Glane (Haute-Vienne) le 10, Chaudes-Aigues (Cantal) le 20 juin, ou dans le Vercors. Craignant de saper le moral des populations civiles et de créer un vent de panique[24], la BBC ne fait aucune mention de ces atrocités, seul le massacre d'Oradour-sur-Glane, dont la nouvelle s'est répandue en France, sera exploité à l'antenne, à la mi-juillet, soit plus d'un mois après le drame.

Sur le terrain, à l'image des speakers de Radio Londres, les correspondants de guerre encouragent les Français à davantage de méfiance. Maurice Schumann, Jean Marin, Pierre Lefèvre, Pierre Bourdan, Granville, André Rabache, Pierre Gosset et Paul Bouchon sont en France. Dans un reportage bouleversant diffusé le 2 juillet, Schumann témoigne des représailles allemandes et lance un appel aux civils présents dans des zones de combat afin qu'ils prennent conscience des actes d'ignominie qui les guettent. « Je reverrai toujours ce petit garçon atrocement brûlé, parce qu'un Allemand, en s'enfuyant, lui avait mis une grenade à feu entre les mains. Je reverrai toujours cette famille, dont tous les membres survivants sont infirmes parce que trois Allemands se sont amusés à jeter leurs dernières grenades dans la tranchée où s'abritaient les civils du village. Je reverrai toujours cette femme, devenue folle, en voyant un Allemand abattre sa petite fille à côté d'elle, alors qu'elle essayait de l'éloigner du champ de bataille[25]... »

Mais Maurice Schumann est ému aussi par les scènes de liesse, à la vue des libérateurs, alors même que les balles sifflent autour d'eux et que les troupes allemandes sont à proximité.

Dans ce climat de folie, Radio Londres doit plus que jamais calmer les esprits et inciter à une extrême vigilance. Le 5 septembre, André Gillois alertera encore les Français qu'en Maurienne et en Touraine les Allemands, fuyant vers l'est, se livrent à des exécutions sommaires et à des atrocités sur la population civile, invitée à fuir les villages et les habitations à l'approche des armées ennemies. L'action doit être prudente, mais elle doit laisser aux Français l'impression d'être les acteurs de leur délivrance. Pour bâtir ce mythe de la libération du pays par l'ensemble des citoyens français, voulu par de

Gaulle, le porte-parole du Général s'efforce aussi de brosser le tableau d'une France se débarrassant elle-même du joug nazi. Pour lui, la Libération résulte d'un effort national collectif dont chaque patriote doit être fier.

« Il y a quatre ans, nous avons connu chez beaucoup de Français la résignation à la défaite, la résignation à l'armistice, rappelle Gillois, le 6 juillet. Il ne faut pas qu'il y ait une résignation à la délivrance. Il ne faut pas que chacun, derrière ses volets bien fermés et ses rideaux tirés, nous écoute en pensant que ce n'est pas à lui mais à ses voisins que nous parlons. Ce n'est pas pour votre voisin seulement que vous voulez la liberté. C'est pour vous. ALORS, GAGNEZ-LA VOUS-MÊME, CETTE LIBERTÉ[26]. » Un discours qui reflète parfaitement la volonté du général de Gaulle, même si la participation des patriotes doit se faire de façon graduelle et ordonnée, sous le contrôle des troupes alliées et des FFI[27].

Encore faut-il pouvoir entendre la radio dont l'écoute est rendue difficile par les interruptions de courant de plus en plus fréquentes. Du fait des coupures d'électricité, Radio Vichy a été contrainte de cesser ses émissions les lundis, mardis, mercredis et vendredis de 10 heures à 11 h 15 et de 14 heures à 18 heures[28]. Pour la même raison, Radio Paris décide, dès le 12 juin, de suspendre ses programmes de 15 heures à 17 heures, et de les prolonger jusqu'à 2 heures du matin pour pallier la coupure de l'après-midi. Les speakers de tous les postes ignorent d'ailleurs s'ils sont entendus. « Je parle aujourd'hui dans un vide étrange, déclare Jean-Jacques Mayoux le 12 juin. Où êtes-vous, ceux qui écoutaient Londres ? Comment écoutez-vous maintenant ? Et que vous dire ? » Mais les Français trouvent toujours quelques moyens ingénieux de s'informer, comme le pasteur Boegner qui, vers la fin du mois de juillet, rapporte qu'il est entré dans un nouveau « régime du soir ».

« On se couche à la nuit, la radio ouverte, un commuta-
teur tourné ! Dès que jaillit la lumière, on règle le
poste[29]. » D'autres ont confectionné des postes à galène
pour transmettre les nouvelles alentour[30], ou formé des
groupes d'écoute pour entendre les dernières informations du front, les consignes à respecter et les commentaires des nouvelles. La meilleure solution consiste en
fait à se procurer des postes à cristaux ou à batterie.
Selon le témoignage de Jean Marin, livré le 16 septembre 1944, « il y avait des garagistes qui ne faisaient
que ça[31] ».

Au fil des semaines, les Français vont pouvoir
s'appuyer sur les moyens techniques des soldats alliés.
Au gré de sa progression, l'armée fournit ponctuellement des groupes électrogènes aux populations locales.
Des camions équipés et les postes de radio des troupes
servent localement de relais pour les émissions françaises de la BBC et de l'ABSIE (American Broadcasting
System in Europe), la radio américaine en français
basée, depuis la fin de l'année 1943, à Londres et à
laquelle la BBC a prêté ses antennes pour atteindre
l'Hexagone.

En arrivant dans des villes ou des villages, il n'est pas
rare que les soldats allument leur radio, dans les jeeps,
et se branchent sur « Ici Londres ». Des copies des communiqués des Alliés sont aussi placardées dans les
zones d'habitation que les camions radio alliés n'ont pas
l'occasion de traverser.

À cette date, la BBC[32] reste la première radio écoutée
par les Français, devant l'ABSIE. La radio américaine,
dont le réseau est moins brouillé, retransmet le programme français de la BBC pour l'Europe, « The French
for Europe », de 22 h 30 à 23 heures, et propose à
minuit la rediffusion du programme « Les Français parlent aux Français ». En matière de confort d'écoute, il
faudra attendre le début du mois de septembre pour

sentir une amélioration réelle presque partout en France, sauf dans les quelques villes comme Paris encore perturbées par le brouillage.

Les succès des opérations militaires n'ont pas fait taire les radios nationales françaises. Au contraire, elles poursuivent leur propagande au vitriol contre les Alliés, et cherchent surtout à éloigner les Français des combats. Dès le 6 juin, Pétain a lancé un appel dans ce sens. Le vieux Maréchal et Pierre Laval s'en expliquent aux Français : « Nous ne sommes pas dans la guerre, nous ne voulons pas de guerre civile. » Chacun doit rester à son poste, sans commettre d'acte qui pourrait entraîner de tragiques représailles. « N'écoutez pas ceux qui, cherchant à exploiter notre détresse, conduiraient le pays au désastre[33]. » On adjure les Français de garder le calme et de rester disciplinés, de penser avant tout au péril mortel que peut courir le pays par de simples actions « insensées ».

À Londres, l'inquiétude est grande de savoir comment les Français « attentistes » vont se comporter. Ballottés entre la crainte et l'enthousiasme, ces Français sont la proie rêvée des propagandistes pro-Allemands. « C'est pour vous que parle Henriot et que parle Pétain parce qu'ils ont reçu des Allemands l'ordre de vous empêcher de bouger, parce qu'il est si essentiel pour les Allemands que vous ne bougiez pas[34] », prévient Jean-Jacques Mayoux au micro de Radio Londres, le 12 juin.

Philippe Henriot, qu'aucun doute ne semble étreindre à l'antenne, brandit l'épouvantail du bolchevisme et dépeint les Alliés comme des barbares décidés à détruire la France bombardée sans vergogne. Sur les ondes nationales, et tout particulièrement sur Radio Paris, le débarquement n'est que ruines, fumées, sang, victimes innocentes ou cortèges de malheurs dont les Français sortiront au mieux meurtris, au pire anéantis.

« Coutances, Bayeux, Saint-Lô, Lisieux, Caen, Deau-ville, Cabourg, Trouville, Carentan, Sainte-Mère-l'Église, Isigny-sur-Mer, Port-en-Bessin et Valognes, voici que la guerre est là, voici que la guerre les marque à jamais de son cachet de sang et de flammes », s'insurge Jean Hérold-Paquis sur Radio Paris, le 9 juin au soir. Sur ces mêmes ondes, le journaliste André Algaron répond à l'allocution du général de Gaulle, faite le 6 juin : « Vous avez beau, général de Gaulle, lancer par le canal d'un micro situé hors de nos frontières des appels aux sabo-tages, à l'attentat et au désordre, le peuple de France se refuse à se plier à vos exhortations, à se ranger derrière vous[35]. »

En jouant sur la souffrance, la douleur et les horreurs de la guerre, les postes espèrent semer l'inquiétude dans l'esprit des Français[36]. « Les forces dites "de résistance" sont des ennemis qu'il faut combattre avec la plus grande énergie[37] », conclut Joseph Darnand[38] le 8 juin 1944. Les informations de la radio nationale et des postes allemands dénigrent sans relâche les échecs des Alliés, leurs erreurs de stratégie, et exaltent la résistance des troupes nazies. Les émissions de Radio Paris pour-suivent même la diffusion des sketches antibritanniques qui semblent pourtant bien décalés et dérisoires[39] en pareille circonstance.

Thuriféraire de la collaboration, Philippe Henriot, qui se trouve à Berlin au moment du débarquement, polit une dernière fois son discours à la gloire de l'Allemagne et de l'occupant et tente de retourner l'opinion des Français victimes des « assassins du ciel », des « envahis-seurs », des résistants et des maquisards auxquels la population ne doit en aucun cas apporter aide et solida-rité. Ces propos envenimés suscitent une réponse vive.

« Quel but poursuivez-vous, Monsieur Philippe Hen-riot ? », interroge le commandant aviateur Bernard Dupérier, le 14 juin, sur l'antenne de la BBC. Inquiet des paroles perfides et des sarcasmes proférés par le ministre de l'Information et de la Propagande de Vichy, il ajoute : « J'ai sous les yeux la lettre "à ouvrir en cas de disparition" d'un de mes pilotes qui depuis quatre ans n'a jamais cessé la lutte : "Je sais que mon sacrifice ne sera pas inutile", dit-il. C'est un disparu qui vous parle, Monsieur Philippe Henriot, et avec lui tant d'autres qui ont donné leur vie depuis 1940. (...) Taisez-vous, Monsieur Philippe Henriot, ou bien faites-vous naturaliser allemand. Les quelques Français qui vous croient encore sauront alors ce que vous êtes : un ennemi de la France[40]. »

Les hommes de la BBC n'ont plus le temps de tergiverser. Face aux exactions d'un adversaire aux abois, ils doivent dénoncer les atrocités commises par les miliciens, les « verts-de-gris » ou des citoyens comme le « cynique » Darnand. « Exécuter les consignes de Darnand, c'est passer à l'ennemi, c'est trahir purement et simplement, c'est aller à coup sûr et sans rémission possible au peloton d'exécution[41] », menace André Gillois, le 14 juin.

Une escalade sémantique est amorcée. Certains speakers sont d'ailleurs personnellement chargés de répondre à un opposant désigné. Ainsi, Georges Gorse et Pierre Dac visent régulièrement Philippe Henriot, ou Xavier Vallat, le commissaire aux questions juives, autre collaborateur notoire que Georges Gorse entreprend le 22 juillet 1944, sur les ondes d'Alger. Sur un ton enflammé, Gorse va jusqu'à prédire aux « parleurs de Vichy » et « aux traîtres à la patrie » un sort suprême, une sortie de l'hôtel du Parc les pieds devant[42] !

Philippe Henriot n'échappera pas, lui, à la colère des hommes de la Libération. Le 28 juin, à 5 h 30, un commando de corps francs dirigé par le jeune résistant Charles Gonard[43] pénètre dans son immeuble parisien pour l'enlever. Son garde du corps est absent ; Philippe

Henriot l'a autorisé à disposer de sa soirée. Munis de
fausses cartes de miliciens, les résistants convainquent
le ministre de l'Information et de la Propagande qu'un
attentat se prépare contre lui. Confiant, Henriot ouvre
sa porte, avant de réaliser sa méprise. Il se défend, sa
femme crie. Les hommes du commando l'exécutent sur
place. Le jour même, un catafalque est dressé au ministère, puis sur la place de l'Hôtel de Ville le 29 juin. Le
lendemain, son cercueil est porté à Notre-Dame de Paris
où, le 1er juillet, on célèbre des obsèques nationales
retransmises sur les ondes de la Radiodiffusion nationale française[44].

Pierre Laval annonce, en personne, la mort d'Henriot
au micro de Radio Paris, le 28 juin, à 12 h 40, heure de
la chronique du ministre de l'Information[45]. Certains
accueillent la nouvelle avec une légèreté souriante,
sans haine apparente. D'autres affichent une réelle
satisfaction ou un profond malaise[46], comme le prouvent les extraits de correspondance amassés par les services du gouvernement de Vichy. « C'est avec une
indicible émotion que nous avons appris l'assassinat de
ce brave Philippe Henriot », écrit un habitant de Toulon particulièrement attaché à la mémoire du ministre
de l'Information. « (...) Quelle perte pour la propagande française. Il était très écouté et ses éditoriaux
avaient changé les idées de bien des amis de l'anglo-
américanomanie. Mais son éloquence, son argumenta-
tion et la façon dont il disait leurs faits aux Juifs de
Londres et d'Alger devaient lui attirer la vengeance de
ces pauvres gens qui en fait d'arguments ne connaissent que la mitraillette[47]. »
À l'inverse, les résistants et autres combattants engagés savourent une douce revanche. En première page
du journal clandestin *L'Humanité*, daté du 30 juin, un
encart annonce que « le traître Henriot, insulteur des

patriotes, et engagé dans la Waffen SS, a été exécuté à Paris, dans son ministère, par une quinzaine de patriotes. Justice a été faite », s'exclame-t-on.

Pour le camp de la collaboration, le coup est rude. Après l'assassinat d'Henriot, de grandes affiches arborant la photo du ministre sont placardées sur les murs des villes avec ce texte bref : « Il disait la Vérité, ils l'ont tué ! » Ordre est donné aux préfets d'organiser une messe solennelle de requiem en l'honneur de l'ancien ministre, mais certains refusent. En accord avec l'évêché, le préfet de Corrèze, Pierre Trouillé, opte même pour le silence et s'abstient de mettre en place une quelconque cérémonie[48].

Avec la mort d'Henriot, la propagande française perd une arme essentielle. Les éditoriaux de Xavier Vallat, commissaire général aux questions juives et de Paul Marion, secrétaire d'État à l'Information ne peuvent faire oublier son talent. Les chroniques du tribun sont d'ailleurs rediffusées au cours de l'été 44. Cette décision prise par les Allemands de ressusciter le mort pour servir leurs desseins a de quoi étonner plus d'un auditeur. Jean Galtier-Boissière qui détestait l'homme, trouve « cette péroraison post mortem (…) bouleversante[49] ». Le futur académicien Jean Guéhenno, lui, s'amuse d'entendre tous les soirs, à 10 h 15 exactement, Henriot « bougonner d'au-delà de la mort » et rit de l'inquiétude du journal *Je suis partout* qui redoute l'usure des disques et la disparition à jamais de cette « grande voix qui sauve la France[50] ».

En guise d'oraison funèbre, Pierre Dac choisit de rendre hommage à tous les camarades de la Résistance morts au poteau d'exécution, ceux que Philippe Henriot assimilait à des « bandits de grand chemin », ceux qui n'ont pas eu d'escorte, de musique ou de discours officiel pour leur dernier voyage. « Et pourtant c'est vous qui avez eu des funérailles nationales, parce que c'est l'âme, le cœur et la fierté d'un peuple tout entier qui vous ont accompagnés jusqu'à votre dernière demeure[51] », lance-t-il avec vigueur en honneur de ces héros.

L'épisode Henriot oublié, les radios alliées, et particulièrement la BBC, continuent de couvrir les événements, alors même que le général de Gaulle, qui a débarqué depuis peu, savoure le climat d'euphorie, de gloire et de plébiscite populaire en Normandie. Les Américains ont enfin décidé de reconnaître le CFLN et sa légitimité à administrer la France libérée.

Mais, à l'aube de la fête nationale, un nouvel appel à la résistance civile se prépare, une ultime campagne de mobilisation qui clôt la liste des mots d'ordre lancés régulièrement depuis quatre ans.

18

Premiers parfums de liberté

Le 14 Juillet, à 9 h 45, sur les ondes de la BBC, le programme français du matin annonce qu'à Bayeux, Cherbourg, Caen et dans tous les bourgs et villages délivrés de Normandie, les Français vont pouvoir, pour la première fois depuis quatre ans, célébrer librement la fête nationale. « L'année prochaine, dans une France entièrement libérée, tous les Français célèbreront dans un 14 Juillet glorieux, leur liberté retrouvée », entendon, sur l'antenne, juste avant que ne retentisse *La Marseillaise*.

À l'occasion de la fête nationale, le CNR a décidé de lancer un appel à manifester pour faire du 14 juillet 1944 le prélude à l'insurrection nationale. L'idée emporte l'adhésion de l'ensemble des mouvements de Résistance, à l'exception du Parti socialiste, composante minoritaire au sein du CNR, qui trouve plus judicieux que les efforts du peuple français soient coordonnés avec ceux des militaires alliés. Daniel Mayer, le secrétaire général de la SFIO, craint qu'une insurrection dénuée du soutien des troupes de Kœnig favorise les massacres par les Allemands. Malgré cette divergence, les autres forces du CNR lancent l'opération.

Le texte est publié par *L'Humanité* dès le 30 juin, et relayé par des tracts de la CGT[1]. *Libération, Front natio-*

nal, *France d'Abord*, *L'Avenir*, *L'Aurore*, *Franc-Tireur*, et d'autres feuilles clandestines[2] diffusent l'appel qui encourage les Français à chômer toute la journée du 14 Juillet (ou le 15 si le 14 est décrété jour férié), à porter les trois couleurs nationales, à brandir le drapeau français, à le hisser sur les bâtiments publics, les clochers ou dans les usines, à manifester autour des monuments aux morts, devant les mairies ou les places publiques et à rejoindre les organisations de la Résistance pour poursuivre la lutte contre les Allemands.

Toutefois, l'heure n'est pas encore à la mobilisation guerrière. Sur les ondes de la BBC, chaque intervenant reste prudent. La série d'interventions, entamée par le général Kœnig, se concentre essentiellement sur deux jours, les 13 et 14 juillet. Un officier britannique vient saluer le cœur des Français, « plein d'accueil, plein d'amitié[3] » ; Anthony Eden, le ministre des Affaires étrangères de Grande-Bretagne, félicite le peuple français « résolu à jouer son rôle pour vaincre l'ennemi commun[4] » et envisage pour demain une union durable et une entente étroite dans la résolution des problèmes de la paix. Enfin, Pierre Viénot, ambassadeur de France, délégué auprès du gouvernement britannique, rend hommage aux Anglais auprès desquels, dit-il, la France a trouvé compréhension, dévouement et amitié, « une des plus solides assises de la paix de demain ».

Tout au long de la matinée du 14 Juillet, des personnalités étrangères viennent exprimer leur soutien aux citoyens français : le général sir Maitland Wilson (ancien chef d'état-major du général Wawell lors de la première offensive en Libye en 1940, alors qu'il était commandant en chef des forces alliées en Méditerranée), M. Bogomoloff, ambassadeur de l'Union soviétique, Robert Murphy, représentant des États-Unis, Duff Cooper, représentant de la Grande-Bretagne, ou encore le général Vannier, représentant du Canada auprès du CFLN. Nombre de reportages sont consacrés au déroulement de la fête nationale dans des localités libérées et aux souffrances endurées par les victimes des bombardements. Pierre Gosset et Pierre Lefèvre célèbrent Caen en ruine. Dans la ville entièrement dévastée, les FFI et la population locale fêtent la liberté retrouvée. On déploie le long d'un mât un drapeau tricolore frappé d'une croix de Lorraine. Quelques citations sont décernées à de vaillants combattants, après un défilé constitué d'une cinquantaine d'hommes, sans musique.

Dans le programme de 13 h 30, Pierre Lefèvre[5] décrit la ville de Bayeux où le journaliste retrouve un peu de l'atmosphère des 14 Juillet d'avant guerre. Des drapeaux, d'immenses banderoles, des lampions de naguère éclairent le cœur des habitants, même si le couvre-feu du soir interdit qu'ils soient allumés. Selon le reporter Franck Gilliard[6], également sur place, des hommes, des femmes et des enfants, endimanchés et arborant une rosette, un nœud, une cocarde ou un bouquet de fleurs bleu-blanc-rouge, se pressent dans les rues, aux balcons, aux fenêtres, ou devant les portes des maisons. L'orchestre local joue des marches militaires comme *Sambre-et-Meuse*. Autour du monument aux morts, les vétérans de la Grande Guerre sont regroupés, portant un lourd drapeau brodé. Des groupes de jeunesse, des commandos français, des officiers britanniques déposent une couronne au pied du monument, puis en présence du commissaire régional de la République Coulet, des résistants sont distingués pour leur bravoure au combat. Après le salut aux couleurs, la musique exécute l'hymne national des trois nations alliées : *Marseillaise, God Save the King, The Star Spangled Banner*. Le moment est particulièrement émouvant. « La foule fait silence et sur les joues coulent des larmes de fierté », raconte Lefèvre.

À Cherbourg, la fête nationale est plutôt célébrée avec « une ferveur empreinte de solennité », comme « un hommage rendu à tous les absents, ceux qu'on reverra et ceux qu'on ne reverra plus[7] ». La cérémonie se déroule devant le monument aux morts de 14-18. Un représentant de la Résistance, un délégué des prisonniers rapatriés, l'amiral Thierry d'Argenlieu et François Coulet prennent la parole. Puis, devant le théâtre de la ville, le maire débaptise la place Pétain pour la renommer place du Général-Charles-de-Gaulle.

Ailleurs, des actes sommaires de justice populaire viennent assombrir les premiers jours de la France libérée. À Valognes[8], on rase, en public, les cheveux de 9 femmes, avant de célébrer une messe à la mémoire des 300 civils français morts pendant la bataille. Puis 2 500 hommes et femmes se rendent au cimetière et à la mairie où flottent les drapeaux français, britannique et américain, pour reprendre en chœur les hymnes nationaux des trois pays.

Dans ce secteur de l'ouest de la France, des compatriotes commencent tout de même à retrouver le goût de la vie « d'avant ». À Courseulles-sur-Mer[9], on organise même un match de football entre l'équipe locale et les soldats britanniques. « Environ 3 000 soldats, marins et aviateurs alliés, mêlés à des civils français qui avaient revêtu leurs plus beaux habits du dimanche, assistaient au match, raconte le reporter. Les Britanniques ont battu l'équipe française par 6 à 2, mais ils ont tenu à souligner que ce résultat était dû, en grande partie, à la forme physique des Français qui se ressentaient des suites de l'Occupation. »

En poste dans le bocage normand, Maurice Schumann évoque le « visage nouveau [de la France] avec des traits immuables. Liberté, Égalité, Fraternité : c'était hier, ce sera demain la devise du citoyen. Il n'y a place aujourd'hui que pour la devise du drapeau ». Puis il achève son reportage par la description de plusieurs scènes auxquelles il a assisté ; un petit drapeau tricolore, accompagné des couleurs alliées, arboré par une main tenace et anonyme ; un laboureur qui, sans répit, se remet à la tâche, « ce psaume silencieux du paysan ». Autant d'instantanés saisis sur la route des combats qui l'incitent à prédire que la France va se relever de ses peines et de ses cendres.

Sur le reste du territoire français toujours occupé, bravant les directives de Darnand qui a ordonné aux préfets d'interdire toute cérémonie officielle à l'occasion de la fête nationale et de renforcer les forces de police pour prévenir ou réprimer toutes les manifestations, on a célébré le 14 Juillet par quelques manifestations de joie et de ferveur patriotique. Le préfet de Corrèze a même procédé au lever des couleurs dans le parc de la préfecture, en présence de tous les fonctionnaires et des représentants de la municipalité de Tulle, et fait servir un vin d'honneur dans son salon. Pour cette incartade, le fonctionnaire de Vichy ne sera pas sanctionné, pas même par le colonel de la Kommandantur auquel il rend visite dans l'après-midi pour le tenir informé de la cérémonie privée et qui lui glisse simplement : « A votre place, j'aurais fait comme vous[10]. »

Dans plusieurs autres communes de Côte-d'Or et de Saône-et-Loire, des drapeaux tricolores furent hissés sur des monuments[11]. La démarche valut au maire de Genlis (Côte-d'Or), âgé de soixante ans, et à un gendarme, commandant provisoire de la brigade locale, d'être arrêtés[12]. À Dijon[13], deux drapeaux tricolores ornés de la croix de Lorraine flottèrent toute la journée sur le monument aux morts et sur le mât du pavillon de la mairie, et des Dijonnais défilèrent en famille de façon incessante, dans la ville, en arborant les trois couleurs nationales.

À Hautvillers[14], à sept kilomètres au nord-ouest d'Epernay, de petits drapeaux furent placés sur les édifices publics et des inscriptions « Vive la Libération ! » tracées à la craie sur le bitume des chemins. Treize personnes, âgées de vingt à trente-deux ans, furent incarcérées après un interrogatoire sommaire.

À Paris[15], de 11 h 30 à minuit, des individus se mobilisèrent pour honorer le souvenir de 1789. Les rapports du GPRF[16] estiment à 9 000 le nombre de patriotes ayant défilé individuellement, et dans le calme, devant la tombe du Soldat inconnu. La flamme fut ranimée à 18 h 30 par la Fédération des grands invalides de guerre. Environ 100 personnes participèrent à la cérémonie et 300 y assistèrent, apparemment sans incident. Tout au long de la journée, dans les divers arrondissements de la capitale, les forces de l'ordre s'évertuèrent à disperser les participants, mais des échauffourées firent quelques victimes : un homme fut tué et trois femmes blessées par des tirs. Le dessinateur du PPF, Ralph Soupault[17], blessa lui-même deux personnes, de son revolver, alors qu'il s'était querellé avec ces passants et avait arraché leurs cocardes tricolores.

Un mois plus tard, le 24 août, Paris sera libéré. La France va retrouver des airs de liberté. Le conflit prend désormais un nouveau tournant, précipitant la fin de certaines émissions emblématiques de la BBC et le retour des célèbres « voix de Londres » en France.

19

La fin d'une aventure

« Ce sera l'un des mystères à éclaircir dans l'histoire de cette guerre de savoir pourquoi et comment les Boches ont pu laisser s'établir ce contact, et pour le moins n'ont pas réussi à rendre inaudibles les émissions de Londres et d'Alger », s'interroge le Dijonnais Henri Drouot, le 18 août 1944[1].

À cette date, les voix de la radio de Londres continuent de mobiliser les esprits et d'adresser des appels, selon les besoins, à diverses catégories de Français comme les médecins, les étudiants ou le personnel des hôpitaux. Les consignes des premiers temps sont régulièrement répétées, les actions des FFI glorifiées et, au gré des avancées des Alliés, les Français sont incités à agir en soldats. « Si vous êtes assez nombreux, attaquez les soldats ennemis, faites-les prisonniers, et gardez-les en vous méfiant de leur habituelle fourberie. Si les routes, les voies ferrées, les gares, les transformateurs et autres objectifs importants : bureaux de postes, gendarmeries, mairies, préfectures, postes émetteurs de radio, ne sont pas déjà aux mains des FFI, gardez-les vous-mêmes contre les opérations de destruction que pourrait tenter l'ennemi[2] », ordonne ainsi André Gillois aux habitants de la Bretagne, le 4 août.

Pour les autres[3], il faut attendre les instructions du Gouvernement provisoire, s'imposer une discipline et respecter les consignes qui déterminent la stratégie[4], comme le martèle inlassablement le porte-parole du GPRF.

Lancés d'abord à la Bretagne le 4 août, puis aux régions situées entre la Loire et la Garonne les 12 et 13 août, les appels à l'insurrection nationale s'égrènent selon des zones géographiques établies. À la mi-août, les armées alliées débarquent dans le Midi où la population française est appelée en renfort. La paralysie du pays est l'objectif majeur des troupes alliées. Le 17 août, l'appel à la grève est lancé à tous les habitants de Paris, de la région parisienne et des grandes villes de France que les combats vont bientôt atteindre. Seuls les agents qui occupent un emploi essentiel pour la population (eaux, gaz, électricité) ou dans le domaine des transports, du ravitaillement, de l'industrie, du commerce, de l'alimentation, et dans le milieu hospitalier et sanitaire, doivent se soustraire à l'appel. Les travailleurs français sont cependant chargés de préserver le matériel des usines, l'outillage, les instruments de production dont la France de demain aura besoin pour se relever. On les encourage à former des équipes de protection, capables de se substituer aux forces de l'ordre : « Dès que vous verrez l'ennemi fléchir, empêchez le départ du personnel allemand ou collaborationniste, arrêtez-le, faites-en des otages[5]. » Le même jour, les habitants de Paris et des grandes villes occupées sont incités à se soulever à leur tour, et le 18 août, l'ordre d'offensive générale est donné aux FFI dans les dix départements du Sud-Est.

Dans ce climat de soulèvement « encadré », les responsables britanniques mais aussi le GPRF commencent à envisager l'immédiat après-Libération. Il faut restaurer le droit et la paix dans le pays, d'autant que des Français ont goûté à une vie « extra-normale » en officiant parfois à la place des forces de l'ordre. « Vous reprendrez donc votre travail partout où cela sera possible », lance le 17 août, André Gillois, au nom du Gouvernement provisoire, sur les antennes de la BBC.

Pour Radio Paris et Radio Vichy, l'avancée des troupes alliées sonne la fin de l'histoire. Le 16 août, entre deux pannes d'électricité[6], Jean Hérold-Paquis intervient pour la dernière fois au micro, tandis que l'équipe prépare un repli sur l'Allemagne. Le lendemain, Radio Vichy cesse ses émissions, alors que dans les locaux de Radio Paris on brûle les archives du poste allemand. Le 18, après une dernière émission donnée par un speaker allemand qui croit encore à la victoire prochaine de la Wehrmacht grâce à des armes secrètes, les employés français et allemands de Radio Paris quittent les Champs-Élysées sous le regard de curieux, avant d'être transportés par camion vers Metz et l'Allemagne. Selon le témoignage de Hérold-Paquis, ces moyens de transport ont été mis à disposition par Doriot. « J'avais l'impression que les successeurs étaient déjà arrivés, qu'ils étaient là, alors même que nous n'étions pas absents[7] », racontera-t-il peu après.

Sur le territoire national, les Allemands ont procédé à la destruction de nombreux émetteurs. À la fin du mois d'août, le réseau français ne dispose plus que d'une puissance d'émission inférieure à 200 kW, soit 7 % de sa puissance maximale estimée au début du mois[8]. La radiodiffusion française est à reconstruire.

En attendant, certains postes situés dans des régions libérées ont repris leurs émissions. Radio Cherbourg, première radio libérée, a débuté ses programmes le 4 juillet sous contrôle allié, avec cette annonce « Ici Radio Cherbourg, le premier poste libre sur le sol français ! ». De 19 h 45 à 22 heures, sur la longueur d'onde 320,2 mètres, elle offre aux auditeurs des chroniques des disques de la BBC et un relais de « La voix de l'Amérique ».

Le 4 août, c'est au tour de Radio Bretagne de reprendre de la voix. Deux semaines plus tard, Jean Marin organise la programmation du poste, de 19 heures à 23 h 15, sur 298 mètres. Le 20 août, Radio Toulouse émet librement, alors que Radio Limoges reprend ses émissions le 22 août. Les radios en France retrouvent la liberté d'émettre, les unes après les autres[9].

À Paris, Jean Guignebert, ancien journaliste de *L'Intransigeant*, de Radio Cité, et rédacteur en chef au Centre d'Information de la radiodiffusion française en 1939-1940, a été désigné pour diriger la radio libérée. Épaulé par Pierre Schaeffer[10], il a travaillé depuis des mois à la reprise en main du poste pour la Libération. Il donne l'ordre à ses hommes de prendre possession du studio d'essai de la rue de l'Université à Paris.

Du 18 au 20 août, les antennes nationales ne donnent aucun signe de vie. Pas un son, pas une parole ne sortent des postes de TSF, ce qui suscite un certain malaise chez les auditeurs. « On a l'impression que dans ce silence des chefs toutes les initiatives absurdes sont possibles[11] », écrit Charles Rist dans son journal.

Soudain, le 20 août, à 22 h 30, les Français entendent *La Marseillaise* s'élever de leurs postes de radio, juste avant l'annonce lancée par le journaliste Pierre Crénesse : « Ici Radiodiffusion de la nation française[12]. » Le 22 août, les résistants diffusent un premier bulletin d'information, lu par le même Pierre Crénesse qui débute son texte par ces mots : « L'heure de la libération définitive a sonné ! Français, debout ! Tous au combat ! » Cet appel à l'insurrection sera répété tous les quarts d'heure sur les ondes de Radio Paris rebaptisée Paris National. Le poste manque encore de puissance.

Aussi, en attendant de disposer d'installations plus performantes, les hommes du GPRF utilisent, une dernière fois, la BBC pour précipiter la libération de la capitale française en annonçant, avec vingt-quatre heures d'avance, « Paris libéré ».

Le 23 août au matin, la capitale est toujours le théâtre d'échanges de tirs entre soldats allemands et FFI. Cependant, Londres annonce aussi la libération de Paris. « "Attention, attention ! Paris est libéré !", clame depuis 10 heures la radio de Londres dans toutes les langues du monde, écrit le pasteur Boegner dans ses carnets. Suit un communiqué assez fantaisiste du général Kœnig. Et pourtant c'est vrai, à bien des égards nous sommes déjà libérés. Mais s'il n'y a plus que des derniers soubresauts, ils peuvent être encore terribles[13]. »

En fait, tout s'est décidé dans le bureau de Marcel Bleustein-Blanchet[14], futur fondateur de l'agence Publicis, alors chef du service de presse du général Kœnig à Londres. Au matin du 23 août, Bleustein-Blanchet reçoit la visite de Georges Boris qui lui remet un texte annonçant la libération de Paris et présenté comme « un communiqué de la plus haute importance qu'il est indispensable de transmettre d'urgence à la radio et à la presse pour qu'il soit diffusé à l'émission de 12 h 30 et inséré dans la première édition des journaux du soir qui sortent à 2 heures de l'après-midi ». Ce texte annonce tout simplement la libération de Paris.

Collaborateur de Kœnig et, à ce titre, informé heure par heure de l'évolution des opérations militaires, Bleustein-Blanchet ne cache pas son étonnement, mais Boris paraît déterminé. Le chef du service de presse de Kœnig ne dispose plus du temps nécessaire pour vérifier l'information auprès du SHAEF. Quand Gillois appelle pour qu'on lui communique le texte du jour, Bleustein-Blanchet lit le communiqué remis par Boris. C'est ainsi que l'annonce de la libération de Paris est passée sur les ondes de la BBC, reprise bientôt par toutes les radios étrangères. « Cela aurait pu être grave[15] », s'emporte Kœnig, le lendemain. En fin politique, Georges Boris avait voulu, par cette manœuvre, souligner la part prépondérante prise par les FFI dans la libération de la capitale.

À l'annonce de la Libération, on nage dans le bonheur dans les locaux de la radio de Londres, et Jean Oberlé, ignorant tout de la manipulation, prend un ton euphorique pour évoquer la capitale libérée. « Et Paris a émerveillé le monde, une fois de plus. Paris s'est insurgé. Paris a retrouvé son âme des grandes journées révolutionnaires (...) La ville sublime, la ville de la joie, du bonheur, de l'élégance était, une fois de plus, devenue la ville du courage, de l'héroïsme, du sacrifice. (...) Et le monde et nos Alliés voient ici, dans Paris, se symboliser la lutte de quatre années, une lutte souterraine, préparée du maquis, des patriotes qui libèrent des villages et des villes et qui, comme chef-d'œuvre, libèrent la capitale[16]. »

Le lendemain, les hommes de la BBC feront leur *mea culpa* à l'antenne. Mais quelle importance ? Les patriotes parisiens réservent, ce jour-là, un accueil triomphal au Général.

« C'est du délire ; toutes les petites filles, les jeunes filles, les jeunes gens sont montés sur les chars, les chiens même, tous avec leur nœud tricolore. Les soldats français ont les joues couvertes de rouge à lèvres ; ils sont magnifiques, cuits et recuits par le soleil. (...) Nous avons à peine mangé. Je crois que tout Paris s'est nourri d'émotions et d'enthousiasme aujourd'hui[17] », raconte la lycéenne Micheline Bood, qui a dû parlementer avec sa mère pour être autorisée à descendre dans la rue.

Le 25 août, à 15 heures, de Gaulle se rend à l'Arc de triomphe pour déposer des fleurs sur la tombe du Soldat inconnu, lieu de rassemblement hautement symbo-

lique des Parisiens durant les années de guerre. Le soir
même, alors que Maurice Schumann retrouve le Général dans le bureau du ministère de la Guerre, rue Saint-
Dominique, qu'il a quitté le 10 juin 1940, l'impression
est étrange. Il a le sentiment que rien n'a changé[18]. Et
pourtant, tout est différent pour cette population qui
vient de connaître une parenthèse de quatre ans.

Au fil de la retraite des Allemands et de l'avancée des
Alliés, le peuple de France redécouvre la liberté. Le
cours de la vie reprend, les journaux libres vont repa-
raître. Le 27 août, la Radiodiffusion de la Nation Française (RNF, la nouvelle radio nationale française
libérée) invite le peuple de Paris à se remettre au travail. Sagement, on demande à la population[19] de rentrer
chez elle, de reprendre le chemin du bureau, de l'atelier
ou de l'usine, et d'œuvrer à la reconstruction du pays.
Le 11 septembre, le programme « Honneur et Patrie[20] »
rappelle aux FFI que « tout sabotage doit cesser avec la
Libération ». Dans chaque village libéré, chacun doit
désormais s'efforcer de réparer les destructions opérées
et remettre en état toutes les installations et les services
des environs. Après l'insurrection et la Libération, voici
venu le temps de la reconstruction de la France[21].

Le mythe

Au fil des semaines, chacun retrouve ses occupations. Dans ce climat d'apaisement, la radio de Londres ne suscite déjà plus la ferveur « d'avant[1] ». « Ici Londres, les Français parlent aux Français » et « Honneur et Patrie » se rangent petit à petit au rayon des souvenirs émus et reconnaissants. Basculant peu à peu du présent au passé, la BBC fait tout simplement son entrée dans l'Histoire et la Mémoire.

Entre Radio Londres et la nouvelle Radiodiffusion nationale française, la passation de pouvoir se fait dans une atmosphère chaleureuse. Le 25 août, à 12 h 45, sur les ondes de la BBC, Darsie Gillie, le pionnier des services français de la BBC, profondément attaché à la terre de France, passe le flambeau, ému d'entendre, après quatre ans de luttes, la voix de Paris. « Depuis plus de quatre ans, la voix de Paris nous manque. Depuis plus de quatre ans, la BBC a eu l'orgueil d'être l'instrument par lequel des Français encore libres et toujours en lutte pouvaient parler aux Français qui, eux, luttaient sous des conditions des plus pénibles et des plus difficiles, mais qui ne désespéraient jamais. Si la BBC a décidé, il y a plus de quatre ans, que, dans la plus sombre crise de votre et de notre histoire, il fallait devenir non seulement l'instrument de la pensée anglaise, mais également de la pensée française, c'est que nous croyions que l'une était nécessaire à l'autre. Ensemble, l'Angleterre et la France allaient sauver ou perdre la liberté. C'est avec une joie que nous avons du mal à exprimer que nous avons appris, pendant la nuit d'hier, que Paris nous parlait à nouveau. Paris qui n'a jamais su désespérer de la liberté. »

Le soir même, André Gillois évoque, lui aussi, cette voix de Paris, « la voix de la Nation authentique et directe, libre et indépendante », et salue les hommes de la relève, même si la BBC retransmettra leurs informations et leurs appels jusqu'à ce que la radiodiffusion nationale puisse émettre seule sur l'ensemble du territoire français et dans le monde entier.

Dans un dernier hommage, André Gillois remercie aussi, et surtout, les « amis anglais de la BBC » qui ont non seulement diffusé les nouvelles cachées aux Français, mais ont offert à toute cette équipe d'exilés la plus fraternelle des hospitalités et la plus grande liberté d'expression, au service de la cause nationale. À la manière d'une représentation théâtrale qui s'achève, et avant le baisser de rideau, Gillois résume l'œuvre accomplie : « Rappelez-vous, il y a quatre ans, Honneur et Patrie, le porte-parole de la France libre, les propos de Jacques Duchesne, les commentaires de presse de Pierre Bourdan et de Jean Marin, les reportages de Jean Oberlé, le Courrier de France de Jacques Borel et tous les journalistes ou écrivains de passage, et les soldats et les marins et les aviateurs et les hommes politiques, et puis les autres, l'équipe anonyme et ardente, et les Trois Amis, et les chansons : *Radio Paris ment, Radio Paris est allemand.* Comme nous les aimions et comme, chaque soir, ils étaient vraiment les porte-parole de la Résistance française, les porte-parole de la France. » Une partie d'entre eux a déjà regagné le pays, généralement salués et honorés par leurs concitoyens et par leurs pairs.

Depuis les opérations de débarquement, les correspondants de la BBC ont été les premiers témoins de ces expressions de reconnaissance manifestées à l'égard du travail mené par l'équipe des Français à Londres, d'abord sur le front de Normandie, puis dans le reste du pays. Qu'il s'agisse de Robin Duff, d'André Rabache invité à une réception à Barfleur « avec les pompiers en uniforme, l'orchestre et pratiquement toute la population », de Jacques Duchesne honoré par le maire et l'ensemble des habitants d'un village normand, de Maurice Schumann et Jean Marin assiégés par des chasseurs d'autographes à Granville, de Pierre Lefèvre salué par les résistants bretons comme le représentant « de nos amis que nous écoutions chaque jour, nos amis de la BBC qui nous ont donné du courage dans les jours sombres », ou de Pierre Bourdan à La Ferté (Sarthe), l'accueil fait aux hommes de Londres est enthousiaste. La phrase « Je suis avec la BBC » revient régulièrement dans la bouche des Français qui sont nombreux à remercier la radio de Londres de leur avoir donné l'espoir, la volonté de se battre, et rendu le sourire dans les périodes les plus noires.

Les hommes du programme français, accueillis comme des messagers de la liberté, sont presque vénérés. Ainsi, le 25 août 1944, à Paris, Maurice Schumann rencontre une jeune femme qui lui fait promettre d'aller voir sa mère, si ses déambulations l'entraînent du côté de Commercy, dans la Meuse. Arrivé sur place, et soucieux d'honorer la parole donnée, il se rend au domicile de l'aïeule qui tricote tranquillement dans un fauteuil. « Je m'annonçai d'abord sur le ton d'un Anglais bien élevé, puis en hurlant comme un guerrier grec », relatera plus tard Maurice Schumann. La vieille dame est sourde. Après avoir griffonné quelques lignes sur une

feuille, dans le but de se présenter à elle et de lui donner des nouvelles de ses enfants, le porte-parole du
général de Gaulle voit la dame se jeter dans ses bras en
criant : « Mon Dieu ! c'est donc vous que j'écoutais reli-
gieusement tous les soirs. » Pour Maurice Schumann,
pas de doute, les Voix de la liberté portèrent parce
qu'elles furent aussi des voix intérieures[2].

Aux hommages de la rue viennent s'ajouter les hon-
neurs délivrés par les nouveaux acteurs des ondes nationales françaises ou les pairs des speakers de Londres.
Sur les ondes de l'ABSIE[3], le 29 août, l'équipe de Radio
Amérique en Europe se joint aux éloges, dans le programme de 20 heures à 21 heures. Les journalistes
saluent leurs camarades qui furent « le poumon d'acier
de la France qu'on voulait asphyxier », et rappellent que
la voix du général de Gaulle s'éleva de cette tribune
radiophonique si indispensable à la Résistance intérieure. Pour eux, la reconnaissance des auditeurs constitue la plus belle des récompenses pour ces hommes de
l'ombre que les Français vont enfin pouvoir découvrir.

Le 24 septembre, André Gillois fait ses adieux à la
BBC et aux auditeurs, sûr que l'équipe de l'émission
« Les Français parlent aux Français » restera à jamais
associée à la libération de la France. Avant de partir, il
se charge de trouver du renfort. Après un rapide aller-
retour en France, il revient avec de nouvelles voix pour
les ondes françaises de Londres, Pierre Desmoyers, futur
rédacteur en chef du *Reader's Digest*, Jacques Sigurd,
qui sera scénariste d'Yves Allégret, Robert Vidalin, « à la
belle voix de tragédien[4] », Henri Sadorge, Claude
Veillet-Lavallée, journaliste spécialisé dans la politique
étrangère, Jane Aujame, future collaboratrice au journal
Le Monde, Claude Lehmann, ancien acteur du Théâtre
Français, et Catherine Lorenne, la fille du sénateur
socialiste Joseph Paul-Boncour. Une nouvelle équipe est

prête à entrer en scène, pour « amplifier la nouvelle voix de la France, la Radiodiffusion de la Nation française », selon Jacques Duchesne ; les émissions françaises du temps de guerre se poursuivront à la BBC jusqu'au 22 novembre 1944.

Le 5 octobre, Jean Guignebert[5], secrétaire général à l'Information du Gouvernement provisoire de la République, rend lui aussi un hommage appuyé aux hommes de Londres des deux nationalités. Depuis la libération des studios de Paris, il a travaillé d'arrache-pied pour rétablir une radio française dotée d'une équipe solide. Le 4 septembre[6], il a réintégré à la Radiodiffusion nationale tous ceux qui en avaient été exclus du fait des lois sur les Juifs et les sociétés secrètes. D'anciens membres de Radio France à Alger et de Radio Brazzaville ont fait leur entrée, parmi lesquels Jacques Meyer nommé administrateur général de la Radiodiffusion, Jacques Lassaigne, directeur des informations, et Philippe Desjardins désigné directeur des émissions étrangères[7]. À partir du 7 septembre, la Radiodiffusion nationale émet de 6 h 57 à 9 h 10, de 11 heures à 12 h 20, de 13 h 30 à 13 h 40, de 19 heures à 19 h 15, de 20 heures à 20 h 15 et de 20 h 35 à 21 h 45. Dans ces émissions, les références à la BBC sont très fréquentes. Pour Jean Guignebert, les hommes de Londres furent, pendant quatre ans, la seule lumière, le seul contact avec le monde libre. Partout, dans toutes les campagnes de France, dans toutes les villes, dans tous les villages, « le seul point de ralliement des consciences, c'était cette heure fatidique de 9 h 15 où nous allions tous chercher des raisons de vivre, des raisons de résister, même quand il pouvait sembler aux esprits superficiels qu'il y avait toutes les raisons de désespérer ». Au nom de tous ces Français qui prirent le risque d'écouter Londres, il remercie ses confrères, Maurice Schumann, Jean Marin,

Pierre Bourdan, Jean Oberlé, Jacques Duchesne, André Gillois et tous les autres, associés dans la même gratitude.

En cette fin d'année 1944, les anciens de la BBC sont régulièrement conviés à prendre la parole sur les nouvelles ondes nationales françaises. C'est l'heure des souvenirs, des confidences délivrées aux auditeurs et des élans du cœur. Le 5 novembre, Jean Marin raconte cette soirée de l'été 40 où, avec ses camarades, il prit place dans un studio de la BBC pour la première émission des « Français parlent aux Français ». Il parle aussi de ses compagnons anglais, « bons camarades de travail », « amis loyaux et compréhensifs de la France », même dans les heures difficiles. « Parfois, le soir, le travail fini, réunis dans un de nos vieux pubs, nous parlions de l'avenir et nous disions : Ce que deux équipes d'hommes de bonne volonté ont réussi à faire modestement ensemble, pourquoi un jour les deux pays ne le feraient-ils pas aussi ? Ce qui est sûr, c'est qu'à la réalisation de cet espoir, vous avez, vous, apporté une belle contribution que les Français n'oublient pas. »

Le 10 novembre, Jacques Duchesne, qui fut le dernier pilier de l'équipe londonienne à rentrer en France, prend place au micro de la Radiodiffusion française. Il y raconte son retour à Paris, sa nécessaire réadaptation, son bonheur et sa tristesse d'avoir vu Paris souffrir. « Nous avons voulu être et nous n'avons été que les serviteurs du peuple de France d'où est sortie la Résistance », assure-t-il humblement, concluant qu'il faut continuer à servir et à développer cet esprit de la Résistance.

Le 22 novembre, la radio anglaise diffuse à son tour l'ultime émission des « Français parlent aux Français ». En guise d'*au revoir*, Darsie Gillie revient sur les origines du célèbre programme, et dit simplement aux Français la fierté de la BBC d'avoir donné, « depuis plus de quatre ans, un puissant moyen d'expression à la pensée et aux aspirations françaises[8] ». Pour la dernière fois, Radio Londres diffuse l'annonce « Ici Londres, les Français parlent aux Français ». Puis les quelques Français de l'équipe encore présents dans la capitale anglaise se succèdent au micro pour prendre congé des auditeurs : Jean Desvernais, commentateur des nouvelles, Jacques Borel, chargé du Courrier de France et qui poursuivra sa collaboration à la BBC, les speakers Pierre Foster, Georges Dumonceau, Maurice Belfer et Pierre Holmès. La Radiodiffusion française, à laquelle Gillie souhaite le plus grand succès, prend le relais.

À leur retour en France, tous les hommes de la BBC ne retrouveront pas d'emploi sur les ondes nationales. À la demande expresse du général de Gaulle, Maurice Schumann demeure son porte-parole après avoir reçu une lettre pressante datée du 21 septembre :

> Mon cher ami. Il faut que vous rentriez à Paris immédiatement. Vous devez rester notre porte-parole pour la France et pour le monde. Je vous le dis et tous le disent dans l'intérêt général. Venez donc tout de suite et reprenez le micro. Nous allons avoir dans trois jours un émetteur puissant dont la mise en service doit coïncider avec votre réapparition. Mes amitiés fidèles,
> Charles de Gaulle.

Maurice Schumann se consacre donc d'abord à la radio, réalise des reportages et des éditoriaux jusqu'au 8 mai 1945, avant de se lancer dans une carrière politique. Il laisse en héritage des grands moments de notre histoire sonore, « des proses qui demeurent, dans le trésor fugace des grands textes radiophoniques, quelques-uns de ses plus durables monuments[9] », dira Jean Marin qui se tourne vers la presse écrite et fait paraître un quotidien, *Les Nouvelles du matin*, avant de diriger l'AFP (Agence France-Presse), à partir du 23 septembre 1954.

À l'instar de Maurice Schumann, Pierre Bourdan quitte la radio pour la politique, devenant ministre de la Jeunesse, des Arts et des Lettres, dans le premier gouvernement de la IVe République conduit par Paul Ramadier. Mais trois ans plus tard, il meurt noyé sur la Côte d'Azur, à l'âge de trente-neuf ans. Michel Saint-Denis, alias Jacques Duchesne, d'abord nommé inspecteur général de l'enseignement du théâtre en France, devient par la suite directeur du Shakespeare Theatre de Stratford-uppon-Avon en Angleterre, avant de se consacrer à la fondation de l'Old Vic Theatre, à Londres, où il meurt en 1971.

Pierre Dac, lui, fait revivre sa fameuse émission « L'os à moelle » sous le nom de « L'os libre » ; Maurice Van Moppès retrouve le dessin et la peinture, alors que Paul Bonifas reprend sa carrière de comédien. Jean-Paul Grinberg[10] devient, en octobre 1944, chef de mission à Radio Luxembourg, libérée et encore sous le contrôle des Américains. Pendant six mois, chaque soir, de 20 heures à 20 h 20, il dirige des émissions à destination des prisonniers, déportés et travailleurs français en Allemagne, réalisées par une équipe composée d'Anglais, de Français et d'Américains. Il poursuivra finalement sa carrière au ministère des Finances. Franck Bauer, lui, part sur le front d'Extrême-Orient en tant que correspondant de guerre international pour *Les Nouvelles du matin,* le journal de Jean Marin, enfin pour l'AFP.

Émile Delavenay rentre en France au début du mois de novembre 1944, après que les Anglais ont fermé le service European Intelligence Department qu'il avait contribué à créer.

André Gillois retourne à la radio nationale où Jean Guignebert l'a convié à prendre en charge la direction des Variétés.

Quant à Jean Oberlé, il retrouve son atelier d'artiste peintre parisien. « J'ai soufflé sur mes tableaux la poussière de cinq années et je les ai exposés dans une galerie. Et là, je me suis senti libéré. » En décembre, il expose à la galerie Charpentier les toiles qu'il a peintes pendant la guerre. Le soir même du vernissage, elles sont toutes vendues. Comme ses compagnons de la radio de Londres, il reçut de nombreuses lettres de toute la France. « D'un seul coup, nous étions lavés des insultes et des mensonges de Radio Paris. Les Français nous disaient : "Vous ne vous rendrez jamais compte de ce que vous avez été pour nous[11]." » Des compliments qui leur vont droit au cœur, d'autant que les hommes de la BBC se sont toujours considérés comme des amateurs. « Nous n'étions pas des orateurs comme Philippe Henriot, nous étions des artistes, des journalistes, des échantillons de cette petite bourgeoisie cultivée et point riche qui se renouvelle continuellement en France », dira Jean Oberlé. Apparemment, l'enthousiasme de ces « amateurs » trouva un écho chez beaucoup de Français.

Le 8 janvier 1946, le journal *L'Aube* consacrera un article aux « quatre mousquetaires » de la BBC, Jean Oberlé, Jacques Duchesne, Pierre Bourdan et Maurice Schumann, de passage à Gand et à Bruxelles.

Le 21 octobre 1944, la BBC adresse ce message aux correspondants français qui ont écrit aux hommes de la radio de Londres tout au long des années de guerre :

> Voici un message pour tous les auditeurs français, anonymes ou autres, qui ont écrit à la BBC sous l'Occupation. La BBC tient à vous remercier particulièrement de votre aide et de votre confiance. Vos lettres ont été soigneusement conservées en vue de votre identification. Maintenant qu'il est possible à la majorité des Français de correspondre avec l'Angleterre, nous

serons heureux de reprendre contact avec vous. Mettez sur une carte postale votre nom et votre adresse actuelle, ainsi que votre nom de guerre, s'il y a lieu, et adressez la carte à BBC Londres[12].

L'appel suscite de nombreuses réponses[13]. Le lien avec la BBC demeure. Ceux qui écrivent témoignent, une dernière fois, d'un attachement profond à la radio de Londres. « Depuis la première émission du général de Gaulle, nous avons suivi vos émissions jusqu'à cinq fois par jour dans les périodes critiques. Comme nous voulions savoir[14] ! », écrit une auditrice de Juan-les-Pins (Alpes-Maritimes), le 7 mai 1945. « Pour vous, BBC, je veux écrire ma première lettre à l'Angleterre. Pour avoir été vie, vérité et liberté pour moi tout au long de ces 50 terribles mois que nous avons vécus », souligne un autre auditeur. « Merci pour la vérité dont vous étiez les messagers », glisse un professeur d'école de Paris, le 13 septembre 1944, « et aussi pour nous avoir soutenus dans la bataille dont vous étiez les artisans ». Le 3 décembre 1944, un auditeur de Véron (Yonne) adresse ses remerciements aux hommes de Londres qui représentaient « un *contact* avec le monde extérieur », « le phare qui permet aux marins d'éviter les écueils et indique l'entrée du port. (...) Le guide qui soutient et réconforte ». En guise d'ultime reconnaissance, il joint un essai de versification de sa fille dédié à la BBC.

Dans ces lettres qui parviennent encore à Londres, certains n'hésitent pas à faire part de leur infidélité aux ondes anglaises comme un jeune communiste du Var[15], vieux correspondant de la BBC, qui explique que, disposant désormais de radios libres en France (Nice, Antibes, Toulouse...), il se branche plus rarement sur Londres et manque même le bulletin de la BBC de 21 h 15 diffusé aux mêmes heures que « Paris vous parle ».

La joie est oublieuse, disait Georges Bernanos[16]. Mais le mythe de la BBC prend forme, et avec lui, l'image et le souvenir sublimés d'une radio de la liberté. Au fil des décennies, Radio Londres est devenue, dans l'esprit des Français, la radio du général de Gaulle, oubliant qu'il fut composé de programmes sous autorité anglaise. L'amalgame a finalement peu d'importance ! La BBC est aujourd'hui une joyeuse photo souvenir sur laquelle on se représente en famille ou entre amis, l'oreille tendue vers le poste de radio. Une mémoire couleur sépia sur fond de tendresse reconnaissante.

NOTES

1. LE GÉNÉRAL MICRO

1. Archives sonores INA. Branly, 1937.

2. Adolf Hitler, *Mein Kampf*, Paris, Nouvelles éditions latines, H.C. édition originale, 1934, 686 p.

3. Toulouse, Radio-Normandie, Bordeaux, et Lyon qui affichent un bon rayonnement régional, Radio-Méditerranée à Juan-les-Pins, Radio Agen, Radio Nîmes et Radio Montpellier qui, elles, n'ont qu'une renommée départementale, voire locale.

4. André Gillois, *Boulevard du temps qui passe*, Paris, Pré-aux-Clercs, 1986, 401 p., p. 143.

5. Débats sur l'information, la propagande et la censure qui se sont tenus à la Chambre des députés entre le 16 et le 27 février 1940. *Journal officiel* des 17 et 27 février 1940. BDIC, Nanterre.

6. Lettres de France, BBC. Written Archives Centre, Caversham, Angleterre.

7. Dominique Decèze, *Ici Londres… la lune est pleine d'éléphants verts, Histoire des messages de Radio Londres à la Résistance française : 1942-1944*, Paris, J. Lanzmann et Seghers Éditeurs, 1979, 271 p., p. 22.

8. BN, Paris, Micr D 55.

9. *La Croix du Nord*, journal de droite, né en 1890 et inspiré par Paul Ferron-Vrau. Quotidien de la région lilloise qui tire à 35 000 exemplaires en 1939.

10. *Gringoire*, 9 mai 1940, p. 2, F. de Servoules. Cité dans « Notes et études documentaires », *La Radiodiffusion britannique. La British Broadcasting Corporation*, Paris, La Documentation française, 30 août 1949, n° 1187.

11. *Gringoire*, 16 mai 1940, p. 2, F. de Servoules. BN, Micr D 40, Paris.

12. Jean-Louis Crémieux-Brilhac, « L'opinion publique française, l'Angleterre et la guerre. Septembre 1939-juin 1940 », dans les actes du colloque *Français et Britanniques dans la drôle de guerre*, Paris, CNRS, 8-12 décembre 1975, 1978, 632 p., pp. 13-18.

13. Il fut démontré, par la suite, que Ferdonnet n'était pas celui qui prêtait sa voix aux diatribes déversées sur les ondes du poste allemand. Qu'importe ! En juillet 1945, il fut jugé par la Cour de justice de Paris, condamné à mort le 11 juillet, et exécuté le 4 août 1945.

14. Nommé Premier ministre britannique par le roi George VI depuis le 10 mai 1940, 18 h 30.

15. Charles de Gaulle, *Mémoires de guerre*, Paris, Plon, 1954, t. 1, 360 p., pp. 62-63.

16. Charles de Gaulle, *Mémoires de guerre*, Paris, Plon, 1954, t. 1, 360 p., p. 74.

17. Jean Marin, *Petit bois pour un grand feu*, Paris, Fayard, 1994, 567 p., pp. 202-203.

18. Comité d'histoire de la radiodiffusion, *Cahiers d'histoire de la radiodiffusion*, décembre 1990, n° 27.

19. « Le progrès, tandis qu'il commande d'introduire la célérité dans l'emploi des engins de guerre, offre le moyen de les relier comme il le faut. La radiophonie en est à ce point qu'un nombre illimité de postes vont pouvoir, sans se gêner l'un l'autre, converser simultanément. (…) Demain, c'est par la parole que seront transmises la plupart des communications. À toute distance, à tout moment, d'un char, d'une auto, d'un avion, d'un coin de mur, du pied d'un arbre, la voix du chef fera connaître à ses subordonnés, à ses voisins, à ses supérieurs, ce qu'il ordonne ou ce qu'il demande, aussi facilement que, jadis, les hurlements du centurion. On conçoit quelle cohérence ce procédé promet à la manœuvre malgré la mobi-

lité des gens et des choses. » Charles de Gaulle, *Vers l'armée de métier*, Paris, Presses Pocket, 1934, 184 p., pp. 149-150.

20. Charles de Gaulle, *Mémoires de guerre,* Paris, Plon, 1954, t. 1, 360 p., p. 82.

21. Mission chargée des liaisons entre le ministère du Blocus à Paris et le Ministry of Economic Warfare à Londres.

22. Geoffroy de Courcel, *Revue de la France libre*, juin 1990, n° 270, p. 25.

23. *Historama*, hors série n° 23, *Le Général de Gaulle et la France libre*, 1970, p. 25.

24. Elisabeth de Miribel, *La Liberté souffre violence*, Paris, Plon, 1981, 259 p., p. 38.

25. Asa Briggs, *The History of Broadcasting in the United Kingdom*, Londres, Oxford University Press, 1970, t. III *The War of Words*, 766 p., p. 221.

26. Joan Delin, *L'Opinion britannique et les Français en Grande-Bretagne pendant l'année 1940*, thèse de doctorat d'histoire contemporaine, sous la direction de Yves-Marie Hilaire, Université Charles-de-Gaulle, Lille III, mai 1993, 803 p., p. 318.

27. Bernard Krieff raconte que le général de Gaulle aurait été accueilli par Tallents et Patrick Smith, puis reçu au quatrième étage par Elisabeth Barker. *De Gaulle, naissance de la légende,* Paris, Plon, 1995, 259 p., p. 130.

28. André Gillois, *Histoire secrète des Français à Londres de 1940 à 1944*, Paris, Hachette-Littérature, 1973, 397 p., p. 36.

29. Cette différence de texte a été mentionnée par Henri Amouroux dans *Le 18 juin*, Paris, Fayard, 1990, 384 p., pp. 341-342 et par Jacques Fourmy, « L'Appel du général de Gaulle (suite). Les documents », dans la *Revue historique et archéologique du Maine*, n° 10, 1990.

30. On relève aussi une autre phrase modifiée, raccourcie par rapport au texte officiel : « Ce sont les chars, les avions, la tactique des Allemands qui ont surpris nos chefs (au point de les amener là où ils sont aujourd'hui). »

31. Henri Amouroux, *Le 18 juin 40*, Paris, Fayard, 1990, 384 p., p. 343.

32. Charles Rist, *Une saison gâtée*, Paris, Fayard, 1983, 469 p., p. 73.

33. Pierre Mendès France, *Liberté, liberté chérie*, Paris, Fayard, 1977, 428 p., p. 36.

34. Propos recueillis lors d'un entretien avec l'auteur, 20 avril 1998.

35. Propos recueillis lors d'un entretien avec l'auteur, 20 avril 1998.

36. Paul-Henri Siriex, *Souvenirs en vérité*, Paris, Éditions des Écrivains, 1998, 795 p., p. 204.

37. *Daily Digests*, du 10 mai au 18 juin 1940, BDIC, Nanterre.

2. LA FRANCE EST MUETTE

1. VOBIF, n° 1, 1940, p. 7, abrogée par ordonnance du 18-12-1942. Archives du CDJC, Paris.

2. Elisabeth Dunan, « La Propaganda-Abteilung de France : tâches et organisation », *Revue d'histoire de la Deuxième Guerre mondiale*, octobre 1951, n° 4, pp. 19-32.

3. En zone nord, la Propaganda-Abteilung contrôle la presse, fournit des informations à faire paraître et convoque les directeurs de journaux tous les mardis et les vendredis. À ces occasions, on leur signale les thèmes militaires, économiques et politiques à aborder, et ils reçoivent des notes quotidiennes et des insertions obligatoires. Tous sont obligés de déposer leurs morasses aux bureaux de presse des armées allemandes sous peine d'être suspendus ou interdits.

4. Claude Bellanger, Jacques Godechot, Pierre Guiral et Fernand Terrou, *Histoire générale de la presse française*, Paris, Presses Universitaires de France, 1972, t. 3, 688 p.

5. Colonel Passy, *Souvenirs, 2ᵉ Bureau Londres*, Monte-Carlo, éditeur Raoul Solar, 1947, 236 p., p. 114.

6. Pauline Corday, *J'ai vécu dans Paris occupé*, Montréal, Éditions de l'Arbre, octobre 1943, 241 p., p. 61.

7. Jacques Touzeau, *La Propagande radiophonique en France, pour la relève et le service du travail obligatoire, 1941-1944*, DESS sous la direction de René Rémond, Nanterre-Paris X, 262 p., p. 15.

8. Le réseau du régime est constitué de nombreux postes de radio : Toulouse (120 kW), Marseille (100 kW), Lyon (100 kW), Nice (60 kW), Grenoble (20 kW), Limoges (2 kW), Montpellier (2 kW), et des émetteurs privés Radio Toulouse (60 kW), Radio-Montpellier (20 kW), Radio-Agen (1 kW), Radio-Méditerranée (25 kW), Radio-Lyon (25 kW), et Radio-Nîmes (1 kW).

9. *Cahiers d'histoire de la radiodiffusion*, Paris, n° 27, décembre 1990.

3. LA VOIX DE LA FRANCE LIBRE

1. Brochure *Voici la BBC*, Londres, 1944, 64 p., p. 28.

2. Papiers non publiés par Michel Saint-Denis, utilisés par Cecilia Gillie dans son manuscrit *History of BBC Wartime French Service*, p. 8, déposé au BBC Written Archives Centre, Caversham, Angleterre.

3. Papiers non publiés par Michel Saint-Denis, utilisés par Cecilia Gillie dans son manuscrit *History of BBC Wartime French Service*, p. 12, déposé au BBC Written Archives Centre, Caversham, Angleterre.

4. Si, depuis le 26 août, on entendait conjointement les deux formules associées, ce jour-là, seul le titre « Les Français parlent aux Français » est annoncé.

5. Dominique Decèze, « Ici Londres…, la lune est pleine d'éléphants verts », J. Lanzmann et Seghers Éditeurs, 1979, 271 p.

6. Communauté des radios publiques de langue française, sous la direction d'Hélène Eck, *La Guerre des ondes*, Paris, Armand Colin, 1985, 382 p., p. 69.

7. Jean Oberlé, *Jean Oberlé vous parle… Souvenirs de cinq années à Londres*, Paris, La Jeune Parque, 1945, 313 p., p. 131.

8. Jean Oberlé, *Jean Oberlé vous parle… Souvenirs de cinq années à Londres*, Paris, La Jeune Parque, 1945, 313 p., p. 136.

9. Amiral de la Flotte depuis 1939, fut nommé ministre des Marines marchande et militaire dans le gouvernement de Vichy le 16 juin 1940. Après le renvoi de Laval, en

décembre 1940, il devient vice-président du Conseil avec le portefeuille de l'Intérieur et des Affaires étrangères.

10. Winston S. Churchill, *Mémoires sur la Deuxième Guerre mondiale. L'Heure tragique. Mai-décembre 1940. La chute de la France*, Paris, Plon, 1949, 387 p., p. 252.

11. Jean-Louis Crémieux-Brilhac, *Les Voix de la liberté. Ici Londres*, Paris, La Documentation française, 1975, t. 1, 352 p., p. 16.

12. Institut Charles-de-Gaulle, *De Gaulle et les médias*, Paris, Plon, 1994, 357 p., p. 323.

13. Cecilia Reeves-Gillie, *History of BBC Wartime French Service*. Notes, BBC Written Archives Centre, Caversham, Angleterre.

14. Puis « Voici le porte-parole de la France libre », en juillet 1942 : « Voici le porte-parole de la France Combattante », et durant l'été 1943 : « Voici le porte-parole du Comité français de la Libération nationale ».

15. François Kersaudy, *Winston Churchill, le pouvoir de l'imagination*, Tallandier, Paris, 2000, 600 p., p. 398.

16. Notes et études documentaires. *La Radiodiffusion britannique. La British Broadcasting Corporation*, Paris, La Documentation française, 30 août 1949, n° 1187, 40 p., p. 6.

17. Notes et études documentaires, *La Radiodiffusion britannique, La British Broadcasting Corporation*, Paris, La Documentation française, 30 août 1949, n° 1187, 40 p., p. 7.

18. Nathalie Montibeller, *La Politique radiophonique des Britanniques à l'égard de la France et de la France libre, septembre 1940-juin 1943*, maîtrise d'histoire sous la direction de Michèle Cointet, Université de Tours, 1993, p. 47.

19. Hélène Vercors-Bourdan et Jacqueline Maltret, *Album Pierre Bourdan*, Troyes, Librairie Bleue, 1994, 359 p., p. 54.

20. Jean Marin, *Petit bois pour un grand feu*, Paris, Fayard, 1994, 567 p., p. 221.

21. Paul-Louis Bret, *Au feu des événements. Mémoires d'un journaliste*, Paris, Plon, 1959, 440 p., pp. 227-228.

22. Charles de Gaulle, *Lettres, notes et carnets, juin 1940-juillet 1941*, Paris, Plon, 1981, 521 p., p. 178.

4. « ILS VOUS ÉCOUTENT »

1. Dorothy Shipley White, *Les Origines de la discorde : de Gaulle, la France libre et les Alliés*, Paris, Trévise, 1967, 498 p., p. 110.

2. Roger Langeron, *Paris, juin 40*, Paris, Flammarion, 1946, 218 p., p. 119.

3. Danielle Tartakowski, *Les Manifestations de rue en France, 1918-1968*, thèse de doctorat, sous la direction d'Antoine Prost, Paris I, 1994, p. 754.

4. Archives nationales, 72 AJ 193, Seine-et-Oise.

5. En janvier 1942, l'émission passera à une demi-heure, de 16 h 15 à 16 h 45.

6. Jean Oberlé, *Jean Oberlé vous parle… Souvenirs de cinq années à Londres*, Paris, La Jeune Parque, 1945, 313 p., p. 150.

7. Monthly Intelligence Reports, E2/186/2. BBC Written Archives Centre, Caversham, Angleterre.

8. European Intelligence Services, BBC, Monthly Surveys of European Audiences. BBC Written Archives Centre, Caversham, Angleterre.

9. Jean Oberlé, *Jean Oberlé vous parle… Souvenirs de cinq années à Londres*, Paris, La Jeune Parque, 1945, 313 p., p. 151.

10. Charles de Gaulle, *Lettres, notes et carnets, juin 1940-juillet 1941*, Paris, Plon, 1981, 521 p., pp. 146-147.

11. Scripts de la BBC, IHTP, Cachan.

12. Daniel Cordier, *Jean Moulin, l'Inconnu du Panthéon*, Paris, J.-C. Lattès, 1993, t. 3, 1 480 p., p. 226.

13. Monthly Intelligence Reports, E2/186/2. BBC Written Archives Centre, Caversham, Angleterre.

14. Henri Drouot, *Notes d'un Dijonnais pendant l'occupation allemande, 1940-1944*, Dijon, Éditions Universitaires de Dijon, 1998, 1060 p., p. 7.

15. Chanson d'André Dassary, composée par André Montagnard.

16. Lettres des auditeurs de France. BBC Written Archives Centre, Caversham, Angleterre.

17. Jean Oberlé, *Jean Oberlé vous parle… Souvenirs de cinq années à Londres*, Paris, La Jeune Parque, 1945, 313 p., p. 159.

18. André Gillois, *Histoire secrète des Français à Londres, de 1940 à 1944*, Paris, Hachette, 1973, 397 p., p. 295.

19. European Intelligence Reports, 9 décembre 1940, BBC Written Archives Centre, Caversham, Angleterre.

20. Pauline Corday, *J'ai vécu dans Paris occupé*, Montréal, Éditions de l'Arbre, octobre 1943, 241 p., p. 107.

21. Marie-Thérèse Gadala, *À travers la grande grille*, Paris, Éditions du Grand Siècle, 1946, t. 1, 303 p., p. 135.

22. Christian Bougeard, colloque *La Résistance et les Européens du Nord*, Bruxelles, 23-25 novembre 1994, IHTP (Paris) – Centre de recherches et d'études historique de la Seconde Guerre mondiale (Bruxelles), pp. 21-29.

23. *Gringoire*, chronique de François Robin, « Cynisme britannique », p. 3, 3 octobre 1940. BN, Micr D 40.

24. Pierre Bourget et Charles Lacretelle, *Sur les murs de Paris, 1940-1944*, Paris, Hachette, 1959, 206 p., pp. 34-35.

25. Henri Drouot, *Journal d'un Dijonnais pendant l'occupation allemande, 1940-1944*, Dijon, Éditions Universitaires de Dijon, 1998, 1 060 p., p. 50.

26. Charles Rist, *Une saison gâtée*, Paris, Fayard, 1983, 469 p., p. 95.

27. Alfred Baudrillart, *Les Carnets du cardinal. 11 avril 1939-19 mai 1941,* Paris, Le Cerf, 1998, 1031 p., p. 630.

28. Léon Werth, *Dépositions,* Paris, Viviane Hamy, 1992, 733 p., p. 42.

29. Monthly Intelligence Reports, E2/186/2. Rapport du 14 novembre 1940. BBC Written Archives Centre, Caversham, Angleterre.

30. Archives privées, Jean-Louis Crémieux-Brilhac.

31. Témoignage de Lucie Aubrac donné à l'auteur, le mercredi 25 avril 2001.

32. BN, Paris.

33. Monthly Intelligence Reports, E2/186/2. BBC Written Archives Centre, Caversham, Angleterre.

34. Lettre du Languedoc, datée du 9 septembre 1940. Rapport de novembre 1940. Monthly Intelligence Reports, E2/186/2. BBC Written Archives Centre, Caversham, Angleterre.

35. Lettre d'un auditeur d'un village « quelque part en France », datée du 15 septembre 1940.

36. Rapport de novembre 1940. Monthly Intelligence Reports, E2/186/2. BBC Written Archives Centre, Caversham, Angleterre.

37. Archives Alexandria, microfilm, bobine 51, 75531, IHTP, Cachan.

38. Archives Alexandria, microfilm, bobine 51, 75531, IHTP, Cachan.

39. Cette loi fut étendue aux territoires d'outre-mer par la loi du 20 novembre 1940, parue au *JO* du 23 novembre 1940. Par une autre loi du 13 octobre 1940 (*JO* du 15 octobre 1940), le gouvernement de Vichy avait déjà placé sous l'autorité directe de l'administration de la radiodiffusion nationale toutes les stations de radiodiffusion de l'Afrique du Nord.

40. Monthly Intelligence Reports, E2/186/2. Rapport de novembre 1940. BBC Written Archives Centre, Caversham, Angleterre.

41. Charles Rist, *Une saison gâtée*, Paris, Fayard, 1983, 469 p., pp. 92-93.

42. AN, 3 AG2/332, opinion publique, extraits de lettres, courrier du 11 septembre 1940 en provenance de Clermont-Ferrand.

43. BBC Written Archives Centre, Caversham, Angleterre, Monthly Intelligence Reports, E2/186/2.

44. Roger Langeron, *Paris, juin 1940*, Paris, Flammarion, 1946, 218 p., p. 181.

45. Micheline Bood, *Les Années doubles, journal d'une lycéenne sous l'Occupation*, Paris, Robert Laffont, 1974, 342 p., pp. 42-43.

46. Tract déposé à l'IHTP, Cachan, 4°-47 Res.

47. Archives de la police de Paris, série RG, dossier 25 100, rapports du 12 novembre 1940.

48. « Un officier allemand bousculé par un promeneur le frappe au visage, un gardien de la paix qui se trouvait sur la place intervient aussitôt, mais le public prend fait et cause contre l'officier allemand et les cris de "Vive la France !" se font entendre. L'officier fait alors le geste de saisir son arme et les cris de la foule redoublent. La police municipale intervient aussitôt et disperse le public, qui obtempère sans difficulté et le calme renaît. Cet incident n'a pas duré plus de deux

minutes. » Archives de la police de Paris, série RG, dossier 25 100, rapports du 12 novembre 1940.

49. Archives fournies par Igor de Schotten et disponibles à l'Association des Résistants du 11 novembre 1940.

50. 143 d'après les chiffres communiqués par les Allemands dont 93 lycéens, 19 étudiants et 31 autres personnes ; 123 d'après la police française dont 104 étudiants et lycéens ; 150 pour Carcopino. En fait, les Allemands ayant récupéré toutes les personnes arrêtées par les Français, en plus de celles arrêtées par leurs soins et dont la police française ne reçut pas le détail, le bilan allemand semble être celui à retenir. Il reste difficile d'établir un bilan exact des personnes arrêtées. En dehors des rapports de la police française, et des archives de la prison de la Santé, nous ne disposons pas des archives de la prison du Cherche-Midi qui ne furent pas retrouvées à la fin de la guerre (détruites ou emportées par les Allemands). D'après les chiffres établis par l'Association des résistants du 11 novembre 1940 (sur la base des rapports de police, des dossiers de la prison de la Santé et de témoignages), on estime à 123 le nombre des incarcérations dans les prisons de la Santé et du Cherche-Midi, 1 041 arrestations, 15 blessés et des disparus de la manifestation. En raison de la perte d'archives essentielles, ces données doivent être considérées comme une estimation.

51. Cinq furent déférés devant un tribunal militaire, un jeune fut condamné à un an de prison et libéré le 24 juillet 1941, deux autres écopèrent respectivement de six mois et six semaines de prison. Quant aux deux derniers, nul ne sut la peine qui leur fut infligée.

52. Comme à Rouen et à Brest où les jeunes organisèrent des collectes pour déposer drapeaux, rubans ou gerbes au monument aux morts. À Nantes, une manifestation eut lieu devant le monument aux morts. Deux étudiants, Michel Dabat et Christian de Mondragon, parvinrent à hisser un drapeau tricolore sur la cathédrale. D'autres mouvements furent relevés à Dijon, Saint-Brieuc, Toulon, Compiègne, Nîmes, Colmar, Mulhouse et dans la région de Lille.

53. Scripts de la BBC, IHTP, Cachan.

5. V COMME VICTOIRE

1. Scripts de la BBC, IHTP, Cachan.

2. AN, F/1a/5215, CNI, France combattante, Service de Documentation, « Les manifestations ordonnées de Londres ».

3. Interview du 27 mai 1941. Fonds Émile Delavenay, IHTP, Cachan.

4. Cité par Henri Noguès, *Histoire de la Résistance en France,* Paris, Robert Laffont, 1982, t. 1, 559 p., p. 301.

5. Christian Bougeard, « Le poids de la ville en Bretagne et dans la France de l'Ouest », colloque *La Résistance et les Français : villes, centres et logiques de décision,* IHTP, Cachan, 16-18 novembre 1995, pp. 241-254, p. 244.

6. Henri Drouot, *Notes d'un Dijonnais pendant l'occupation allemande, 1940-1944,* Dijon, Éditions Universitaires de Dijon, 1998, 1060 p., p. 65.

7. Alfred Baudrillard, *Les Carnets du cardinal,* Paris, Le Cerf, 1998, 1031 p., p. 774.

8. Archives de la police de Paris, rapports hebdomadaires des RG, 6 janvier 1941.

9. Archives de la police de Paris, rapports hebdomadaires des RG, 6 janvier 1941.

10. AN, BB/18/3233, ministère de la Justice, avril 1941.

11. Étienne Dejonghe, « Les départements du Nord et du Pas-de-Calais », dans *La France des années noires*, sous la direction de Jean-Pierre Azéma et François Bédarida, Paris, Seuil, 1993, 2 volumes, p. 500.

12. Dans le Nord isolé, les gens ont largement suivi le mot d'ordre, à l'inverse du Var où le succès fut presque nul. Étienne Dejonghe, « Le Nord isolé : Occupation et opinion. Mai 1940-mai 1942 », *Revue d'histoire moderne et contemporaine,* mars 1979.

13. Charles de Gaulle, *Mémoires de guerre, l'Appel, 1940-1942,* Paris, Plon, 1954, 680 p., p. 132.

14. Charles de Gaulle, *Lettres, notes et carnets, juin 1940-juillet 1941,* Paris, Plon, 1981, 521 p., p. 291.

15. Aucun script de la BBC, relatif à cette campagne des sous en nickel, n'a été conservé, mais des témoignages permettent de situer le début de cet appel au mois de janvier 1941.

D'autres appels pour la conservation des petits sous furent encore lancés les 15 et 17 mars 1941. Un slogan « Nickel » est lancé sur les ondes de la radio de Londres le 10 avril à 18 h 30, le 15 avril à 18 h 32 dans le « Quart d'heure français » de Bonifas et Dumonceau, et une « Valse Nickel » est donnée à l'antenne le 17 avril, à midi. Document du BBC Written Archives Centre de Caversham, Angleterre, « French Programmes Summaries ». De plus, le 25 juillet 1941, un avertissement est lancé aux Français sur les ondes de la BBC : « Français, si l'on retire de la circulation les pièces de nickel, c'est que le nickel est un aliment pour la machine de guerre allemande. Si chaque Français garde 2 francs en pièces de nickel de 0,25, le peuple français soustraira à Hitler 1 600 tonnes du métal si nécessaire à ses armements et abrègera la guerre d'autant. Ne dites pas : "S'il n'y a que moi...". Agissez vite et faites agir autour de vous... » Scripts de la BBC, IHTP, Cachan.

16. Pauline Corday, *J'ai vécu dans Paris occupé*, Montréal, Éditions de l'Arbre, octobre 1943, 241 p., p. 183.

17. Courrier des auditeurs, BBC Written Archives Centre de Caversham, Angleterre.

18. Courrier des auditeurs, BBC Written Archives Centre, Caversham, Angleterre.

19. Pierre Mendès France, *Liberté, liberté chérie*, Paris, Fayard, 1977, 428 p., p. 128.

20. Madeleine Michelis, *Correspondances, 1939-1944*, fonds IHTP, Cachan, Arc 016, p. 80. Lettre à ses parents datée du 31 janvier 1941. « Pour les pièces de nickel, faites attention et passez la consigne : gardez-les et surtout ne les échangez pas de crainte qu'elles ne soient périmées : ce sont *eux* qui les retirent de la circulation et les raflent pour leur usage. Il vaut mieux perdre quelque 10 francs. D'ailleurs si vous voulez me les confier, elles iront là où il faut. »

21. BBC Monthly Intelligence Reports, services d'Emile Delavenay, juin 1941 : lettre de Nîmes datée du 31 mars 1941.

22. BBC Monthly Intelligence Reports, services d'Emile Delavenay, juin 1941. Le rapport nous apprend encore qu'à Angoulême deux jeunes gens ont défilé un jour avec une pièce de 25 centimes brandie en l'air entre deux doigts.

Un lycéen raconte qu'à Versailles, les pièces de 10 et 25 centimes ont disparu à la mi-avril (lettre écrite à Aix-en-Provence, 17 avril).

23. Henri Drouot, *Notes d'un Dijonnais pendant l'occupation allemande, 1940-1944*. Dijon, Éditions Universitaires de Dijon, 1998, 1060 p., p. 139.

24. Pierre Laborie, « Solidarités et ambivalences de la France moderne », dans *La France des années noires,* sous la direction de Jean-Pierre Azéma et François Bédarida, Paris, Seuil, t. 2, 517 p., p. 313.

25. En zone occupée, douze millions de portraits furent encore vendus au cours de l'année 1941.

26. Étienne Dejonghe, « Le Nord isolé : Occupation et opinion. Mai 1940-mai 1942 », *Revue d'histoire moderne et contemporaine*, mars 1979, p. 88.

27. Fernand Grenier, *Ceux de Châteaubriant*, Paris, Éditions Sociales, 1961, 189 p., pp. 30-31.

28. Madeleine Gex-Leverrier, *Une Française dans la tourmente*, Paris, Éditions Emile-Paul, 1945, 204 p., p. 93.

29. Jean-Marie Guillon, *La Résistance dans le Var,* doctorat d'histoire sous la direction d'Emile Temime, Université de Provence, Aix, 1989, 919 p., p. 59.

30. AN, préfet de l'Aube, rapport du 8 août 1941.

31. Rapport d'activité du XXVe corps d'armée allemande en occupation en Bretagne. Archives de l'armée de terre, château de Vincennes, service historique, 4°/8284.

32. Christian Bougeard, colloque *La Résistance et les Européens du Nord*, Bruxelles, 23-25 novembre 1994, IHTP Paris et Centre de recherches et d'études historiques de la Seconde Guerre mondiale, Bruxelles, pp. 21-29.

33. Christian Bougeard, « Le poids de la ville en Bretagne et dans la France de l'Ouest », colloque sur *La Résistance et les Français : villes, centres et logiques de décision*, Cachan, IHTP, 16-18 novembre 1995, p. 245.

34. Rapport d'activité du XXVe corps d'armée allemande en occupation en Allemagne, juin 1941. Archives de l'armée de terre, Vincennes, service historique, 4°/8284. Le rapport signale encore qu'à Saint-Brieuc, le 29 juin 1941, dans la foule, on a collé un papillon avec l'inscription « Vive la RAF ! »

dans le dos d'un caporal de la Luftwaffe. À Quiberon et à Vannes, des inscriptions HV (Hitler Vaincu) et VS (Victoire Sécurité) ont été relevées. Enfin, le 20 juin, à Lannilis, lors d'une procession, des fleurs ont été répandues en forme de V et de croix de Lorraine : trois Français ont été arrêtés.

35. Madeleine Michelis, *Correspondances, 1939-1944*, fonds IHTP, Cachan, Arc 016, p. 86.

36. AN, AJ/40/887.

37. Daniel Cordier, *Jean Moulin, l'inconnu du Panthéon*, Paris, J.-C. Lattès, 1993, t. 3, 1480 p., p. 352.

38. Journal *France*, mercredi 23 juillet 1941, p. 2, article « La campagne des V » par Jérôme Jenatton.

39. Brochure *Voici la BBC*, Londres, 1944, 64 p., p. 50.

40. Émile Delavenay, *Témoignage : d'un village savoyard au village mondial*, Aix-en-Provence, 1992, 437 p., p. 219.

41. Émile Delavenay, *Témoignage : d'un village savoyard au village mondial*, Aix-en-Provence, 1992, 437 p., p. 219.

42. Scripts BBC, émission « Les Français parlent aux Français », samedi 5 avril 1941, Pierre Lefèvre. Document sonore conservé à l'INA.

43. AN, F/1a/5215, services de De Gaulle, campagne des V.

44. AN, BB/18/3233, ministère de la Justice.

45. Lettre d'un auditeur de Lyon signée « Aulty » et écrite le 30 mars 1941.

46. Paul Reynaud, *Carnets de captivité*, Paris, Fayard, 1997, 390 p., p. 69. Notes du samedi 26 avril 1941.

47. François Marcot, *Les Voix de la Résistance*, Besançon, Cêtre, 1989, 367 p. pp. 41-42.

48. AN, F1/cIII/1193, rapport mensuel du préfet de la Lozère, Mende, 2 mai 1941.

49. Pauline Corday, *J'ai vécu dans Paris occupé*, Montréal, Éditions de l'Arbre, 1943, 241 p., p. 137.

50. Micheline Bood, *Les Années doubles*, Paris, Robert Laffont, 1974, 342 p., p. 92.

51. Blanche Auroy, *Journal d'une institutrice pendant la guerre, septembre 1940-février 1942*, document conservé à l'IHTP, Cachan, Arc 44, p. 39.

52. AN, F/60/1697, CNI, interrogatoire du 6 avril 1941.

53. BBC Monthly Intelligence Reports, mai 1941, information tirée d'une lettre non datée. BBC Written Archives Centre, Caversham, Angleterre.

54. Courrier des auditeurs, BBC Written Archives Centre, Caversham, Angleterre.

55. Étienne Dejonghe, « Le Nord isolé : Occupation et opinion. Mai 1940-mai 1942 », *Revue d'histoire moderne et contemporaine*, mars 1979.

56. AN, F/1cIII/1175, rapport du préfet du Nord.

57. Archives du ministère des Affaires étrangères, dossier bureau d'études Chauvel, papiers 1940.

58. À Paris, le journal *Le Petit Parisien* fit état de 6 200 avertissements taxés distribués sur la capitale, article intitulé « Les graffitis imbéciles font d'innocentes victimes », 5 avril 1941.

59. Robert Cloet, « Les directives de Goebbels », *Revue d'histoire de la Deuxième Guerre mondiale*, Paris, PUF, octobre 1966, n° 64, p. 5.

60. Pierre Bourget et Charles Lacretelle, *Sur les murs de Paris et de France, 1939-1945*, Paris, Hachette, 1980, 213 p.

6. La guerre des mots

1. Le 23 février 1941, Paul Marion fut nommé secrétaire général adjoint à la vice-présidence du Conseil (puis secrétaire général en août 1941) chargé de l'Information et de la Propagande. Il resta subordonné à Darlan, vice-président du Conseil et ministre de l'Information. Marion désigna François Chasseigne (ex-secrétaire du Rassemblement pour la révolution nationale) au poste de directeur de la propagande.

2. Charles Rist, *Une saison gâtée*, Paris, Fayard, 1983, 469 p., p. 174.

3. Pierre Bourget et Charles Lacretelle, *Sur les murs de Paris et de France, 1939-1945*, Paris, Hachette, 1980, 213 p.

4. Dominique Rossignol, *Histoire de la propagande en France de 1940 à 1944. L'Utopie Pétain*, Paris, PUF, 1991, 351 p., p. 306.

5. AN, 3 AG2/394, BCRA, rapport du 4 mai 1941.

6. AN, 3 AG2/394, BCRA, rapport de septembre-octobre 1941.

7. BN, Micr D 40.

8. Article daté du 24 septembre 1941. Archives du ministère des Affaires étrangères, dossier « reconstitution Fouques-Duparc ».

9. AN, F/60/1680.

10. Article du 21 août 1941. Archives du ministère des Affaires étrangères, dossier « reconstitution Fouques-Duparc ».

11. AN, 72 AJ 228, BBC, slogans et chansons. Documents déposés par Jean-Louis Crémieux-Brilhac. Slogan mentionné à la date du 29 mars 1941.

12. Sous la direction d'Hélène Eck, *La Guerre des ondes. Histoire des radios de langue française pendant la Deuxième Guerre mondiale,* Paris, Communauté des radios publiques de langue française, Armand Colin, 1985, 382 p., p. 48.

13. Note du 10 avril 1941. Léon Werth, *Déposition*, Paris, Viviane Hamy, 1992, 733 p., p. 197.

14. Sous la direction d'Hélène Eck, *La Guerre des ondes. Histoire des radios de langue française pendant la Deuxième Guerre mondiale,* Paris, Communauté des Radios Publiques de Langue Française, Armand Colin, 1985, 382 p., p. 55.

15. European Intelligence Services, BBC, Monthly Surveys of European Audiences, janvier 1941. BBC Written Archives Centre, Caversham, Angleterre.

16. AN, 72 AJ 584, dossier XL, Radio.

17. « Avis à la population. Le maire de Beaune rappelle qu'il est formellement interdit par les autorités d'occupation de prendre l'écoute d'autres postes que les postes français, allemands ou contrôlés par les autorités allemandes. Les personnes qui ne respecteraient pas cette interdiction, s'exposent à des sanctions sévères… » Henri Drouot, *Notes d'un Dijonnais pendant l'occupation allemande, 1940-1944*, Dijon, Éditions Universitaires de Dijon, 1998, 1060 p., p. 90.

18. Pierre Bourget et Charles Lacretelle, *Sur les murs de Paris. 1940-1944*, Paris, Hachette, 1959, 206 p., p. 49.

19. Danielle Tartakowski, « Géographie des manifestations de rue », article paru dans *La Résistance et les Français : villes,*

centres et logiques de décision, actes du colloque international, Cachan, IHTP, 16-18 novembre 1995, pp. 114-133.

20. AN, F/1cIII/1175, rapport du préfet de Lille, le 5 mars 1941.

21. AN, F/1cIII/1175, rapport du préfet de Lille, le 5 mars 1941.

22. Marcel Baudot, *L'Opinion publique sous l'Occupation, 1939-1945,* Paris, PUF, 1960, 268 p., p. 88.

23. Jean-Marie Guillon, *La Résistance dans le Var,* thèse de doctorat d'État en histoire, sous la direction d'Emile Temime, Université de Provence, Aix, 1989, 919 p., p. 46.

24. Daniel Cordier, *Jean Moulin, l'inconnu du Panthéon,* Paris, J.-C. Lattès, 1993, t. 3, 1 480 p., p. 354.

25. Information donnée par l'AFI, rapport des services d'Emile Delavenay du mois de juin 1941, BBC, Written Archives Centre, Caversham, Angleterre.

26. « Les Français parlent aux Français », le 12 septembre 1941, « Cachez vos postes de radio », par Émile Delavenay.

27. Lettre de Savoie datée du 12 mars 1941. BBC Written Archives Centre, Caversham, Angleterre.

28. Ce programme, qui rendait compte des courriers arrivés de France et donnait la lecture totale ou partielle de ces missives, fut animé par Brunius. Il fonctionna de janvier 1941 à juillet 1943, puis fut remplacé par l'émission « Chronique de France » basée sur des témoignages provenant d'autres sources comme celles fournies par les compatriotes ayant fui la France. Déjà, en octobre 1940, Jacques Duchesne avait commencé à lire à l'antenne, à la fin de certains programmes des « Français parlent aux Français », des lettres d'auditeurs (en partie ou en totalité). Voir scripts de la BBC, IHTP, Cachan.

29. Cecilia Reeves, « History of BBC Wartime French Service », manuscrit déposé aux archives écrites de la BBC à Caversham, Angleterre, p. 29.

30. European Intelligence Services, BBC Monthly Surveys of European Audiences. BBC Written Archives Centre, Caversham, Angleterre.

31. AN, 3 AG2/395, appréciations venant de France.

32. Courrier de Marseille, daté du 25 mars 1941. European Intelligence Services, BBC Monthly Surveys of European

Audiences. BBC Written Archives Centre, Caversham, Angleterre.

33. Lettre de France occupée, datée du 2 février 1941. European Intelligence Services, BBC Monthly Surveys of European Audiences. BBC Written Archives Centre, Caversham, Angleterre.

34. Lettre du 29 mars 1941. European Intelligence Services, BBC, Monthly Surveys of European Audiences. BBC Written Archives Centre, Caversham, Angleterre.

35. European Intelligence Services, BBC, Monthly Surveys of European Audiences. BBC Written Archives Centre, Caversham, Angleterre.

36. Lettre de la zone occupée, mai 1941.

37. Scripts de la BBC, IHTP, Cachan.

38. Charles de Gaulle, *Lettres, notes et carnets, juin 1940-juillet 1941*, Paris, Plon, 1981, 521 p., p. 308.

39. BBC, Maurice Schumann, 2 mai 1941. Scripts de la BBC, IHTP, Cachan.

40. « La fête de Jeanne d'Arc sera célébrée dimanche prochain, 11 mai. Ce jour-là, tous les Français qui croient encore à la Liberté et à l'Honneur sortiront de chez eux de 15 à 16 heures. Ils se promèneront, SANS MANIFESTER, dans les lieux publics. Par leur nombre et leur dignité, ils prouveront aux occupants que la véritable France n'est pas morte. » *Libération*, n° 22, 4 mai 1941.

41. *Paris-Soir*, 11 mai 1941, p. 2.

42. « Et maintenant, nous vous avons passé le flambeau. C'est vous qui, de cette journée de deuil et d'espérance, faites à votre tour une journée de combat. C'est vous dont les millions de regards réciproquement échangés raniment dans tous les cœurs la flamme de la résistance. Et c'est ainsi que, partout où ils souffrent et partout où ils luttent, tous les Français, à l'appel de Jeanne d'Arc, s'unissent dans le même cri : L'ENNEMI NE NOUS AURA PAS. L'ENNEMI SERA CHASSÉ DE CHEZ NOUS ».

43. Étienne Dejonghe, « Le Nord isolé : Occupation et répression, mai 1940-mai 1942 », *Revue d'histoire moderne et contemporaine*, mars 1979, p. 83.

44. AN, F/60/1690, opinion publique.

45. AN, F/60/1697, journal daté du 18 mai 1941.

46. « Dimanche dernier, 11 mai, à la messe de 11 h 30, à Saint-Michel, l'abbé Jacquin, vicaire, à propos de la fête de Jeanne d'Arc, a osé parler en chaire, en insistant, de la confiance que l'exemple de la sainte nous donne, de la confiance qu'un peuple opprimé et souffrant devait conserver : Dieu nous "délivrera" de nos "ennemis" ; un jour viendra où nous serons "délivrés" de leur présence, et les souffrances supportées chrétiennement, nous serons comptées. Un jour viendra où notre sol "souillé" redeviendra nôtre. (...) On craignait que ce jeune abbé ne dépassât les bornes de la prudence. Je crois qu'il les a atteintes largement. » Henri Drouot, *Notes d'un Dijonnais pendant l'occupation allemande. 1940-1944*, Dijon, Éditions Universitaires de Dijon, 1998, 1060 p., p. 191.

47. Archives de la police de Paris, rapport du 12 mai 1941.

48. Témoignage donné par Raymond Josse le 14 mars 1995, à l'auteur.

49. AN, F/60/1691.

50. De Neuilly, Madeleine Michelis écrit le 10 juin 1941 la lettre suivante à son frère concernant les événements du 11 mai (p. 86) : « La résistance s'affirme par des manifestations hostiles ou des grèves : le 11 mai dans l'après-midi il y avait une foule énorme entre l'Étoile et les Pyramides. Les Parisiens ont laissé éclater leur haine, tout ce qu'ils refoulaient depuis six mois s'est libéré ; dans le coin où j'étais, on a chanté *La Marseillaise* (chant très séditieux) et partout officiers et soldats allemands ont été hués par la foule. Impression bouleversante, le symbole du refus. » Madeleine Michelis, *Correspondances, 1939-1944*, Cachan, fonds IHTP, Arc 016.

51. Étienne Dejonghe, « Le Nord isolé : occupation et répression, mai 1940-mai 1942 », *Revue d'histoire moderne et contemporaine*, mars 1979.

52. European Intelligence Services, BBC, Monthly Surveys of European Audiences. BBC Written Archives Centre, Caversham, Angleterre.

53. AN, AJ40/889 et archives Alexandria, IHTP, microfilm, bobine n° 42, document 75413 : 16 mai 1941, mesures prises contre les attroupements.

7. D'une seule voix

1. Jean Estèbe, *Toulouse, 1940-1944*, Paris, Perrin, 1996, 353 p., p. 95.

2. Scripts de la BBC, 22 juin 1941. IHTP, Cachan.

3. Pierre Mendès France, *Liberté, liberté chérie*, Paris, Fayard, 1977, 428 p., p. 297.

4. Cecilia Reeves, manuscrit inédit conservé au BBC Written Archives Centre de Caversham, Angleterre, pp. 41-42.

5. Archives de la police de Paris, rapport du 15 juillet 1941.

6. Archives de la police de Paris, série P.J., dossier 17 : tracts communistes.

7. Qui se présente comme l'organe de la section universitaire du Front National pour l'Indépendance.

8. Henri Amouroux, *La Vie des Français sous l'Occupation*, Paris, Fayard, 1961, 577 p., p. 538.

9. Archives de la police de Paris, rapport du 15 juillet 1941.

10. Le maire de Bagnolet hissa un drapeau tricolore sur le bâtiment de la mairie. À Argenteuil, des drapeaux tricolores furent installés aux poteaux et aux candélabres. AN, 72 AJ 193. Seine-et-Oise.

11. AN, F/60/1697, CNI, France libre, rapport du 20 novembre 1941.

12. AN, F/7/14988, document de la police, daté du 18 juillet 1941 et intitulé « Au sujet de la propagande communiste et du 14 Juillet ».

13. AN, F/60/1691.

14. AN, F/7/14988, document du 25 août 1941, Vichy.

15. AN, F/60/1521, DGTO, rapport de gendarmerie, commissariat du Nord, section de Roubaix, 15 juillet 1941.

16. Archives de police, Paris, rapport de police du 15 juillet 1941.

17. Danielle Tartakowski, « Géographie des manifestations de rue », dans *La Résistance et les Français : villes, centres et logiques de décision*, actes du colloque international, Cachan, IHTP, 16-18 novembre 1995, pp. 114-133.

18. *Gringoire*, 25 juillet 1941, p. 1.

19. Archives de la police de Paris, rapport du 21 juillet 1941.

20. Philippe Boegner, *Carnets du pasteur Boegner, 1940-1945*, Paris, Fayard, 1992, 365 p., p. 127.

21. 1941 vit quelques changements dans l'organisation des services français de la BBC. Du 8 septembre 1941 au 18 février 1942, le Public Trust Building de Londres fut la nouvelle résidence de la section française. Le 24 septembre, de Gaulle désigna Georges Boris pour assurer un contact régulier entre le service de l'information de la France libre et le ministère de l'Information britannique, d'une part, et la BBC d'autre part. En octobre, Ivone Kirkpatrick (futur chef du Foreign Office, après la guerre) devint le nouveau directeur des services européens de la BBC.

22. Jean-Louis Crémieux-Brilhac, *La France libre*, Paris, Gallimard, 1996, 969 p., p. 228. Voir aussi le livre d'Asa Briggs, *The History of Broadcasting in the United Kingdom*, Londres, Oxford University Press, 1970, t. 3, 766 p., p. 449.

23. Daniel Cordier, *Jean Moulin. De Gaulle, capitale de la Résistance, novembre 1940-décembre 1941*, Paris, J.-C. Lattès, 1993, t. 3, 1480 p., pp. 604-605. Compte rendu d'un entretien déposé au P.R.O. de Kew, Londres, F.O. 371/28214.

24. Archives INA. Maréchal Pétain, le 12 août 1941.

25. Archives INA. Pétain, le 21 septembre 1941.

26. Récit d'un des trois hommes du brûlot, Gilbert Brustlein, *Le Chant d'amour d'un terroriste à la retraite*, 1989, 285 p. Et interview avec Gilbert Brustlein réalisée par l'auteur, le mardi 12 mars 2001.

27. Le 13 octobre déjà, il avait envoyé un membre de son cabinet au camp de Choisel, près de Châteaubriant, pour repérer les détenus communistes et établir des listes d'otages possibles. À la suite de l'attentat de Nantes, on lui prête une responsabilité dans le choix des otages. Mais il existe deux versions sur son intervention : la première prétend qu'il aurait suggéré des noms aux Allemands, selon une lettre du sous-préfet de Châteaubriant adressée, le 20 octobre, à la Kommandantur de Nantes. La seconde raconte qu'il aurait refusé une première liste soumise par les Allemands car elle comprenait trop d'anciens combattants (une quarantaine). Il aurait accepté une seconde liste composée en majorité de communistes.

Voir le livre de Jacqueline Sainclivier, *La Bretagne dans la guerre, 1939-1945*, Rennes, Éditions Ouest-France, 1994, 219 p., p. 142.

28. Comme l'a montré Étienne Dejonghe, la région du Nord a connu des exécutions d'otages bien avant celles de Nantes et de Châteaubriant. Entre le 24 et le 26 août 1941, 4 militaires allemands furent tués dans la région de Marquette et de Lille. En représailles, 5 prisonniers communistes étaient fusillés le 15 septembre 1941, puis 15 autres entre le 22 et le 26 septembre, à la suite d'attentats matériels qui n'avaient même pas fait de victimes. Étienne Dejonghe, « Le Nord isolé : occupation et opinion. Mai 1940-mai 1942 », *Revue d'histoire moderne et contemporaine*, mars 1979.

29. Archives INA. Pétain, le 22 octobre 1941.

30. Archives INA, général de Gaulle, 23 octobre 1941.

31. *Aujourd'hui*, 30 octobre 1941, p. 1.

32. Dans un autre allocution du 26 octobre 1941, Maurice Schumann explique que la force allemande n'est pas aussi victorieuse qu'elle le laisse croire et désigne Vichy comme responsable des exécutions : « Non seulement Vichy n'a rien empêché : ni le martyre des prisonniers, ni le pillage des récoltes, ni l'organisation de la famine, ni le massacre des otages, mais encore, aux yeux du monde, Vichy, désormais, a pris figure d'aide-bourreau. Quant l'ennemi assassine des Belges, des Hollandais, des Polonais ou des Tchèques, il est obligé de les choisir lui-même. Quant il assassine des Français, Vichy les lui désigne du doigt. »

33. Archives du ministère des Affaires étrangères, microfilm 1680, volume 27.

34. Allocution radiophonique de Maurice Schumann, du 26 octobre 1941, intitulée « Garde-à-vous ! ».

35. Ce tract comportait deux déclarations, une de Winston Churchill et une du président Roosevelt, sur la cruauté des Allemands et le châtiment qu'ils méritent. Ces mêmes tracts furent trouvés dans le Cher (110 exemplaires dans une ferme de Moulin-Neuf, commune d'Aubigny-sur-Néré et une trentaine du côté de la gare du Guetin, commune d'Apremont). AN, F/60/1521, rapports de gendarmerie.

36. Charles de Gaulle, *Mémoires de guerre, L'Appel, 1940-1942*, Paris, Plon, 1954, 294 p., p. 251.

37. Colonel Passy, *Souvenirs*, Monte-Carlo, Raoul Solar, 1947, t. 1, 236 p., pp. 232-233.

38. *Aujourd'hui*, 1er novembre 1941, p. 1.

39. Commission consultative des dommages et des réparations, *Emprise allemande sur la pensée française*, Imprimerie nationale, 1947. Archives de la BDIC, Nanterre, F307/1-6.

40. Archives du Centre de documentation juive contemporaine, Paris. Militärbefehlshaber in Frankreich, 21 août 1941.

41. Le 23 octobre 1941, un document du Militärbefehlshaber en France en donne le compte rendu. Archives Alexandria, bobine 51, document 75531. IHTP, Cachan.

42. Archives Alexandria, bobine 51, document 75531. IHTP, Cachan.

43. AN, F 43.1, Radiodiffusion française, textes réglementaires.

44. AN, F/1a/3705, synthèse des rapports des préfets de la zone libre, décembre 1941.

45. AN, F/1a/3674, synthèse des rapports des préfets de la zone occupée, décembre 1941.

46. Discours édité dans : Charles de Gaulle, *Discours et messages. Pendant la guerre. 1940-1946,* Paris, Plon, 1970, 677 p., pp. 150-151. Consultable aux archives de l'INA.

8. DE GRANDIOSES MANIFESTATIONS

1. Jean-Baptiste Duroselle, *L'Abîme,* Paris, Seuil, 1982, 811 p., p. 432.

2. Le 4 septembre 1942, par une loi française qui répondait aux exigences allemandes, le Service national du travail fut institué. Tout homme de 18 ans à 50 ans et toute femme de 21 à 35 ans pouvaient être obligés d'« effectuer tous les travaux que le gouvernement jugera utiles dans l'intérêt supérieur de la nation ». Les femmes ne pouvaient toutefois pas être contraintes de travailler loin de chez elles. Par cette loi, les autorités allemandes s'assuraient un potentiel de main-d'œuvre dont elles manquaient cruellement. Au 1er septembre

1942, le principe de la Relève n'avait permis d'obtenir que 53 000 départs d'ouvriers sur les 250 000 réclamés. Entre le 1er septembre et le 31 décembre 1942, 186 000 Français partirent pour l'Allemagne.

3. Jean-Baptiste Duroselle, *L'Abîme,* Paris, Seuil, 1982, 811 p., p. 435.

4. Le 29 mai 1942, le port de l'étoile jaune fut déclaré obligatoire pour les Juifs en zone nord à partir du 7 juin.

5. Pierre Laborie, *Solidarités et ambivalences de la France moyenne,* dans *Les Années noires,* sous la direction de Jean-Pierre Azéma et François Bédarida, Paris, Seuil, 1993, t. 2, 517 p., p. 322.

6. Dans un rapport écrit par Pierre Brossolette le 28 avril 1942, l'agent de la France libre communique ces mêmes sentiments sur l'opinion publique française. Voir Guillaume Piketty, *Pierre Brossolette, Résistance,* Paris, Odile Jacob, 1998, 224 p., p. 124.

7. Deux émissions, « La question juive » et « La Milice vous parle », furent les pendants des émissions antisémites « Les juifs contre la France » et « La LVF vous parle » de Radio Paris.

8. Le 14 juillet 1942, par exemple, l'auditeur pouvait entendre : « Les trains de travailleurs continuent à partir pour l'Allemagne. (…) Un rayon d'espoir luit à travers les Stalags et les Oflags grâce à la politique hardie, habile et patiente du président Laval. La perspective de la Relève fait battre bien des cœurs des deux côtés de la frontière. (…) C'est à l'heure où l'Allemagne fait un effort considérable couronné de succès pour débarrasser l'Europe des ennemis bolchevistes, qu'il est nécessaire que la France ne soit pas absente de cette lutte. En partant volontairement pour l'Allemagne, les ouvriers français permettront à notre pays de tenir sa place de grande nation. » AN, F/1a/3799. Écoutes radiophoniques du CNI Radio Vichy, 12 h 30, cinquième bulletin d'information, 14 juillet 1942.

9. Sous la direction d'Hélène Eck, *La Guerre des ondes. Histoire des radios de langue française pendant la Deuxième Guerre mondiale*, Paris, Armand Colin, 1985, 382 p., p. 74.

10. Voir le livre de Marc Martin, *Médias et journalistes de la République*, Paris, Odile Jacob, 1997, 492 p., p. 253.

11. Voir *Radio Paris pendant l'Occupation*, Anne Trifunovic-Bouchez. DEA d'histoire contemporaine, sous la direction de Jacques Bariéty. Université Paris IV-Sorbonne, Paris, 1994-1995, 62 p.

12. Sous la direction d'Hélène Eck, *La Guerre des ondes. Histoire des radios de langue française pendant la Deuxième Guerre mondiale*, Paris, Armand Colin, 1985, 382 p., p. 57.

13. Bibliothèque historique de la ville de Paris, boîte 21.

14. IHTP, Cachan, dossier « tracts ».

15. Bibliothèque historique de la ville de Paris, boîte 21.

16. BBC Written Archives Centre, Caversham, Angleterre. Lettres des auditeurs de France. Courrier daté du 24 août 1942.

17. Le 1er janvier 1942 fut signée la déclaration qui devait constituer les Nations unies. La France libre en fut écartée.

18. Moscou estimait déjà que seul de Gaulle était en mesure de rassembler les résistants autres que les communistes. Par la voix du ministre des Affaires étrangères soviétique, Molotov, l'Union soviétique considérait les Français libres comme « la vraie France » et pensait que le rassemblement des Français devait se faire autour du Comité national. Le 24 juin 1942, un communiqué du Kremlin souligna « l'importance capitale de l'alliance des peuples soviétiques et des Français dans l'effort commun des Nations unies pour la victoire et dans l'organisation future de la paix ». Mais le Kremlin resta toujours solidaire des Américains et des Anglais dont la puissance était plus importante que celle de la France libre. « Les affaires françaises resteront subordonnées à la solidarité des grands, ce directoire planétaire auquel de Gaulle n'aura jamais accès. » Jean-Louis Crémieux-Brilhac, *La France libre*, Paris, Gallimard, 1996, 969 p., p. 331.

19. Charles de Gaulle, *Lettres, notes et carnets, juillet 1941-mai 1943*, Paris, Plon, 1982, 652 p., p. 331.

20. Jean-Louis Crémieux-Brilhac, *La France libre*, Paris, Gallimard, 1996, 969 p., p. 230.

21. Arrêté, torturé par la Gestapo, il se suicida le 22 mars 1944. Voir le livre-recueil de textes rassemblés et commentés par Guillaume Piketty, *Résistance, 1927-1943*, Paris, Odile Jacob, 1998, 224 p.

22. Guillaume Piketty, *Pierre Brossolette, un héros de la Résistance,* Paris, Odile Jacob, 1998, 416 p., p. 172.

23. Colonel Passy, *Souvenirs,* Monte-Carlo, Raoul Solar, 1947, t. 2, 387 p., p. 69.

24. Charles de Gaulle, *Mémoires de guerre, l'Appel, 1940-1942,* Paris, Plon, 1954, 294 p., p. 260.

25. Scripts BBC, IHTP, Cachan.

26. BBC European Intelligence Department, lettres d'auditeurs de France. Courrier de Dordogne, du 2 septembre 1942. BBC Written Archives Centre, Caversham, Angleterre.

27. Commission consultative des dommages et des réparations, *Emprise allemande sur la pensée française,* Paris, Imprimerie nationale, 1947. VOBIF, n° 57.1942.

28. AN, F/7/14881.

29. AN, 72/AJ/257, synthèse des rapports des préfets de la zone occupée, extrait du rapport de juillet 1942.

30. « Quand votre avis n° 2 a été diffusé, tout le monde a attendu une attaque britannique cette année. Mais l'espoir est mort et la rancœur a pris sa place » (Caen, 4 août). « S'il était possible de gagner la guerre par les ondes, vous auriez quelques chances de succès. Vous perdez des supporters chaque jour » (Marseille, 7 mai). « Depuis le début de l'année, nous entendons les avis n° 1 et n° 2. Cela devient ridicule. (…) Si je suis si dur dans ma lettre, c'est pour vous faire comprendre le danger de trop promettre, de laisser trop espérer, les gens se fatiguent et arrivent à ne plus compter sur vous. Vous gagneriez à être plus modestes dans vos émissions. Quoi qu'il en soit, restez persuadés que nous avons toujours l'espoir accroché au cœur et sommes toujours prêts à marcher dès que nous aurons quelque chose en main. Vive l'Angleterre et Vive la France, mais, pour Dieu, hâtez-vous ! » (courrier de Lyon du 14-19 juillet 1942). BBC European Intelligence Department. Lettres d'auditeurs de France. BBC Written Archives Centre, Caversham, Angleterre.

31. Archives personnelles de Jean-Louis Crémieux-Brilhac. Directives du PWE du 1er au 15 novembre 1942.

32. BBC. Bi-Monthly Surveys of European Audiences, 21 octobre 1942. European Intelligence Papers. BBC Written Archives Centre, Caversham, Angleterre.

33. Intelligence report, n° 34/42, 17 août 1942, lettre datée du 6 janvier 1942.

34. Voir, sous la direction d'Hélène Eck, *La Guerre des ondes. Histoire des radios de langue française pendant la Deuxième Guerre mondiale*, Paris, Armand Colin, 1985, 382 p., pp. 90-95.

35. AN, 382 AJ 48, René Cassin. Propagandes, notes et circulaires. Rapport intitulé « La propagande en France ».

36. « Souvenirs inédits d'Yvon Morandat », *Les Cahiers de l'IHTP*, septembre 1994, n° 29, Paris, CNRS, 124 p., pp. 106-107.

37. « Souvenirs inédits d'Yvon Morandat », *Les Cahiers de l'IHTP*, septembre 1994, n° 29, Paris, CNRS, 124 p., p. 108.

38. AN, 3 AG2/388, syndicalisme et résistance.

39. AN, 3 AG2/400, télégrammes de Rex (Jean Moulin). De nombreux rapports (police, gendarmerie, préfets...) évoquent des tracts ou journaux trouvés en de nombreuses localités de France.

40. Texte lu à la BBC : « C'est en France même que le mouvement ouvrier français vous a adressé l'appel que nous allons vous répéter : "Français, manifestez le 1er Mai ! Pour la dignité des travailleurs ! Pour un ordre plus juste ! Pour la France libérée dans une humanité affranchie ! Passez silencieusement et individuellement à partir de 18 h 30, le 1er Mai, devant les statues de la République et les mairies". L'appel que nous venons de vous répéter a été lancé en France même par le Mouvement ouvrier français. Faites-le connaître autour de vous. »

41. AN, 3 AG2/400.

42. Archives allemandes, Potsdam, R 55/1337, Reichsministerium für Volksaufklärung und Propaganda, document daté du 11 mai 1942.

43. Colonel Passy, *Souvenirs*, Raoul Solar, Monte-Carlo, 1947, t. 2, 387 p., p. 75.

44. On trouve de très nombreuses traces concernant les tracts retrouvés sur l'ensemble du territoire dans les rapports de gendarmerie ou de police. Exemples : Sermaize-les-Bains (Marne), La Rochelle, région d'Auxerre (Fleury-la-Vallée, Branche et Neuilly), Saint-Etienne-sous-Barbuise (Aube), Montataire (Oise), Saintes, Troyes, Beliet (Gironde), Poitiers,

Orléans. AN, F/7/14881. Informations résumées de la police générale.

45. AN, 3 AG2/401, télégrammes. Réponse du BCRA à Rex le 22 juin 1942.

46. AN, F/60/1691.

47. Scripts de la BBC IHTP, Cachan.

48. AN, F/1a/3798, Radio Paris, le 13 juillet 1942. Bulletin d'information de 20 heures. Éditorial « Le sens du mythe », par Jean Azéma.

49. Avignon : place de l'Horloge ; Chambéry : le monument de la Savoie, boulevard de la Savoie ; Clermont-Ferrand : statue de Vercingétorix ; Grenoble : place Grenette ; Limoges : place de la République ; Lyon : place Carnot ; Marseille : monument des Mobiles ; Nice : place Masséna ; Saint-Étienne : place du Peuple ; Toulon : place de la Liberté : Toulouse : place du Capitole.

50. Henry Hauck à 7 h 15, les appels du 14 Juillet de Schumann et de Gaulle à 8 h 15. L'appel de De Gaulle est redonné à 9 h 15 et à 12 h 15 suivi, chaque fois, de *La Marseillaise*.

51. Les chiffres sont bien évidemment différents entre les services de Londres, ceux de Vichy et les services allemands. Mais, même au sein de la Résistance, les différences sont notables. Ainsi, dans son numéro du 15 août 1942, *Le Populaire* parle de 100 000 manifestants à Marseille et à Lyon, 40 000 à Toulouse, 20 000 à Saint-Étienne, 10 000 à Carcassonne et 5 000 à Montpellier. Dans son numéro 9, de juillet 1942, *Le Franc-Tireur* publia sur une double page le compte rendu des manifestations les plus spectaculaires. BN, Rés-G-1470 (155).

52. Dans un rapport de police daté du 16 juillet 1942, pour la ville de Toulouse, le rédacteur précise : « Il ne ressortait pas de cette manifestation une impression nette de "démonstration gaulliste", mais bien plutôt d'une manifestation anticollaborationniste et antiallemande. On aurait même entendu place du Capitole, des cris de "Hitler au poteau", que des manifestants auraient voulu faire répéter à la foule. » AN, F/7/14987.

53. BBC, « Honneur et Patrie », Maurice Schumann, « Saint-Étienne, Grenoble, etc. », texte du 18 juillet 1942.

54. Archives de l'armée de terre, Vincennes. 4 P 27 : CNF, service de presse, revue de presse britannique du 16 juillet 1942.

55. Archives de l'armée de terre, Vincennes. 4 P 27 : CNF, service de presse, revue de presse britannique du 16 juillet 1942.

56. Archives de la police de Paris, rapport du 13-19 juillet 1942.

57. « La journée du 14 Juillet s'est déroulée dans le calme. Aucune manifestation, aucun geste susceptible de donner à cette journée un caractère politique n'ont été observés parmi la population. À cette occasion, la propagande communiste a marqué une certaine recrudescence, mais ses mots d'ordre n'ont pas été suivis. » Archives de la police de Paris, rapport du 27 juillet 1942.

58. Scripts de la BBC, émission « Nouvelles de France », le 18 juillet 1942. IHTP, Cachan.

59. Lettres d'auditeurs, 26 juillet 1942. BBC Written Archives Centre, Caversham, Angleterre.

60. À la veille du 14 juillet 1942, l'Angleterre et les États-Unis reconnaissent la nouvelle « France combattante ». Les Anglais vont même jusqu'à la reconnaître comme « l'ensemble des ressortissants français, où qu'ils soient, et des territoires français qui s'unissent pour collaborer avec les Nations unies dans la guerre contre l'ennemi commun ». Voir Jean-Louis Crémieux-Brilhac, *La France libre*, Paris, Gallimard, 1996, 969 p., p. 317. Le 28 septembre 1942, l'URSS n'hésite pas à reconnaître le Comité national comme « ayant seul qualité pour organiser la participation des citoyens et des territoires français à la guerre » : voir Sir Llewellyn Woodward, *British Foreign Policy in the Second World War*, Londres, H.M.S.O., 1970-1976, t. 2, p. 341.

61. Livret du BCRA, Londres, intitulé *La Fête nationale de la France*. IHTP, Cachan.

62. « Les Français parlent aux Français », message d'Anthony Eden, 21 h 30-22 heures, le 14 juillet 1942.

63. « Déclarons à l'indomptable peuple français notre reconnaissance pour ce que nous avons reçu de son génie politique et social et pour le rayonnement de sa civilisation. Ren-

412 RADIO LONDRES

dons hommage à son souci constant de la liberté humaine et à la qualité exemplaire de son humanité, et au nom de notre gouvernement et de 130 millions de citoyens américains libres, jurons solennellement au peuple français, en son heure d'épreuve, de tout faire pour que la France soit rétablie dans toute sa liberté et dans toute sa grandeur. Assurons enfin au peuple français que l'union de nos forces, la violence de notre juste colère et la puissance de toutes les Nations unies feront enfin disparaître la tyrannie de la face de la terre. » AN, F/1a/3799. Écoutes du CNI « L'Amérique s'adresse au peuple de France », le 14 Juillet 1942, 14 h 15.

64. Récit raconté par Maurice Schumann, sur les ondes de la BBC, le 16 juillet 1942. Allocution intitulée « Après le 14 juillet », dans l'émission « Honneur et Patrie ».

65. AN, 41 AJ 24, comptes rendus périodiques de gendarmerie. Rapport de juillet 1942 pour la zone libre.

66. Maurice Schumann, « Honneur et Patrie », texte intitulé « Après le 14 Juillet », le 16 juillet 1942.

67. AN, F/60/1691, télégrammes de France à destination des services de la France combattante. Télégramme arrivé le 16 juillet 1942, à 19 h 30.

68. « À 17 heures précises, moins de quatre heures après notre appel, une foule énorme se trouvait à l'endroit indiqué. Pendant une heure, de 17 à 18 heures, les deux tombes furent jonchées de fleurs et de bouquets tricolores. (...) Pas un cri n'altéra le silence, le recueillement, la dignité de la manifestation. Les Marseillais n'ont pas eu besoin d'échanger une parole pour se transmettre le message de leurs morts, tombés au même champ d'honneur que les otages et les martyrs assassinés dans l'autre zone de la France indivisible. » Maurice Schumann, « Honneur et Patrie », texte intitulé « Marseille », le 21 juillet 1942.

69. AD, Bouches-du-Rhône, rapport du 22 juillet 1942, n° 188. Dans Jean-Louis Crémieux-Brilhac, *La France libre*, Paris, Gallimard, 1996, 969 p., pp. 223-224.

70. AN, 3 AG2/399, télégramme L.O.30 : Léon Morandat, du 21 juillet 1942, reçu le 22 juillet 1942.

71. BBC, émission de Henri Hauck, « Dormoy's Memory », 25 juillet 1942, 7 h 15.

72. Comme le signale le journal clandestin *Le Populaire* du 15 août 1942, n° 4, dans un compte rendu de la journée.

9. La crise

1. Yves Le Maner et Étienne Dejonghe, *Le Nord-Pas-de-Calais dans la main allemande, 1940-1944*, Lille, La Voix du Nord, 1999, 400 p., p. 238.

2. AN, 3 AG2/375 : CNI.

3. Jean-Louis Crémieux-Brilhac, « Les émissions françaises à la BBC pendant la guerre », *Revue d'histoire de la Deuxième Guerre mondiale*, 1er novembre 1950, n° 1, Paris, PUF, pp. 73-95.

4. AN, 3 AG2/395.

5. Archives du ministère des Affaires étrangères, Mfm P.1713, vol. 196.

6. Jean Lacouture, *De Gaulle. Le rebelle*, Paris, Seuil, 1984, 870 p., p. 607.

7. AN, F/60/1735. Bulletin d'informations générales du bureau de presse de la France combattante, n° 36, 27 novembre 1942.

8. Un auditeur de zone occupée affirme, le 5 février 1942, que, dans cette affaire Darlan, « la France combattante n'a rien perdu de son prestige. Il est malheureusement impossible de dire de même pour nos Alliés... Dans les cercles ouvriers surtout, les gens se demandent si la victoire des Alliés sera achevée en faveur des idées de liberté, de justice sociale et de l'honnête politique qui sont le ciment de la Résistance française et l'espoir de notre pays ». BBC Monthly Surveys of European Audiences, rapport du 25 février 1943. BBC Written Archives Centre, Caversham, Angleterre.

9. Jean-Baptiste Duroselle, *L'Abîme, 1939-1944*, Paris, Seuil, 1986, 811 p., p. 515.

10. Charles de Gaulle, *Lettres, notes et carnets, juillet 1941-mai 1943*, Paris, Plon, 1982, 652 p., p. 431.

11. Charles de Gaulle, *Mémoires de guerre, l'Unité, 1942-1944*, Paris, Plon, 1956, t. 2, 360 p., p. 64.

12. AN, 3 AG2/395. Message envoyé de France et daté du 30 novembre 1942.

13. Jean-Louis Crémieux-Brilhac, « Les émissions françaises à la BBC pendant la guerre », *Revue d'histoire de la Deuxième Guerre mondiale*, 1er novembre 1950, n° 1, Paris, PUF, pp. 73-95, p. 82.

14. Charles de Gaulle, *Lettres, notes et carnets, juillet 1941-mai 1943*, Paris, Plon, 1982, 652 p., p. 455.

15. Winston Churchill, *Mémoires sur la Deuxième Guerre mondiale. Le tournant du destin*, Paris, Plon, 1951, t. 4, 563 p., p. 243.

16. AN, F/1a/3723.

17. Colonel Passy, *Souvenirs*, Raoul Solar, Monte-Carlo, 1947, t. 2, 387 p., p. 268.

18. AN, 3 AG2/318.

19. « Les communistes seront avisés par nous de cette décision. Nous ne voyons d'autre part pas d'objection à ce qu'ils entreprennent, à la même heure et en d'autres lieux, des manifestations de diversion présentant un caractère de violence, contre des personnes et des immeubles. » Concernant la manifestation de 19 heures en zone non occupée, il précisait dans un même esprit que « au même moment et en des points éloignés du lieu de la manifestation populaire, les groupes francs des mouvements de Résistance procèderont à des manifestations de diversion comportant des attaques contre des personnes ou contre des immeubles. Les communistes seront invités à procéder de même ». AN, 3 AG2/410.

20. INA, 11 novembre 1942, message du porte-parole du haut commandement britannique et américain.

21. Archives de l'armée de terre, Vincennes, 4 P 34 : écoutes du CNI.

22. AN, F/60/1668, synthèse des rapports mensuels des commandants des légions de gendarmerie, novembre 1942.

23. Archives de l'armée de terre, Vincennes, 4 P 28, Presse française de Londres.

24. AN, 41/AJ/720, section Transmissions DSA VOBIF, *Verordnungsblatt des Militärbefehlshaber in Frankreich*, 2 janvier 1943.

25. § 12 : audition interdite d'émission de TSF. Pour les autres articles relatifs à la radio, au colportage de nouvelles antiallemandes, aux tracts, aux manifestations, à la formation des techniciens de la radio.

26. « Les émissions étrangères par radio, particulièrement suisse et américaine, jouissent de la faveur toujours croissante du public français qui s'estime insuffisamment, trop partialement et trop tardivement renseigné par la radiodiffusion nationale. Le crédit qui s'attache aux informations étrangères va grandissant, et l'on doit lui attribuer pour une très grande part la certitude, qui gagne tous les milieux, de la défaite des puissances de l'Axe. Les émissions de la radio anglo-saxone sont suivies par de très nombreux auditeurs. Elles ont constitué, au cours du mois, l'agent de propagande le plus efficace à la faveur des événements d'Afrique du nord. » AN, F/60/1668, synthèse des rapports mensuels des commandants des légions de gendarmerie, décembre 1942.

27. AN, 72/AJ/257, synthèse des rapports des préfets de la zone occupée, extrait du rapport de novembre 1942.

28. BBC Monthly Surveys of European Audiences, rapport du 25 février 1943. BBC Written Archives Centre, Caversham, Angleterre.

29. BBC Monthly Surveys of European Audiences. BBC Written Archives Centre, Caversham, Angleterre.

30. En dehors de l'Hexagone, la France combattante se fait également entendre, à cette époque, dans le monde entier, sur d'autres postes émetteurs comme à Mexico, New York, Cuba, Haïti, Porto Rico, Accra, Addis-Abeba, Le Caire, Delhi, ou Sydney.

31. AN, F/60/1689, opinion publique.

32. AN, F/60/1689.

33. AN, 3 AG2/318.

34. AN, F/60/1734, document envoyé par le mouvement Libération, le 23 novembre 1942.

35. BBC, général de Gaulle, discours du 28 décembre 1942. Scripts de la IHTP, Cachan.

36. Archives personnelles Jean-Louis Crémieux-Brilhac, directives du PWE pour la semaine du 24 décembre 1942.

37. Archives INA. Avis n° 7, 29 décembre 1942, colonel Sutton.

10. EN PROIE AU DOUTE

1. BBC Surveys of European Audiences, France, rapport du 21 avril 1943. BBC Written Archives Centre, Caversham, Angleterre.

2. Du 29 mars au 5 avril 1943, Abbeville, Dinan, Saint-Nazaire, Lorient, Brest, Chauny, Caen, Dieppe, Saint-Brieuc, et la région parisienne (Boulogne-Billancourt, Clamart, Puteaux, Suresnes, Issy-les-Moulineaux, Sèvres, Meudon, Palaiseau, l'hippodrome de Longchamp) sont pris pour cibles.

3. Christian Delporte, *Les Crayons de la propagande*, Paris, CNRS éditions, 1993, 223 p., p. 97.

4. Le 3 janvier 1943, Henri Drouot écrit dans son journal : « Le fait certain, c'est que la plupart des Dijonnais que je vois sont maintenant absolument convaincus de la défaite finale des Boches. » Henri Drouot, *Notes d'un Dijonnais pendant l'occupation allemande, 1940-1944*, Dijon, Éditions Universitaires de Dijon, 1998, 1060 p., p. 606.

5. Jean Defrasne, *L'Occupation allemande en France*, Paris, PUF, QSJ, 1985, 127 p., pp. 58-61.

6. Lettre d'Anne, de Lusignan, écrite le 12 mars 1943.

7. BBC European Intelligence Department, lettres de France et d'Afrique du Nord, liste n° 117. Lettre d'un certain « Sextius alias Laramie », Paris, avril 1943. BBC Written Archives Centre, Caversham, Angleterre.

8. PWE, consignes de propagande du 10-23 mai 1943. Archives privées Jean-Louis Crémieux-Brilhac.

9. Ancien directeur de l'hebdomadaire *La Lumière*, chef du cabinet économique de Blum en 1938, un des premiers Français libres.

10. Fut aux côtés de Georges Boris au commissariat à l'Intérieur à partir de mi-1942, puis avec Emmanuel d'Astier, il prit une plus grande importance.

11. Jean-Louis Crémieux-Brilhac, *La France libre*, Paris, Gallimard, 1996, 969 p., p. 709.

12. Peu après le départ du Général pour Alger, le 27 mai 1943, le Comité Français de Libération Nationale (CFLN) est officiellement créé le 3 juin 1943. Selon le texte de la déclaration constitutive, le général de Gaulle et le général Giraud ordonnent, conjointement, la création du CFLN, pouvoir central français qui dirige l'effort français dans la guerre sous toutes ses formes et en tout lieu, et exerce la souveraineté française. La France combattante a toutefois insisté pour que trois principes intangibles soient posés : retour à la légalité républicaine, primauté du pouvoir civil, éviction des hommes de Vichy. De Gaulle entend faire rétablir toutes les lois et les libertés de la République jusqu'à la remise du pouvoir « au futur gouvernement provisoire de la République ». L'union entre les deux généraux, de Gaulle-Giraud, est scellée.

13. Exemple de slogans diffusés sur les ondes de la BBC Slogan, « Police ». « La police avec nous ! La police avec nous ! Oui, la police française avec les ouvriers français… pour les empêcher d'aller en Allemagne ! Si tu veux raccourcir la guerre Ne travaille pas pour Hitler. »

14. Lettre d'une Française à la BBC, Anne, de Lusignan, le 12 mars 1943.

15. « Du sous-préfet qui refusait de signer des ordres de perquisition à l'inspecteur du travail qui produisait de faux certificats, du douanier qui aidait les requis à passer en Espagne au gendarme qui revenait bredouille d'une traque au réfractaire, tous les rouages de l'administration surent faire preuve d'imagination pour freiner la mise en place du STO. Les outils utilisés recouvraient le spectre de ceux déjà évoqués : aux fausses cartes d'alimentation, aux rafles effectuées sans zèle, au fait de prévenir ceux qu'on était censé poursuivre vint s'ajouter, de la part des inspecteurs du travail, l'affectation au-delà des normes de jeunes gens dans des usines dont les personnels étaient dispensés du STO. » Marc-Olivier Baruch, *Servir l'État français. L'administration en France de 1940 à 1944*, Paris, Fayard, 1997, 737 p., p. 511.

16. Scripts de la BBC. Émission de Fernand Grenier du 4 juillet 1943 intitulée « Solidarité nationale contre les déportations ». IHTP, Cachan.

17. Émission « Honneur et Patrie », 24 août 1943, appel à la nation du Conseil de la Résistance. Archives du Service historique de l'armée de terre, Vincennes. 4 P 33.

18. Propos écrits le 4 août 1943. Henri Drouot, *Notes d'un Dijonnais pendant l'occupation allemande, 1940-1944*, Dijon, Éditions Universitaires de Dijon, 1998, 1 060 p., p. 685.

19. Grenoble, le 28 septembre 1943. Archives du ministère des Affaires étrangères, microfilm P 2016, vol. 1199.

20. AN, F/60/1668.

21. « La situation des jeunes "maquis" devient souvent difficile par la faute de la même BBC. Celle-ci a indiqué des zones où les "réfractaires" étaient nombreux. L'instinct grégaire et le désir de bataille ont fait que beaucoup de nouveaux réfractaires sont allés se joindre aux premières "bandes", et qu'en certains coins, des bandes trop nombreuses pour un pays pauvre en ressources alimentaires sont devenues de véritables fléaux », écrit Pierre Limagne le 25 juin. Pierre Limagne, *Éphémérides de quatre années tragiques, de Stalingrad à Messine (1940-1944)*, Paris, Bonne Presse, 1945-1947, 3 v., t. 2, p. 1277.

22. Dès le mois de février, Henri Drouot évoque cette impatience et ce désarroi des Dijonnais : « L'opinion locale s'impatiente : que font les Anglo-Américains ? Certains commencent à redouter qu'ils laissent les Russes vaincre seuls et "déferler" rapidement sur l'Europe (leur imagination va vite !) ; d'autres se demandent si le moment n'est pas venu de soutenir l'effort épuisant des Russes en agissant par l'Ouest : ceux-là redoutent un prochain et victorieux redressement allemand… Et pendant ce temps sœur Anne ne voit rien venir. » Le 6 mars : « Les jours passent et l'action attendue de MM. les Anglo-Saxons tarde à se produire. » Henri Drouot, *Notes d'un Dijonnais pendant l'occupation allemande, 1940-1944*, Dijon, Éditions Universitaires de Dijon, 1998, 1 060 p., pp. 628-629.

23. BBC Surveys of European Audiences, France, rapport du 21 avril 1943. BBC Written Archives Centre, Caversham, Angleterre.

24. BBC Surveys of European Audiences, France, rapport du 21 avril 1943. BBC Written Archives Centre, Caversham, Angleterre.

25. BBC Surveys of European Audiences, France, rapport du 21 avril 1943. BBC Written Archives Centre, Caversham, Angleterre.

26. « Si les Alliés ne débarquent pas maintenant, s'ils ne le peuvent pas, tout est perdu. Les forces vives de la chère Patrie ne seront plus là pour la défendre et tout est perdu. Nous sommes perdus », écrit angoissée une Savoyarde, le 5 mars 1943. BBC Surveys of European Audiences, France, rapport du 21 avril 1943. BBC Written Archives Centre, Caversham, Angleterre.

27. AN, 3 AG2/325, France-Politique, 7 juin 1943.

28. « C'est pour le 20 juin. C'est pour le 22 juin. C'est pour le 3 juillet. C'est pour le 14 juillet. Français, soyez tranquilles. Quand ça y sera, nous ne préviendrons pas les Boches d'avance. Ils seront les premiers surpris », entendait-on, par exemple, dans les émissions de Londres en juillet 1943, sur l'air militaire de *Nos héroïques diables bleus*.

29. Lettre d'un Français, 5 avril 1943. BBC European Intelligence Department, lettres de France et d'Afrique du Nord. Liste n° 117. BBC Written Archives Centre, Caversham, Angleterre.

30. BBC European Intelligence Department, lettres de France et d'Afrique du Nord. Liste n° 117, lettre d'un certain « Sextius alias Laramie », avril 1943. BBC Written Archives Centre, Caversham, Angleterre.

31. Interview d'un jeune avocat français arrivé à Londres, 13 octobre 1943, service d'Emile Delavenay. BBC Written Archives Centre, Caversham, Angleterre.

32. BBC, Pierre Brossolette, 24 juin 1943.

33. André Gillois, *Histoire secrète des Français à Londres, de 1940 à 1944*, Paris, Hachette-Littérature, 1973, 397 p., p. 323.

34. On peut tout de même estimer que dans tous les pays de l'empire français, ralliés au gouvernement provisoire, les radios étaient alors à l'unisson. Elles recevaient les informations télégraphiques de l'AFI, l'Agence Française Indépendante, et le commissariat national à l'Information, à Alger, gérait la cohésion de cet ensemble de radios.

35. Jean Lacouture, *De Gaulle. Le rebelle*, Paris, Seuil, 1984, 870 p., p. 649.

36. Extrait écrit en mai 1943. Winston Churchill, *Mémoires sur la Deuxième Guerre mondiale*, Paris, Plon, 1951, 563 p., p. 406.

37. AN, note du BCRA le 19 juin 1943. 3 AG2/395.

38. Voir Pierre Philippe Desjardins, « Le nouveau poste de Radio Brazzaville ». *Les Cahiers français*, n° spécial, *La part de la Résistance française dans les événements de l'Afrique du Nord*, Éditions de la France libre, Londres, pp. 46-51.

39. Christian Delporte, *Les Crayons de la propagande*, Paris, CNRS éditions, 1993, 223 p., p. 147.

40. Jean-Louis Crémieux-Brilhac, « Les émissions françaises à la BBC pendant la guerre », *Revue d'histoire de la Deuxième Guerre mondiale*, 1er novembre 1950, n° 1, Paris, PUF, pp. 73-95.

41. Charles de Gaulle, *Mémoires de guerre. L'Unité, 1942-1944*, Paris, Plon, 1956, 360 p., p. 181.

42. AN, F/41/825, document établi par le Comité français de la Libération nationale, été 1943.

43. Il a succédé à André Diethelm le 28 juillet 1942.

44. AN, F/1a/3723, lettre d'André Philip au colonel Sutton, en date du 22 juillet 1943.

45. AN, F/1a/3744, rapports des agents de la France combattante. Agent de la région de Clermont-Ferrand, rapport du 10 décembre 1943.

46. « Écoutez Radio Brazzaville. Le programme que vous entendez chaque soir à 21 h 15 sur les ondes de la BBC est un programme français produit par la radio anglaise. Ce programme fait – bien évidemment – l'objet d'un contrôle. Par contre, Radio Brazzaville vous donne exclusivement des programmes français. Écoutez Londres, mais écoutez aussi Brazzaville. » *Libération*, 15 août 1943.

47. Lettre d'André Philip au Foreign Office, envoyée de Londres le 13 octobre 1943. Archives du Public Record Office, KWE, Londres.

11. Très cher poste !

1. Jean-Pierre Azéma et François Bédarida, *Vichy et les Français*, Paris, Fayard, 1992, 788 p., pp. 184-200.

2. Pour Jean Pierre-Bloch, en janvier 1943, c'était là une « chose curieuse et que j'arrivais mal à comprendre, chez moi, dès que je le pouvais, je me branchais sur la radio de Vichy ou sur Radio Paris. De la même manière, je réagissais mal quand un étranger devant moi évoquait la trahison de Pétain. Oui, je voulais entendre la voix de la France, c'était plus fort que moi. Je fermais les yeux et j'oubliais que celle qui chantait ou celui qui parlait représentait la voix de l'ennemi. » Jean Pierre-Bloch, *Londres, capitale de la France libre*, Paris, Carrère, 1986, 205 p., p. 53.

3. Radio Paris, Henriot, 7 mars 1943. Archives INA.

4. Radio Paris, Dr Friedrich, le dimanche 8 août 1943. Dr Friedrich, *Un journaliste allemand vous parle*, conférence du 8 août 1943, Radio Paris. Bibliothèque historique de la ville de Paris.

5. Jean Goueffon, « La guerre des ondes : le cas de Jean Hérold-Paquis », *Revue d'histoire de la Deuxième Guerre mondiale*, octobre 1977, n° 108, Paris, p. 38.

6. Jean Hérold-Paquis, *Radio-Journal de Paris, Paroles en l'air ?*, Sceaux, Les documents contemporains, p. 49.

7. Christian Delporte, *Les Crayons de la propagande*, Paris, CNRS éditions, 1993, 223 p., p. 152.

8. AN, F/60/570, rapport d'André Demaison au secrétaire général auprès du chef du gouvernement.

9. Synthèse des renseignements du mois de mai 1943 de la commission mixte de contrôle technique (Avignon). AN, 3 AG2/331.

10. AN, F/7/14926, synthèse hebdomadaire des interceptions des contrôles téléphoniques, télégraphiques et postaux. Synthèse du 14-27 septembre 1943.

11. Pierre Limagne, *Éphémérides de quatre années tragiques, de Stalingrad à Messine (1940-1944)*, Paris, Bonne Presse, 1945-1947, 3 vol., t. 2, p. 1128.

12. François Marcot, *Les Voix de la Résistance*, Besançon, Cêtre, 1989, 367 p., p. 27.

13. France Politique, notes d'écoute. Rapport de juillet-août 1943. AN, F/1a/3765.

14. AN, F/1a/5221, Courrier de France, n° 5, du 1er au 31 mars 1943.

15. AN, F/7/14881, rapport du 27 février 1943. Informations résumées de la police nationale.

16. Archives départementales de l'Aube, 310 W 38. Document daté du 8 septembre 1943.

17. BBC Surveys of European Audiences France, rapport du 18 juin 1943. Archives du BBC Written Archives Centre, Caversham, Angleterre.

18. Émission de Radio Paris, le 23 mai 1943, à 22 heures. Archives de l'armée de terre, Vincennes, 4 P 42 : écoutes radio.

19. Lettre de Céline adressée début janvier 1943 au journal *Le Pilori*. Citée par Jean Galtier-Boissière, dans *Mon journal pendant l'Occupation*, Garas, La Jeune Parque, 1945, 294 p., p. 176.

20. « C'est surtout la radio qui influence l'ensemble de la population d'une façon extrêmement avantageuse. Il faudrait examiner de plus près la question déjà longtemps discutée du retrait de tous les postes de radio aux Français. » François Marcot, *Les Voix de la Résistance*, Besançon, Cêtre, 1989, 367 p., p. 27.

21. Archives Alexandria, bobine 51, 75531. IHTP, Cachan.

22. En Charente, la police en récupéra 390 dans la seule commune de Barbezieux, le 25 juin. En Ille-et-Vilaine, le même jour, à Mordelles, 25 tracts furent déposés à la gendarmerie et le 26 juin, ce sont 260 de ces tracts qui furent découverts sur les routes et dans les champs des communes de Vitré-Torcé et Pocé-les-Bois. AN, F/60/1523. Rapports de la gendarmerie nationale.

23. AN, F/1a/3723, réunion du 18 août 1943.

24. Honneur et Patrie, poste de la Résistance française. Émission du 9 juillet 1943, à 22 h 30.

25. AN, F/1a/3726.

26. BBC Bi-Monthly Surveys of European Audiences France, European Intelligence Papers, rapport du 11 août 1943. BBC Written Archives Centre, Caversham, Angleterre.

12. Un second souffle

1. Comité exécutif de propagande. Procès-verbaux des réunions. AN, 49 MI 1.

2. AN, 3 AG2/401.

3. BBC, émission de Fernand Grenier aux ouvriers de France, enregistrée le 30 avril à 16 h 30 et diffusée le 1ᵉʳ Mai à 6 h 30.

4. Charles de Gaulle, *Discours et messages pendant la guerre : 1940-1946*, Paris, Plon, 1970, 677 p., p. 282.

5. Préfecture de police, note de service à tous les services de la police municipale, datée du 29 avril 1943. Archives de la police de Paris, dossier RG.

6. Parmi ces défections, on note : à la fonderie Collignon, seuls 4 ouvriers sur 46 étaient présents ; aux Ateliers de la SNCF du Landy, 3 ouvriers sur 4 ont cessé le travail à 11 h 50. Deux l'ont repris aussitôt sur l'injonction du chef d'atelier et un troisième a été appréhendé. Aux établissements Hotchkiss de Saint-Denis, 351 ouvriers absents sur 1 080 dans l'après-midi. À la Maison Million-Guiet (carrosseries automobiles), à Levallois, 67 ouvriers sur 120 n'ont pas repris le travail. Des établissements importants comme Renault, Citroën, Panhard-Levassor, les Constructions Mécaniques de Saint-Denis, Nieuport-Astra à Issy-les-Moulineaux, Messier à Montrouge, la Société Alsacienne à Clichy, Peugeot à La Garenne-Colombes, Rhône-Poulenc à Vitry, la Compagnie des Wagons-Lits à Saint-Denis... étaient fermés. Rapports hebdomadaires sur la répression des menées communistes, RG, 3 mai 1943. Archives de la police de Paris.

7. AN, F/60/1679. Consignes de presse.

8. Note du Comité français sur la commémoration du 18 juin 1943. Alger, le 16 juin 1943, 9 heures. AN, F/60/1728.

9. « Aujourd'hui, 18 juin, tout l'Empire français, libéré, a célébré le troisième anniversaire du jour où le général de Gaulle a lancé à tous les Français le sublime appel : "La France a perdu une bataille. Mais la France n'a pas perdu la guerre... Il faut qu'elle soit présente à la victoire." Manifestation de reconnaissance et de foi ? demandait le porte-parole de la

France combattante. Bien sûr. Mais aussi manifestation de fierté car, lorsqu'un pays ne trouve plus d'anniversaire à célébrer, c'est qu'il est condamné. » Après une comparaison entre les discours du maréchal Pétain et du général de Gaulle, les 17 et 18 juin 1940, puis la mise en parallèle de « la voix de l'abdication et de la collaboration » et de « la voix de l'honneur et du patriotisme », Brossolette appelait les Français à saluer le 18 juin, sans grande précision : « Demeurée présente dans la lutte, la France sera présente aussi dans la victoire. Français, saluez le 18 juin. C'est le jour où la France, qu'on voulait chasser de l'histoire par la trahison, y est rentrée par l'épopée. » A 18 h 08, le poste américain « La voix de l'Amérique » rappelait aux auditeurs le message du Comité français :

« Le Comité demande aux Français d'adopter le vendredi 18 juin comme jour anniversaire de la naissance du Mouvement de la Libération française et de célébrer cette journée dans l'union et dans l'espoir. Le 18 juin 1940 est en effet le jour où le général de Gaulle, relevant le drapeau de la France, a parlé pour la première fois à la radio de Londres engageant les Français à continuer la lutte aux côtés des Alliés. Le Comité français de la Libération nationale recommande aux groupes de Résistance français en territoire occupé de manifester leurs sentiments de la façon qui leur paraîtra la meilleure. » Ce message étant présenté comme un rappel, on peut estimer qu'il avait déjà été diffusé aux auditeurs.

10. AN, F/7/14897, circulaire du 9 juillet 1943, Vichy.

11. Écoutes du CNI. Archives du Service historique de l'armée de terre, Vincennes. 4 P 44.

12. Le vendredi 9 juillet, le journal *Je suis partout* publia, en deuxième page, un article de Dorsay intitulé « À bas le 14 Juillet, fête de la République maçonnique et juive ! ».

13. AN, BCRA, 3 AG2/400.

14. AN, BCRA, 3 AG2/401.

15. Scripts de la BBC, mercredi 14 juillet 1943, texte de Boivin : « L'Empire vous parle », 12 h 45-13 heures. IHTP, Cachan.

16. Document privé Cecilia Reeves, pp. 134-135. BBC Written Archives Centre, Caversham, Angleterre.

17. Danielle Tartakowski, « Ouvriers et manifestations de rue : 1940-1944. Des manifestations ouvrières ? », dans Actes du colloque Paris-CNRS tenu les 22-24 octobre 1992, sur : « Les Ouvriers en France pendant la Seconde Guerre mondiale », IHTP, Paris, octobre 1992, supplément au cahier 20, p. 425.

18. AN, F/1a/3705, synthèse des rapports des préfets de la zone libre, juillet 1943.

19. Rapport de « Sophie », du 21 juillet 1943, arrivé à Londres le 27 juillet 1943. AN, 72 AJ 234 : Morandat.

20. AN, 880206, numéro 2. Ministère de l'Intérieur, direction générale de la police nationale.

21. Catherine Lefrançois, *L'Opinion publique en Seine-Inférieure sous l'Occupation, juin 1940-septembre 1944*, maîtrise d'histoire sous la direction d'Antoine Prost, Université Paris I, juin 1981, 325 p., p. 225.

22. Manuscrit de Roger Ledoux, Lorient. AN, 72 AJ 166.

23. AN, 3 AG2/333. Informations données le 14 juillet 1943 par un agent de la France combattante.

24. AN, 3 AG2/397, annexes du courrier n° 4, du 16 août 1943.

25. AN, 3 AG2/405 et 3 AG2/408.

26. 3 AG2/375 : CNI. Courrier du LTE à Cléante, daté du 26 février 1944.

27. « Depuis quelques jours, les radios dissidentes de Londres et d'Alger avaient enfourché un nouveau cheval de bataille. À l'occasion du 14 Juillet, les Français de la métropole avaient reçu, par les ondes, la consigne de se promener dans les rues vers 19 h 45 afin de marquer leur résistance. Or, à la fin de la journée magnifique, au cours de laquelle le soleil a brillé de son plus vif éclat dans un ciel sans nuages, nombreux étaient ceux qui avaient profité d'un jour de congé supplémentaire décrété par le gouvernement pour prendre l'air et, vers 20 heures, bien des familles revenant de la campagne se trouvaient encore dans les rues. Sans doute demain, la propagande dissidente va-t-elle crier victoire. Le mot d'ordre a été entendu, dira-t-elle, et les Français par milliers ont répondu à l'appel. Comme le procédé est puéril et ridicule ! Tous ceux qui connaissent la France savent que, les jours fériés, hommes et

femmes, jeunes et vieux, choisissent comme passe-temps favori de déambuler sur les trottoirs. Surtout lorsque la saison est belle et qu'il n'y a pas de réunion sportive, comme ce fut le cas aujourd'hui. Recommander aux Français de se promener en ce 14 Juillet, c'était un peu comme si, en cas d'orage, on les avait invités à ouvrir leur parapluie. » Écoutes du CNI. Archives du Service historique de l'armée de terre, Vincennes. 4 P 44.

28. Émission « La situation politique au jour le jour », 22 heures, le 14 juillet 1943. Écoutes du CNI. Archives du Service historique de l'armée de terre, Vincennes. 4 P 44.

29. AN, 3 AG2/399 : LO.30, Léon Morandat, télégramme du 26 juillet 1942, reçu le 30 juillet.

30. AN, 3 AG2/399 : LO.30, Léon Morandat, télégramme du 2 août 1942, reçu le 4 août.

31. Lors de la séance du Comité exécutif de propagande du 4 août 1942, le cas Pierre Dac fut présenté. AN, 3 AG2/375 : France combattante, CNI.

32. « La brièveté même des programmes implique que nous devons nous concentrer sur "la guerre par les ondes" et que le domaine de la fantaisie pure ne peut exister que s'il est mis au service de la guerre de propagande : lutte contre la milice, lutte contre la police, lutte contre la déportation, lutte contre les Allemands en général. C'est seulement en causant avec M. Pierre Dac que nous pourrions décider ensemble la façon dont son talent peut servir les objectifs de propagande précis. Mon impression est que, tout bien considéré, nous ne pourrions assurer ici à M. Pierre Dac qu'une partie de son emploi. » Courriers internes BBC. Archives du BBC Written Archives Centre, Caversham, Angleterre.

33. Jean Oberlé, *Jean Oberlé vous parle…, Souvenirs de cinq années à Londres*. Paris, La Jeune Parque, 1945, p. 209.

34. À la fin de sa première intervention, Pierre Dac conclut : « Sur ce, mes chers compatriotes et amis, laissez-moi vous donner en guise de conclusion, ce slogan, dédié en toute objectivité à ceux qui animent encore l'esprit – si j'ose dire – de l'Hôtel du Parc et de Montoire réunis : la Révolution nationale a commencé avec un bâton et sept étoiles, elle finira avec une trique et 36 chandelles. »

35. 384 d'après les documents de Londres : *Les Cahiers français*, n° 53, février-mars 1944. Comité français de la Libération nationale, commissariat à l'Information. Mais selon le *Courrier de France* n° 16, janvier 1944, constitué à l'aide de rapports officiels de Vichy et de comptes rendus de correspondants en France, les arrestations se monteraient à 540. AN, F/1a/5221.

36. Pierre Giolitto, *Grenoble, 40-44*, Paris, Perrin, 2001, 494 p., p. 253.

37. Témoignage de M. Garcher, chef de gare à Grenoble. Comité d'histoire de la Deuxième Guerre mondiale. AN, 72 AJ 137. Isère.

38. Dans *Courrier de France* n° 13, du 1er au 15 septembre 1943. Archives du ministère des Affaires étrangères, microfilm P 2016, vol. 1199.

39. « Certains se disant bien informés prétendent que ces appareils seraient installés en vue d'une prochaine réquisition des postes récepteurs privés, afin que le public puisse uniquement écouter les émissions de la radiodiffusion nationale. D'autres affirment que c'est en vue d'un éventuel débarquement des Alliés, pour inviter la population au calme. » Extraits des rapports de police ou des rapports des Renseignements généraux. AN, F/1a/3797.

40. Archives Alexandria, bobine 51, 75531. IHTP, Cachan.

41. Michel Rouffet, *La Lutte des autorités allemandes d'occupation contre l'influence de la propagande ennemie par voie de radio. 1940-1944*, maîtrise d'histoire, sous la direction de Jean-Baptiste Duroselle, Faculté des Lettres de Paris, octobre 1974, 112 p., p. 57.

42. « Les arrestations nombreuses opérées par les autorités occupantes, pour des raisons généralement ignorées, commencent à tempérer l'ardeur des auditeurs et des colporteurs de nouvelles. » Synthèse des rapports mensuels des commandants des légions de gendarmerie de la zone sud, septembre 1943. AN, F/1a/3797.

43. Paul J. Kingston, « A survey of the french radio industry 1940-1944 as seen by the BBC », *Historical Journal of Film, Radio and Television*, 1983, vol. 3, n° 2, pp. 149-160.

428 RADIO LONDRES

13. LES MOIS LES PLUS LONGS

1. Lettre d'Arnolphe (Morandat) à Bernard (d'Astier) du 29 février 1944. Archives privées de Léon Morandat (alias Yvon). *Les Cahiers de l'IHTP*, « Souvenirs inédits d'Yvon Morandat », cahier n° 29, septembre 1994, CNRS, p. 26.

2. Archives des Affaires étrangères, P.2017, vol. 1201.

3. Les rapports des préfets relèvent des grèves dans les Bouches-du-Rhône, dès la fin février. Le bassin houiller de Saint-Étienne fut menacé de grève en février.

4. AN, F/1a/3744 : CFLN, rapport d'un agent daté de juin 1944, état d'esprit de la population rouennaise.

5. Voir l'ouvrage de Dominique Veillon, *Vivre et survivre en France, 1939-1957*, Paris, Payot, 1995, 371 p., p. 272.

6. Bibliothèque historique de la ville de Paris, tracts antibritanniques, boîte 22, Paris.

7. Bibliothèque historique de la ville de Paris, tracts antibritanniques, boîte 21, Paris.

8. Scripts de la BBC, IHTP, Cachan.

9. André Gillois, *De la Résistance à l'insurrection*, Lyon, éditions Sèves, 287 p., pp. 149-150.

10. Archives Émile Delavenay, interview le 5 juin 1944 d'une Française de Paris, Madame P., qui quitta la France début avril 1944. IHTP, Cachan.

11. D'après les fonds conservés à l'INA, il est difficile d'établir avec certitude l'heure exacte de diffusion des éditoriaux de Philippe Henriot, 12 h 30 ou 12 h 40 et 19 h 30 ou 19 h 40. On dénombre plus de 350 interventions radiophoniques d'Henriot conservées. À partir du 17 juin, on relève la diffusion d'éditoriaux du ministre de l'Information à 12 h 40, 13 h 10, 21 h 40 et 22 h 40. *Cahiers d'histoire de la radiodiffusion*, « L'année radiophonique 1944 », septembre-novembre 1994, n° 42.

12. Philippe Randa, *Dictionnaire commenté de la collaboration française*, Paris, Jean Picollec, 1997, 765 p., p. 185.

13. Manuscrit inédit de Cecilia Reeves, déposé au BBC Written Archives Centre, Caversham, Angleterre, p. 161.

14. Manuscrit inédit de Cecilia Reeves, déposé au BBC Written Archives Centre, Caversham, Angleterre, p. 189.

15. Manuscrit inédit de Cecilia Reeves, déposé au BBC Written Archives Centre, Caversham, Angleterre, p. 189.

16. Boîte 27 : allocutions prononcées à la radio par Philippe Henriot. IHTP, Cachan. Document sonore conservé à l'INA.

17. Propos de Lucien Rebatet cité par Philippe Randa, *Dictionnaire commenté de la collaboration française*, Paris, Jean Picollec, 1997, 765 p., p. 176.

18. Boîte 27 : allocutions prononcées à la radio par Philippe Henriot. IHTP, Cachan. Document conservé à l'INA.

19. AN, F/1a/3742, CFLN, commissariat à l'Intérieur, rapport d'un agent de Nîmes daté du 10 février 1944.

20. Rita Thalmann, *La Mise au pas*, Paris, Fayard, 394 p., p. 165.

21. Rita Thalmann, *La Mise au pas*, Paris, Fayard, 394 p., pp. 165-166.

22. « Il faut maîtriser dans les moindres délais le flottement qui tend à se manifester chez certains, à l'heure même où le maximum d'énergie doit être concentré pour préparer une action alliée. (...) La meilleure formule consisterait à répondre immédiatement (...) aux éditoriaux de Henriot en récusant les faits qu'il avance et en récusant ses arguments. » AN, 3 AG2/395, rapport parvenu au CFLN le 11 mars 1944 et intitulé : « Le danger de la propagande de Philippe Henriot ».

23. « Il faut tous les jours, sa vanité dût-elle le faire éclater (ce serait trop beau !), lui répondre et deux fois par jour si nécessaire. Les auditeurs curieux de connaître presque aussitôt la réplique se souviendront moins des paroles mensongères, ne subiront plus la fallacieuse emprise et se serviront de la riposte pour épauler leur conviction personnelle. Que ce soit par Radio France, la BBC ou un poste clandestin, il faut qu'à 12 h 30, à 19 h 30, les heures les plus propices et sur des ondes audibles, un orateur de grand talent et de *même parole vocale*, réfute, prévoie et annihile les propos qui déconcertent trop de Français. » AN, F/41/347, commissariat général à l'Information, rapport d'un agent en date du 31 mars 1944.

24. Jean-Louis Crémieux-Brilhac, *La France libre*, Paris, Gallimard, 1996, 969 p., p. 717.

25. « Ici Radio France », éditorial du 10 mai 1944. R 3934, IHTP, Cachan.

26. Pierre Dac, *Un Français libre à Londres en guerre*, Paris, France-Empire, 1972, 316 p., pp. 199-200.

27. « Il surmonte ses dépressions nerveuses, les transmue en pathétique ; avec lui l'audition de la radio est aussi chaleureuse qu'une réunion publique. » Alfred Fabre-Luce, *Journal de France*, Genève, Constant Bourquin, 1946, 549 p.

28. Comme l'écrivait Léon Werth, pour bien des Français il était « difficile de lui accorder cette sorte de sincérité qui vient par automatisme de la répétition des mêmes arguments, la sincérité de l'abêtissez-vous ». Léon Werth, *Déposition, journal 1940-1944*, Paris, Viviane Hamy, 1992, 733 p., p. 617.

29. Bibliothèque nationale, sondages Max Barioux, M.9833. Résultats de cinq sondages effectués dans la clandestinité par le Service des sondages et statistiques, service rattaché à la délégation du Gouvernement provisoire d'Alger et connu sous l'indicatif SSS. Max Barioux est né le 5 mars 1903 en Roumanie. Après des études à la faculté de droit de Bucarest et à la faculté des sciences à Paris, il travailla dans un service de contentieux. Membre d'un groupe de Résistance et d'un réseau du BCRA, fin 1943, il fut mis en contact avec Léon Morandat. Animé d'un même souci de connaître l'opinion publique en France, Barioux se lança dans un sondage reposant sur un système d'enquêteurs. Il semblerait que les résultats de l'enquête ne soient pas arrivés à Alger avant juin 1944. Le sondage n'est pas représentatif de l'ensemble de la population française puisque les collaborateurs et les militants du régime de Vichy ne furent pas interrogés. Seuls furent sondés des résistants, des sympathisants et des neutres. Plus de 400 personnes furent interrogées. Les résultats de cette enquête n'ont qu'une valeur indicative, mais des enquêtes effectuées après la Libération semblent confirmer les résultats obtenus par Max Barioux.

30. L'agent « Avoine », par exemple, dont l'étude fut menée en avril 1944, rapporta que « l'on reconnaît à M. Philippe Henriot d'indéniables qualités d'orateur, certains prétendant même qu'il a du talent ; on le trouve captivant, sachant intéresser ses auditeurs, tour à tour spirituel, mordant, incisif, iro-

nique, souvent violent et narquois, mais son accent nasillard, affirment certains, a quelque chose de crispant qui fait que lorsque le ton de sa voix s'enfle, on dirait que l'orateur devient sarcastique et même méchant. Cependant, si les commentaires, même ceux émanant de personnes peu portées aux louanges envers le secrétaire d'État à la Propagande et à l'Information, s'accordent pour estimer ses mérites, les idées développées sont sujettes à contestations et à critiques et c'est par ce point que, tout compte fait, ces causeries ne modifient guère l'attitude ou les convictions de ceux qui les écoutent. (...) M. Philippe Henriot est accusé de manquer de mesure et taxé de mettre du parti pris ». Rapport de l'agent Avoine sur « Les réactions de l'opinion publique à l'égard des éditoriaux prononcés par Philippe Henriot », avril 1944, reçu le 6 mai 1944. AN, F/1a/3742 : CFLN-CNI.

31. Bibliothèque nationale, sondages Max Barioux, M.9833.

32. Ancien ministre de l'Intérieur de Vichy (août 1941-avril 1942), il fit arrêter de nombreux résistants et opposants. On lui reprocha son rôle joué dans la désignation d'otages à exécuter, notamment dans l'affaire de Nantes en octobre 1941. Après son éviction du pouvoir par Laval, il rédigea un mémoire sur l'entrée en guerre de la France dans le camp allié, qu'il soumit à Pétain, puis à Giraud. Il gagna l'Espagne, le 13 novembre 1942, puis l'Afrique du Nord en mai 1943 pour servir dans une unité combattante de Giraud. Arrêté à son arrivée, il fut mis en accusation le 18 août par le CFLN devant un tribunal militaire. Condamné à mort le 11 mars 1944, pour intelligence avec l'ennemi et mise à disposition de la police à l'ennemi, il fut fusillé le 20 mars à Hussein Dey, près d'Alger.

33. Bibliothèque nationale, sondages Max Barioux, M.9833. Résultats de cinq sondages effectués dans la clandestinité par le Service des sondages et statistiques.

34. Échantillonnage : Résistants : 22 %. Sympathisants : 56 %. Neutres : 22 %. Rang social : élevé, 22 % ; moyen, 40 % ; modeste, 38 %. Tranches d'âge : 25-34 ans, 24 %. 35-55 ans : 62 %. 56-70 ans : 14 %.

35. Les radios britanniques en Afrique ouvrirent aussi leurs antennes aux hommes de la France libre. Radio-Accra et Radio-Gambie, par exemple, adressaient des programmes aux

populations du Sénégal, de Côte-d'Ivoire, du Togo et du Dahomey, en français ou en langues indigènes. Institut Charles-de-Gaulle, *De Gaulle et les médias,* Plon, Paris, colloque organisé les 19, 20 et 21 novembre 1992, 1994, 357 p., p. 38.

36. BBC Surveys of European Audience, France. 2 octobre 1944. BBC Written Archives Centre, Caversham, Angleterre.

37. BBC Surveys of European Audience, France. 2 octobre 1944. BBC Written Archives Centre, Caversham, Angleterre.

38. Archives Émile Delavenay, interview le 3 mai 1944 de Mlle Dubois, jeune secrétaire de vingt ans, habitante d'Agen. IHTP, Cachan.

39. Archives Émile Delavenay, interview d'un fabriquant de vêtements de Paris, âgé de trente-cinq ans, le 23 février 1944. IHTP, Cachan.

40. Archives Émile Delavenay, interview d'un pêcheur de Camaret, à Londres, par les services britanniques, le 7 février 1944. IHTP, Cachan.

41. Archives Émile Delavenay, interview d'un fabriquant de vêtements de Paris, âgé de trente-cinq ans, le 23 février 1944. IHTP, Cachan.

42. Archives Émile Delavenay, interview d'un agent technique de l'usine Gnôme et Rhône, le 19 février 1944. IHTP, Cachan.

43. Il regrettait par exemple qu'un « chansonnier serine un couplet grandiloquent sur le maquis dans le genre "chansonnier montmartrois" tandis que, dans le vrai maquis, se déroule une vie actuellement précaire et rude. Il est également maladroit de faire suivre immédiatement d'un couplet humoristique un éditorial émouvant concernant l'assassinat de jeunes réfractaires. » Rapport de ZAC, du 26 mars 1944. AN, F/1a/3742, CFLN.

44. Il n'était plus l'heure pour lui de convaincre les Français de « l'ignominie de Pétain, il n'y a plus à démontrer que l'Angleterre ne perdra pas la guerre, puisque c'est devenu une vérité, au lieu d'être comme en 1940-1941 un acte de foi. Si bien que les talks quotidiens, les commentaires de Duchesne, les descriptions de films par Oberlé, les chansonnettes mal entendues de Dac, les nouvelles de France toujours périmées et sentimenteuses et d'une façon plus générale (...) les dis-

cours variés de quelques Français qui parlent à beaucoup de Français n'ont plus un intérêt réel. (...) Ce que la France demande, c'est qu'on lui donne des nouvelles d'elle-même, de sa résistance, de ses souffrances, de son martyre, que l'on cloue au pilori les traîtres et les lâches. » Rapport de Cléante, avril 1944. AN, F/1a/3723, documentation et radio.

45. Document inédit de Cecilia Reeves. Annexe p. 23. BBC Written Archives Centre, Caversham, Angleterre.

46. Sur 384 personnes interrogées entre le 11 mai et le 29 mai 1944 dans Paris et sa région, le Centre, le Midi et le Sud-Ouest, à la question « Aimez-vous les chansons de Pierre Dac dans le programme de la BBC ? », 50 % répondent Oui, 34 % Non, 4 % sont indécis et 10 % ne l'écoutent pas.

47. « Il faudrait interrompre le programme quand il s'agit d'une nouvelle très importante. Ne pas attendre la fin de l'émission comme c'est le cas actuellement, c'est-à-dire à 10 heures du soir pour donner les communiqués russes qui annoncent la prise d'une ville nouvelle. » Archives Émile Delavenay, interview le 3 février 1944 d'un anonyme. IHTP, Cachan.

14. On saisit les postes !

1. Archives Alexandria, bobine 51, dossier 75531. IHTP, Cachan.

2. Entrevue rapportée dans un document allemand daté du 6 avril 1944. Archives Alexandria, bobine 51, dossier 75531. IHTP, Cachan.

3. Document signé de von Stülpnagel, daté du 23 mars 1944. Archives Alexandria, bobine 51, dossier 75531. IHTP, Cachan.

4. BBC Surveys of European Audiences, France. Rapport du 2 octobre 1944.

5. Archives Alexandria, bobine 51, dossier 75531. Rapport du 1er juin 1944. IHTP, Cachan.

6. « Deux mois plus tard, 39 000 postes auront été livrés dans le Calvados, 99 000 en Seine-Inférieure... Sans doute s'agit-il, parfois, de postes anciens et sabotés, sans doute les

résistants ont-ils conservé et camouflé les appareils indispensables à l'écoute de ces messages personnels qui déclencheront l'insurrection. » Henri Amouroux, *La Grande Histoire des Français sous l'Occupation. Le peuple réveillé, juin 1940-avril 1942*, Paris, Laffont, 1979, 550 p., p. 238.

7. Marcel Baudot, *L'Opinion publique sous l'Occupation, 1939-1945*, Paris, PUF, 1960, 268 p., p. 114.

8. Archives Alexandria, bobine 51, dossier 75 531. Lettre de la Feldkommandantur 580, Amiens, 24 mai 1944, au gouverneur militaire Nord-Ouest, Saint-Germain. IHTP, Cachan.

9. Archives Émile Delavenay, interview d'un gendarme d'Isigny, à Londres, le 17 juillet 1944. IHTP, Cachan.

10. BBC Surveys of European Audiences, France. Rapport du 2 octobre 1944. BBC Written Archives Centre, Caversham, Angleterre.

11. Scripts BBC French Service for Europe, 7 février 1944, 17 heures, « Conseils aux auditeurs », Paul Lévy. IHTP, Cachan.

12. Scripts BBC French Service for Europe, 7 février 1944, 17 heures, « Conseils aux auditeurs », Paul Lévy. IHTP, Cachan.

13. Le 26 mai, Georges Boris adressera une lettre au Dr Beck au sujet de cette brochure intitulée *Savoir pour prévoir, prévoir pour pourvoir*, en estimant inconcevable que les autorités françaises n'aient pas été consultées, d'autant plus que des directives données étaient en contradiction avec la ligne du CFLN. Voir paragraphe sur l'insurrection nationale.

14. Tract *Savoir pour prévoir, prévoir pour pourvoir*, PS Pièce 1550. BDIC, Nanterre.

15. AN, F/60/1528, rapport de gendarmerie daté du 3 janvier 1944, groupement territorial de Montrouge, arrondissement de Sceaux, brigade de la Croix-de-Berny.

16. AN, F/1a/3723, CNI-Londres à PID. Lettre des services de Georges Boris au Dr Beck, le 26 mai 1944.

15. La mobilisation

1. Exemples de slogans. D'après les archives privées de Jean-Louis Crémieux-Brilhac. Des archives sonores relatives à ces appels sont également conservées à l'INA. « Deux mille usines allemandes ont été rasées par la RAF. Deux mille usines allemandes. Tout vaut mieux que d'y aller. » Diffusé en mars 1944 (musique *Ne va pas*). « Toujours plus d'esclaves, toujours plus de chair à canon ! Hommes, femmes, enfants, Allemands, aussi bien que peuples occupés, les nazis raflent tout le monde pour le service du Führer. Les Allemands mobilisent l'Europe. Les Allemands mobilisent l'Europe ? Mais c'est toute l'Europe qui se mobilise contre l'Allemagne ! » Diffusé en mars 1944 (musique *Travailleurs étrangers*, *Chant du départ*).

2. AN, 3 AG2/395, scripts BBC.

3. « Allô ! Allô ! Jeunes gens de la classe 44, jeunes gens de la classe 44, écoutez bien la nouvelle capitale pour chacun de vous, que contient le dernier communiqué des fronts intérieurs de la France au combat : le fichier de recensement de votre classe, le fichier de recensement de la classe 44, qui se trouvait à Paris, place Fontenoy, au quartier général du STO (servitude et trahison obligatoire) a été incendié dans la nuit du 24 au 25 février. Il apparaît que les trois quarts des fiches qui se trouvaient entreposées sur ce marché d'esclaves ont été réduites en cendres. Dans ces conditions tout le recensement de la classe 44 est à refaire. (…) Jeunes gens de la classe 44, c'est dans les meilleures conditions de sécurité possibles, grâce au cran dont a fait preuve, une fois de plus, l'avant-garde des patriotes au combat, que chacun d'entre vous peut désormais accomplir son devoir de réfractaire, et que votre classe – la classe 44 – s'incorpore dans le maquis, c'est-à-dire dans l'armée. » Scripts de la BBC, IHTP, Cachan.

4. BBC, Schumann, « Honneur et Patrie », 2 février 1944.

5. Sous la direction d'Hélène Eck, *Histoire des radios de langue française pendant la Deuxième Guerre mondiale*, Communauté des radios publiques de langue française, Paris, Armand Colin, 1985, 382 p., p. 119.

6. Exemples de slogans. D'après les archives privées de Jean-Louis Crémieux-Brilhac. Des archives sonores relatives à ces appels sont également conservées à l'INA. « Le secours national ! Le vrai secours national, c'est celui qui consiste à aider les jeunes Français dans leur lutte contre les marchands d'esclaves. Paysans, montagnards, fonctionnaires, policiers, Français et Françaises, aidez nos jeunes à ne pas y aller. Oui, tout vaut mieux que l'Allemagne ! » Diffusé le 13 mars 1944 (musique : *Ne va pas*). « Policiers français, agents, douaniers, gendarmes, gardes mobiles, aidez la France à sauver sa jeunesse ! Aidez nos jeunes à sauver leur liberté ! Aidez à sauver la France ! Tout vaut mieux que d'y aller. » Diffusé les 17-18 mars 1944 (musique : *Ne va pas en Allemagne*).

7. AN, 3AG2/375, délégation à Londres du commissariat à l'Intérieur, note datée du 13 janvier 1944.

8. AN, F/1a/3726, directives du PWE aux services français de la BBC.

9. Jean-Louis Crémieux-Brilhac, *Les Voix de la Liberté. Ici Londres,* Paris, La Documentation Française, 1975, tome 4, 267 p., p. 164.

10. AN, F/1a/3726, PWE France, directives 1944 : du 28 mars au 10 avril 1944.

11. AN, F/1a/3726, PWE France, directives 1944 : du 11 avril au 24 avril 1944.

12. « Les Français parlent aux Français », 23 janvier 1944, Granville. Scripts de la BBC IHTP, Cachan.

13. « Les voleurs, les terroristes et les bandits, vous les connaissez ! Ce sont ceux qui depuis trois ans livrent le pays aux pillards nazis, ceux qui livrent les otages français au bourreau hitlérien, ceux qui se font les pourvoyeurs des prisons et des camps de concentration, ceux qui déportent notre jeunesse dans les bagnes du Reich, ceux qui envoient vos récoltes aux Allemands alors que ces derniers laissent crever de faim nos chers prisonniers. La terreur, c'est Vichy et son monstrueux appareil policier mis à la disposition de la Gestapo. » Scripts de la BBC IHTP, Cachan.

14. AN, 3 AG2/395, directives des représentants du Comité français de Libération nationale, pour le programme « Les

Français parlent aux Français », semaine du 14 au 21 mai 1944.

15. AN, 3 AG2/395, scripts BBC. Quart d'heure du CFLN, 3 janvier 1944. « Avertissement aux industriels collaborateurs ». Texte de Laroque, officier français arrivé de France.

16. À partir du 15 mai, Henri Drouot note ces appels de la BBC (évacuer les villes, faire des provisions...) dans son journal et estime qu'ils furent peu suivis. Le 2 juin, il relève cependant que les Dijonnais ont commencé à faire des provisions d'eau et de vivres. Henri Drouot, *Notes d'un Dijonnais pendant l'occupation allemande, 1940-1944*, Dijon, Éditions Universitaires de Dijon, 1998, 1 060 p., pp. 809, 812, 817, 819.

17. « Ceux qui poussent la France dans cette voie invoquent leur prétention de la libérer. Cette prétendue libération est le plus trompeur des mirages auxquels vous pourriez être tentés de céder. (...) Ceux qui de loin vous lancent des consignes de désordre ne participent pas aux risques qu'ils vous font courir. Ils voudraient entraîner la France dans une nouvelle aventure dont l'issue ne saurait être douteuse. Français, quiconque parmi vous, fonctionnaires, militaires ou simples citoyens, participe aux groupes de résistance compromet l'avenir du pays. Il est dans votre intérêt de garder une attitude correcte et loyale envers les troupes d'occupation. Ne commettez pas d'actes susceptibles d'attirer sur vous et sur la population de terribles représailles, vous précipiteriez la patrie dans les pires malheurs. » Maréchal Pétain, allocution du 28 avril 1944. Archives INA.

18. AN, 3AG2/375, « Honneur et Patrie », procès-verbaux des réunions. Réunion du 19 avril 1944.

19. Émission « Honneur et Patrie », BBC, le 22 avril 1944. Texte trouvé aux AN, 65/AJ/13 : GCR de Paris, bulletins d'écoutes générales, et à l'IHTP, Cachan, scripts microfilmés de la BBC.

20. BN, Rés.G.1476-IV. Tract « 1er mai 1944. Journée de protestation et de solidarité nationale » émanant des comités d'action féminine du MLN.

21. « Le 1er Mai, c'est le peuple français tout entier qui se lèvera, contre les tortionnaires, contre les incendiaires, contre les assassins. Le 1er Mai sera la journée de protestation et de

solidarité nationales. L'ennemi, en pleine déroute déjà sur le front de l'Est, sentira alors la peur le saisir aux entrailles. Il saura que les fils héroïques de ce pays qui tombent les armes à la main accablés par le nombre ne sont pas seuls. Il saura que tout un peuple est prêt à suivre leur exemple et que le drame du plateau des Glières n'est pas pour lui une victoire, mais un signal pour un peuple bouleversé d'admiration et de reconnaissance. » *Libération*, zone sud, n° 47.

22. BBC, French Service, programme de 6 h 30, le 30 avril 1944. « 1er mai 1944 », signé Martel et Gorlia.

23. AN, F/60/1697, CFLN. Note faisant état d'une circulaire de Marcel Déat adressée aux préfets de France.

24. Sur les ondes de la radio d'Alger, des messages des syndicalistes d'Algérie furent diffusés aux Français pour le 1er Mai (enregistré le 30 avril). Se succédèrent au micro le secrétaire général de l'Union syndicale des cheminots d'Algérie, le secrétaire de l'Union fédérale des travailleurs des territoires libérés, Marius Rothschild, un travailleur yougoslave, une déléguée du Syndicat confédéré des employés de commerce et de bureau, Henriette, pour apporter leur soutien à leurs camarades de France. Archives INA, Radio France Alger.

25. BBC, French Service for Europe, « *May Day* », texte de William Pickles, 1er mai 1944, 20 heures. Scripts de la BBC IHTP, Cachan.

26. « Les Boches et les Vichyssois ont été contraints d'accorder la journée chômée. Cet aveu de faiblesse a donné plus d'éclat aux actions du 1er mai 1944. Dépôts de cahiers de revendications, grèves partielles ou totales dans les entreprises travaillant exclusivement pour la machine de guerre nazie et dans les chemins de fer, refus des mineurs de la Loire de récupérer le dimanche 30 avril la journée chômée du 1er Mai ; manifestations, sabotages, actions de guerre contre les Boches et la Milice, en Corrèze, Dordogne, en Auvergne, dans le Rhône, etc. Tel est le premier bilan de cette journée. » Henri Noguères, *Histoire de la Résistance en France*, Paris, Robert Laffont, 1976, t. IV, 710 p., p. 600.

27. AN, F/1a/3765, GPRF/CNI, compte rendu de la journée du 1er mai 1944.

28. AN, F/1a/3765, GPRF/CNI, compte rendu de la journée du 1er mai 1944.

29. Philippe Henriot, 1er mai 1944. Archives INA.

30. Philippe Henriot, le 3 mai 1944. Document conservé à l'INA.

31. André Gillois, *De la Résistance à l'insurrection*, Lyon, Éditions Sèves, 287 p., p. 159. Document sonore conservé à l'INA.

16. LA BATAILLE DE FRANCE

1. Jean-Louis Crémieux-Brilhac, « La libération de la France vue de Londres : l'arme radiophonique et l'insurrection nationale ». Actes du colloque international *La Libération de la France*, Centre national de la recherche scientifique, Paris, 1976, 1 054 p., p. 118.

2. BBC, émission du 13 mai 1944, 21 h 30-22 heures.

3. « Mus par un calcul politique ou, pour quelques-uns, par une image lyrique de la Libération, ils associent la défaite de l'occupant avec l'établissement à l'échelon local d'une "démocratie directe" garante du "régime pur et dur" auquel aspire l'extrême gauche résistante. » Jean-Louis Crémieux-Brilhac, « Jeux et enjeux d'Alger », dans *La France des années noires*, sous la direction de Jean-Pierre Azéma et François Bédarida, Paris, Seuil, 1993, t. 2, 536 p., p. 211.

4. Le 26 mai, à la séance du CFLN, conformément au vœu émis par l'Assemblée consultative le 15 mai, de Gaulle fit approuver le changement de nom du comité qui devint le Gouvernement provisoire de la République française. La formule fut annoncée le 2 juin. Roosevelt reconnut le Comité français comme « l'autorité de facto ayant qualité pour assurer la direction et la responsabilité des affaires civiles en France pendant la période de libération ». Il ne reconnut cependant pas le GPRF.

5. Scripts de la BBC IHTP, Cachan.

6. Jean-Louis Crémieux-Brilhac, *La France libre*, Paris, Gallimard, 1996, 969 p., p. 786.

7. Scripts de la BBC IHTP, Cachan.

8. Scripts de la BBC IHTP, Cachan.

9. Jean-Louis Crémieux-Brilhac, « Les émissions françaises à la BBC pendant la guerre », *Revue d'histoire de la Deuxième Guerre mondiale*, 1er novembre 1950, n° 1, Paris, PUF, p. 91.

10. Texte inédit de Cécilia Reeves. Archives du BBC Written Archives Centre, Caversham, Angleterre.

11. « Nous allons donc ce soir vous dire adieu. Écoutez désormais les consignes unifiées qui vous seront données de Londres et d'Afrique. Il n'y a plus, en effet, de forces divergentes et les décisions récentes ont coordonné l'action militaire extérieure et la lutte des combattants sans uniforme. Les mots d'ordre qui, par les voies habituelles, vous seront communiqués clandestinement, coïncideront avec les appels lancés par le Commandement suprême interallié. (…) L'effort est encore grand, qui vous est demandé ; mais songez à tout le chemin parcouru et comme il vous semblera court celui qui reste devant vous. Bientôt se dissiperont les ombres et vous déboucherez dans la lumière. Adieu, les mystères, les secrets, la clandestinité. Adieu, les journaux rédigés dans les caves et passés à la sauvette. Adieu, la conspiration, la solitude et la vie errante. Bientôt, oui, bientôt (mais attendez le bon signal), ce seront les ordres en clair et les journaux à la criée ; ce sera le coude à coude et la lutte au grand jour ; ce sera le prix de vos peines ; ce sera la victoire en chantant. » André Gillois, *De la Résistance à l'insurrection*, Lyon, Éditions Sèves, 287 p., pp. 162-164.

12. André Gillois, *L'Homme éberlué. Chronique du xxe siècle. 1940-1975*, Paris, Les éditions de Paris, 1995, 158 p., p. 76.

13. Y prennent part aussi des politiques et des militaires, deux observateurs américains et un Canadien.

14. André Gillois, *L'Homme éberlué. Chronique du xxe siècle. 1940-1975*, Paris, Les éditions de Paris, 1995, 158 p., p. 77.

15. André Gillois, « A l'écoute de l'espérance », *Cahiers d'histoire de la radiodiffusion*, juillet 1984, nos 7-8.

16. AN, F/1a/3726, directives du PWE aux services français de la BBC.

17. Charles Braibant, *La Guerre à Paris. 8 novembre 1942-27 août 1944*, Paris, Corréa, 1945, 562 p., pp. 468-469.

18. « Nous sommes nombreux à admirer le courage des hommes de la Résistance qui depuis de longs mois luttent dans des conditions souvent désespérées. Mais les gens qui donnent de tels conseils de Londres ou d'Alger devraient un peu se placer dans l'ambiance où nous sommes, écrivit Fernand Picard le 31 mai. Des devoirs nombreux, impérieux, nous lient à notre vie quotidienne, qu'il n'est pas si facile de négliger. Notre présence est plus nécessaire en ces jours difficiles auprès de tous ceux qui nous sont chers qu'en tout autre moment. Nous avons à les conseiller, les soutenir, maintenir leur moral. Nous dire de les abandonner pour nous jeter dans l'inconnu n'est ni adroit, ni opportun. Et puis, où ces messieurs veulent-ils nous voir nous cacher et vivre ? Se représentent-ils les difficultés de tous genres, la plupart insolubles, que le respect de leurs consignes soulève ? Les campagnes ne sont pas si accueillantes aux réfractaires. Partout la Gestapo et la Milice perquisitionnent. C'est encore dans les grandes agglomérations que la sécurité est la plus grande, et que nous pourrions le plus facilement, le moment venu, échapper à l'ennemi. » Archives Fernand Picard, microfilm D.24. IHTP, Cachan.

19. « Il nous appartient, à nous Français, de donner ici des consignes spécifiquement françaises, lesquelles ont pour but d'appeler à une action immédiate et énergique tous les Français et toutes les Françaises dont la bonne volonté n'a pas encore trouvé à s'employer. Quand il y a quelques jours, nous vous avons prononcé les termes "état d'alerte", c'était pour bien marquer que les appels que nous vous ferions désormais n'étaient plus de simples mots d'ordre analogues à ceux qui furent lancés dans le passé, mais qu'ils visaient à engager dans la lutte tous nos compatriotes en âge de combattre. » BBC, André Gillois, 23 mai 1944, 21 h 30.

20. BBC, André Gillois, le 29 mai 1944, consignes données à 21 h 30.

21. Charles de Gaulle, *Lettres, notes et carnets. Juin 1943-mai 1945*, Paris, Plon, 1983, 496 p., p. 173.

22. AN, F/1a/3826, courrier du BCRA. Lettre de Maurice Schumann au colonel Boislambert et au général Kœnig.

23. AN, F/1a/3826, au général Kœnig, aide-mémoire au sujet de la mission du lieutenant Schumann et de l'enseigne de

vaisseau Jean Marin, dès le début du débarquement, daté du 3 mai 1944.

24. AN, 3 AG2/414, Londres, le 5 mai 1944. Note de Kœnig, commandant supérieur des Forces françaises en Grande-Bretagne au colonel Drexel et au lieutenant-colonel Biddle-Smith.

25. Jean Hérold-Paquis, *Radio-Journal de Paris, paroles en l'air ?*, Sceaux, Les documents contemporains, pp. 50-51.

26. Ce même jour, Limagne parla de voitures équipées de haut-parleurs qui circulaient dans la ville de Limoges pour diffuser Radio Vichy. Pierre Limagne, *Éphémérides de quatre années tragiques (1940-1944)*, Paris, Bonne Presse, 1945-1947, 3 vol., t. III, 2 195 p.

27. « Les sanglots longs des violons de l'automne blessent mon cœur d'une langueur monotone. »

28. Ordre impératif du commandant des Forces expéditionnaires alliées, donné le 5 juin 1944, à la BBC. BBC Written Archives Centre, Caversham, Angleterre.

29. Une des directives données par les représentants du CFLN pour le programme « Les Français parlent aux Français », 18-25 juin 1944. Consignes approuvées par le PWE. Documents du BBC Written Archives Centre, Caversham, Angleterre.

17. LE JOUR J

1. Sous la direction d'Hélène Eck, *La Guerre des ondes. Histoire des radios de langue française pendant la Deuxième Guerre mondiale*, Communauté des radios publiques de langue française, Paris, Armand Colin, 1985, 382 p., p. 128.

2. Charles de Gaulle, *Mémoires de guerre. L'Unité*, Paris, Plon, 360 p., p. 224.

3. Atterré, de Gaulle s'arrêta sur le passage suivant : « Un soulèvement prématuré de tous les Français risque de vous empêcher, quand l'heure décisive aura sonné, de mieux servir encore votre pays. Ne vous énervez pas et restez en alerte. Comme commandant suprême des Forces expéditionnaires interalliées, j'ai le devoir et la responsabilité de prendre toutes

les mesures nécessaires à la conduite de la guerre. Je sais que je puis compter sur vous pour obéir aux ordres que je serai appelé à promulguer. L'administration civile de la France doit effectivement être assurée par des Français. Chacun doit demeurer à son poste, à moins qu'il ne reçoive des instructions contraires. Ceux qui ont fait cause commune avec l'ennemi, et qui ont ainsi trahi leur patrie, seront révoqués. Quand la France sera libérée de ses oppresseurs, vous choisirez vous-mêmes vos représentants ainsi que le gouvernement sous l'autorité duquel vous voudrez vivre. » Henri Amouroux, *Un printemps de mort et d'espoir, novembre 1943-juin 1944*, Paris, Robert Laffont, 1985, vol. 7, 572 p., p. 545.

4. Des officiers français, spécialisés dans divers domaines comme la police, la justice, les travaux publics, les industries, le ravitaillement, les transports, le domaine presse-radio-cinéma, l'aide médicale et sociale… ont été formés pour venir en aide aux Alliés sur le territoire français. Sous la direction de Pierre Laroque, 160 officiers et plus de 50 volontaires féminines étaient prêts.

5. Stephen Ambrose, *Eisenhower*, Paris, Flammarion, 1986, 609 p., p. 167.

6. Propos tenus lors d'une discussion entre Pierre Viénot et Miriam Cendras, relatée par André Gillois, *Boulevard du temps qui passe*, Paris, Le Pré aux Clercs, Belfond, 1986, 401 p., p. 167.

7. Jacques Duchesne, « Les Français parlent aux Français », 21 h 42, le 6 juin 1944. BBC.

8. Présentés par Philippe Boegner, *Carnets du pasteur Boegner, 1940-1945*, Paris, Fayard, 1992, 365 p., p. 266.

9. André Gillois, *Boulevard du temps qui passe*, Paris, Le Pré aux Clercs, Belfond, 1986, 401 p., p. 182.

10. Scripts BBC, IHTP, Cachan.

11. Jean Galtier-Boissière, *Mon journal pendant l'Occupation*, Garas, La Jeune Parque, 1945, 294 p., p. 237.

12. Marie-Thérèse Gadala, *À travers la grande grille*, Paris, La Plume d'Or, t. 2 : *Octobre 1941-juillet 1945*, 319 p., p. 168.

13. Charles Braibant, *La Guerre à Paris, 8 novembre 1942-27 août 1944*, Paris, Corréa, 1945, 562 p., p. 489.

14. Fernand Picard, documents personnels, microfilm D.24. Archives IHTP, Cachan.

15. Fernand Picard, documents personnels, microfilm D.24. Archives IHTP, Cachan.

16. Léon Werth, *Déposition. Journal 1940-1944*, Paris, Viviane Hamy, 1992, 734 p., p. 658.

17. Comme dans l'entourage de Charles Rist : « Ce qui domine c'est l'anxiété. Que va-t-il se passer ? Combien de temps la lutte durera-t-elle ? Jusqu'où va-t-elle s'étendre ? Viendra-t-elle jusqu'ici ? Que feront ceux qui nous sont chers ? Nous avons eu tant de déceptions ! Et il y a tant d'aléas dans toute opération militaire ! Déjà la radio française de Londres donne des consignes absurdes, inexécutables et dangereuses à ceux qui l'écoutent. » Charles Rist, *Une saison gâtée*, Paris, Fayard, 1983, 469 p., p. 407.

18. Lucie Aubrac, 6 juin 1944. Appel lancé aux femmes. Le 12 juillet 1944, un appel aux parents sera lancé sur les ondes de la BBC pour les inviter à éloigner leurs enfants des zones de combat et à leur assurer une identité. Pour les enfants de moins de quinze ans, il était conseillé de leur faire faire une plaque métallique (ou autre) portant leurs nom, prénom, adresse, date et lieu de naissance, et que l'on devait attacher à leur cou. Il était également suggéré aux mères de coudre des étiquettes portant l'identité des enfants sur leurs vêtements. Ainsi, un enfant perdu, blessé ou séparé de ses parents pouvait être reconnu et remis à sa famille le moment venu. « L'avenir de vos enfants dépend peut-être de ces précautions. Faites le nécessaire dès maintenant et diffusez ce message autour de vous. » Message adressé le mercredi 12 juillet, à 12 h 45.

19. André Gillois, 6 juin 1944, dans le « Quart d'heure français de l'après-midi », 17 h 30-17 h 45. Jean-Louis Crémieux-Brilhac, *Les Voix de la Liberté. Ici Londres*, Paris, La Documentation Française, 1975, tome 5, 254 p., p. 46.

20. André Gillois, bulletin d'information de la BBC, le 8 juin 1944, à 6 h 30. BBC Written Archives Centre, Caversham, Angleterre.

21. André Gillois, « Les Français parlent aux Français. Honneur et Patrie », 21 h 44. Scripts BBC IHTP, Cachan.

22. Sous la direction d'Hélène Eck, *La Guerre des ondes. Histoire des radios de langue française pendant la Deuxième Guerre mondiale*, Communauté des radios publiques de langue française, Paris, Armand Colin, 1985, 382 p., p. 131.

23. L'écrasement du maquis du Mont Mouchet (Haute-Loire). Le 9 juin, à Tulle, 99 otages furent pendus aux arbres et aux balcons. Le 10 juin, ce fut le massacre perpétré à Oradour-sur-Glane : 642 villageois dont 240 femmes et enfants furent tués. Le 20 juin, exécution d'hommes à Chaudes-Aigues (Cantal), les massacres dans le maquis du Vercors…

24. AN, F/1a/3797, note du colonel Passy (chef d'état-major des Forces de l'Intérieur et de la Liaison aadministrative, FILA) à Mayoux, le 3 juillet 1944.

25. Maurice Schumann, « Honneur et Patrie », le 2 juillet 1944. Scripts BBC, IHTP, Cachan.

26. André Gillois, *De la Résistance à l'insurrection*, Lyon, Éditions Sèves, 287 p., p. 199.

27. Le 1er février 1944, une ordonnance du CFLN créé les FFI, Forces Françaises de l'Intérieur, qui regroupent toutes les formations militaires, à savoir l'Armée secrète (AS), les Francs-Tireurs et Partisans français (FTPF) du Front national (communiste), l'Organisation de Résistance de l'armée (ORA) qui est issue de l'armée de l'armistice. On évalue cette force armée à 400 000 hommes (selon une estimation de l'état-major général en octobre 1944). Le CNR estimait que les FFI dépendaient de lui. Le commandant en chef des FFI, le général Kœnig, devait, selon le CNR, se borner à fournir des armes et donner connaissance des plans établis par les Alliés. Le CNT créa le COMAC, Commission d'Action Militaire.

28. *Cahier d'histoire de la radiodiffusion*, « L'année radiophonique 1944 », septembre-novembre 1994, n° 42.

29. Témoignage du 24 juillet 1944. Présentés par Philippe Boegner, *Carnets du pasteur Boegner, 1940-1945*, Paris, Fayard, 1992, 365 p., p. 274.

30. Fonds IHTP, questionnaire du Comité d'histoire de la Deuxième Guerre mondiale.

31. Archives Émile Delavenay, interview de Jean Marin le 16 septembre 1944. IHTP, Cachan.

32. BBC Surveys of European Audience, France, 2 octobre 1944. Etude faite entre janvier et septembre 1944, à partir d'entretiens avec des personnes ayant quitté la France (186 avant le débarquement et 77 après), messages et lettres envoyés à la BBC (78 avant le jour J et 180 après). Archives du BBC Written Archives Centre, Caversham, Angleterre.

33. Marc Ferro, *Pétain*, Paris, Fayard, 1987, 785 p., p. 562.

34. Jean-Jacques Mayoux, « Honneur et Patrie », le 12 juin 1944, BBC Scripts, IHTP, Cachan.

35. RV 1285 : bulletins du Groupement des contrôles radioélectriques, Alger. IHTP, Cachan.

36. Anne Trifunovic-Bouchez, *Radio Paris pendant l'Occupation*, DEA d'histoire contemporaine sous la direction de Jacques Bariéty, Paris, Université de la Sorbonne-Paris IV, 1994-1995, 62 p., pp. 20-21.

37. Radio Paris, 9 juin 1944. Information sur un appel de Joseph Darnand lancé à Paris le 8 juin. RV 1285 : bulletins du Groupement des contrôles radioélectriques, Alger. IHTP, Cachan.

38. Le 7 juin, il avait mobilisé la milice « pour sauver le pays ». À cette mobilisation, la BBC répondit en lançant un appel à tous les Français, et plus spécifiquement aux policiers, gendarmes et GMR, pour mettre hors d'état de nuire les miliciens de Darnand. André Gillois, le 7 juin à 17 h 30, bulletin d'information. Scripts BBC, IHTP, Cachan.

39. Voir le fonds des archives de l'INA, et notamment les documents du 16 juin 1944, « Au rythme du temps », émission de Georges Oltramare (dit Charles Dieudonné) ou celle du 3 juillet 1944. Satire, chansons antisémites et anti-Alliés, sketches.

40. Commandant Bernard Dupérier, « Les Français parlent aux Français », le 14 juin 1944, 21 h 30-22 heures. Jean-Louis Crémieux-Brilhac, *Les Voix de la Liberté. Ici Londres*, Paris, La Documentation Française, 1975, t. 5, 254 p., pp. 64-65.

41. André Gillois, « Les Français parlent aux Français. Honneur et Patrie », le 14 juin 1944, 21 h 30-22 heures. Scripts BBC, IHTP, Cachan.

42. Archives personnelles de Georges Gorse. Scripts de ses émissions : Radio Alger.

43. Interview donnée à l'auteur le 28 mai 2004.

44. 1er juillet 1944, funérailles de Philippe Henriot, cérémonie religieuse et reportage. Archives INA. Au fil des semaines qui suivirent cette disparition, Xavier Vallat, qui tenta de le remplacer, lui rendit de vibrants hommages tout en attaquant les responsables de sa mort et la radio anglaise. Voir notamment les éditoriaux du 29 juin (PHD85027604), 2 juillet (PHD85027612) et 8 juillet 1944 (PHD85027614). Archives INA.

45. Pierre Laval, 28 juin 1944, allocution après l'assassinat de Philippe Henriot. Archives INA.

46. Léon Werth, *Déposition. Journal 1940-1944*, Paris, Viviane Hamy, 1992, 734 p., p. 676.

47. AN, F/7/14933, dossier Philippe Henriot.

48. Pierre Trouillé, *Journal d'un préfet pendant l'Occupation*, Paris, Gallimard, 1964, 240 p., p. 167.

49. Jean Galtier-Boissière, *Mémoires d'un Parisien*, Paris, La Table Ronde, 1963, 406 p., p. 89.

50. Jean Guéhenno, *Journal des années noires*, Paris, Folio Gallimard, 1973, 441 p., p. 427.

51. Pierre Dac, *Un Français libre à Londres en guerre*, Paris, France-Empire, 1972, 316 p., p. 233.

18. PREMIERS PARFUMS DE LIBERTÉ

1. « 14 juillet 1944. Travailleurs de Meurthe-et-Moselle, aux armes et à l'action pour la libération du territoire. » Document qui appelait les travailleurs à faire du 14 juillet 1944 « une journée de lutte plus active et plus intense ». Partout, les ouvriers devaient faire la grève armée et détruire la machine de guerre allemande, « en liaison avec les glorieux FTP et les milices patriotiques ». Document trouvé à l'IHTP, dossier Tracts, Cachan.

2. À l'image des tracts émanant des Forces unies de la jeunesse patriotique. BN, Rés. G.1476.

3. Script du 13 juillet 1944. Senior British Officer. « Les Français parlent aux Français », 21 h 30-22 heures. IHTP, Cachan.

4. RV 1285 : bulletins du Groupement des contrôles radioélectriques, Alger, 14 juillet 1944. IHTP, Cachan.

5. Archives INA. Texte écrit disponible à l'IHTP, Cachan.

6. BBC, programme du soir, « Les Français parlent aux Français », 21 h 30-22 heures. Scripts BBC, IHTP, Cachan.

7. Archives INA. André Rabache, Cherbourg, 14 juillet 1944.

8. Journal *France*, samedi 15 juillet 1944, n° 1206. Archives de l'IHTP, Cachan.

9. Journal *France*, samedi 15 juillet 1944, n° 1206. Archives de l'IHTP, Cachan.

10. Pierre Trouillé, *Journal d'un préfet pendant l'Occupation*, Paris, Gallimard, 1964, 240 p., p. 182.

11. Henri Drouot, *Notes d'un Dijonnais pendant l'occupation allemande, 1940-1944*, Dijon, Éditions Universitaires de Dijon, 1998, 1060 p., p. 856.

12. Rapport de la gendarmerie nationale, légion de Bourgogne, compagnie de la Côte-d'Or, section de Dijon, le 17 juillet 1944. AN, F/60/1527.

13. AN, F/60/1527, rapport de la gendarmerie nationale, Légion de Bourgogne, compagnie de la Côte-d'Or, section de Dijon, le 17 juillet 1944.

14. Légion de Champagne, compagnie de la Marne, section de Reims, rapport du 14 juillet 1944. AN, F/60/1527.

15. Rapport, chef du gouvernement, délégation générale du gouvernement français dans les territoires occupés, direction générale de la gendarmerie nationale, section gendarmerie des territoires occupés, n° 4169, le 20 juillet 1944. AN, F/60/1528. Et rapport du GPRF, « La journée du 14 juillet en France », août 1944. AN, F/1a/3765.

16. Rapport du GPRF, « La journée du 14 juillet en France », août 1944. AN, F/1a/3765.

17. Archives du CNI, juillet 1944. AN, F/60/1697.

19. La fin d'une aventure

1. Henri Drouot, *Notes d'un Dijonnais pendant l'occupation allemande, 1940-1944*, Dijon, Éditions Universitaires de Dijon, 1998, 1060 p., p. 897.

2. BBC, « Honneur et Patrie », le 4 août 1944. Appel lancé aux habitants de la Bretagne. Scripts de la BBC, IHTP, Cachan.

3. Le 12 août 1944, Kœnig donna l'ordre aux habitants de certains départements de déclencher la guérilla : Loire-Inférieure, Maine-et-Loire, Vendée, Deux-Sèvres, Charente, Charente-Inférieure, Dordogne, Corrèze, Creuse, Haute-Vienne, Vienne, Indre, Indre-et-Loir, Cher, Loire-et-Cher, Loiret, Eure-et-Loir, Orne et Eure. « Honneur et Patrie », émission du 13 août 1944. Scripts de la BBC, IHTP, Cachan.

4. André Gillois, « Honneur et Patrie », 6 août 1944. Dans André Gillois, *De la Résistance à l'insurrection*, Lyon, Éditions Sèves, 287 p., p. 221.

5. André Gillois, « Les Français parlent aux Français. Honneur et Patrie », le 17 août 1944, à 21 h 33. Texte conservé aux archives de l'INA.

6. On comptait une heure trente d'électricité par jour à Paris où les journaux ne paraissaient plus. *Cahiers d'histoire de la radiodiffusion*, « L'année radiophonique 1944 », septembre-novembre 1994, n° 42.

7. Jean Hérold-Paquis, *Des illusions… désillusions*, Paris, Bourgoin, 1948, 190 p.

8. Sous la direction d'Hélène Eck, *La Guerre des ondes. Histoire des radios de langue française pendant la Deuxième Guerre mondiale*, Communauté des radios publiques de langue française, Paris, Armand Colin, 1985, 382 p., p. 145.

9. Radio Toulouse, le 20 août ; Radio Limoges et Alpes-Grenoble, le 22 août ; Clermont-Auvergne, Montpellier-Languedoc, le 26 août ; Bordeaux-Lafayette, le 29 août ; Marseille-Provence, le 31 août ; Radio Lyon, le 2 septembre ; Radio Lille, le 3 septembre ; Nice-Côte d'Azur, le 11 septembre ; Radio Luxembourg, le 12 septembre ; Radio Nancy, le 15 septembre ; Radio Monte-Carlo, le 27 septembre et Radio Strasbourg, le 19 janvier 1945. Voir *Cahier d'histoire de la radiodiffusion*, n° 42, septembre-novembre 1994, *Spécial*

Libération. Par une ordonnance du 22 juin 1944, le Gouvernement provisoire de la République française avait ordonné que, au fur et à mesure de la libération de la France, le commissaire à l'Information (alors Léon Bonnet) prît en charge et fît exploiter par ses services tous les postes de radiodiffusion appartenant à « l'autorité de fait se disant gouvernement de l'État français ou exploités par celui-ci ou par des offices ou établissements publics d'État ». Le GPRF se réservait le droit de placer sous séquestre judiciaire du matériel de radiodiffusion des occupants ou de sociétés privées, ayant servi ou pouvant servir aux émissions de radio. Il était interdit à quiconque d'utiliser les installations et le matériel radiophoniques en France sans autorisation du commissaire à l'Information. Ce dernier avait la responsabilité de désigner le nouveau personnel des stations, de choisir les horaires des programmes « jusqu'au moment où il sera statué définitivement sur l'organisation de la radiodiffusion en France et sur la situation des personnes publiques ou privées qui y ont consacré leur activité postérieurement au 16 juin 1940 ». AN, F/43/2. Radio, textes réglementaires. Ordonnance du 22 juin 1944, GPRF, Alger. Voir aussi la thèse d'Hélène Eck, *La Radiodiffusion française sous la quatrième République. Monopole et service public, août 1944-décembre 1953*, thèse de doctorat d'histoire, sous la direction de Jean-Jacques Becker, Université Paris X-Nanterre, 1997, 734 p.

10. Pierre Schaeffer, polytechnicien qui dirigeait le studio d'essai et en fut chassé par Henriot.

11. Propos consignés le dimanche 20 août 1944. Charles Rist, *Une saison gâtée*, Paris, Fayard, 1983, 469 p., p. 426.

12. Interview de Pierre Crénesse, *Cahiers d'histoire de la radiodiffusion*, « L'année radiophonique 1944 », septembre-novembre 1994, n° 42, p. 164.

13. Présentés par Philippe Boegner, *Carnets du pasteur Boegner, 1940-1945*, Paris, Fayard, 1992, 365 p., p. 290.

14. Souvenirs de Marcel Bleustein-Blanchet, « Une annonce anticipée, la libération de Paris. L'année radiophonique 1944 ». Dossier établi par Bernard Lausanne, *Cahier d'histoire de la radiodiffusion*, septembre-novembre 1994, n° 42, pp. 125-127.

15. Souvenirs de Marcel Bleustein-Blanchet, « Une annonce anticipée, la libération de Paris. L'année radiophonique 1944 ». Dossier établi par Bernard Lausanne, *Cahier d'histoire de la radiodiffusion*, septembre-novembre 1994, n° 42, pp. 125-127.

16. BBC, « Les Français parlent aux Français », Jean Oberlé, 23 août 1944, 21 h 30. Scripts BBC, IHTP, Cachan.

17. Micheline Bood, *Les Années doubles. Journal d'une lycéenne sous l'Occupation*, Paris, Robert Laffont, 1974, 341 p., pp. 336-337.

18. « Tout, jusqu'au téléphone, a gardé la même place. Les mêmes noms sont inscrits sur les boutons d'appel. (...) Une certaine tristesse, cependant, assombrit son front : il évoque les malheurs qu'une armée mécanique faite de sept unités semblables à la division Leclerc aurait pu naguère nous épargner. Mais, de ce qu'il ressent, rien d'autre ne transparaîtra. » Maurice Schumann, *Une certaine imprudence*, Paris, Flammarion, 1986, 276 p., p. 92.

19. BBC, « Honneur et Patrie », 27 août 1944. Scripts de la BBC, IHTP, Cachan.

20. « Honneur et Patrie », 11 septembre 1944. Scripts de la BBC, IHTP, Cachan.

21. « Un grand peuple qui a su donner naissance à une armée nouvelle peut aussi et doit tirer de son propre sein les hommes capables de faire eux-mêmes l'ordre et de fanatiser les équipes de constructeurs. Forces françaises de l'intérieur, il vous appartient d'être encore sur la brèche, à l'avant-garde du combat. Faites maintenant pour la paix ce que vous avez si bien fait pour la guerre. » « Honneur et Patrie », 11 septembre 1944. Scripts de la BBC, IHTP, Cachan.

ÉPILOGUE : LE MYTHE

1. Henri Drouot, *Notes d'un Dijonnais pendant l'occupation allemande, 1940-1944*, Dijon, Éditions Universitaires de Dijon, 1998, 1060 p., p. 969.

2. Dans Jean-Louis Crémieux-Brilhac, *Les Voix de la liberté. Ici Londres*, Paris, La Documentation Française, 1975, vol. 5, 254 p., p. 16.

3. « Hommage à l'équipe française de la BBC. Radio Amérique en Europe rend hommage à l'équipe française de la BBC. » ABSIE, heure française, 29 août 1944, 20 heures-21 heures. Scripts BBC, IHTP, Cachan.

4. André Gillois, *Histoire secrète des Français à Londres*, Paris, Hachette-Littérature, 1973, 397 p., pp. 372-373.

5. Archives INA, Jean Guignebert rend hommage aux hommes de la BBC 5 octobre 1944. Guignebert s'était déjà adressé aux auditeurs français le 25 septembre 1944. Présenté alors comme le nouveau chef de la radio française, chargé de faire renaître de ses cendres la radio nationale française, il avait évoqué au micro la liberté retrouvée et bientôt retrouvée en certains points où des combats faisaient toujours rage, la joie des Français, leur force morale et le dernier effort à fournir pour reconstruire le pays.

6. *Cahiers d'histoire de la radiodiffusion*, « L'année radiophonique 1944 », septembre-novembre 1994, n° 42.

7. Sous la direction d'Hélène Eck, *La Guerre des ondes. Histoire des radios de langue française pendant la Deuxième Guerre mondiale*, Communauté des radios publiques de langue française, Paris, Armand Colin, 1985, 382 p., p. 145.

8. BBC Sound Archives, Londres. « Les Français parlent aux Français », 22 novembre 1944, dernière émission.

9. Jean Marin, *Petit bois pour un grand feu*, Paris, Fayard, 1994, 567 p. p. 254.

10. Interview de Jean-Paul Grinberg réalisée par l'auteur, le 13 novembre 2001. Voir aussi les *Cahiers d'histoire de la radiodiffusion*, « L'année radiophonique 1944 », septembre-novembre 1994, n° 42, pp. 147-148.

11. Jean Oberlé, *Jean Oberlé vous parle… Souvenirs de cinq années à Londres*, Paris, La Jeune Parque, 1945, 313 p., pp. 310-314.

12. France, Service français. Correspondance avec les auditeurs. Archives du BBC Written Archives Centre, Caversham, Angleterre.

13. Les rapports anglais sur l'auditorat du service français de la BBC en recensent 644 reçues en janvier et février 1945, dont 4 venant de l'Empire français, 547 en mai 1945 et 743 en juin (dont 18 de l'Empire français). Elles proviennent des quatre coins de France, même si les départements de la Seine, du Nord, du Pas-de-Calais et de la Seine-Inférieure sont les mieux représentés en juin.

14. European Publicity, letters from listeners in France, 1944-1945. Archives du BBC Written Archives Centre, Caversham, Angleterre.

15. BBC European Division-French Region. Evidence on the French audience for british broadcasts, février 1945. Archives du BBC Written Archives Centre, Caversham, Angleterre.

16. « Depuis plus de deux semaines, Paris est définitivement libéré de l'ennemi. A chaque instant du jour, cette pensée hante nos cœurs, et jusque dans le sommeil elle monte des profondeurs de notre conscience. N'importe ! Je continue à croire que tout Français devrait éviter de donner sa joie en spectacle, je voudrais plutôt qu'il la renfermât en lui-même, qu'il la gardât au plus secret de son âme, qu'il la réservât jalousement pour d'autres jours qui doivent venir, qui viendront, et pour lesquels nous sommes prêts. La joie est oublieuse, et nous ne voulons pas oublier. Chaque homme de ma génération doit garder, quoi qu'il arrive, le souvenir de l'opprobre subi quatre ans par sa ville, car la honte en a rejailli sur nous tous, nous serons tous responsables de cette honte devant l'Histoire, c'est-à-dire devant les générations à venir. » Georges Bernanos, *Le Chemin de la Croix-des-Ames*, Paris, NRF-Gallimard, 1948, 509 p., pp. 440-441.

Bibliographie

Ce livre étant le résultat d'une thèse d'Histoire qui demanda dix ans de recherches, la bibliographie suivante n'est qu'une sélection des ouvrages et documents consultés. Ceux qui désireraient connaître l'ensemble des livres, archives (écrites et sonores) et témoignages ayant servi à la rédaction de cette histoire de la radio de Londres peuvent retrouver ces références dans ma thèse « La BBC et les Français, de l'écoute à l'action. 1940-1944 ».

ACCOCE Pierre, *Les Français de Londres, 1940-1941*, Paris, Balland, 1989, 341 p.

AMAURY Philippe, *De l'information et de la propagande d'État. Les deux premières expériences d'un ministère de l'Information en France*, Paris, LGDJ, 1969, 874 p.

AMOUROUX Henri, *La Grande Histoire des Français sous l'Occupation*, Paris, Robert Laffont, 10 tomes.

ARON Raymond, *Chroniques de guerre. La France libre. 1940-1945*, Paris, Gallimard, 1990, 1 016 p.

AUBRAC Lucie, *Cette exigeante liberté*, Paris, L'Archipel, 1997, 219 p.

AUBRAC Raymond, *Où la mémoire s'attarde*, Paris, Odile Jacob, 1996, 373 p.

AZÉMA Jean-Pierre, *1940, l'année terrible*, Paris, Seuil, 1990, 381 p.

AZÉMA Jean-Pierre, WIEVIORKA Olivier, *Vichy, 1940-1944*, Paris, Perrin, 2000, 374 p.

AZÉMA Jean-Pierre, BÉDARIDA François, sous la dir. de, *Vichy et les Français*, Paris, Fayard, 1992, 788 p.

AZÉMA Jean-Pierre, BÉDARIDA François, sous la dir. de, *La France des années noires*, 2 tomes, Paris, Seuil, 1993. 537 p. et 536 p.

AZÉMA Jean-Pierre, BÉDARIDA François, sous la dir. de, *1938-1948. Les années de tourmente, de Munich à Prague. Dictionnaire critique*, Paris, Flammarion, 1995, 1135 p.

BARUCH Marc-Olivier, *Servir l'État français. L'administration en France de 1940 à 1944*, Paris, Fayard, 1997, 737 p.

BAUDRILLART Alfred, *Les Carnets du Cardinal. 11 avril 1939-19 mai 1941*, Paris, Cerf, 1998, 1031 p.

BÉDARIDA François, *La Stratégie secrète de la drôle de guerre*, Paris, Presses de la fondation nationale des sciences-politiques, 1979, 540 p.

BÉDARIDA François, *Churchill*, Paris, Fayard, 1999, 572 p.

BELLANGER Claude, GODECHOT Jacques, GUIRAL Pierre, TERROU Fernand, *Histoire générale de la presse française*, tomes 3 et 4, Paris, PUF, 1972 et 1975, 688 p. et 486 p.

BENSIMHON G., CRÉMIEUX-BRILHAC Jean-Louis, « Les Propagandes radiophoniques et l'opinion publique en France de 1940 à 1944 », *Revue d'Histoire de la Deuxième Guerre mondiale*, janv. 1976, n° 101, pp. 3-18.

BLEUSTEIN-BLANCHET Marcel, *La Rage de convaincre*, Paris, Robert Laffont, 1970, 438 p.

BOEGNER Philippe, *Carnets du Pasteur Boegner*, Paris, Fayard, 1992, 365 p.

BOOD Micheline, *Les Années doubles. Journal d'une lycéenne sous l'occupation*, Paris, Laffont, 1974, 342 p.

BORIS Georges, *Servir la République*, Paris, Julliard, 1963, 493 p.

BOURDAN Pierre, *Carnets des jours d'attente, juin 1940-juin 1944*, Paris, Pierre Trémois, 1945, 199 p.

BOURDAN Pierre, *Commentaires, 1940-1943*, Paris, Calmann-Lévy, 1947, 274 p.

BOURGET Pierre, LACRETELLE Charles, *Sur les murs de Paris et de France, 1939-1945*, Paris, Hachette, 1980, 213 p.

BRAIBANT Charles, *La Guerre à Paris. 8 nov. 1942-27 août 1944*, Paris, Corréa, 1945, 562 p.

BRET Paul-Louis, *Au feu des événements. Mémoires d'un journaliste. Londres-Alger, 1939-1944*, Paris, Plon, 1959, 440 p.

BRIGGS Asa, *The History of Broadcasting in the United Kingdom, vol. 3, The War of Words*, London, Oxford University Press, 1970, 766 p.

BROCHAND Christian, *Histoire générale de la radio et de la télévision*, 2 tomes, Paris, La Documentation française, 1994, 692 p. et 690 p.

BUCKMASTER Maurice, *Specially employed*, Londres, Batchworth, 1952, 137 p.

BURRIN Philippe, *La France à l'heure allemande, 1940-1944*, Paris, Seuil, 1995, 560 p.

CAIN John, *The B.B.C., 70 years of Broadcasting*, Londres, B.B.C., 1992, 160 p.

CASSIN René, *Les Hommes partis de rien*, Paris, Plon, 1975, 490 p.

CHAMMING'S Marie, *J'ai choisi la tempête*, Paris, France-Empire, 1997, 318 p.

CHEVRILLON Claire, *Une résistance ordinaire*, Paris, Le Félin, 1999, 302 p.

CHURCHILL Winston, *Mémoires sur la deuxième guerre mondiale*, Paris, Plon, 1949-1952, tomes 2 à 5.

COINTET Michèle, *Vichy capitale, 1940-1944*, Paris, Perrin, 1993, 297 p.

CONAN Eric, ROUSSO Henri, *Vichy, un passé qui ne passe pas*, Paris, Fayard, 1994, 328 p.

CORDAY Pauline, *J'ai vécu dans Paris occupé*, Montréal, éditions de l'Arbre, octobre 1943, 241 p.

CORDIER Daniel, *Jean Moulin*, 3 tomes, Paris, Lattès, 1989-1993, 896 p., 762 p. et 1480 p.

CORNICK Martyn, *The B.B.C. and the propaganda war against occupied France*, Revue French History, septembre 1994.

COULET François, *Vertu des temps difficiles*, Paris, Plon, 1967, 302 p.

CRÉMIEUX-BRILHAC Jean-Louis, *Les Français de l'an 40*, 2 volumes, Paris, Gallimard, 1990, 647 p. et 740 p.

CRÉMIEUX-BRILHAC Jean-Louis, *Les Voix de la Liberté. Ici Londres*, 5 tomes, Paris, La Documentation française, 1975.

CRÉMIEUX-BRILHAC Jean-Louis, « Les Emissions françaises à la B.B.C. pendant la guerre », *Revue d'Histoire de la Deuxième Guerre mondiale*, nov. 1950, n° 1, pp. 73-94.

CRÉMIEUX-BRILHAC Jean-Louis, *La France libre*, Paris, Gallimard, 1996, 969 p.

DALADIER Edouard, *Journal de captivité, 1940-1945*, Paris, Calmann-Lévy, 1991, 381 p.

DAC Pierre, *Un Français Libre à Londres en guerre*, Paris, France-Empire, 1972, 316 p.

DECÈZE Dominique, *Ici Londres... La lune est pleine d'éléphants verts. Histoire des messages de Radio-Londres à la résistance française, 1942-1944*, Paris, Lanzmann et Seghers, 1979, 271 p.

DEFRASNE Jean, *L'Occupation allemande en France*, Paris, PUF, « Que sais-je ? », 1985, 127 p.

DEJONGHE Étienne, *Le Nord isolé, occupation et opinion, mai 1940-mai 1942*, Revue d'Histoire moderne et contemporaine, janvier-mars 1979, pp. 48-97.

DELAVENAY Émile, *Témoignage, d'un village savoyard au village mondial*, Aix-en-provence, Edisud, 1992, 437 p.

DELPORTE Christian, *Les Crayons de la propagande, dessinateurs et dessins politiques sous l'occupation*, Paris, CNRS, 1993, 223 p.

DUNAN Elisabeth, « La Propaganda Abteilung de France, tâches et organisation », *Revue d'Histoire de la Deuxième Guerre mondiale*, oct. 1951, n° 4, pp. 19-32.

DURAND Yves, *La France dans la deuxième guerre mondiale, 1939-1945*, Paris, Armand Colin, 1989, 192 p.

DURAND Yves, *Vichy, 1940-1944*, Paris, Bordas, 1972, 176 p.

DUROSELLE Jean-Baptiste, *L'Abîme, 1939-1945*, Paris, Imprimerie Nationale, 1982, 611 p.

DUVAL René, *Histoire de la radio en France*, Paris, Alain Moreau, 1979, 444 p.

DROUOT Henri, *Notes d'un Dijonnais pendant l'occupation allemande, 1940-1944*, Dijon, éditions universitaires de Dijon, 1998, 1060 p.

DUBOIS Edmond, *Paris sans lumière, 1939-1945*, Lausanne, Payot, 1946, 238 p.

ECK Hélène, *La Radiodiffusion française sous la quatrième République. Monopole et service public, août 1944-décembre 1953*, 734 p., Thèse, Histoire, Paris X-Nanterre, 1997.

ECK Hélène, CRÉMIEUX-BRILHAC Jean-Louis, sous la dir. de, *La Guerre des ondes, histoire des radios de langue française pendant la deuxième guerre mondiale*, Paris, Armand Colin, Communauté des radios publiques de langue française, 1985, 382 p.

EDEN Anthony, *Mémoires, l'épreuve de force, février 1938-août 1945*, Paris, Plon, 1965, 584 p.

ESTÈBE Jean, *Toulouse, 1940-1944*, Paris, Perrin, 1996, 353 p.

FABRE-LUCE Alfred, *Journal de la France, 1939-1944*, 2 volumes, Genève, Les éditions du Cheval aîlé, Constant Bourquin, 1946, 343 p. et 549 p.

FERRO Marc, *Pétain*, Paris, Fayard, 1987, 789 p.

FONTENICE Georges, *Les Français parlent aux Français, commentaires sur les émissions de la B.B.C.*, Roubaix, 35 p.

FONVIEILLE-ALQUIER François, *Les Français dans la drôle de guerre*, Paris, Robert Laffont, 1972, 525 p.

FOURMY Jacques, « L'Appel du général de Gaulle », *Revue historique et archéologique du Maine*, 1990, n° 10.

GADALA Marie-Thérèse, *À travers la grande grille, mai 1940-octobre 1941*, 2 tomes, Paris, éditions du Grand Siècle, 1946, 303 p.

GALTIER-BOISSIÈRE Jean, *Mon journal pendant l'Occupation*, Garas, La Jeune Parque, 1945, 294 p.

GALTIER-BOISSIÈRE Jean, *Mémoires d'un Parisien*, Paris, La Table Ronde, 1963, 406 p.

DE GAULLE Charles, *Mémoires de guerre*, 3 tomes, Paris, Plon, 1954-1956.

DE GAULLE Charles, *Discours et messages pendant la guerre, juin 1940-juin 1946*, tome 1, Paris, Plon, 1970, 677 p.

DE GAULLE Charles, *Lettres, notes et carnets*, tomes 1 à 3, Paris, Plon, 1981-1991.

GERVEREAU Laurent, PESCHANSKI Denis, sous la dir. de, *La Propagande sous Vichy, 1940-1944*, Paris, BDIC, 1990, 288 p.

GEX-LEVERRIER Madeleine, *Une Française dans la tourmente*, Paris, éditions Emile-Paul, 1945, 204 p.

GIDE André, *Journal, 1939-1949. Souvenirs*, Paris, Gallimard, 1954, 1 280 p.

GILLOIS André, *Boulevard du temps qui passe, de Jules Renard à de Gaulle*, Paris, Le Pré aux Clercs, Belfond, 1986, 401 p.

GILLOIS André, *Histoire secrète des Français à Londres, de 1940 à 1944*, Paris, Hachette, 1973, 397 p.

GILLOIS André, *De la résistance à l'insurrection*, Lyon, éditions Sève, 1946, 287 p.

GIOLITTO Pierre, *Grenoble, 40-44*, Paris, Perrin, 2001, 481 p.

GRENIER Fernand, *C'était ainsi... 1940-1945*, Paris, éditions sociales, 1970, 284 p.

GRENIER Fernand, *Ceux de Châteaubriant*, Paris, Éditions Sociales, 1961, 189 p.

GRINBERG Albert, *Journal d'un coiffeur juif à Paris sous l'occupation*, Paris, éditions de l'Atelier, 2001, 352 p.

GUÉHENNO Jean, *Journal des années noires, 1940-1944*, Paris, Gallimard, 1974, 441 p.

GUILLON Jean-Marie, LABORIE Pierre, sous la dir. de, *Mémoire et Histoire, la Résistance*, Toulouse, Privat, 1995, 352 p.

HEIBER Helmut, *Goebbels*, Paris, Presses de la Cité, 1966, 317 p.

HÉRACLÈS Philippe, *1940-1944, la loi nazie en France*, Paris, Guy Authier, 1974, 348 p.

HÉROLD-PAQUIS Jean, *Des illusions... désillusions*, Paris, Bourgoin, 1948, 190 p.

HOFFMANN Stanley, « Vichy et la collaboration », Revue *Preuves*, juillet-septembre 1969, n° 219-220.

HOOVER Institute, *La Vie en France sous l'occupation, 1940-1944*, Paris, Plon, 1957, 3 volumes, 1802 p.

JÄCKEL Eberhard, *La France dans l'Europe de Hitler*, Paris, Fayard, 1968, 554 p.

JEANNENEY Jules, *Journal politique, septembre 1939-juillet 1942*, Paris, Armand Colin, 1972, 516 p.

JEANNENEY Jean-Noël, sous la dir. de, *L'Echo du Siècle. Dictionnaire historique de la radio et de la télévision en France*, Paris, Hachette, 1999, 603 p.

JOSSE Raymond, « La naissance de la Résistance à Paris », *Revue d'Histoire de la Deuxième Guerre mondiale*, juillet 1962, n° 47, pp. 1-30.

KERSAUDY François, *De Gaulle et Churchill*, Paris, Plon, 1981, 412 p.

KERSHAW Ian, *Hitler, 1936-1945*, Paris, Flammarion, 2000, 1632 p.

KRAUTKRAMER Elmar, *Vichy-Alger, 1940-1942, le chemin de la France au tournant de la guerre*, Paris, Economica, 1992, 434 p.

KRIEFF Bernard, *De Gaulle, naissance de la légende*, Paris, Plon, 1995, 259 p.

DE LA GORCE Paul-Marie, *De Gaulle entre deux mondes. Une vie et une époque*, Paris, Fayard, 1964, 766 p.

LABORIE Pierre, *Les Français des années troubles*, Paris, Desclée de Brouwer, 2001, 265 p.

LABORIE Pierre, *Résistants vichyssois et autres, l'évolution de l'opinion et des comportements dans le Lot de 1939 à 1945*, Paris, éditions du CNRS, 1980, 395 p.

LABORIE Pierre, *L'Opinion française sous Vichy*, Paris, Seuil, 1990, 405 p.

LACOUTURE Jean, *De Gaulle, le rebelle*, Paris, Seuil, 1984, 870 p.

LANGERON Roger, *Paris, juin 40*, Paris, Flammarion, 1946, 218 p.

LAPIE Pierre-Olivier, *Les Déserts de l'action*, Paris, Flammarion, 1946, 291 p.

La Résistance et les Français. Histoire et mémoires. Le Midi et la France, Colloque international, université Toulouse-Le Mirail, 16-18 décembre 1993.

La Résistance et les Français, villes, centres et logiques de décision, Actes du colloque international, Cachan, 16-18 novembre 1995, Paris, IHTP.

LAZAREFF Pierre, *De Munich à Vichy*, New-York, Brentano's, 1944, 353 p.

LE BOTERF Hervé, *La Vie parisienne sous l'occupation*, Paris, 2 tomes.

LE GOUPIL Paul, *Un Normand dans... Itinéraire d'une guerre, 1939-1945*, Cahors, Tirésias, 1991, 273 p.

LEFÉBURE Antoine, *Les Conversations secrètes des Français sous l'Occupation*, Paris, Plon, 1993, 444 p.

LE MANER Yves, DEJONGHE Étienne, *Le Nord-Pas-de-Calais dans la main allemande, 1940-1944*, Lille, La Voix du Nord, 1999, 400 p.

LIMAGNE Pierre, *Éphémérides de quatre années tragiques, 1940-1944*, Paris, Bonne Presse, 1945-1947, 3 vol., 2195 p.

LUNEAU Aurélie, *La BBC et les Français, l'histoire d'une guerre d'action. 1940-1944*, Thèse d'Histoire, sous la direction de François-Charles Mougel, Université Michel de Montaigne Bordeaux 3, octobre 2002.

MARCOT François, BAUD Angèle, *La Franche-Comté sous l'Occupation, 1940-1944. Tome 1, La Résistance dans le Jura*, Besançon, Cêtre, 1985, 332 p.

MARCOT François, *Les Voix de la Résistance, tracts et journaux clandestins francs-comtois*, Besançon, Cêtre, 1989, 367 p.

MARIN Jean, *Petit bois pour un grand feu*, Paris, Fayard, 1994, 567 p.

MARTIN DU GARD Maurice, *Les Chroniques de Vichy, 1940-1944*, Paris, Flammarion, 1948, 529 p.

MENDÈS FRANCE Pierre, *Liberté, liberté chérie*, Paris, Fayard, 1977, 428 p.

MERLIN Louis, *C'était formidable*, Paris, Julliard, 1966, 481 p.

MICHEL Henri, *La Drôle de guerre*, Paris, Hachette, 1971, 319 p.

MICHEL Henri, *Histoire de la Résistance en France*, Paris, PUF, QSJ, 1969, 127 p.

MICHEL Henri, *La Guerre de l'ombre. La Résistance en Europe*, Paris, Grasset, 1970, 420 p.

DE MIRIBEL Elisabeth, *La liberté souffre violence*, Paris, Plon, 1981, 259 p.

MOUGEL François-Charles, *Histoire du Royaume-Uni au XXe siècle*, Paris, PUF, 1996, 600 p.

NOGUÈRES Henri, DEGLIAME, FOUCHÉ, VIGIER, *Histoire de la Résistance en France*, 4 tomes, Paris, Robert Laffont, 1967-1976.

OBERLÉ Jean, *Jean Oberlé vous parle… Souvenirs de cinq années à Londres*, Paris, La jeune Parque, 1945, 313 p.

ORDIONI Pierre, *Tout commence à Alger, 1940-1944*, Paris, Stock, 1974, 692 p.

PALEWSKI Gaston, *Mémoires d'action, 1924-1974*, Paris, Plon, 1988, 315 p.

PASSY colonel, *Mémoires du chef des services secrets de la France libre*, Paris, Odile Jacob, 2000, 801 p.

PAXTON Robert O., *La France de Vichy, 1940-1944*, Paris, Seuil, 1973, 380 p.

PESCHANSKI Denis, *Vichy, 1940-1944. Contrôle et exclusion*, Bruxelles, Complexe, 1997, 209 p.

PEYREFITTE Alain, *C'était de Gaulle*, Paris, Fayard, 1994, 599 p.

PIERRE-BLOCH Jean, *Le vent souffle sur l'Histoire. Témoignages et documents inédits*, Paris, éditions S.I.P.E.P., 1956, 332 p.

PIERRE-BLOCH Jean, *Londres, capitale de la France libre*, Paris, Carrère-Lafon, 1986.

PIERRE-BLOCH Jean, *Alger, capitale de la France en guerre*, Paris, Universal, 1989.

PIKETTY Guillaume, *Pierre Brossolette*, Paris, Odile Jacob, 1998, 416 p.

REIMANN Viktor, *Joseph Goebbels*, Paris, Flammarion, 1973, 379 p.

RAUSCHNING Hermann, *Hitler m'a dit. Confidences du Führer sur son plan de conquête du monde*, Paris, librairie Somogy, 1939, 320 p.

REYNAUD Paul, *Carnets de captivité*, Paris, Fayard, 1997, 390 p.

RIMBAUD Christiane, *Maurice Schumann, sa voix, son visage*, Paris, Odile Jacob, 2000, 288 p.

RINGS Werner, *Vivre avec l'ennemi ?*, Paris, Robert Laffont, 1981, 333 p.

RIST Charles, *Une saison gâtée. Journal de la guerre et de l'occupation, 1939-1944*, Paris, Fayard, 1983, 469 p.

ROSSI-LANDI Guy, *La Drôle de guerre*, Paris, Armand Colin, 1971, 248 p.

ROSSIGNOL Dominique, *Histoire de la propagande en France de 1940 à 1944, l'utopie Pétain*, Paris, PUF, 1991, 351 p.

ROUANET Anne et Pierre, *L'Inquiétude outre-mort du général de Gaulle*, Paris, Grasset, 1985, 365 p.

ROUSSO Henri, *Le Syndrome de Vichy*, Paris, Seuil, 1987, 383 p.

ROUSSO Henri, *Vichy. L'événement, la mémoire, l'histoire*, Paris, Gallimard, 2001. 746 p.

Rousso Henri, *Les Années noires, vivre sous l'occupation*, Paris, Gallimard, 1992, 192 p.

Sainclivier Jacqueline, *La Bretagne dans la guerre, 1939-1945*, Rennes, éditions Ouest-France, 1994, 219 p.

Sainclivier Jacqueline, Bougeard Christian, sous la dir. de, *La Résistance et les Français. Enjeux stratégiques et environnement social*, Rennes, Presses universitaires, 1995, 368 p.

Schumann Maurice, *Honneur et Patrie*, Paris, éditions du Livre français, 1946, 352 p.

Schumann Maurice, *La Voix du couvre-feu. Cent allocutions de celui qui fut le porte-parole du général de Gaulle, 1940-1944*, Paris, Plon, 1964, 334 p.

Schumann Maurice, *Un certain 18 juin*, Paris, Plon, 1989, 307 p.

Schumann Maurice, *Une grande imprudence*, Paris, Flammarion, 1986, 276 p.

Semelin Jacques, *Sans armes face à Hitler. La résistance civile en Europe, 1939-1943*, Paris, Payot, 1989, 270 p.

Semelin Jacques, « Qu'est-ce que résister ? », Revue *Esprit*, janvier 1994, pp. 50-63.

Siriex Paul-Henri, *Souvenirs en vérité, 1930-1980*, Paris, éditions des Écrivains, 1998, 795 p.

Soustelle Jacques, *Envers et contre tout. 3 volumes. Tome 1, La France Combattante*, Genève, éditions de Crémille, 1970, 302 p.

Sweets John, *Clermont-Ferrand à l'heure allemande*, Paris, Plon, 1996, 286 p.

Tartakowski Danielle, « Les Manifestations de rue en France, 1918-1968 », Thèse, Histoire, Paris I, 1994.

Thalmann Rita, *La Mise au pas*, Paris, Fayard, 1991, 394 p.

Trouillé Pierre, *Journal d'un préfet pendant l'occupation*, Paris, Gallimard, 1964, 240 p.

Umbreit Hans, *Der Militärbefehlshaber in Frankreich, 1940-1944*, Boppard am Rhein, Harald Bolt Verlag, 1968, XIII-360 p.

Vaïsse Maurice, sous la dir. de, *Mai-juin 1940. Défaite française, victoire allemande, sous l'œil des historiens étrangers*, Paris, Autrement, 2000, 222 p.

VALLOTTON Gritou et Annie, *C'était au jour le jour. Carnets (1939-1944)*, Paris, Payot, 1995, 320 p.

VAN MOPPÈS Maurice, *Chansons de la B.B.C.*, Paris, Pierre Trémois, 1944, 43 p.

VERCORS-BOURDAN Hélène, MALTRET Jacqueline, *Album Pierre Bourdan*, Troyes, Librairie Bleue, 1994, 359 p.

DE VILLEFOSSE Louis, *Souvenirs d'un marin de la France libre*, Paris, Les éditeurs français réunis, 1951, 324 p.

VIRGILI Fabrice, *La France « virile »*, Paris, Payot, 2000, 392 p.

WEIL-CURIEL André, *Le Temps de la honte. 3 tomes*, Paris, éditions du Myrte, 1945-1947. 362 p., 356 p. et 295 p.

WERTH Léon, *Déposition. Journal 1940-1944*, Paris, Viviane Hamy, 1992, 734 p.

WHITE-SHIPLEY Dorothy, *Les Origines de la discorde De Gaulle, la France libre et les Alliés, 1940-1942*, Paris, éditions de la Trévisse, 1967, 498 p.

Remerciements

Au cours des dix années passées à étudier l'histoire de la BBC durant la Seconde Guerre mondiale, j'ai rencontré de nombreuses personnes qui furent, tour à tour, des guides, des conseillers précieux, des éclaireurs du passé et des auxiliaires indispensables au chercheur que j'étais. Aussi, tout naturellement, je pense à eux et tiens à les associer à ce livre.

Merci tout d'abord à François-Charles Mougel, immuablement à mes côtés dans cette collaboration, complice et fructueuse ; merci pour leur soutien irremplaçable à Maurice Vaïsse, Jean-Noël Jeanneney, Jean-Marie Borzeix, ancien directeur de France Culture, Chantal Bonazzi, ancien conservateur général de la section contemporaine des Archives nationales, Catherine Trouiller, rédactrice en chef de la revue *Espoir* (Fondation Charles-de-Gaulle), Jacques Bonheur, ancien responsable du bureau des relations internationales de Radio France, Bernard Chenot de l'Académie des sciences morales et politiques, Maïc Chomel, administratrice de la phonothèque-INA et directrice adjointe des archives de l'INA, aux historiennes Hélène Eck, Chantal Morelle, Muriel Favre, toujours présentes au moindre appel, et une pensée toute particulière pour Jean-Louis Crémieux-Brilhac, acteur témoin de cette épopée et historien incomparable de la France libre.

D'autres, à un moment ou à un autre, ont croisé ma route, m'apportant leur compétence et leur connaissance, voire leur bienveillance ou leur amitié. Je pense à Anne-Marie Pathé et Jean Astruc, conservateurs de la bibliothèque de l'IHTP, à Trevor White du Centre des archives écrites de la BBC, Pierre Le Sève des services français de la BBC, Jean Charlot, ancien directeur des Archives de la préfecture de police de Paris, Michèle Bidault van Tongeren, ancien chef du service Musée et Archives de Radio France, Roxane de Montalembert, responsable des archives intermédiaires de Radio France, et Lise Gayot, responsable des collections du musée de Radio France, Christine Barbier-Bouvet, responsable de la consultation du dépôt légal de la radio-télévision à l'INA, Philippe Guelton, du Service historique de l'armée de terre (SHAT), Emmanuel Laurentin (France Culture), Béatrice Montoriol, responsable des éditions sonores de l'INA, Anne Trifunovic, Madame Maya Trifunovic, Elisabeth Verrière et Martine Auger de l'INA, Jeannette Patzierkowski, Dominique Miyet, de la direction des Affaires internationales de Radio France, et aux documentalistes de la Maison de la Radio.

Des témoins de ces années de guerre m'ont aussi confié leurs souvenirs, je tiens à les en remercier et à leur rendre hommage : Lucie Aubrac, Bridget Searle, Maurice Schumann, Jean Marin, Georges Gorse, André Gillois, Jean-Paul Grinberg, Henri Korman, Stéphane Hessel, Frank Bauer, Jean Roire et John Weightman.

Ma reconnaissance va, bien sûr, à Mary Leroy, éditrice aux éditions Perrin, pour avoir cru en cette histoire de la BBC.

J'associe, enfin, à cette liste, les familles et les ayants droit de ces voix des radios de la guerre, qui permettent d'offrir, via le CD publié aux éditions Livrior (www.livrior.com), quelques-uns des trésors sonores de cette époque, extraits du patrimoine de l'INA.

L'oubli est souvent ressenti comme un trou noir, mais je ne saurais le considérer comme tel. Je dédie donc ce livre à tous ceux qui m'ont épaulée et permis de franchir les étapes de ce travail de recherches.

Table

À paraître

Composition Nord Compo
Villeneuve-d'Ascq

Impression réalisée par

La Flèche (Sarthe), le 27-04-2010
pour le compte des Éditions Perrin
76, rue Bonaparte
75006 Paris

N° d'édition : 2605– N° d'impression : 57528
Dépôt légal : mai 2010
Imprimé en France